INVESTIMENTO
EM AÇÕES

GUIA TEÓRICO E PRÁTICO **PARA INVESTIDORES**

O GEN | Grupo Editorial Nacional – maior plataforma editorial brasileira no segmento científico, técnico e profissional – publica conteúdos nas áreas de ciências sociais aplicadas, exatas, humanas, jurídicas e da saúde, além de prover serviços direcionados à educação continuada e à preparação para concursos.

As editoras que integram o GEN, das mais respeitadas no mercado editorial, construíram catálogos inigualáveis, com obras decisivas para a formação acadêmica e o aperfeiçoamento de várias gerações de profissionais e estudantes, tendo se tornado sinônimo de qualidade e seriedade.

A missão do GEN e dos núcleos de conteúdo que o compõem é prover a melhor informação científica e distribuí-la de maneira flexível e conveniente, a preços justos, gerando benefícios e servindo a autores, docentes, livreiros, funcionários, colaboradores e acionistas.

Nosso comportamento ético incondicional e nossa responsabilidade social e ambiental são reforçados pela natureza educacional de nossa atividade e dão sustentabilidade ao crescimento contínuo e à rentabilidade do grupo.

ALEXANDRE
ASSAF NETO

FABIANO
GUASTI LIMA

INVESTIMENTO
EM AÇÕES

GUIA TÉORICO E PRÁTICO **PARA INVESTIDORES**

TERCEIRA EDIÇÃO

- Os autores deste livro e a editora empenharam seus melhores esforços para assegurar que as informações e os procedimentos apresentados no texto estejam em acordo com os padrões aceitos à época da publicação, *e todos os dados foram atualizados pelo autor até a data de fechamento do livro*. Entretanto, tendo em conta a evolução das ciências, as atualizações legislativas, as mudanças regulamentares governamentais e o constante fluxo de novas informações sobre os temas que constam do livro, recomendamos enfaticamente que os leitores consultem sempre outras fontes fidedignas, de modo a se certificarem de que as informações contidas no texto estão corretas e de que não houve alterações nas recomendações ou na legislação regulamentadora.

- Data do fechamento do livro: 21/10/2021

- Os autores e a editora se empenharam para citar adequadamente e dar o devido crédito a todos os detentores de direitos autorais de qualquer material utilizado neste livro, dispondo-se a possíveis acertos posteriores caso, inadvertida e involuntariamente, a identificação de algum deles tenha sido omitida.

- **Atendimento ao cliente: (11) 5080-0751 | faleconosco@grupogen.com.br**

- Direitos exclusivos para a língua portuguesa
  Copyright © 2022 by
  Editora Atlas Ltda.
  Uma editora integrante do GEN | Grupo Editorial Nacional
  Travessa do Ouvidor, 11
  Rio de Janeiro – RJ – 20040-040
  www.grupogen.com.br

- Reservados todos os direitos. É proibida a duplicação ou reprodução deste volume, no todo ou em parte, em quaisquer formas ou por quaisquer meios (eletrônico, mecânico, gravação, fotocópia, distribuição pela Internet ou outros), sem permissão, por escrito, da Editora Atlas Ltda.

- Capa: Bruno Sales Zorzetto

- Editoração eletrônica: Set-up Time Artes Gráficas

- Ficha catalográfica

CIP-BRASIL. CATALOGAÇÃO NA PUBLICAÇÃO
SINDICATO NACIONAL DOS EDITORES DE LIVROS, RJ

A862i
3. ed.

Assaf Neto, Alexandre
Investimento em ações : guia teórico e prático para investidores / Alexandre Assaf Neto, Fabiano Guasti Lima. – 3. ed. – Barueri [SP] : Atlas, 2022.

Inclui bibliografia e índice
"Acesso online : planilhas com exemplos práticos"
ISBN 978-65-597-7057-1

1. Mercado financeiro. 2. Investimentos. 3. Ações (Finanças). 4. Bolsas de valores. I. Lima, Fabiano Guasti. II. Título.

21-73418   CDD: 332.6322
                          CDU: 336.76

Meri Gleice Rodrigues de Souza – Bibliotecária – CRB-7/6439

SOBRE OS AUTORES

ALEXANDRE ASSAF NETO

Economista e pós-graduado (mestrado e doutorado) em Métodos Quantitativos e Finanças no exterior e no país. Doutor *Honoris Causa* pela Fundação Escola de Comércio Álvares Penteado (FECAP), possui o título de livre-docente pela Universidade de São Paulo (USP). Professor Emérito da Faculdade de Economia, Administração e Contabilidade de Ribeirão Preto (FEA-RP) da USP e atua como professor e coordenador de cursos de desenvolvimento profissional, treinamentos *in company* e cursos de pós-graduação *lato sensu* – MBA. Autor e coautor de diversos livros e mais de 70 trabalhos técnicos e científicos publicados em congressos e em revistas científicas com arbitragem no país e no exterior. Consultor de empresas nas áreas de *Corporate Finance e Valuation* e parecerista em assuntos financeiros.

alexandreassafneto@gmail.com
institutoassaf@gmail.com
www.institutoassaf.com.br

FABIANO GUASTI LIMA

Livre-docente em Métodos Quantitativos e Finanças pela Universidade de São Paulo (USP). Pós-doutorado pelo Instituto de Economia da Universidade Estadual de Campinas (IE-Unicamp). Mestre em Ciências e Doutor em Administração pela USP. Graduado em Matemática pela Universidade Federal de São Carlos (UFSCar). É professor-associado do Departamento de Contabilidade da Faculdade de Economia, Administração e Contabilidade de Ribeirão Preto (FEA-RP) da USP. Autor de *Análise de riscos* e coautor de outras cinco obras, possui diversos trabalhos publicados em congressos no país e no exterior e em revistas com arbitragem. Consultor de empresas nas áreas de Finanças Corporativas e Gestão de Risco.

fabianoguastilima@gmail.com
fgl@usp.br

PREFÁCIO

O mercado de capitais vem passando por uma profunda e sofisticada evolução em todo o mundo, aprimorando seus produtos e operações no sentido de incentivar o ingresso de um número cada vez maior de participantes. Seu objetivo principal é o de captar as poupanças dispersas entre os vários agentes e direcioná-las para investimentos produtivos, voltados a viabilizar projetos de crescimento da economia.

O objetivo das bolsas de valores é criar um ambiente de negócios que estimule o interesse dos investidores em ações e promova ainda uma valorização das companhias. Os mercados de ações costumam obedecer à lei da oferta e procura: quando a demanda supera a oferta, os preços sobem; ao contrário, quando o interesse pelas ações caem, o desejo de venda aumenta e os preços se desvalorizam. O mecanismo de oferta e procura por ações é determinado pelo ambiente de negociação dos papéis, condições conjunturais e percepções dos investidores com relação ao risco e desempenho da empresa.

Ao decidir comprar uma ação, o investidor está assumindo também, na proporção do capital aplicado, um risco. A expectativa de todo investidor ao adquirir ações é que a economia crescerá, e a empresa será capaz de tomar as melhores decisões nesse ambiente e oferecer um retorno atraente aos acionistas. Caso essas previsões não se confirmem, o investidor irá arcar com o prejuízo.

Dessa forma, antes de decidir por qualquer aplicação financeira, o investidor deve avaliar seu perfil econômico, social e comportamental, conhecendo principalmente sua tolerância ao risco e seu limite de perda suportável.

O mercado de ações apresenta maior volatilidade no curto prazo. Nessa dimensão de tempo, é bastante sensível ao comportamento da economia, aos "discursos dos políticos", às notícias da economia e "opiniões" de jornalistas econômicos, e assim por diante. Tudo isso forma o comportamento do mercado no curto prazo e o investidor deve acompanhar esse "turbilhão" de informações para ajustar seus investimentos.

Ao fixar-se no médio e longo prazo, o comportamento do mercado apresenta-se mais estável, mais racional e mais bem explicado pelo desempenho da empresa e da economia. O investidor não deve estabelecer uma data certa para realizar lucros (sair do mercado) e o melhor momento da venda das ações pode não coincidir com suas necessidades de caixa.

Diversas pesquisas têm demonstrado que, ao manter ações por um prazo mais longo, o investidor fica menos sujeito ao risco. Em outras palavras, no longo prazo, os resultados variam menos, se afastam menos da média e tendem a convergir a um padrão de comportamento.

É importante destacar que toda decisão de investimento baseia-se em uma previsão, na antecipação de eventos futuros e incertos. O retorno do investimento depende fortemente de fatos que ainda não ocorreram, ou seja, de resultados esperados.

O valor justo de uma ação é o valor do futuro atualizado para o presente por uma taxa que reflete o custo de oportunidade do investidor. O mercado é racional: *traz a valor presente toda e qualquer mudança visualizada no futuro*.

Apesar de toda ação apresentar uma cotação de mercado, rigorosamente todos os participantes desconhecem seu efetivo (exato) valor. As avaliações feitas para se apurar o preço de uma ação são aproximações, elaboradas a partir de pressupostos e premissas a respeito do comportamento da economia, das forças de mercado, do setor de atividade e das próprias condições de crescimento da empresa.

O preço de uma ação é subjetivo, sendo baseado no futuro. Em verdade, é nisso que consiste a beleza do mercado. Se todos os preços estivessem perfeitamente ajustados e o mercado fosse plenamente eficiente, não se verificariam oportunidades de ganhos. Nenhum investimento seria atraente e os investidores não seriam motivados a comprar e vender ações. Sendo os preços formados em consenso, o mercado seria monótono ou, talvez, nem existiria.

Este livro foi desenvolvido com o objetivo de ser um guia para investimentos em ações, oferecendo a todos os investidores os conhecimentos mínimos necessários para suas decisões financeiras.

É destinado a todos que desejam aprender ou aperfeiçoar seus conhecimentos sobre investimentos em ações e também àqueles que precisam de algum apoio conceitual e prático para orientar seus investimentos. O livro trata do ambiente dos negócios com ações e oferece os conhecimentos relevantes e necessários para participar de negociações em bolsas de valores.

Escrito em forma simples, com inúmeros exemplos ilustrativos e situações práticas do mercado financeiro destacadas em boxes. Apesar dessa preocupação com a facilidade em sua leitura, manteve-se em toda a obra a preocupação em oferecer um moderno nível de conhecimento, evitando o superficial. Procurou-se descrever o mercado em todas as suas operações, desde as mais simples até as mais complexas, destacando as técnicas modernas de análise de investimentos em ações e a qualidade dos conceitos.

O livro não traz qualquer recomendação de investimento em ações e não sugere nenhum produto financeiro ao longo de seus capítulos. Explica os conceitos do mercado de ações, desenvolve suas técnicas de análise, discute com detalhes os aspectos de risco e descreve as mais importantes recomendações aos investidores. Trata dos principais aspectos do mercado de ações, seu funcionamento, produtos financeiros e formas de investimento e análise do risco.

Foi destacada, ainda, a prática do mercado financeiro brasileiro, descrevendo seus aspectos operacionais de investimentos, como o cálculo e recolhimento de impostos incidentes sobre as operações com ações, emolumentos e taxas cobradas pela bolsa de valores, entre outros.

Organizada em 18 capítulos, esta obra aborda todos os assuntos relacionados aos investimentos em ações: ambiente econômico e o mercado financeiro (Capítulos 1 e 2), aspectos das ações (Capítulo 3), os mercados primário e secundário das ações (Capítulos 4 e 5), dividendos (Capítulo 6), simulações práticas de operações com ações em bolsa – *swing trade* e *day trade* (Capítulos 7 e 8), perfil do investidor em ações (Capítulo 9), comportamento da bolsa de valores (Capítulo 10), avaliação de ações (Capítulos 11 e 12), risco e retorno de investimentos em ações (Capítulo 13), mercados futuros e mercado de opções (Capítulos 14 e 15), operações estruturadas (Capítulo 16), fundos de investimentos em ações (Capítulo 17) e governança corporativa (Capítulo 18).

Prof. Alexandre Assaf Neto
Prof. Fabiano Guasti Lima

NOTA À 3ª EDIÇÃO

Esta 3ª edição, *da mesma forma que as demais*, demandou um cuidadoso trabalho de revisão e atualização de todo o conteúdo da obra. São destacadas as seguintes melhorias no livro:

- foram atualizadas as legislações das operações, procedimentos de mercado e diversos dados históricos;
- foram inseridos boxes ilustrativos e práticos nos capítulos, procurando tornar a leitura mais agradável e fácil de assimilar;
- importantes conceitos foram ampliados, como risco, intermediação financeira, subscrição de ações, operações a termo, juros, sociedades corretoras etc.

A nova edição trouxe novos capítulos. O Capítulo 6 trata de *dividendos*, abordando os pagamentos, indicadores de análise e política de dividendos. O Capítulo 16 aborda as *operações estruturadas* por meio de seus principais conceitos e práticas de mercado. São desenvolvidas duas operações bastante comuns no mercado: *venda coberta* e *fence*.

Os Capítulos 7 e 8 aprofundaram os estudos de *simulações de operações em bolsa*, abordando novos conceitos e operações amplamente adotados no mercado acionário. O Capítulo 12 ampliou bastante o estudo da *análise técnica de ações*, estendendo a análise para novos comportamentos grafistas, de forma a melhor avaliar os padrões históricos e projetar com maior segurança o desempenho futuro das ações.

Acompanha a 3ª edição desta obra um conjunto de planilhas como material suplementar que pode ajudar o leitor e investidor a construir carteiras e a organizar operações estruturadas no mercado de capitais. Os exemplos são práticos e com cotações reais de mercado. Em cada aba do arquivo o investidor poderá entender o processo de cálculo de risco e volatilidade de ativos individuais e no contexto de carteiras. Também poderá entender conceitos de gestão de riscos de carteiras e ativos como *value at risk*. Apresenta ainda operações de travas com opções e exemplos de operações estruturadas com combinações de opções estruturando estratégias para melhor gestão de riscos.

Apesar de todos os esforços e cuidados na revisão e atualização deste livro, alguns erros de digitação e impressão podem ainda ser encontrados, para os quais reiteramos a compreensão dos leitores. Agradecemos todas as observações, sugestões e críticas encaminhadas.

Alexandre Assaf Neto
Fabiano Guasti Lima

Material Suplementar

Este livro conta com o seguinte material suplementar:

- Arquivo .xlsx com conjunto de planilhas sobre assuntos demonstrados no livro de forma prática, aplicado às cotações do mercado de ações brasileiro.

O acesso ao material suplementar é gratuito. Basta que o leitor se cadastre e faça seu *login* em nosso *site* (www.grupogen.com.br), clicando em GEN-IO, no *menu* superior do lado direito.

O acesso ao material suplementar online fica disponível até seis meses após a edição do livro ser retirada do mercado.

Caso haja alguma mudança no sistema ou dificuldade de acesso, entre em contato conosco (gendigital@grupogen.com.br).

GEN-IO (GEN | Informação Online) é o ambiente virtual de aprendizagem do GEN | Grupo Editorial Nacional

SUMÁRIO

1 **Economia e Globalização, 1**
    1.1   Desenvolvimento econômico e investimento em ações, 4
    1.2   Desafios da globalização, 5
        1.2.1   A globalização e a empresa brasileira, 6
        1.2.2   A globalização e a economia brasileira, 7
        1.2.3   A globalização e os investimentos em bolsas de valores, 9
    1.3   Mercado financeiro, 11
        1.3.1   Estrutura do mercado financeiro, 13
    1.4   Taxa de juros no mercado financeiro, 15
        1.4.1   Taxa de longo prazo (TLP), 15
        1.4.2   Taxa Selic, 16
        1.4.3   Taxa de depósito interfinanceiro (DI), 17
        1.4.4   Taxa referencial (TR), 17
    1.5   Taxa de juros e a economia, 18

2 **Sistema Financeiro Nacional, 21**
    2.1   Liquidez da economia, 23
    2.2   Estrutura do Sistema Financeiro Nacional (SFN), 25
        2.2.1   Órgãos normativos, 26
        2.2.2   Órgãos supervisores, 27
        2.2.3   Principais órgãos operadores, 29
        2.2.4   Instituições auxiliares, 32
        2.2.5   Instituições não financeiras, 33
    2.3   Ativos negociados no mercado financeiro, 34

2.3.1 Títulos de emissão privada, 34
2.3.2 Títulos de emissão pública, 36

3 Ações, 39
3.1 Tipos de ações, 41
3.2 Ações de gozo ou fruição e partes beneficiárias, 42
3.3 Retorno, liquidez e risco, 43
3.4 Como selecionar uma ação para investimento, 45
   3.4.1 Perfil do investimento em ações, 46
3.5 Valor das ações, 48
3.6 *Depositary receipts*, 49
3.7 Rendimentos das ações, 50
   3.7.1 Dividendos, 51
   3.7.2 Juros sobre o capital próprio (JSCP), 52
   3.7.3 Bonificações, 53
   3.7.4 Direitos de subscrição, 54
   3.7.5 Ganho de capital, 55

4 Mercado Primário de Ações, 57
4.1 Subscrição de ações e oferta pública inicial (IPO e *follow on*), 59
   4.1.1 Oferta pública de ações (OPA), 61
4.2 Condições para uma empresa abrir seu capital, 61
   4.2.1 Principais vantagens para uma empresa abrir seu capital, 62
   4.2.2 Principais desvantagens e custos para uma empresa abrir seu capital, 63
4.3 Subscrição pública de ações – *underwriting*, 64
   4.3.1 Empresa emitente, 64
   4.3.2 Intermediação financeira, 66
   4.3.3 Subscrição do tipo puro ou firme, 66
   4.3.4 Subscrição do tipo residual – *stand by*, 66
   4.3.5 Subscrição do tipo melhores esforços – *best effort*, 66
4.4 Governança corporativa, 67

5 Mercado Secundário de Ações, 71
5.1 Eficiência do mercado de ações, 72
5.2 Mercado à vista de ações, 73
5.3 Bolsa de Valores de São Paulo – B3, 74
   5.3.1 Como operar na bolsa, 78
5.4 *Home broker*, 81
   5.4.1 Emissão de ordens, 83
5.5 Tributação, 83
5.6 Tipos de ordem de compra e venda, 84
5.7 Liquidação da operação, 85

5.8   Mercado de balcão organizado, 86
5.9   Corretagem, 87
5.10 Canal Eletrônico do Investidor (CEI), 89

6 Dividendos, 91
6.1   Tipos de dividendos, 92
    6.1.1   Direitos e vantagens das ações preferenciais, 93
    6.1.2   Dividendos preferenciais fixos, 94
    6.1.3   Desdobramento de ações, 95
6.2   Recompra de ações e dividendos, 96
6.3   Medidas de dividendos, 98
    6.3.1   *Payout* e taxa de reinvestimento, 98
    6.3.2   Taxa de retorno sobre o patrimônio líquido (RSPL), 99
    6.3.3   Taxa de crescimento do lucro líquido (g_{LL}), 99
    6.3.4   Taxa de rendimento da ação e dividendos, 101
6.4   Política de dividendos na prática, 102
6.5   Evidências dos dividendos, 103

7 Simulações de Operações com Ações em Bolsa – *Swing Trade*, 107
7.1   Operações com ações em bolsa, 108
    7.1.1   Simulação de operação com lucro – *swing trade*, 113
    7.1.2   Simulação de operação com mais de uma ação, 116
    7.1.3   Simulação de operação com compensação de perdas, 119

8 Simulações de Operações com Ações em Bolsa – *day trade*, direitos e proventos, 123
8.1   Simulação de operação de *day trade*, 124
8.2   Direitos e proventos, 126
8.3   Desdobramentos e grupamentos, 130
8.4   Formador de mercado, 132
8.5   Investindo em *Brazilian depositary receipts* (BDR), 133

9 O Investidor em Ações, 139
9.1   O investidor e o corretor de valores, 141
9.2   O investidor e o risco das aplicações, 143
9.3   Avaliação do risco e retorno mínimo do investidor, 145
9.4   O investidor e o especulador, 145
9.5   Teoria da utilidade e teoria do prospecto, 147
    9.5.1   Teoria da utilidade, 147
    9.5.2   Teoria do prospecto, 148
9.6   Orientações básicas para o investidor de bolsa, 149
9.7   Por que investir em ações, 150
9.8   Perfil do investidor, 152

10 O Comportamento da Bolsa de Valores, 157
- 10.1 Índice Bovespa (Ibovespa), 158
  - 10.1.1 Cálculo prático do Ibovespa, 161
- 10.2 Índices amplos, 168
  - 10.2.1 Índice Brasil 100 de ações (IBrX 100 B3), 168
  - 10.2.2 Índice Brasil 50 de ações (IBrX 50 B3), 169
  - 10.2.3 Índice Brasil Amplo da bolsa de São Paulo (IBrA B3), 170
- 10.3 Índices de governança corporativa, 170
  - 10.3.1 Índice de Governança Corporativa Diferenciada (IGC B3), 170
  - 10.3.2 Índice de Ações com *Tag Along* Diferenciado (ITAG B3), 171
  - 10.3.3 Índice de Governança Corporativa Trade (IGCT B3), 172
  - 10.3.4 Índice de Governança Corporativa – Novo Mercado (IGC-NM B3), 172
- 10.4 Índices de segmentos e setoriais, 172
  - 10.4.1 Índice BM&FBOVESPA Financeiro (IFNC B3), 172
  - 10.4.2 Índice de BDRs Não Patrocinados-GLOBAL (BDRX B3), 172
  - 10.4.3 Índice de Commodities Brasil (ICB B3), 172
  - 10.4.4 Índice de Consumo (ICON B3), 173
  - 10.4.5 Índice de Energia Elétrica (IEE B3), 173
  - 10.4.6 Índice de Fundos de Investimentos Imobiliários (IFIX B3), 173
  - 10.4.7 Índice de Futuro de Ibovespa B3, 173
  - 10.4.8 Índice de Materiais Básicos (IMAT B3), 173
  - 10.4.9 Índice DI B3, 173
  - 10.4.10 Índice Dividendos (IDIV B3), 174
  - 10.4.11 Índice do Setor Industrial (INDX B3), 174
  - 10.4.12 Índice Geral do Mercado Imobiliário Comercial (IGMI-C B3), 174
  - 10.4.13 Índice Imobiliário (IMOB B3), 174
  - 10.4.14 Índice MidLarge Cap (MLCX B3) e Índice Small Cap (SMLL B3), 174
  - 10.4.15 Índice Utilidade Pública (UTIL B3), 174
  - 10.4.16 Índice Valor (IVBX 2 B3), 174
- 10.5 Índices de sustentabilidade, 175
  - 10.5.1 Índice de Sustentabilidade Empresarial (ISE B3), 175
  - 10.5.2 Índice Carbono Eficiente (ICO2 B3), 175
- 10.6 Índices da Parceria com a S&P Dow Jones, 176
- 10.7 Índices internacionais de ações, 178
  - 10.7.1 Índice Dow Jones, 178
  - 10.7.2 Standard & Poor's 500 Stock Index (S&P 500), 178
  - 10.7.3 New York Stock Exchange (Nyse), 179
  - 10.7.4 National Association of Securities Dealers (Nasdaq), 179
  - 10.7.5 Nikkei, 180
  - 10.7.6 Russell 2000, 180

11 Avaliação de Ações – Análise Fundamentalista, 181
- 11.1 Análise fundamentalista, 182
- 11.2 Como calcular o valor da ação, 184

11.3 Indicadores financeiros de ações, 185
    11.3.1 Lucro por ação (LPA), 185
    11.3.2 Índice preço/lucro (P/L), 187
    11.3.3 Valor patrimonial, 189
    11.3.4 Medidas de dividendos, 191
    11.3.5 Estimativa do valor da ação, 192
    11.3.6 Crescimento do LPA, 193
11.4 Investimento em ações e criação de valor, 196
    11.4.1 Valor criado ao acionista (VCA), 197
11.5 Retorno do acionista, 198
11.6 Valor criado ao acionista (VCA), 198
11.7 Índice de negociabilidade (IN), 199

12 Avaliação de Ações – Análise Técnica, 201
12.1 Base conceitual da análise técnica, 202
12.2 Tipos de gráficos para análise técnica, 203
12.3 Movimentos de tendência, 207
12.4 Suporte e resistência, 209
    12.4.1 Canais de alta e de baixa, 210
12.5 Análise por indicadores, 211
    12.5.1 Médias móveis, 211
    12.5.2 Índice de força relativa, 213
    12.5.3 Estocástico, 214
12.6 Teoria das ondas de Elliott, 215
12.7 Teoria dos números de Fibonacci, 217

13 Risco e Retorno de Ações, 219
13.1 Como avaliar o risco do investimento em ações, 220
13.2 Risco das ações, 220
13.3 Medidas de dispersão, 221
    13.3.1 Desvio-padrão e variância, 221
    13.3.2 Coeficiente de variação (CV), 223
13.4 Decisões com diferentes retornos esperados, 224
13.5 Decisões com o mesmo desvio-padrão, 225
13.6 O risco e o tempo, 225
13.7 Carteiras de ações, 226
    13.7.1 Correlação e diversificação, 226
13.8 Tipos de risco, 228
13.9 Coeficiente beta da ação, 229
13.10 A equação do retorno mínimo, 231

14 Mercados Futuros, 233
14.1 Mercados futuros, 234
14.2 Participantes do mercado futuro, 235

14.2.1 Investimento no mercado futuro de ações – valorização, 237
14.2.2 Investimento no mercado futuro de ações – desvalorização, 237
14.2.3 Investimento no mercado futuro de ações – cobertura de prejuízo, 238
14.3 Operando com contratos futuros, 239
14.3.1 Operando com contratos futuros de míni-índice Bovespa, 241
14.3.2 Operando com contratos futuros de minidólar, 244
14.4 Mercado a termo, 249
14.4.1 Estratégias de negócios a termo, 250
14.4.2 Exemplo de operações a termo, 251

15 Mercado de Opções, 257
15.1 Terminologia básica do mercado de opções de ações, 259
15.2 Riscos das opções, 259
15.3 Como as opções são codificadas na B3, 260
15.4 Exemplo de opção de compra, 261
15.5 Exemplo de opção de venda, 262
15.6 Opções dentro, fora e no dinheiro, 262
15.7 Como operar com opções, 265
15.7.1 Comprando e vendendo opções, 267
15.7.2 Trava de alta, 270
15.7.3 Trava de baixa, 271

16 Operações Estruturadas, 275
16.1 Operação de venda coberta, 276
16.2 Venda coberta – escolha do *strike*, 278
16.3 Tributação no mercado de opções, 281
16.4 Operação *fence* com o ativo, 284
16.5 Operação *fence* sem o ativo, 289

17 Fundos de Investimentos em Ações, 291
17.1 Tributação e demais despesas dos fundos de ações, 293
17.2 Cota e rentabilidade de um fundo, 294
17.3 Fundos abertos e fechados, 296
17.4 Regras básicas de investimento, 296
17.4.1 Formas de administração dos fundos de investimentos, 298
17.5 Fundos referenciados, 299
17.6 *Ratings* de fundos, 300
17.7 Como avaliar o desempenho de um fundo, 301
17.7.1 Índice de Sharpe, 301
17.8 O que os fundos de ações devem informar, 302
17.9 Clubes de investimento, 303
17.10 Os fundos de índices – ETFs, 304

18 Governança Corporativa, 307
- 18.1 Constituição da companhia, 309
- 18.2 Assembleia de acionistas, 310
- 18.3 Administração das sociedades anônimas, 311
- 18.4 Conselho fiscal, 311
- 18.5 Direitos dos acionistas, 311
- 18.6 Relações com os investidores, 312
  - 18.6.1 Relatório de administração, 313
  - 18.6.2 Demonstrações financeiras, 313
  - 18.6.3 Parecer de auditoria, 314
- 18.7 Acionista controlador, 315
- 18.8 Capital ordinário, 315
- 18.9 Capital preferencial, 316
- 18.10 Cautelas de ações, 317

Bibliografia Recomendada, 321

Índice Alfabético, 323

1
ECONOMIA E GLOBALIZAÇÃO

Este primeiro capítulo introduz conceitos econômicos fundamentais para o entendimento do mercado financeiro e para ajudar o investidor em suas decisões em bolsa de valores. Estuda a globalização com o objetivo de oferecer uma compreensão melhor da atual realidade econômica e suas repercussões sobre o mercado de ações. Introduz ainda os fundamentos do mercado financeiro e descreve as principais taxas de juros disponíveis na economia brasileira.

Este capítulo inicial é importante ainda para introduzir o leitor no ambiente econômico atual, motivá-lo a leituras mais avançadas e direcioná-lo ao entendimento do ambiente moderno de investimentos em ações.

A economia pode ser interpretada como a arte de *gerir* as finanças de uma nação, em seu sentido *macro*, e dos próprios indivíduos, em seu sentido *micro*, voltada para a criação, a distribuição e o consumo de *riqueza*.

No conceito *macro*, a economia preocupa-se com a atividade de uma nação como um todo, envolvendo o consumo, a poupança e os investimentos de todas as pessoas, o comportamento dos preços dos bens e serviços em geral, o saldo das importações e exportações, os gastos públicos, entre outros agregados. Em seu sentido *micro*, ao contrário, o objeto de estudo da economia sugere uma escala menor, identificado nas pequenas unidades de consumidores (pessoas ou famílias) e empresas que compõem o conjunto macroeconômico.

Ambas as perspectivas da economia são necessárias para melhor compreender o funcionamento do mercado financeiro e elaborar estimativas com relação ao seu comportamento futuro. No mundo competitivo atual, é necessário que os investidores sejam capazes de concluir sobre as repercussões de políticas econômicas em seus investimentos e de avaliar o comportamento da oferta e da procura por ativos no mercado.

O conceito de *gerir* as finanças para a economia significa administrar, da forma mais eficiente possível, os recursos escassos (limitados) das pessoas e orientar o seu comportamento diante de diferentes modalidades de investimentos. Por exemplo, quais as melhores oportunidades de aplicar capital; quanto um investidor deve exigir de retorno; como avaliar se os investimentos em ações são mais lucrativos que aplicar dinheiro em títulos de renda fixa; e assim por diante.

A ideia de *riqueza*, considerada na definição de economia, abarca todos os bens e serviços disponíveis no mercado e que se mostram capazes de atender diferentes necessidades e desejos. A riqueza de um indivíduo pode ser formada por roupas, carros, imóveis e as variadas formas de poupança. A riqueza de uma nação é a soma da riqueza dos agentes que a compõem.

A economia busca, em essência, a satisfação das necessidades e desejos de seus diversos agentes: poupadores (aplicadores) e tomadores de recursos. Esse objetivo é construído a partir da seleção de alternativas financeiras que melhor remuneram o risco, ou seja, a probabilidade de insucesso.

Toda decisão no mercado financeiro exige uma competência para reduzir ou, se possível, eliminar o risco. Aqueles riscos que não podem ser eliminados devem exigir certo nível de retorno como forma de remunerar o investidor da incerteza de seus resultados. É o que se denomina de *prêmio pelo risco*. O risco será aceito sempre que o investidor avaliar uma expectativa de ganho superior à perda esperada.[1]

---

[1] Para estudos mais avançados na análise de riscos, recomenda-se: LIMA, F. Guasti. *Análise de riscos*. 2. ed. São Paulo: Atlas, 2018.

RISCO

O *risco* faz parte da vida do homem, encontra-se presente em seu cotidiano e em todas as suas decisões em diferentes intensidades. Muitas pessoas são apaixonadas pelo risco, sendo conhecidas por *risk lovers*. Assumem riscos demasiados e se divertem muitas vezes com isso. Por exemplo, fazem apostas elevadas em jogos de roleta em cassinos; são aficionadas por esportes radicais etc.

Alguns investidores têm forte aversão ao risco e preferem tomar suas decisões de investimentos em condições de maior certeza. Nesse ambiente, os investidores anulam também suas chances de maiores ganhos, recebendo um retorno mínimo, no nível de seu risco. Há ainda investidores tidos como "racionais" que analisam o risco de suas aplicações financeiras em conjunto com o retorno esperado. São motivados a aceitar oportunidades de investimentos sempre que as recompensas esperadas remunerarem adequadamente o risco assumido.

Uma definição muito adotada de risco: *é um estado de incerteza no qual é possível atribuir-se uma probabilidade de ocorrência.* Assim, desde que seja possível quantificar a incerteza, entende-se que a pessoa encontra-se em situação de risco.

Ao avaliar em 75% a probabilidade de retorno esperado para uma ação, por exemplo, diz-se que o investidor encontra-se em situação de risco. Ao não ser possível medir a probabilidade do retorno do papel, a situação é definida como de incerteza.

Damodaran[2] propõe incluir na definição de risco tanto a probabilidade de ocorrência como as consequências desse evento. Assim, completa o autor, a probabilidade de um grande terremoto pode ser pequena, mas diante de suas consequências catastróficas ele seria considerado de alto risco.

O risco encontra-se incorporado e avaliado em diversas áreas de conhecimento, como engenharia e medicina, entre outras. No mercado financeiro, o risco é geralmente mensurado pela dispersão (variabilidade) dos possíveis retornos de um investimento em relação ao retorno esperado do investimento.

O risco é normalmente vinculado a uma recompensa. Quanto maior o risco assumido pelo investidor, mais altas são suas expectativas de apurar retornos mais elevados. Investidores que desejam maiores ganhos devem também se mostrar dispostos a conviver com maiores riscos.

Um investidor que deseja limitar seus riscos terá também limitados seus retornos esperados. Ao se expor a maiores riscos, assume, ao mesmo tempo, oportunidades de ganhos mais altos e também de resultados não esperados. A aceitação desse conflito entre risco e retorno está no centro das decisões de investimentos.

---

[2] DAMODARAN, A. *Gestão estratégica do risco*. Porto Alegre: Bookman, p. 24.

1.1 DESENVOLVIMENTO ECONÔMICO E INVESTIMENTO EM AÇÕES

O *crescimento econômico* é entendido como um aumento quantitativo da atividade produtiva de um país, de sua capacidade em produzir bens e serviços demandados pela população para satisfazer suas necessidades. Um indicador bastante adotado para medir o crescimento econômico é a taxa de crescimento do Produto Interno Bruto (PIB).

O crescimento econômico, como uma medida de desempenho isolada, não indica de maneira conclusiva um aumento no padrão de vida da população. Em outras palavras, o crescimento da economia não traz sempre felicidade aos seus residentes, é necessário medir o bem-estar das pessoas. Países que crescem somente em medidas quantitativas costumam oferecer felicidade somente até certo ponto; a partir de determinada taxa de crescimento econômico, o nível de felicidade das pessoas se estabiliza.

> O PIB é a soma de toda a produção de bens e serviços finais realizada por um país em um ano, expressa em unidades monetárias. Equivale ao total monetário da produção realizada nas fronteiras econômicas de um país, independentemente da nacionalidade dos produtores.
>
> O tamanho da economia de um país é medido pelo seu PIB, ou seja, pelo valor em unidades monetárias de tudo que é adquirido e vendido internamente. Quanto maior a medida do produto interno, maior se apresenta seu crescimento.
>
> Variações do PIB podem indicar um crescimento ou recuo da economia. Um crescimento do indicador sinaliza que a atividade econômica cresceu, refletindo no aumento da produção, renda e lucros das empresas, e na diminuição da taxa de desemprego. Ao contrário, estagnação ou recuo do PIB pode revelar uma recessão da economia, com a consequente queda de produção, consumo, renda e lucros das empresas.

O conceito de *desenvolvimento econômico*, por outro lado, é bem mais amplo, incorporando inclusive o crescimento econômico. Para existir desenvolvimento econômico é necessário, além de altas e consistentes taxas de crescimento de produção, avaliar-se também a natureza dos bens e serviços e a qualidade de vida dos residentes no país. A ideia de desenvolvimento econômico está associada a diversas referências, como as condições de saneamento básico, meio ambiente, cultura da população, estabilidade política, esperança de vida ao nascer e assim por diante.

> Todo desenvolvimento econômico depende não somente da capacidade de expansão da produção de uma economia, mas também dos investimentos em recursos humanos, tecnologia, capital e desempenho social.

> O desenvolvimento econômico se acelera quando a poupança é direcionada aos melhores investimentos produtivos, que oferecem os mais atraentes retornos sociais e econômicos.
>
> As principais variáveis macroeconômicas que determinam o comportamento da economia e dos investimentos em ações são o PIB, a taxa de câmbio, a inflação, as taxas de juros e o desemprego.

O mercado de capitais e, em particular, o mercado de ações permitem direcionar os recursos de quem tem capacidade de poupar para aqueles que necessitam de dinheiro, de modo a financiar investimentos produtivos, viabilizando uma eficiente alocação de capital na economia. Os movimentos nos preços das ações no mercado são diários, determinados pelas decisões de compra e venda dos investidores. Essas decisões são tomadas como reflexo da situação econômico-financeira das empresas, do setor de atividade e da situação da economia no país e internacionalmente.

Todo país bem-sucedido em suas metas econômicas e sociais possui um mercado de capitais desenvolvido e um mercado acionário bastante dinâmico. O crescimento de uma economia exige poupança, ou seja, o adiamento temporário do consumo para a realização de investimentos. Portanto, para que ocorra o desenvolvimento econômico é fundamental a existência de mecanismos eficientes de captação da poupança formada e seu direcionamento para os investimentos produtivos mais atraentes. O mercado de capitais, principalmente por meio do mercado de ações, é a forma mais eficiente de intermediação financeira, de motivar e captar a poupança e promover os investimentos necessários.

1.2 DESAFIOS DA GLOBALIZAÇÃO

O objetivo de maximizar a riqueza levou as grandes empresas multinacionais a derrubarem barreiras geográficas, saindo à procura de novos mercados capazes de absorver todo o seu potencial produtivo. Não era mais possível esperarem aumentos reais e constantes em seus próprios mercados e a saída encontrada por essas empresas para manterem seu crescimento foi a conquista de novos consumidores, em escala mundial.

A globalização constitui-se, em essência, na abertura das empresas visando à expansão de seu comércio, permitindo ainda a livre transferência de empregos, capitais e riqueza entre as nações. Exige a privatização da atividade econômica, austeridade fiscal dos governos e desregulamentação e abertura comercial.

O processo de globalização vem sendo acompanhado também por um marcante desenvolvimento tecnológico, principalmente na área da informação. Na economia globalizada, as transações financeiras ocorrem em tempo real, dando enorme mobilidade aos fluxos financeiros por meio das diferentes economias. Como consequência, tem-se uma forma moderna e eficiente de direcionamento da poupança internacional para mercados emergentes, que demanda recursos para investimentos.

Nesse sistema vigente, as repercussões dos fatos econômicos e políticos sobre os diferentes países são praticamente instantâneas. Uma crise da Ásia repercute diretamente sobre a cotação da moeda brasileira, incentivando uma fuga de capitais diante do ambiente de incerteza; um aumento das taxas de juros nos EUA traz como consequência uma queda nos índices de nossas bolsas de valores, e assim por diante.

O mundo globalizado pode ser entendido, do ponto de vista econômico, como interligado, determinando forte dependência comercial e financeira entre as nações.

Esse processo motivou a abertura dos negócios e repercutiu sobre todo o mundo econômico, promovendo grandes transformações em suas estruturas tradicionais de mercado. As operações tornaram-se mais sofisticadas e complexas, exigindo dos investidores, em geral, um nível de competência mais elevado para atuarem nesse mercado globalizado.

A globalização acarreta ainda a necessidade de maior eficiência do capital produtivo de um país, exigindo maior agregação de tecnologia e competência profissional. Os mercados consumidores são bastante disputados e voláteis, demonstrando viabilidade somente as empresas mais competentes e que desenvolvam novas potencialidades e vantagens competitivas.

> O mercado acionário no Brasil apresenta significativo potencial de expansão. Os sinais são bastante animadores e devem se constituir em importante instrumento de desenvolvimento econômico e social, em fator de geração de riqueza. Nesse contexto moderno, o investidor tem como requisito fundamental ampliar sua educação financeira, tornando-se mais consciente de suas decisões e assumindo maior capacitação técnica de avaliação do risco e retorno das ações.

1.2.1 A globalização e a empresa brasileira

O grande desafio das empresas brasileiras é a própria globalização da economia, a qual passa a exigir maior competência na gestão empresarial. Uma pequena reflexão sobre vantagens competitivas é fundamental para a continuidade dos negócios. Empresas sem *custo* competitivo não são capazes de operar na nova ordem econômica. Reduzir custos atualmente é muito mais do que cortar números, é saber identificar as deficiências do próprio negócio, e isso não é geralmente uma tarefa fácil. Para muitas empresas, foi necessário que o mercado se abrisse para que suas deficiências fossem ressaltadas.

As empresas ainda confundem *qualidade* com durabilidade. No conceito moderno de vantagem competitiva, qualidade é a empresa ter o produto desejado pelo consumidor ao preço que ele esteja disposto a pagar. Diversos produtos de enorme "qualidade" não tiveram sucesso em razão do alto preço de venda. Outros, mesmo com preços bastante competitivos, não se encaixavam nas preferências do consumidor, sendo rejeitados pelo mercado. Esse equilíbrio entre preço e produto é vital para a continuidade de um negócio.

Nessa sequência de ideias, é interessante compreender que o sucesso de uma empresa e, em extensão, a evolução do valor de mercado de suas ações não estão vinculados ao tamanho de seus ativos tangíveis. A riqueza econômica de um empreendimento está na concepção do negócio, em sua capacidade, por exemplo, de manter ou elevar o volume de atividade com cada vez menos capital, de obter retornos acima do custo de capital.

Para ilustrar, observe que as empresas com grandes valorizações nos preços de suas ações são geralmente as de mais baixo nível de capital físico investido em relação ao porte de seus negócios. Privilegiam o valor intangível de seus negócios e não o tamanho de seus ativos reais. Suas riquezas principais são marca, sistema de distribuição, tecnologia, qualidade, processos produtivos e assim por diante. Como exemplos modernos, podem ser citadas a Apple, a Microsoft, a Credicard, a Amazon, a Alphabet, o McDonald's, entre outras.

O mundo sofreu profundas e rápidas mudanças principalmente nas duas últimas décadas. Grande parte da crise atual e incertezas com relação ao futuro estão na incapacidade dos agentes econômicos em perceberem essas mudanças, as novas tendências de mercado, e cada empresário entender efetivamente o seu próprio negócio. Os tempos modernos são particularmente implacáveis com as empresas que não forem capazes de entendê-los, de se inserirem na nova ordem econômica mundial. Porém, serão altamente gratificantes para aquelas que souberem se preparar para novos desafios, que interpretarem e se ajustarem às mudanças e perseguirem com sucesso a criação de vantagens competitivas.

1.2.2 A globalização e a economia brasileira

O mercado financeiro brasileiro não convive com abundância de recursos, notadamente de longo prazo. Nossas empresas, e a economia como um todo, acompanhando a tendência dos demais países emergentes, cresceram sustentadas em dívidas, lastreadas em sua maior parte em dólar. Esse modelo sucumbiu diante das novas realidades da economia mundial, levando esses países à conhecida crise da dívida em diversos momentos das últimas décadas.

A desvalorização sofrida por nossa moeda ao final dos anos 1990, como consequência da crise asiática, foi bastante grave para o quadro econômico brasileiro. As principais repercussões de curto prazo foram recessão e desemprego.

Nesse contexto, o Brasil adotou a partir dos anos 1990, com o apoio do Fundo Monetário Internacional, políticas econômicas *liberais*, dentro da visão de que o mercado é o melhor referencial da formação dos preços e alocação dos recursos, e *ortodoxas*, com ênfase em política monetária restritiva e de juros altos e equilíbrio fiscal (o objetivo é não gastar mais do que se arrecada).

Para a economia brasileira, os anos 1990 são caracterizados principalmente por:

- abertura comercial do país para a economia mundial;
- estabilização monetária, conseguindo acabar com uma inflação crônica. O sucesso desse controle deve-se principalmente à instituição de duas âncoras na economia: cambial (câmbio fixo) e monetária (juros elevados);
- readequação das empresas brasileiras à nova ordem econômica, por meio de ganhos de produtividade, estabelecimento de novas estratégias de atuação, incorporação de novas tecnologias e racionalização das operações.

A estabilização da moeda nacional, verificada a partir do Plano Real, foi um marco fundamental para as diversas transformações da economia brasileira e desenvolvimento de nosso mercado de capitais, particularmente o mercado de ações.

O mundo globalizado atual vive uma realidade de alta liquidez, reconhecida na capacidade de investimentos demonstrada pelos seus agentes econômicos (investidores privados, fundos de pensão, instituições financeiras etc.), superior às oportunidades disponíveis nos mercados. O desafio está, no entanto, na exigência de eficiência cada vez maior na alocação desses recursos, na capacidade do mercado em vislumbrar as melhores alternativas capazes de remunerar o custo de oportunidade do capital.

> Um grande exemplo da presença do Brasil na globalização é a rápida inserção de seu setor privado na competitividade de mercado, o dinamismo das bolsas de valores e o crescimento do potencial de investimento (e de investidores) no mercado financeiro.

O desafio da economia brasileira nos anos 2000 foi o de promover maior crescimento da atividade, proporcionando maior oferta de empregos e elevação da renda das pessoas. A evolução real anual do PIB da economia brasileira na segunda década do período é apresentada na Tabela 1.1:

TABELA 1.1 Evolução do PIB

2000	2001	2002	2003	2004	2005	2006	2007	2008	2009
4,3%	1,3%	2,7%	1,1%	5,7%	3,2%	4,0%	6,1%	5,1%	-0,6%

2010	2011	2012	2013	2014	2015	2016	2017	2018	2019	2020
7,53%	3,97%	1,92%	3,00%	0,50%	-3,55%	-3,28%	1,32%	1,78%	1,41%	-4,36%

Fonte: IPEADATA. Estimativa Relatório FOCUS BACEN jan./2021. Disponível em: https://www.bcb.gov.br/publicacoes/focus. Acesso em: dez. 2020.

Note que o crescimento da atividade econômica, medido pela variação do PIB na década de 2010-2019, foi descontínuo (volátil) no período, convivendo a economia brasileira com fortes variações positivas e negativas. Países mais desenvolvidos costumam apresentar maior estabilidade (menor volatilidade) no comportamento do PIB.

A variação positiva de 7,53% em 2010 caiu para uma taxa negativa em 2015, de – 3,55%, e terminou a década com um ligeiro crescimento de 1,41%.

Pelas taxas anuais de variação do PIB divulgadas pelo Banco Central do Brasil (Bacen), podem ser calculados os seguintes desempenhos médios, de acordo com a Tabela 1.2:

TABELA 1.2 Variações do PIB: média do período

PERÍODO	Δ PIB
2000-2019	2,43% a.a.
2000-2010	3,39% a.a.
2010-2019	1,46% a.a.
2015-2019	–0,46% a.a.

Fonte: INSTITUTO ASSAF. Disponível em: https://www.institutoassaf.com.br/indicadores-da-economia/. Acesso em: jun. 2021.

Nos últimos 20 anos (2000-2019), o crescimento do PIB foi positivo: média de 2,43% a.a. A primeira década apresentou o melhor desempenho de todo o período, com uma variação média de 3,39%. Esse crescimento foi mais que o dobro do registrado na década seguinte (2010-2019), que atingiu somente 1,46% a.a. Nos últimos 5 anos (2015-2019), os resultados foram ruins, apurando uma variação média anual de –0,464% (recuo do PIB).

A crise fiscal pelo aumento da dívida pública e a necessidade de reformas na economia têm sido apontadas como os principais motivos de o PIB brasileiro não apresentar um desempenho melhor.

1.2.3 A globalização e os investimentos em bolsas de valores

A globalização é bastante rigorosa com as empresas, principalmente com aquelas que cresceram em mercados sem tradição de concorrência. Com as fronteiras abertas, o empresário nacional passa a competir em escala mundial, tendo como concorrentes as principais empresas multinacionais.

Uma grande preocupação na avaliação do preço de uma ação é entender a viabilidade da empresa em atuar nesse mercado cada vez mais competitivo e exigente. Verificar se as estratégias desenvolvidas são adequadas ao novo ambiente econômico e se atendem às expectativas de seus acionistas. Inúmeras empresas nacionais, e internacionais também, sucumbiram nos últimos anos diante de resultados frustrados em se tornarem mais competitivas.

Os principais desafios da globalização para as empresas se fazem sentir principalmente diante da necessidade de:

- redução dos custos para formar produtos com preços mais competitivos;
- maiores investimentos em tecnologia e qualidade;
- melhor conhecimento da cultura dos consumidores de forma a atender seus padrões culturais e econômicos;
- desenvolvimento de estratégias operacionais inovadoras e ajustadas ao novo ambiente econômico;
- ampliação da produção visando atender a necessidade de maior competitividade dos produtos em nível mundial;
- maior *disclosure* aos investidores de mercado, ou seja, ampliar a base de divulgação de todas as suas informações que exerçam qualquer tipo de influências (positivas ou negativas) sobre os negócios com ações.

Para o consumidor, por outro lado, o processo de globalização apresenta diversas vantagens associadas à maior oferta de produtos, preços mais competitivos e melhor qualidade e tecnologia disponíveis. Se uma empresa não for competente em atender as expectativas do mercado, outra certamente será, desempenhando um melhor relacionamento com os clientes.

O sucesso dos investimentos no mercado de ações é determinado por inúmeros fatores, citando-se, entre outros: a competitividade da empresa no novo ambiente econômico; expectativas com relação aos resultados econômicos e financeiros projetados; nível de *disclosure* de seus relatórios para avaliação; desempenho esperado da conjuntura econômica.

> Em qualquer economia, o crescimento econômico é consenso. Crescer a economia significa contribuir para gerar mais empregos, mais renda, mais consumo, mais produção e mais bem-estar social. O crescimento requer, no entanto, mais investimentos, que por sua vez incentivam a formação de poupança na economia. Todas as economias desenvolvidas têm mostrado uma consistente expansão de seus mercados acionários. Em verdade, não há crescimento da economia sem o respaldo das bolsas de valores na alocação eficiente dos recursos.

O mercado de ações vem chamando atenção de muitos investidores nos últimos anos. Essa vertente crescente se deve à popularização dos investimentos em ações, ao papel desempenhado pela Bolsa de Valores (B3) na divulgação do mercado de capitais e, mais recentemente, à necessidade de os investidores diversificarem seus investimentos.

Apresentam-se, na Tabela 1.3, os dados da quantidade de pessoas físicas, distribuídas pela participação de homens e mulheres. O critério do levantamento leva em consideração o CPF cadastrado em cada agente de custódia, isto é, pode contabilizar o mesmo investidor que tenha conta em mais de uma corretora, que tenha conta ativa, ou seja, investidores que possuem ações ou outros ativos negociáveis na B3.

TABELA 1.3 Participação dos investidores na B3

Ano	Homens Quantidade	%	Mulheres Quantidade	%	Total Pessoa Física Quantidade
2002	70.219	82,37%	15.030	17,63%	85.249
2003	69.753	81,60%	15.725	18,40%	85.478
2004	94.434	80,77%	22.480	19,23%	116.914
2005	122.220	78,76%	32.963	21,24%	155.183
2006	171.717	78,18%	47.917	21,82%	219.634
2007	344.171	75,38%	112.386	24,62%	456.557
2008	411.098	76,63%	125.385	23,37%	536.483
2009	416.302	75,37%	136.062	24,63%	552.364
2010	459.644	75,24%	151.271	24,76%	610.915
2011	437.287	74,98%	145.915	25,02%	583.202
2012	438.601	74,70%	148.564	25,30%	587.165
2013	440.727	74,79%	148.549	25,21%	589.276
2014	426.322	75,57%	137.794	24,43%	564.116
2015	424.682	76,23%	132.427	23,77%	557.109
2016	433.759	76,90%	130.265	23,10%	564.024
2017	477.887	77,13%	141.738	22,87%	619.625
2018	633.899	77,94%	179.392	22,06%	813.291
2019	1.292.536	76,89%	388.497	23,11%	1.681.033
2020	2.348.612	74,01%	824.799	25,99%	3.173.411

Fonte: B3, dados disponíveis até novembro de 2020. Disponível em: http://www.b3.com.br/pt_br/market-data-e-indices/servicos-de-dados/market-data/consultas/mercado-a-vista/perfil-pessoas-fisicas.

Importante ressaltar o aumento da participação das mulheres nos investimentos em ações, hoje responsáveis por mais de um quarto do total dos investidores pessoa física na B3. Em, 2020, alcançaram os maiores números de participantes do mercado de ações, quase que dobrando o número de participantes do ano anterior.

1.3 MERCADO FINANCEIRO

O sistema financeiro é um conjunto de instituições financeiras, públicas e privadas, que promovem a intermediação financeira entre as pessoas com capacidade de poupança (conhecidas como *agentes superavitários*) e aquelas carentes de recursos (conhecidas como *agentes deficitários*).

Os denominados agentes superavitários são todos aqueles cujas rendas superam os gastos realizados em consumo, formando um excedente financeiro definido por *poupança*. Agentes deficitários, por outro lado, são todas as pessoas (empresas e governo) que necessitam de dinheiro (empréstimos) para cobrir a parcela de seus gastos que supera a renda auferida.

Em geral, os recursos no sistema financeiro originam-se das famílias (agentes superavitários) e destinam-se a cobrir necessidades financeiras das empresas e do governo, típicos agentes deficitários. É por meio dessa intermediação no mercado financeiro que os recursos disponíveis (ociosos) são transformados em recursos produtivos, recursos para investimentos, incentivando o crescimento da economia.

Quando um agente consome mais recursos do que recebe, deve recorrer ao mercado financeiro solicitando um empréstimo para equilibrar suas contas. Para tanto, é criado um instrumento financeiro de crédito, identificando o direito do provedor de fundos em receber o valor repassado ao agente deficitário.

Esse instrumento é denominado *ativo financeiro* para o aplicador e *dívida* para o tomador dos fundos, e as instituições financeiras que atuam na transferência de recursos entre os agentes no mercado são denominadas *intermediários financeiros*.

INTERMEDIAÇÃO FINANCEIRA

A *intermediação financeira* é uma atividade realizada visando suprir as necessidades e preferências de poupadores (aqueles que possuem renda acima de seus gastos) e tomadores de recursos (aqueles que gastam mais do que recebem como renda), contribuindo com isso para uma eficiente alocação de recursos na economia. A intermediação é realizada por diversas instituições financeiras – identificadas como *intermediários financeiros* – e cumpre a função básica de aproximar agentes com diferentes demandas de recursos: transfere recursos de agentes superavitários, que apresentam excesso de liquidez financeira, para aqueles que apresentam escassez de recursos para investimento ou consumo.

Em essência, a intermediação financeira pode ser ilustrada, conforme a Figura 1.1.

FIGURA 1.1 Intermediação financeira

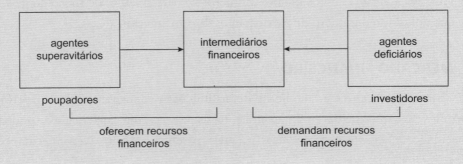

> A intermediação financeira é importante em razão de os poupadores e investidores não serem as mesmas pessoas. Agentes com excesso de fundos não são os mesmos que possuem oportunidades rentáveis de investimentos, ou que desejam antecipar o consumo.
>
> A função do mercado financeiro é a de transferir de forma mais eficiente os recursos entre os agentes econômicos. A transferência de recursos por meio da intermediação financeira de mercado eleva o potencial de produção da economia e o bem-estar das pessoas. No mercado financeiro, os agentes econômicos podem postergar ou antecipar o consumo, seguindo suas necessidades e preferências.

1.3.1 Estrutura do mercado financeiro

O sistema econômico atual está baseado na existência de mercados, onde são oferecidos e adquiridos bens e serviços de diferentes naturezas, como mercadorias, veículos ou matérias-primas. Uma grande contribuição da existência desses mercados é o estabelecimento de um preço de equilíbrio para os bens transacionados, obtido por meio da livre negociação entre compradores e vendedores.

Os diversos mercados permitem, ainda, a redução dos custos de transação e de informação. Compradores e vendedores tomam conhecimento do preço certo pelo qual irão negociar os bens e reduzem bastante o tempo e os recursos gastos na busca de interessados em comprar ou vender determinados bens.

No contexto do sistema capitalista, o *mercado financeiro* é o ambiente no qual ocorrem transferências de fundos entre os agentes da economia, ou seja, a *intermediação financeira*. É nesse grande e globalizado mercado que as pessoas que gastam mais (ou pretendem gastar) do que recebem vão demandar dinheiro daquelas que poupam, ou seja, de quem consome menos do que ganha.

O mercado financeiro desenvolve a intermediação de fundos de maneira segmentada. Muitas vezes, esses segmentos se confundem na prática. Os vários segmentos financeiros apresentam também a taxa de juros como uma referência comum para as diferentes negociações.

O mercado financeiro é geralmente classificado em quatro segmentos:

- mercado monetário;
- mercado de crédito;
- mercado de capitais;
- mercado cambial.

1.3.1.1 Mercado monetário

Engloba as operações de curtíssimo (um dia) e curto prazo, permitindo um controle mais ágil da liquidez da economia e das taxas de juros praticadas. O mercado monetário volta-se principalmente para suprir desencaixes diários e de curto prazo do governo e das instituições financeiras.

É nesse mercado, ainda, através das operações de *mercado aberto* (*overnight*, quando o prazo for de um dia, e *open market*, para prazos maiores), que o governo exerce um maior controle sobre os meios de pagamentos da economia. O Banco Central intervém no mercado comprando ou vendendo títulos públicos conforme as necessidades da economia em expandir ou restringir os meios de pagamentos.

1.3.1.2 Mercado de crédito

Nesse mercado, as operações financeiras (empréstimos e aplicações) visam atender as expectativas de curto e médio prazo das pessoas, direcionadas ao ativo permanente e ao capital de giro das empresas. O mercado de crédito é constituído pelos bancos comerciais e múltiplos. São oferecidos nesse mercado depósitos à vista, depósitos de poupança, empréstimos de curto prazo, descontos de títulos, contas garantidas, créditos rotativos, entre outras operações.

1.3.1.3 Mercado de capitais

No mercado de capitais, a intermediação financeira é de médio e longo prazo, às vezes de prazo indeterminado, como as operações que envolvem ações.

Esse mercado é o grande fornecedor de recursos de investimentos de longo prazo aos agentes produtivos, assumindo um papel relevante no desenvolvimento econômico. Oferece diversas linhas de empréstimos e financiamentos para capital de giro e capital fixo das empresas, repasses de recursos externos (empréstimos em moeda estrangeira), colocação de ações e debêntures, entre outras operações.

1.3.1.4 Mercado cambial

No mercado cambial ocorrem as operações de compra e venda de moedas, permitindo a conversão de moedas estrangeiras em real e vice-versa. Atuam nesse mercado as empresas importadoras e exportadoras, bancos, investidores e todos os demais agentes que tenham motivos para transacionar com o exterior.

Como interessados em adquirir moedas estrangeiras encontram-se os exportadores, devedores nacionais com obrigação de amortizar dívidas perante credores externos, empresas multinacionais que desejam remeter lucros, entre outros. Os vendedores de moedas estrangeiras são os exportadores, os tomadores de empréstimos no exterior, turistas que deixam o país etc.

As operações com moedas estrangeiras são realizadas com a intermediação de instituições financeiras credenciadas, que atuam aproximando as partes interessadas na compra e venda de divisas.

1.4 TAXA DE JUROS NO MERCADO FINANCEIRO

As diversas operações disponíveis no mercado financeiro nacional encontram-se referenciadas em algumas taxas de juros da economia. Algumas dessas taxas são estabelecidas pelas autoridades monetárias, balizando seus objetivos de política econômica. Outras taxas são estabelecidas pelo próprio mercado, por meio das forças de oferta e procura de dinheiro, referenciando a formação das taxas de juros das instituições financeiras.

> Qualquer que seja o tipo da taxa de juro usada no mercado, ela deve refletir o preço do sacrifício de poupar, ou seja, a remuneração esperada pela decisão de não consumir agora, e sim no futuro. Com isso, repassa os recursos disponíveis a outra pessoa e cobra um juro por essa postergação de consumo.

As principais taxas de juros no mercado financeiro nacional são apresentadas a seguir.

1.4.1 Taxa de longo prazo (TLP)

A taxa de juros de longo prazo (TJLP) foi substituída pela taxa de longo prazo (TLP) desde 1º de janeiro de 2018. A TJLP era adotada pelas autoridades monetárias desde 1994, visando substituir definitivamente a indexação da economia brasileira, sendo aplicada em operações de longo prazo, principalmente em linhas de crédito oferecidas pelo governo através do Banco Nacional de Desenvolvimento Econômico e Social (BNDES). Teve um comportamento geralmente abaixo das taxas de juros de mercado, atuando como uma taxa subsidiada na economia. Era calculada trimestralmente utilizando os seguintes parâmetros: (a) meta de inflação anual fixada pelas autoridades monetárias; (b) taxa de juro internacional; (c) prêmio pelo risco Brasil. A TJLP era determinada pelo Conselho Monetário Nacional (CNM), expressa em bases anuais e com vigência de três meses, sendo divulgada pelo Bacen sempre até o primeiro dia útil do trimestre de sua vigência.

O objetivo da TLP é ser uma taxa mais próxima das taxas praticadas no mercado financeiro, o que torna seu cálculo menos arbitrário e menos dispendioso para as contas públicas. A TLP deve seguir uma metodologia mais clara para poder acompanhar de forma mais próxima o comportamento das taxas de juros de mercado pagas pelo governo na colocação de seus títulos no mercado. A referência definida para a TLP é o Tesouro IPCA com juros semestrais (antiga Nota do Tesouro Nacional tipo B – NTN-B).

A TLP é divulgada mensalmente pelo Bacen e definida também mensalmente pela variação do Índice de Preços ao Consumidor Amplo (IPCA) mais uma taxa real de juros dos Títulos do Tesouro Nacional de 5 anos (NTN-B).[3]

---

[3] Mais detalhes sobre a composição da TLP podem ser encontrados em Assaf Neto (2019) ou no "Manual da TLP" publicado pelo BNDES. Disponível em: www.bndes.gov.br.

1.4.2 Taxa Selic

A denominada taxa Selic representa a média dos juros praticados nas operações de um dia envolvendo compra e venda de títulos públicos. Equivale à taxa básica de juros da economia brasileira, servindo de referência para o mercado financeiro.

Visando ao controle e à liquidação financeira das operações com títulos públicos, foi desenvolvido um sistema conhecido por Sistema Especial de Liquidação e Custódia (Selic). Os diversos negócios envolvendo compra e venda de títulos públicos são acertados diretamente entre as instituições credenciadas a operar nesse mercado, sendo repassadas, via terminal eletrônico, todas as informações ao sistema para que ocorram as transferências de dinheiro e dos títulos negociados.

O Bacen, através do Comitê de Política Econômica (Copom), fixa periodicamente a *taxa meta* da Selic para um período, visando à execução da política monetária. Os jornais publicam regularmente a taxa Selic referente às transações de cada dia, a qual costuma influenciar as taxas de juros das demais operações do mercado. Pode-se avaliar que a taxa Selic constitui-se na taxa de juros base do mercado financeiro, representando o custo diário das reservas de dinheiro.

Como os títulos negociados no âmbito da Selic apresentam grande liquidez e são papéis de emissão pública, são considerados os de mais baixo risco. Dessa forma, a taxa Selic é geralmente admitida como uma *taxa livre de risco* da economia, sendo referência para a formação das diversas taxas de juros do mercado.

A taxa Selic é definida como taxa *over*, sendo válida para dias úteis. O termo *over* indica operações financeiras de curtíssimo prazo (um dia), conhecidas por operações *overnight*. Como essas operações ocorrem de um dia para outro, criam na economia a denominada taxa *over*, representativa de um dia útil.

A Central de Custódia de Títulos Privados (Cetip) constitui-se também num sistema de controle e registro das transações com títulos de renda fixa realizadas entre as instituições financeiras. Esse mercado possui características bastante parecidas com a Selic, diferenciando-se por operar preferencialmente com títulos de emissão privada. As autoridades monetárias permitem a inclusão também de títulos públicos emitidos por Estados e municípios no sistema. A taxa de juro definida por esses títulos é conhecida por taxa Cetip, assumindo percentuais um pouco maiores que os da taxa Selic.

A taxa Selic pode ser decomposta em três partes, conforme a Figura 1.2:

Figura 1.2 Taxa Selic

taxa **Selic**
- taxa **PURA**
- taxa de **INFLAÇÃO** da economia
- taxa de **RISCO**

A taxa pura de juros é entendida como uma taxa de juro livre de risco e de inflação (taxa real). Uma aproximação muito adotada pelo mercado para definir a taxa *pura* é a taxa líquida da inflação dos títulos emitidos pelo Tesouro dos EUA (*T-Bonds*), considerados os títulos de mais baixo risco.

A taxa de *inflação* é representada pelo IPCA, medida oficial de inflação da economia brasileira.

A taxa de *risco* equivale ao risco da economia, definido por risco país. Demonstra a possibilidade de um país se tornar insolvente perante seus credores. Essa taxa de risco é calculada e divulgada por agências de classificação de riscos.

Assim, a taxa Selic é calculada utilizando a seguinte expressão:

$$(1 + SELIC) = (1 + PURA) \times (1 + INFLAÇÃO) \times (1 + RISCO)$$

Logo:

$$SELIC = [(1 + PURA) \times (1 + INFLAÇÃO) \times (1 + RISCO)] - 1$$

1.4.3 Taxa de depósito interfinanceiro (DI)

A taxa de depósito interfinanceiro (taxa DI) equivale à média diária dos juros praticados no mercado interfinanceiro, constituído pelas instituições financeiras que atuam no mercado. As operações desse mercado são lastreadas por meio da emissão escritural de títulos de renda fixa, conhecidos por Certificados de Depósitos Interfinanceiros (CDI). O mecanismo de oferta e procura desses títulos entre as instituições define a taxa de juros CDI do mercado, geralmente conhecida por taxa DI.

A taxa DI é definida em bases mensais com validade para um dia útil. Todos os dias são apuradas e publicadas as taxas DI determinadas pelas operações verificadas no mercado interfinanceiro. Tanto a taxa Selic como a taxa DI representam o custo das reservas monetárias (recursos disponíveis) do mercado, atuando sobre a formação dos juros dos diversos instrumentos financeiros.

A taxa DI, normalmente aquela negociada entre grandes instituições financeiras, tem também característica de uma taxa de juro livre de risco. As taxas DI e Selic costumam apresentar percentuais bastante próximos (em verdade, a taxa CDI é ligeiramente superior à taxa Selic), servindo ambas como referências dos juros do mercado financeiro.

1.4.4 Taxa referencial (TR)

A taxa referencial (TR) é obtida a partir dos juros pagos pelos principais bancos na colocação de seus títulos de renda fixa (CDB/RDB) junto aos investidores. Todos os dias, o Bacen apura a taxa média mensal dos títulos negociados e aplica um redutor sobre o percentual encontrado, visando refletir a tributação incidente sobre os rendimentos e a taxa real de juros da economia. Esse resultado final é que se define por taxa referencial do mercado. A metodologia de aplicação desse redutor foi alterada em 2007 pelo CMN. Com a nova regra, esse redutor, que era de 0,32 quando a taxa média ficava entre 13% e 12% ao ano, de 0,28 para taxa entre 12% e 11% e de 0,24 para a taxa igual a 11%, ficou em 0,32 para essas três faixas menores.

Em verdade, a TR equivale à inflação embutida na remuneração dos títulos de renda fixa, indicando seu percentual à expectativa do mercado com relação à inflação futura (mensal).

A divulgação dessa taxa é relevante para todos os agentes (aplicadores e tomadores de recursos) de mercado, permitindo melhor avaliação de suas projeções com relação ao comportamento dos juros e da inflação da economia. É importante ter-se em conta que o redutor do cálculo da TR é muitas vezes aplicado mais de acordo com os interesses da política monetária, não refletindo uma estimativa mais acurada das projeções de mercado. Esse redutor é variável: quanto mais alta a taxa média dos CDBs, maior o redutor e, assim, mais baixa a TR na comparação com os juros de mercado.

A TR é utilizada no cálculo dos rendimentos da caderneta de poupança, das letras hipotecárias e outros ativos, atuando também como indexador de alguns contratos de financiamento. Desde o final de 2017, essa taxa está definida em 0%.

1.5 TAXA DE JUROS E A ECONOMIA

Ao elevar a taxa básica de juro da economia, o governo sinaliza para uma redução do crescimento econômico, desestimulando os empréstimos (os juros estão mais caros) e a quantidade de dinheiro disponível para consumo e investimentos. Em outras palavras, tornando o dinheiro mais caro, as pessoas compram menos e as empresas diminuem seus investimentos. As bolsas de valores reduzem seus negócios nesse ambiente de alta de juros, tornando mais atraente aos investidores direcionar seus recursos para aplicações em títulos mais rentáveis, que remuneram o capital aplicado com taxas de juros crescentes.

Ao contrário, quando a taxa de juro diminui, revela-se uma forte propensão para o crescimento econômico, elevando a oferta e o interesse dos agentes por dinheiro para consumo e novos investimentos produtivos. As bolsas de valores, nesse cenário econômico, são aquecidas, registrando excelentes marcas em seus negócios.

Na economia, a taxa de juro é o centro da atividade dos mercados, impulsionando ou reduzindo o crescimento econômico. As bolsas de valores, em consequência, sofrem o impacto do comportamento dos juros no mercado.

O *juro* representa a remuneração que se paga pelo uso do dinheiro, ou seja, o pagamento que o tomador de recursos efetua ao credor pelo empréstimo obtido. O percentual pago ao detentor dos recursos é definido como custo do dinheiro. Os motivos das variações nas taxas de juros são basicamente o risco do negócio e a disponibilidade de dinheiro na economia.

Acréscimos nas taxas de juros de mercado encarecem o crédito, desestimulam aplicações em renda variável (ações) e incentivam o mercado de renda fixa. Títulos vinculados ao pagamento de juros tornam-se mais atraentes, trazendo mais investidores. Ao contrário, em cenários de redução das taxas de juros há maior incentivo para investimentos produtivos, estimulando o crescimento da economia e tornando mais atraente o mercado de ações.

Em ambiente de subida da inflação na economia, o Banco Central costuma adotar o instrumento de política monetária de elevação das taxas de juros de mercado, procurando com isso esfriar a atividade econômica. O raciocínio aceito é que, com o dinheiro mais caro, as pessoas consomem menos bens e serviços, focando a redução de seus preços. Toda vez que o Banco Central usa o aumento das taxas de juros para combater a inflação, no entanto, a dívida pública atrelada ao juro se eleva, gerando um arriscado círculo vicioso para a economia.

Ocorrendo uma queda nas taxas de juros de mercado, ao contrário, o efeito é oposto ao de uma elevação. Nesse ambiente, a oferta do crédito sobe e as pessoas passam a consumir mais. A maior demanda por crédito mais barato estimula o crescimento das empresas e oferta de emprego, gerando crescimento econômico. Essa política monetária também apresenta efeitos colaterais: um aquecimento maior da atividade econômica pode trazer de volta a inflação para a economia, além de tornar as aplicações no país menos atraentes aos investidores, levando a uma diminuição da poupança interna e principalmente externa.

2

SISTEMA FINANCEIRO NACIONAL

O capítulo desenvolve dois grandes temas importantes para a formação da cultura financeira. Descreve a estrutura e importância do Sistema Financeiro Nacional (SFN) para o funcionamento do mercado financeiro e detalha suas principais instituições componentes e títulos negociados. Outro assunto importante tratado é a liquidez da economia, os vários conceitos e medidas de moeda e o equilíbrio do sistema financeiro.

Com o estudo deste capítulo espera-se oferecer ao leitor uma visão dos principais agregados econômicos e do equilíbrio do sistema, indispensável para que possa melhor compreender o funcionamento do mercado financeiro.

O SFN é constituído por instituições financeiras, de natureza pública e privada, que viabilizam as transferências de recursos de agentes superavitários – com capacidade de poupança – para os agentes deficitários – que demandam recursos para consumo e investimentos. O SFN organiza e executa a intermediação financeira da economia.

> Agentes superavitários são aqueles que possuem mais recursos do que necessitam, criando um excesso de liquidez disponível para aplicações. Agentes deficitários são aqueles que têm a intenção de gastar (consumir ou investir) acima do que possuem de recursos.

Ao possibilitar as transferências de recursos entre as pessoas, empresas e governo, o sistema financeiro mostra-se em condições de financiar o crescimento da economia, gerando disponibilidades para investimentos geradores de riqueza.

O crescimento e a consolidação do sistema financeiro trazem inúmeros benefícios à economia, como redução dos custos das operações financeiras; maior facilidade de captação de recursos pelas empresas, inclusive no exterior; fortalecimento dos participantes do sistema, reduzindo o risco das operações; oferta mais diversificada de ativos financeiros.

As instituições que compõem o sistema financeiro podem ser classificadas em dois grandes grupos:

- instituições financeiras *bancárias* ou *monetárias*;
- instituições financeiras *não bancárias* ou *não monetárias*.

As instituições *bancárias* (ou *monetárias*) são aquelas que apresentam competência de criar moeda escritural por meio da concessão de empréstimos lastreados em depósitos à vista. Em outras palavras, enquanto o Banco Central tem o poder de emitir moeda manual, essas instituições monetárias podem criar moeda escritural. São basicamente os bancos comerciais, bancos múltiplos e caixas econômicas.

Os recursos de terceiros recebidos por meio dos depósitos à vista são repassados a agentes deficitários mediante operações de crédito. Esses recursos, por sua vez, voltam novamente aos bancos através de depósitos, gerando, como resultados desse ciclo, novos empréstimos. O processo é contínuo, criando o denominado *efeito multiplicador* da moeda.

> A *moeda escritural* é criada a partir do uso de depósitos bancários (disponíveis em conta-corrente) para realização de novas transações. Por exemplo, um banco pode conceder um empréstimo usando dinheiro depositado por um correntista, o qual dificilmente irá usar (sacar) totalmente esses recursos num mesmo momento.

> Por meio da *moeda escritural*, os bancos apresentam enorme potencial de criar moeda e ampliar a oferta de crédito na economia, sendo, em razão desse poder econômico, fortemente controlados pelas autoridades monetárias.

As instituições *não bancárias* (ou *não monetárias*), por não estarem autorizadas a receber depósitos à vista, não possuem capacidade de criação de moeda escritural. Essas instituições atuam basicamente na intermediação financeira de mercado, aproximando agentes ofertantes e tomadores de recursos.

As instituições não bancárias são formadas por todas as instituições financeiras que atuam no mercado, exceto aquelas reconhecidas com capacidade de criação de moeda. Os principais instrumentos negociados por essas instituições são ações, debêntures, certificados de depósitos bancários (CDB), letras de câmbio, entre outros.

2.1 LIQUIDEZ DA ECONOMIA

A liquidez pode ser entendida como a facilidade de um ativo em ser convertido em dinheiro. O nível de liquidez varia em função do tipo do ativo, sendo inversamente proporcional ao seu prazo de conversão em dinheiro. Por exemplo, uma ação pode ser negociada a qualquer momento, apresentando por isso alta liquidez. Um título, com prazo de resgate de um ano, tem sua liquidez determinada pelo tempo de seu vencimento. Um imóvel, cujos negócios são mais de longo prazo, é comumente apresentado como de pouca liquidez.

Assim, a moeda manual e os saldos dos depósitos à vista nos bancos são considerados ativos de máxima liquidez. A moeda possui liquidez imediata e os depósitos bancários podem ser convertidos em dinheiro a qualquer momento, sem necessidade de solicitação prévia à instituição.

Quando se comparam títulos do mercado financeiro, os considerados de maior liquidez são os que podem ser vendidos (transformados em dinheiro) mais rapidamente no mercado. Como comentado acima, ativos fixos, como imóveis, máquinas, veículos etc., apresentam geralmente baixa liquidez, determinada pela demora em se identificar um comprador disposto a pagar o preço fixado para a venda.

A liquidez do sistema econômico pode ser identificada pelo volume dos *meios de pagamentos* ativos de plena liquidez, conhecidos por moeda *M1*. Esses recursos são apurados pela soma total do dinheiro em poder do público mais os depósitos à vista nos bancos, ou seja, todo o dinheiro que as pessoas podem utilizar para os seus gastos.

Dinheiro em circulação
(+) Depósitos à vista nos bancos
(=) Meios de pagamentos – M1

Os meios de pagamento são utilizados pelo público para a aquisição dos bens e serviços disponíveis na economia. Aumentos de M1, sem a correspondente elevação na oferta de bens e serviços, é um sintoma de desequilíbrio nas relações entre compradores e vendedores, promovendo pressões inflacionárias sobre os preços em razão da maior capacidade de compra das pessoas. O Banco Central preocupa-se em exercer controle sobre os meios de pagamento da economia através dos instrumentos de política monetária.

Assim, quando o volume dos meios de pagamento está alto, as autoridades monetárias costumam elevar o percentual dos depósitos realizados nos bancos que deve ser recolhido compulsoriamente no Banco Central. É o controle da liquidez da economia através dos depósitos compulsórios. A medida inibe a capacidade dos bancos em utilizar esses recursos de liquidez imediata para novos empréstimos, reduzindo sua capacidade de criação de moeda.

Em caso contrário, quando a liquidez do mercado está apertada, a atuação do Banco Central é inversa; reduz os percentuais de recolhimentos compulsórios sobre os depósitos efetuados no sistema bancário, permitindo maior oferta de crédito na economia.

Da mesma forma, ainda, o Banco Central pode atuar no mercado comprando e vendendo títulos públicos como forma de ajustar o equilíbrio entre a oferta e a procura de dinheiro. São as conhecidas operações de *open market* que permitem regular as disponibilidades de M1 na economia.

O Banco Central compra títulos quando a liquidez da economia está em alta; com essa medida, "enxuga" o dinheiro do mercado. Quando se verificar maior demanda que oferta de moeda, ou seja, quando a liquidez estiver apertada, a atuação da autoridade monetária será de compra dos títulos, restabelecendo o equilíbrio entre a oferta e a procura.

O volume de M1 é alterado, essencialmente:

♦ pelas autoridades monetárias, quando emitem dinheiro;
♦ pelos bancos comerciais, diante de sua capacidade de criação de moeda.

A maior parte do volume dos meios de pagamento no ambiente econômico atual é constituída de moeda escritural (bancária), criada a partir dos depósitos à vista mantidos pelas instituições.

Além do conceito de moeda M1, os meios de pagamento podem ainda ser avaliados por conceitos mais amplos, que incluem diferentes tipos de títulos que circulam no mercado financeiro. Assim, tem-se:

Meios de pagamento – M1

(+) Depósitos à vista nas caixas econômicas

(+) Títulos públicos colocados no mercado

(+) Saldos de fundos de aplicações financeiras

(=) **Meios de pagamento – M2**

Depósitos em caderneta de poupança

(=) **Meios de pagamento – M3**

(+) Depósitos a prazo fixo

Letras de câmbio

(+) Letras imobiliárias

(=) Meios de pagamento – M4

Os meios de pagamento no conceito M4 abrangem os mais diferentes ativos monetários e se tornam o conceito de moeda mais amplo. Quando ocorre um processo inflacionário na economia, verifica-se também um aumento de M4 em relação a M1, sendo denominado de *desmonetização*. A *monetização* ocorre quando a inflação se reduz, diminuindo o custo das pessoas em manter maior volume de moeda, ou seja, M1.

2.2 ESTRUTURA DO SISTEMA FINANCEIRO NACIONAL (SFN)

O SFN teve sua estrutura definida a partir da Lei nº 4.595, de 30/12/1964, denominada *lei da reforma bancária*. Posteriormente, a estrutura sofreu influências de algumas reformas, identificadas na *lei do mercado de capitais* (1965) e na legislação que criou os bancos múltiplos (1988).

A estrutura atual do SFN, conforme ilustrado na Figura 2.1, é constituída basicamente de três grandes segmentos e respectivas composições:

♦ *Moeda, Crédito, Capitais e Câmbio:* principal segmento do STF, formado pelos mercados Monetário, Crédito, Capitais e Câmbio. Esses mercados foram estudados no capítulo anterior.

♦ *Seguros Privados:* segmento do SFN que atua com seguros privados de capitalização e previdência complementar aberta.

♦ *Previdência Fechada:* constituído basicamente pelos fundos de pensão.

FIGURA 2.1 Estrutura do Sistema Financeiro Nacional (SFN)

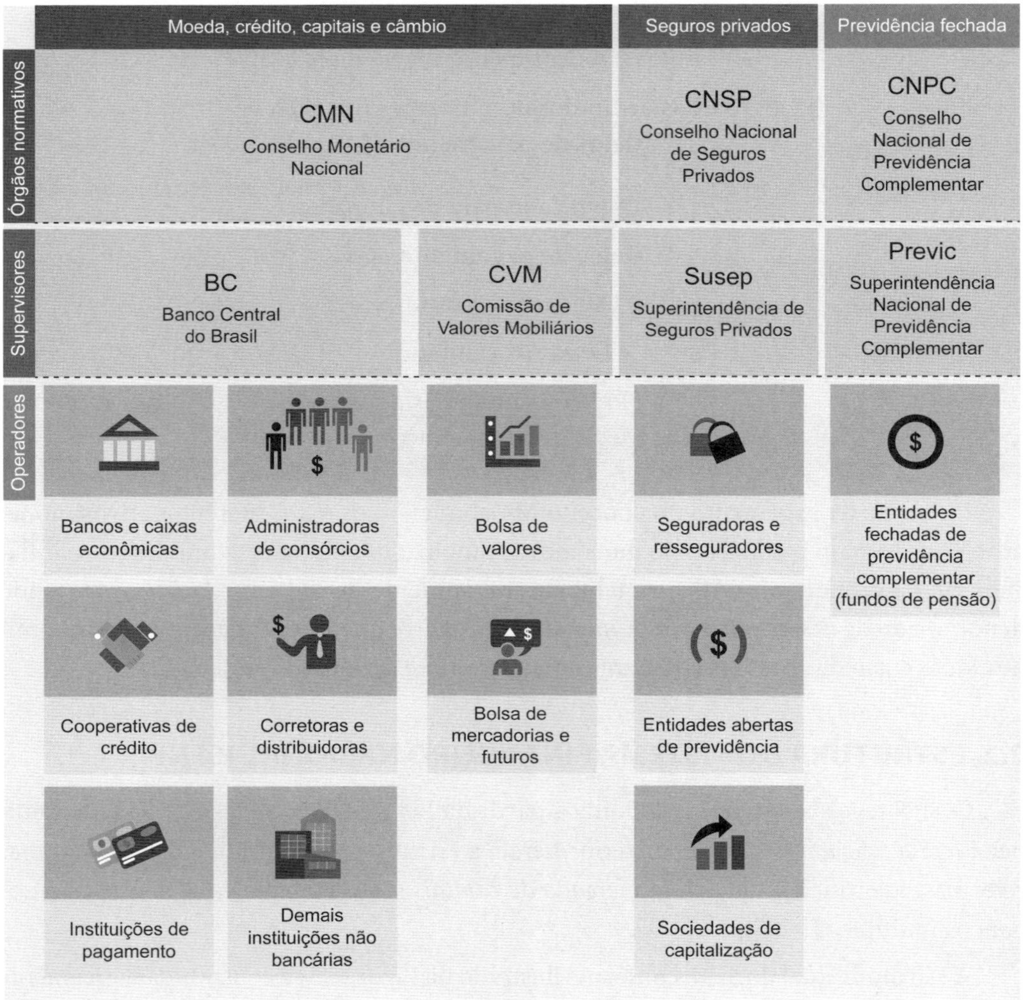

	Moeda, crédito, capitais e câmbio		Seguros privados	Previdência fechada
Órgãos normativos	CMN Conselho Monetário Nacional		CNSP Conselho Nacional de Seguros Privados	CNPC Conselho Nacional de Previdência Complementar
Supervisores	BC Banco Central do Brasil	CVM Comissão de Valores Mobiliários	Susep Superintendência de Seguros Privados	Previc Superintendência Nacional de Previdência Complementar
Operadores	Bancos e caixas econômicas	Administradoras de consórcios	Bolsa de valores	Seguradoras e resseguradores	Entidades fechadas de previdência complementar (fundos de pensão)
	Cooperativas de crédito	Corretoras e distribuidoras	Bolsa de mercadorias e futuros	Entidades abertas de previdência	
	Instituições de pagamento	Demais instituições não bancárias		Sociedades de capitalização	

Fonte: BBC. Disponível em: www.bcb.gov.br. Acesso em: jun. 2021.

2.2.1 Órgãos normativos

Os órgãos normativos do SFN atuam em regulamentação, controle e legislação das atividades do mercado financeiro, suas instituições e operações realizadas.

O subsistema normativo é constituído pelas seguintes instituições:

O *Conselho Monetário Nacional* (CMN) é o órgão deliberativo do sistema financeiro, não desempenhando nenhuma atividade executiva. O CMN possui inúmeras atribuições, todas elas identificadas no objetivo básico de sua criação: *formular a política de moeda e crédito da economia, visando atender aos interesses econômicos e sociais do país.*

É composto por três representantes: o ministro da Fazenda (presidente), o ministro do Planejamento e o presidente do Banco Central do Brasil (Bacen).

O CNM possui algumas atribuições, como, por exemplo, fixar diretrizes e normas da política cambial, monetária e de crédito; adotar medidas de prevenção ou correção de desequilíbrios econômicos; regulamentar as taxas de juros; regular a constituição, funcionamento e fiscalização das instituições financeiras e zelar pela sua liquidez.

O *Conselho Nacional de Seguros Privados* (CNSP) é um órgão normativo das operações de seguros privados. Responsável por estabelecer as diretrizes e normas das operações de seguro privado. O CNPC tem por objetivo regular o regime de previdência complementar operado pelas entidades fechadas de previdência complementar.

2.2.2 Órgãos supervisores

O Bacen é um órgão executivo e fiscalizador do sistema financeiro nacional. É *executivo* na execução da política monetária, na implementação do orçamento da União e no controle da liquidez e meios de pagamentos da economia. É *fiscalizador*, por outro lado, ao definir e promover o controle das instituições financeiras, ou seja, define regras, limites e condutas das instituições.

São algumas de suas atribuições:

- controlar a liquidez do mercado e executar a emissão do dinheiro;
- fiscalizar as instituições financeiras, aplicando penalidades, quando necessário;
- efetuar operações de compra e venda de títulos públicos e federais;
- efetuar controle de crédito, de capitais estrangeiros;
- autorizar as instituições financeiras no que se refere a funcionamento, instalação ou transferência de suas sedes e aos pedidos de fusão;
- executar operações de política monetária e receber depósitos compulsórios das instituições financeiras.

A *Comissão de Valores Mobiliários* (CVM) objetiva essencialmente a regulamentação, o controle e a fiscalização do mercado de valores mobiliários emitidos por sociedades anônimas de capital aberto, como ações e debêntures.

> Valores mobiliários são títulos de investimentos emitidos por sociedades anônimas, visando levantar recursos no mercado. São representados basicamente por ações, debêntures e correlatos.

A CVM fiscaliza também as companhias emitentes dos títulos e os investidores de mercado, de maneira a proteger seus direitos e assegurar o acesso de todas as informações relevantes aos valores mobiliários negociados. Promove medidas incentivadoras à canalização das poupanças do mercado acionário e estímulos ao funcionamento das bolsas de valores.

Atua em três segmentos de mercado: instituições financeiras do mercado, companhias de capital aberto e, por último, investidores.

As denominadas *Instituições Especiais* incluem basicamente Banco do Brasil (BB), Banco Nacional de Desenvolvimento Econômico e Social (BNDES) e Caixa Econômica Federal (CEF).

O BB é uma sociedade anônima de capital misto, sendo seu controle acionário exercido pelo governo federal.

A instituição assume três relevantes funções:

- agente financeiro do governo federal;
- banco comercial/múltiplo;
- banco de investimento/desenvolvimento.

Como *agente financeiro* do governo, o BB executa a política de crédito rural, recebe tributos e realiza pagamentos constantes do orçamento público federal, recebe depósitos compulsórios e voluntários das instituições financeiras e realiza operações de crédito bancário conforme estabelecidas na política monetária. Pode ainda realizar a execução da política do comércio exterior do governo, adquirindo ou financiando os bens de exportação e, assim, ser o agente pagador e recebedor no exterior.

Outra função do BB é identificada ao exercer atividades características de um *banco comercial/múltiplo*, realizando abertura de contas de depósitos à vista de pessoas físicas e jurídicas, operando com créditos de curto prazo etc.

Como *banco de investimento/desenvolvimento*, o BB atua no crédito a médio e longo prazo, financiando as diversas atividades empresariais, além de dar suporte às necessidades de investimentos regionais. Ademais, por meio do apoio a setores estratégicos e às pequenas e médias empresas nacionais, o Banco do Brasil objetiva o fortalecimento do setor empresarial do país.

O BNDES é considerado o principal agente para a execução da política de investimento do governo. Por meio de suas diversas linhas de crédito, o banco visa equipar, modernizar e fomentar empresas e setores da economia considerados de interesse ao desenvolvimento nacional. Assim, pode-se dizer que seu objetivo é estimular e reequipar as empresas essenciais ao desenvolvimento do país.

Na execução de suas atividades creditícias, o BNDES conta com recursos próprios, empréstimos captados no exterior, dotações orçamentárias, fundos provenientes do Programa de Integração Social (PIS), entre outros.

A CEF é uma instituição pública que atua com objetivo social, classificada como uma instituição financeira bancária, atuando com características de um banco comercial. Nesse segmento, a CEF tem poder de criação de moeda escritural, recebendo depósitos à vista e realizando diversas operações de crédito de curto prazo. Executa também diversos outros serviços e operações, típicos de instituições bancárias, como o crédito direto ao consumidor, cobranças e transferências de recursos etc.

A CEF constitui-se ainda no principal agente do Sistema Financeiro de Habitação (SFH), promovendo o financiamento para compra e construção da casa própria, direcionado principalmente à população de menor poder aquisitivo.

2.2.3 Principais órgãos operadores

O subsistema operativo é constituído por instituições financeiras bancárias e não bancárias que atuam na intermediação de valores no sistema financeiro nacional. São apresentadas a seguir as principais instituições que compõem esse subsistema.

2.2.3.1 Instituições financeiras bancárias

Bancos comerciais

Essas instituições executam basicamente operações de curto prazo, suprindo as necessidades de crédito pessoal das pessoas físicas e capital de giro das empresas. São constituídos sob a forma de sociedade anônima.

Conforme discutido, uma importante característica dos bancos comerciais é a sua capacidade de criação de moeda escritural a partir da captação de depósitos à vista. Esse poder de emissão dos bancos comerciais é controlado pelo Banco Central, visando manter equilíbrio na liquidez da economia.

Os bancos comerciais recebem depósitos à vista movimentáveis em contas-correntes e depósitos a prazo fixo por meio da emissão de certificados/recibos de depósitos bancários, promovem operações de empréstimos a curto prazo, além de oferecer uma ampla variedade de serviços bancários, como cobranças, transferências de fundos, pagamentos diversos, recebimentos de impostos e contribuições, custódia de valores, operações de câmbio etc.

Bancos múltiplos

Constituem-se numa evolução dos bancos comerciais, sendo sua criação determinada pelo crescimento verificado no mercado financeiro.

Os bancos múltiplos têm sua formação baseada nas atividades (carteiras) de quatro instituições; são elas:

♦ banco comercial;
♦ banco de investimento e desenvolvimento;

- sociedade de crédito, financiamento e investimento;
- sociedade de crédito imobiliário.

Assim, para que uma instituição seja configurada como banco múltiplo, ela deverá operar no mínimo em duas das atividades apresentadas, não se esquecendo de que uma delas deve ser necessariamente de banco comercial ou de banco de investimento.

Caixas econômicas

Todas as caixas econômicas (federais e estaduais) atuam, ao mesmo tempo, como banco múltiplo, com poder de criação de moeda e executando uma função social, como agentes no financiamento da política habitacional.

2.2.3.2 Instituições financeiras não bancárias

Bancos de investimento

São instituições especializadas em operações de longo prazo, atendendo às necessidades de financiamento de bens de produção e capital de giro das empresas. Costumam atuar com operações de maior escala provenientes de fundos próprios e, principalmente, recursos de terceiros originados de empréstimos contratados no exterior e colocação de certificados de depósitos bancários no mercado.

Como agentes financiadores, os bancos de investimento costumam operar com repasses de recursos externos e internos, subscrição pública de novas ações e debêntures, financiamentos e empréstimos diversos a empresas e profissionais autônomos, entre outras modalidades financeiras.

Essas instituições dedicam-se também a certos tipos de serviços, como avais e fianças, administração de carteiras de títulos e valores mobiliários, custódias etc.

Outra operação que recentemente tem sido realizada pelos bancos de investimento é a securitização de recebíveis, que tem como objetivo a transformação de valores a receber e créditos das empresas em títulos negociáveis no mercado.

Bancos de desenvolvimento

Esses bancos são tipicamente instituições financeiras públicas com atuação regional ou estadual, visando fomentar o desenvolvimento da região em que atuam. Assim, eles também apoiam formalmente o setor privado da economia através de operações de empréstimos e financiamentos, garantias, arrendamento mercantil etc.

Em âmbito regional, citam-se o Banco do Nordeste e o Banco da Amazônia, cujas atuações estão voltadas ao desenvolvimento da região geográfica em que se situam. Existem alguns bancos de desenvolvimento constituídos pelos governos estaduais, cuja preocupação básica é o suporte financeiro das diversas iniciativas de investimento industrial e de infraestrutura dos Estados.

Sociedades de crédito, financiamento e investimento (SCFI)

Essas instituições, conhecidas simplesmente por financeiras, dedicam-se ao financiamento para aquisição de bens de consumo, serviços e capital de giro, através de operações denominadas *crédito direto ao consumidor* (CDC).

A origem dos recursos (lastro financeiro) desses créditos se encontra nas letras de câmbio, emitidas pelo financiado da operação e aceitas pelas SCFI para posterior colocação no mercado. As financeiras também podem realizar repasses de recursos governamentais, financiar profissionais autônomos legalmente habilitados e conceder crédito pessoal.

Sociedades de arrendamento mercantil

São instituições voltadas a realizar operações de arrendamento financeiro (*leasing financeiro*) de bens nacionais adquiridos de terceiros e entregues para uso das empresas arrendatárias.

> *Leasing* financeiro é uma forma de locação de bens e serviços realizada por meio de um contrato de arrendamento. Participam dessa operação:
> - empresa de *leasing*, ou arrendadora;
> - empresa interessada em utilizar o bem objeto do contrato (arrendatária);
> - empresa produtora do bem.

Por exemplo, uma empresa industrial que necessita adquirir certo equipamento procura uma companhia de *leasing* para viabilizar financeiramente a operação. A instituição compra o equipamento selecionado do fabricante e o arrenda à empresa solicitante, conhecida por arrendatária.

O mercado atua também com operações conhecidas por *leasing operacional*, as quais assemelham-se bastante a um contrato de aluguel. Enquanto o *leasing* financeiro possui um prazo de arrendamento que cobre praticamente toda a vida de uso do bem, no arrendamento operacional o bem é alugado inúmeras vezes a diferentes locadores. Como exemplos de *leasing* operacional tem-se o aluguel de carros (*rent a car*) e de aparelhos eletrônicos (computadores, TVs etc.), cujos contratos costumam durar poucos dias.

Cooperativas de crédito

São instituições voltadas a viabilizar créditos para seus cooperados, além de prestar serviços diversos. Apesar de possuírem capacidade de criar moeda pela captação de depósitos à vista, essas instituições, pelos critérios restritivos que apresentam, são classificadas como não bancárias.

Sociedades de crédito imobiliário

São instituições especializadas no financiamento de operações imobiliárias, como compra e venda de imóveis, loteamentos, incorporações de prédios, entre outras.

Essas sociedades geralmente levantam recursos mediante emissão e colocação de letras imobiliárias e depósitos em cadernetas de poupança.

Associações de poupança e empréstimo (APE)

As APEs são instituições sem fins lucrativos e atuam restritas a determinada região geográfica. São de propriedade comum de seus associados, os quais recebem dividendos dos resultados apurados em suas operações financeiras.

Essas associações atuam na área habitacional mediante financiamentos imobiliários voltados prioritariamente a seus associados. A principal alternativa de captação financeira das APEs é a caderneta de poupança, a qual remunera seus aplicadores com dividendos e correção monetária.

2.2.4 Instituições auxiliares

As instituições auxiliares que compõem o subsistema de intermediação financeira são:

- bolsas de valores;
- sociedades corretoras;
- sociedades distribuidoras;
- agentes autônomos de investimentos.

Bolsas de valores

São associações civis que atuam de forma a estimular a poupança na economia e os investimentos das empresas. Os títulos registrados nas bolsas de valores são cotados através da realização de negócios diários de compra e venda. O seu objetivo fundamental é o de propiciar liquidez às aplicações por meio de pregões diários.

As bolsas de valores visam também:

- controlar, orientar e fiscalizar os negócios de compra e venda de títulos mobiliários;
- preservar os valores éticos nas negociações realizadas em seu âmbito;
- divulgar de maneira rápida e eficiente os resultados de todas as transações realizadas.

As bolsas de valores são supervisionadas pela CVM e seus membros são as sociedades corretoras, que participam de sua estrutura pela aquisição de títulos patrimoniais. São essas sociedades as únicas autorizadas a operar no pregão das bolsas, comprando e vendendo ações de acordo com as ordens recebidas dos investidores.

Sociedades corretoras

São instituições financeiras que efetuam com exclusividade a intermediação financeira nos pregões das bolsas de valores. Principais atividades que podem realizar:

- atuar com exclusividade na bolsa de valores que detenha um título patrimonial;
- efetuar operações de compra e venda de títulos e valores mobiliários;
- administrar carteiras de investimentos e organizar e administrar fundos de investimentos;
- efetuar a custódia de títulos e valores mobiliários;
- efetuar serviços diversos aos investidores, como recebimentos de juros de aplicações financeiras, recebimentos de dividendos, desdobramentos de cautelas etc.;
- participar de lançamentos públicos de ações.

Sociedades distribuidoras

As sociedades distribuidoras de títulos e valores mobiliários (DTVM) são também instituições tipicamente de intermediação financeira, comprando e vendendo títulos por conta própria e por conta de terceiros no mercado.

Essas instituições atuam sob o controle do Banco Central e executam, entre outras, as seguintes operações:

- intermediação em operações envolvendo títulos e valores mobiliários, comprando e vendendo por conta de terceiros;
- constituição e administração de fundos de investimentos;
- participação de lançamentos públicos de ações no mercado.

Agentes autônomos de investimentos

Os agentes autônomos são pessoas físicas formalmente credenciadas por instituições financeiras para executarem, por sua conta e ordem, diversas atividades de intermediação financeira no mercado, como venda de títulos e valores mobiliários, colocação de quotas de fundos de investimentos, entre outras atividades. São fiscalizados pelo Bacen e pela CVM.

2.2.5 Instituições não financeiras

No âmbito do sistema financeiro nacional, atuam instituições consideradas como não financeiras, destacando-se: companhias de seguros e companhias de fomento comercial – *factoring*.

Essas instituições desenvolvem atividades específicas de administração e concessão de créditos. As companhias de seguros são constituídas com o objetivo de administrar riscos, tendo responsabilidade financeira pelo pagamento de indenizações na ocorrência de perdas e danos nos bens segurados. Elas têm como obrigação a aplicação de parte de suas reservas técnicas no mercado de capitais. Suas atividades são reguladas e controladas pelo CNSP e fiscalizadas pela Superintendência de Seguros Privados (Susep).

As companhias de fomento comercial – *Factoring* – atuam basicamente na prestação de serviços a pequenas e médias empresas, como gestão de caixa, controle de valores a pagar e a receber, negociações com credores etc., ou seja, são empresas comerciais não financeiras que operam por meio de aquisições de duplicatas, cheques etc. Como consequência desses serviços, a empresa de *factoring* adquire direitos creditórios de suas empresas clientes resultantes das vendas realizadas.

2.3 ATIVOS NEGOCIADOS NO MERCADO FINANCEIRO

Os ativos negociados no mercado financeiro costumam ser classificados de acordo com a renda, podendo ser *variável* e *fixa*. Os ativos de renda variável possuem prazo de vencimento indeterminado e seus rendimentos são vinculados ao desempenho da sociedade emitente do título, como as ações. O próximo capítulo dedica-se integralmente ao estudo desse valor mobiliário.

Os ativos de renda fixa, por outro lado, informam aos investidores os seus rendimentos no momento da aplicação e são independentes dos resultados auferidos pela instituição emitente. Esses ativos, em geral, apresentam data previamente estabelecida para resgate.

2.3.1 Títulos de emissão privada

Os principais ativos financeiros de renda fixa, emitidos por instituições privadas e negociados no mercado, são apresentados a seguir.

Certificados de depósitos bancários (CDB)

São emitidos por bancos comerciais e de investimentos e equivalem a uma obrigação de pagamento futuro de capital aplicado a prazo fixo. São destinados a lastrear operações de financiamento de capital de giro e sua emissão é realizada em função do volume de crédito demandado.

Esses títulos podem oferecer rendimentos *prefixados* – quando se estabelece previamente a taxa de juro para a remuneração do investimento – ou *pós-fixados* – quando se pagam juros calculados sobre o capital aplicado corrigido monetariamente por um indexador escolhido (IGP-M, TR ou IGP-di).

Os *recibos de depósitos bancários* (RDB) são títulos com características bastante similares às do CDB, porém diferenciando-se por não serem negociáveis. O CDB pode ser transferido mediante endosso, o que permite sua negociação no mercado. Tal característica diferenciadora costuma promover diferentes taxas de juros para esses títulos.

Debêntures

São títulos de crédito de médio e longo prazo, emitidos por companhias de capital fechado ou aberto, equivalendo a uma captação de empréstimo dessas empresas no mercado. Os recursos levantados com a emissão de debêntures são geralmente utilizados no financiamento de projetos das empresas, na reestruturação de suas dívidas ou no aumento de capital de giro.

As debêntures apresentam algumas características de renda variável, como pagamento de prêmios, participação no lucro da empresa, opção de conversibilidade em ações da companhia. Apesar dessas remunerações, a debênture é mais bem classificada como título de renda fixa.

A emissão e a consequente colocação das debêntures no mercado devem ser aprovadas em assembleia geral de acionistas da sociedade (AGE), a qual também define todas as características de emissão, como prazo de resgate, forma de pagamento dos juros, conversibilidade em ações, pré ou pós-fixação dos rendimentos etc.

Uma debênture pode ser emitida com cláusula de conversão em ações no vencimento do título, ocasião em que o investidor pode optar por receber o montante do resgate em ações da empresa ou em dinheiro. A quantidade de ações é determinada através de um fator de conversão previamente conhecido. Na condição de conversão, ainda, o investidor passa da posição de credor para a de acionista da empresa.

O *Bovespa Fix* é um segmento responsável por negociar, liquidar e custodiar as debêntures na Bolsa de Valores de São Paulo. Esse segmento da bolsa tem o intuito de proporcionar maior liquidez e transparência ao mercado secundário de renda fixa, além de reduzir os custos de transação e aumentar a eficiência nos negócios.

Letras de câmbio

Esses títulos são *emitidos* pelos financiados dos contratos do CDC, conhecidos como consumidores de bens duráveis, e empresas que tomam empréstimos para capital de giro em sociedades de crédito, financiamento e investimentos, sendo *aceitos* pelas instituições concedentes do financiamento. São títulos nominativos, classificados como de renda fixa, e apresentam prazo de vencimento determinado.

A letra de câmbio, depois de aceita, pode ser vendida no mercado a investidores interessados em aplicar capital em ativos de renda fixa. Dessa forma, o aplicador em letras de câmbio possui duas garantias: a do *financiado*, emitente do título, e a da sociedade financeira, *aceitante* do título.

Cadernetas de poupança

É uma modalidade bastante popular de captação de recursos voltada preferencialmente a pequenos e médios investidores. O dinheiro aplicado nas cadernetas de poupança é direcionado a financiar sobretudo o setor imobiliário, através de créditos a construtores e compradores de imóveis.

A remuneração da caderneta de poupança é pós-fixada, formada por uma taxa de juros de 6% ao ano (0,5% ao mês) mais correção pela taxa referencial (TR), conforme estudado no capítulo anterior (item 1.4.4), para contas abertas até 3/5/2012. Para as contas abertas a partir de 4/5/2012, a remuneração fica atrelada à Selic. Se a taxa Selic for igual ou inferior a 8,5% ao ano, o rendimento será igual a 70% da taxa Selic mais a variação da TR. Caso a taxa Selic volte a ultrapassar o valor de 8,5% a.a., a regra antiga prevalecerá.

O capital aplicado pode ser resgatado a qualquer momento (a caderneta de poupança possui liquidez imediata), porém a remuneração somente é creditada a cada 30 dias contados da data da aplicação do dinheiro. Dessa forma, se houver resgate antes dessa data, conhecida como *data de aniversário*, o aplicador perde todos os rendimentos do período.

Certificados de depósitos interfinanceiros (CDI)

As instituições financeiras costumam repassar (comprar e vender) dinheiro entre si no mercado interfinanceiro, com o intuito de suprir suas necessidades imediatas de caixa ou aplicar seus eventuais excedentes de recursos. Para a realização dessas operações, as instituições emitem títulos denominados certificados de depósitos interfinanceiros (CDI).

As taxas de juros negociadas no mercado interfinanceiro são conhecidas também como *taxas over*, sendo os juros definidos em bases mensais e computados somente nos dias úteis do mês (dias de funcionamento do mercado financeiro). Assim, se a taxa CDI de um dia qualquer estiver fixada em 2,1% ao mês, entende-se que os juros serão de 0,07% (2,1%/30 dias) por dia útil previsto no mês.

A taxa CDI é uma importante referência das expectativas de mercado com relação ao comportamento da economia, influenciando a formação dos juros de todo o mercado financeiro. Ela é formada, essencialmente, com base nas taxas de juros reais do mercado de títulos públicos e nas taxas de inflação (ver item 1.4.3).

Letras imobiliárias

As letras imobiliárias fazem parte da estrutura de captação de recursos no mercado direcionados à execução da política monetária no país. Essas letras são instrumentos de crédito, sendo emitidas por sociedades que atuam no segmento de crédito imobiliário, e rendem juros aos aplicadores. Não há grande oferta desses títulos no mercado, o que determina uma liquidez reduzida em suas operações.

2.3.2 Títulos de emissão pública

Os títulos públicos podem ser emitidos pelos governos federais (Tesouro Nacional), estaduais e municipais.

Os títulos federais, pelo maior volume e liquidez em relação aos demais, apresentam maior importância no mercado financeiro. São emitidos e colocados originalmente junto aos investidores (instituições financeiras) por meio de leilões promovidos pelo Tesouro Nacional. Essas operações se realizam no mercado primário. Posteriormente, os títulos são negociados no mercado secundário entre instituições financeiras e não financeiras.

Além de leilões patrocinados pelo Tesouro Nacional, os títulos públicos podem também ser colocados no mercado através de:

- *Tesouro Direto*,[1] sistema que permite negociar títulos públicos sem a necessidade de intermediação financeira;
- *emissões*, visando suprir necessidades pontuais previstas em lei.

TESOURO DIRETO

Permite a compra direta pelos investidores de títulos públicos por meio da internet. O volume de negociação mínimo exigido é baixo, permitindo o acesso de mais pessoas ao mercado. As operações do Tesouro Direto não têm intermediários financeiros e apresentam custos menores.

Os títulos são garantidos pelo Tesouro Nacional. Permanecendo com o título até o seu vencimento, o aplicador receberá exatamente o retorno estabelecido no momento da aquisição. Caso deseje se desfazer de sua posição, o investidor pode vender os seus títulos no mercado, ao preço de negociação na data.

Os títulos emitidos pelo Tesouro Nacional visam financiar o déficit orçamentário e de caixa do governo federal. Os títulos emitidos por estados e municípios destinam-se basicamente a atender as necessidades de caixa e orçamentárias dos respectivos governos. Podem ser denominados de apólices, letras ou obrigações, conforme as características da emissão.

Há uma grande variedade de títulos públicos internos no Brasil, diferenciando-se basicamente em função dos prazos de resgate e remunerações oferecidos. O Quadro 2.1 descreve as principais características dos títulos públicos negociados no mercado financeiro e emitidos pelo Tesouro Nacional. Os títulos mais demandados no mercado são as Notas do Tesouro Nacional (NTN), as Letras do Tesouro Nacional (LTN) e as Letras Financeiras do Tesouro (LFT).

---

[1] www.tesourodireto.com.br.

QUADRO 2.1 Características dos principais títulos públicos brasileiros

Título	Tipo de rentabilidade	Rendimento
TESOURO PREFIXADO 20XX (antiga LTN – Letras do Tesouro Nacional)	Prefixado	Desconto
TESOURO SELIC 20XX (antiga LFT – Letra Financeira do Tesouro)	Pós-fixado	Taxa média Selic
TESOURO PREFIXADO COM JUROS SEMESTRAIS 20XX (antiga NTN-F)	Pós-fixado	Desconto
TESOURO IPCA + 20XX (antiga NTN-B Principal)	Pós-fixado	Taxas de juros + IPCA
TESOURO IPCA + COM JUROS SEMESTRAIS 20XX (antiga NTN-B)	Pós-fixado	Taxas de juros + IPCA

Os títulos públicos passaram a adotar uma nomenclatura mais próxima da real funcionalidade do título. O termo 20XX refere-se ao ano de vencimento do título.

O *Tesouro Prefixado 20XX* é um título prefixado, ou seja, aquele cuja rentabilidade é definida no momento da aplicação. Nesse título, o investidor adquire um fluxo de pagamento simples, em que são pagos o valor aplicado mais os rendimentos referentes ao período da aplicação na data do vencimento.

Já o *Tesouro Prefixado com Juros Semestrais 20XX* prevê pagamentos semestrais de juros, conhecidos por cupons, além do pagamento do valor nominal do título na data de vencimento. Os juros semestrais pagos ao investidor são estabelecidos pelo Tesouro Direto na data de emissão do título.

O *Tesouro Selic 20XX* é um título pós-fixado cuja rentabilidade será a variação da taxa Selic diária entre a data da compra e a do vencimento do título.

O *Tesouro IPCA + 20XX* possui duas variações: com o pagamento dos juros semestrais ou sem o pagamento desses juros, prevendo o pagamento dos juros somente no vencimento do título.

3

AÇÕES

O capítulo desenvolve o estudo das ações, abordando esse valor mobiliário em seus diversos aspectos. São apresentados e exemplificados os conceitos fundamentais de ações, desenvolve-se uma interessante análise da relação risco-retorno-liquidez, são discutidos os critérios para investir em ações e demonstrados os rendimentos oferecidos.

É requisito básico o conhecimento mais aprofundado das ações, em seus vários aspectos, para melhor avaliação dos investimentos no mercado de renda variável.

O conteúdo estudado é importante ainda como conhecimento prévio para melhor acompanhar os próximos capítulos, mais avançados.

As ações são *valores mobiliários* emitidos por sociedades anônimas (S.A.) e representativos de uma parcela mínima de seu capital social. O capital social de uma S.A. é dividido em partes iguais, representadas por ações e integralizadas pelos sócios (acionistas). A responsabilidade dos acionistas com relação aos resultados alcançados pela sociedade restringe-se ao montante das ações possuídas.

Os investidores compram ações com o objetivo de auferir ganhos, seja pela distribuição de lucros da companhia emitente (dividendos), seja pela valorização de seus preços no mercado (ganho de capital). As empresas emitem ações e as vendem com o intuito de levantar recursos para novos investimentos e expansão de seus negócios. Os acionistas são sócios dos resultados da empresa.

As ações são tipicamente negociáveis no mercado, apresentam alta liquidez e não possuem prazo definido para resgate. Não há garantia de desempenho para as ações, sendo por isso consideradas um investimento de risco. Sua rentabilidade está associada a diversos motivos, que vão desde o desempenho econômico-financeiro da companhia emitente até o comportamento da conjuntura nacional e internacional, sendo a ação classificada como investimento de renda variável.

Uma companhia é definida como aberta ou fechada dependendo se possui valores mobiliários negociados no mercado. Uma *empresa de capital aberto*, ou companhia aberta, tem valores mobiliários de sua emissão registrados na Comissão de Valores Mobiliários (CVM) e admitidos à negociação no mercado de valores mobiliários. *Companhias fechadas* não podem negociar valores mobiliários no mercado.

Valores mobiliários são representados principalmente por ações, bônus de subscrição e debêntures e, de maneira menos usual, por notas promissórias para distribuição pública.

As companhias abertas são fiscalizadas pela CVM, conforme estudado no capítulo anterior. Quanto à forma de circulação, as ações podem ser *nominativas, endossáveis e escriturais*. As ações *nominativas* são representadas por cautelas (certificados) que trazem o nome do investidor registrado no *livro de registro de ações nominativas*. No caso de sua transferência, tem-se a entrega da cautela e averbação do nome do novo titular no referido livro, passando assim a ter todos os direitos de acionista.

As ações *nominativas endossáveis* fazem o registro somente do nome do primeiro acionista, com a transferência de titularidade feita apenas pelo endosso da própria cautela.

Existem também *ações escriturais*, representadas por cautelas ou certificados. Na emissão dessas ações não há movimentação física de documentos, sendo todas as transações registradas em conta-corrente dos acionistas (compra ou venda), como em uma transferência bancária normal. O acompanhamento é feito por meio de extratos emitidos pelas corretoras.

> **SENDAS DISTRIBUIDORA PEDE REGISTRO DE COMPANHIA ABERTA**
>
> Em artigo de Aluisio Alves, publicado no UOL Economia em 8/10/2020, relata-se o pedido de registro de companhia aberta feito pela Sendas Distribuidora à CVM. A Sendas Distribuidora reúne as operações do Assaí, do grupo GPA. O artigo comenta que o protocolo não veio acompanhado do pedido de aval para realizar oferta pública de distribuição, revelando que a empresa, pelo menos até o momento, não pretende emitir ações ou debêntures, embora o registro na Categoria A habilite-a a ter tais papéis no mercado.

Fonte: UOL. Disponível em: https://economia.uol.com.br/noticias/reuters/2020/10/08/sendas-distribuidora-pede-registro-de-companhia-aberta.htm. Acesso em: 21 jun. 2021.

Existem ainda as ações *units*, ou simplesmente *units*, que representam uma combinação de diferentes tipos de valores mobiliários como ações ordinárias, preferenciais e bônus de subscrição. As *units* são negociadas no mercado à vista da B3 (Bolsa de Valores de São Paulo) e seu titular tem o direito sobre todos os ativos que compõem a *unit*, como direito a voto em assembleias de acionistas, direito de preferência e direito de subscrição. São conhecidas no mercado pelo código 11 após o código da empresa. Por exemplo, a *unit* do Santander do Brasil tem código SANB11 e corresponde a uma ação ordinária mais uma ação preferencial.

3.1 TIPOS DE AÇÕES

Há duas espécies de ações: *ordinárias* e *preferenciais*. Essa classificação é função de direitos e vantagens conferidos aos seus proprietários.

As ações *ordinárias* apresentam como característica principal o direito de voto nas assembleias deliberativas, permitindo que seus titulares interfiram nas principais decisões da sociedade. Cada ação ordinária indica o direito a um voto. Quanto maior a quantidade de ações mantidas, maior o poder de voto do investidor.

As ações *preferenciais*, por seu lado, possuem certas *preferências* ou *vantagens* em relação às ordinárias. O número de ações preferenciais sem direito a voto, de acordo com a legislação societária vigente, não pode exceder 50% do total das ações emitidas pela companhia. Os dividendos das ações preferenciais são calculados e pagos antes das ações ordinárias. Em caso de falência da companhia, os acionistas preferenciais apresentam maiores chances de recuperar parte do capital aplicado.

As ações podem ser emitidas em diferentes classes: A, B, C ou qualquer outra identificação. Segundo a legislação vigente, *as ações ordinárias da companhia fechada e as ações preferenciais da companhia aberta e fechada poderão ser de uma ou mais classes*. Cada classe possui características próprias de exigências, direitos ou vantagens aos acionistas, definidos pela sociedade emitente.

As preferências ou vantagens das ações preferenciais podem ser exercidas principalmente:

- *no recebimento* de dividendos. Os percentuais de dividendos são geralmente maiores aos acionistas preferenciais. A atual legislação determina, inclusive, um dividendo preferencial no mínimo 10% maior que o declarado aos acionistas ordinários;
- *no reembolso* de capital no caso de dissolução da sociedade;
- *na acumulação* das vantagens e preferências enumeradas.

Em razão dessas vantagens, os preferencialistas não possuem direito a voto em assembleia de acionistas. Admite-se que o acionista preferencial tenha como prioridade de seu investimento o retorno sobre o capital aplicado, ou seja, certa garantia no recebimento dos resultados apurados pela empresa em suas atividades, e não o controle acionário da companhia, como é competência da ação ordinária. Para o acionista preferencial, o recebimento de um fluxo de lucros (dividendos) é mais importante que o poder de comando da companhia.

A legislação atual prevê que, em caso de não distribuição de lucros aos acionistas preferenciais por três exercícios sociais seguidos, essas ações passam a adquirir o direito de voto, igualando-se às ordinárias, porém sem perda das preferências e vantagens enumeradas. O estatuto da sociedade por ações pode atribuir ainda o direito de voto a certas ações preferenciais emitidas. É fundamental que o investidor se inteire de todos os direitos dos acionistas previstos no estatuto da companhia antes de aplicar o seu dinheiro.

SUBSCRIÇÃO DE AÇÕES

Os atuais acionistas têm preferência na compra de novas ações emitidas pelas companhias, conhecida como "direito de preferência na subscrição". Esse direito traz duas importantes vantagens aos acionistas:

- possibilidade de manter a atual participação no capital acionário;
- possibilidade de auferir um ganho adicional pela diferença entre o preço de mercado e o preço de subscrição. O acionista pode, ainda, negociar o direito de subscrição no mercado.

3.2 AÇÕES DE GOZO OU FRUIÇÃO E PARTES BENEFICIÁRIAS

É prevista ainda, na lei das sociedades por ações, a emissão de ações de *gozo* ou *fruição* e de *partes beneficiárias*.

As ações de *gozo* ou *fruição* são de interesse mais restrito dos sócios fundadores da companhia. Representam, a título de antecipação, os montantes a serem distribuídos aos acionistas na hipótese de liquidação da sociedade. O estatuto da companhia pode prever, para essas ações, certa participação nos lucros.

As *partes beneficiárias* são títulos negociáveis que a companhia pode emitir sempre que desejar. Não possuem nenhum vínculo com o capital social da empresa, não incorporando, portanto, direitos de acionistas.

A parte beneficiária consiste numa participação nos lucros da sociedade auferidos em cada exercício social, tendo suas principais características referentes ao valor da participação, forma de resgate etc. previstas no estatuto social.

É comum a sociedade conceder partes beneficiárias a certas pessoas que tiveram alguma participação relevante no sucesso de uma empresa, como forma de compensação à contribuição oferecida.

3.3 RETORNO, LIQUIDEZ E RISCO

Todo investimento em títulos e valores mobiliários é avaliado a partir de três características básicas:

- retorno;
- liquidez;
- risco.

O *retorno* considera a remuneração esperada do investimento, a qual é geralmente expressa em taxas percentuais, obtidas pela relação entre os ganhos auferidos e o capital investido.

Essa remuneração oferecida pelo título deve ser comparada com a taxa de retorno mínima que o investidor exige em suas aplicações financeiras e identificada como custo de oportunidade. Em outras palavras, o investimento em ação deve gerar ao aplicador, no mínimo, a mesma taxa de retorno que ele auferiria se tivesse direcionado seus recursos para outra alternativa de investimento, de mesmo risco.

Em verdade, ao optar por aplicar seus recursos em ações, o investidor renuncia a um consumo no presente, na expectativa de consumo maior no futuro. De outra maneira, pode-se avaliar que o comprador de determinada ação abre mão de uma alternativa de investimento para efetuar essa aplicação, exigindo um retorno (de oportunidade) no mínimo igual ao que deixou de auferir.

A *liquidez* de uma ação está relacionada com a sua conversão em dinheiro. Quanto mais rápida for a capacidade de um título em se converter em dinheiro (ser negociado no mercado), mais alta é a sua liquidez. Em outras palavras, a liquidez pode ser entendida como a rapidez com que se consegue comprar ou vender uma ação no mercado.

A liquidez varia de forma inversa aos prazos dos investimentos. Aplicações de longo prazo apresentam menor liquidez que as de prazo de resgate mais curto. O papel-moeda é o único ativo que possui liquidez absoluta. Todos os demais ativos têm sua liquidez medida em função do potencial apresentado de venda no mercado.

No mercado financeiro, as ações são consideradas investimentos de liquidez elevada, proporcionando aos seus proprietários condições de negociação rápida no mercado. Mesmo em ativos iguais, como as ações, existem aquelas mais estáveis e de maior liquidez que podem ser negociadas mais facilmente, tornando-se, portanto, bastante procuradas pelos investidores.

A característica do *risco* de um investimento em ações encontra-se geralmente relacionada:

- ♦ à possibilidade de algum insucesso financeiro (inadimplência, falência) da companhia emitente da ação;
- ♦ ao desempenho da conjuntura e suas repercussões sobre o comportamento do mercado.

O risco da inadimplência pode ser entendido a partir de uma avaliação do desempenho econômico e financeiro da sociedade. Para tanto, as companhias de capital aberto – aquelas que possuem ações e/ou debêntures negociados no mercado – são obrigadas por lei a divulgar periodicamente, de acordo com padrões estabelecidos, seus demonstrativos de resultados e posição patrimonial.

O risco de mercado é avaliado principalmente pelo acompanhamento do desempenho das ações e dos principais indicadores de mercado, como taxa de juros, inflação, variação do PIB, política monetária, entre outros. Quanto maiores forem as variações nas cotações dos títulos, ou seja, quanto mais oscilantes se apresentarem seus retornos, menor a confiança do mercado nesse investimento. Os investidores tornam-se mais desconfiados e passam a exigir retornos maiores de seus investimentos, desvalorizando o seu preço de mercado.

Uma técnica estatística largamente empregada para se avaliarem essas oscilações nos retornos das ações é o desvio-padrão (ou variância). Quanto mais alto se apresentar esse indicador, maior a incerteza com relação ao investimento, exigindo um acompanhamento mais intenso dos resultados.

Os investimentos disponíveis no mercado não são capazes de atender positivamente as três características, retorno, liquidez e segurança, ao mesmo tempo. É comum satisfazer somente a duas delas. Por exemplo, as ações costumam apresentar alta liquidez e rentabilidade, porém são aplicações de risco. Os imóveis costumam apresentar bom retorno e boa segurança, porém convivem com baixa liquidez. Para melhor ilustrar essas relações, o Quadro 3.1 ilustra o comportamento esperado de alguns ativos diante das três variáveis apresentadas.

QUADRO 3.1 Comportamento dos ativos mediante retorno, liquidez e segurança

Ativo	Retorno	Liquidez	Segurança
Ações	alto	alta	baixa
Títulos de renda fixa	alto	baixa	alta
Imóveis	alto	baixa	alta
Caderneta de poupança	baixo	alta	alta

Um ponto, não menos importante, para se investir em ações é o fato de o investidor acertar o *timing*, o momento oportuno para entrar (comprar) e sair (vender) do mercado. Este é um fator que pode ser crucial para o investidor ao conseguir se antecipar aos movimentos de mercado (alta ou baixa dos preços). Tal percepção exige que o investidor faça um acompanhamento contínuo não somente do mercado, mas também das variáveis macroeconômicas que afetam cada um dos fatores e do desempenho da empresa.

Vale lembrar que o desempenho positivo de um papel no passado não indica, necessariamente, bom desempenho no futuro. O valor de um ativo no futuro é baseado nas expectativas de desempenho da empresa e do mercado.

A empresa convive com dois riscos: risco econômico e risco financeiro. O *risco econômico* é o risco próprio da atividade empresarial, juntamente com as condições de mercado, do setor, e restringe-se às decisões de investimentos em ativos. São exemplos de risco econômico a evolução tecnológica, a qualidade dos produtos, a atuação dos concorrentes etc. O *risco financeiro*, por outro lado, está associado à forma como a empresa se financia, ou seja, à alavancagem financeira.

3.4 COMO SELECIONAR UMA AÇÃO PARA INVESTIMENTO

As ações podem ser divididas em quatro grandes grupos, de acordo com a sua relação com retorno, risco e liquidez:

- *Ações de 1ª linha*: essas ações costumam aliar liquidez e rentabilidade com um comportamento mais estável em suas cotações de mercado. São conhecidas no jargão das bolsas como *blue chips*. Nesse grupo são incluídas ações de companhias mais tradicionais, de excelente reputação e qualidade.

  Não há uma relação oficial das ações classificadas como *blue chips*. O desempenho no mercado é que determina quais são essas ações, que podem mudar de um período para outro. Em geral, as listas de ações *blue chips* divulgadas geralmente contêm empresas como Petrobras e Vale, entre outras.

- *Ações de 2ª linha*: as ações desse grupo apresentam menor liquidez que as *blue chips* e representam companhias de médio e grande porte com bom desempenho. São entendidas como ações de boa qualidade.

- *Ações de 3ª linha*: são ações de mais baixa liquidez, geralmente de companhias de pequeno e médio porte. Possuem, em geral, menor qualidade.

As ações de segunda e terceira linhas prometem retornos maiores, porém também apresentam riscos mais elevados.

A inclusão de ações negociadas em bolsas de valores nesses grupos muda constantemente, em função do desempenho das empresas e das condições do mercado.

Os preços de mercado das ações são formados livremente pelas forças de oferta e procura dos papéis. Os preços podem movimentar-se a todo instante no mercado, apresentando valorizações ou desvalorizações. O valor de uma ação pode cair hoje e se recuperar no futuro, e vice-versa. Modificações na demanda de uma ação exercem influências sobre seu preço e são consequência do desempenho esperado da companhia, da percepção de risco dos investidores e das condições de mercado e conjunturais.

O investidor, ao adquirir uma ação, tem a expectativa de uma valorização em seu preço de mercado. Quando muitos investidores acreditam nesse comportamento, os preços sobem em razão de maior procura para comprar os papéis. As ações ficam mais caras. Se os investidores, ao contrário, estão pessimistas com relação ao retorno esperado, os preços das ações caem em consequência de maior oferta de venda.

Nem todas as ações apresentam ainda o mesmo comportamento no mercado. Elas não se relacionam da mesma forma com os indicadores da economia. Por exemplo, ações de empresas de setores como construção civil, bens de consumo, aviação comercial, veículos e autopeças, entre outros, apresentam forte correlação com os indicadores gerais da economia, sendo por isso denominadas *cíclicas*. Crescendo o produto interno bruto (PIB), o valor da ação tende a acompanhar esse comportamento favorável, demonstrando maior dependência das condições da economia. Em períodos de recessão, os seus preços caem, motivados pelo desempenho desfavorável da economia.

Por outro lado, ações de empresas de setores como mineração, alimentos e bebidas, fumo, entre outros, costumam apresentar menor dependência em relação ao estado da economia. As condições gerais da economia influenciam o desempenho dessas ações, porém não com a mesma intensidade das cíclicas.

3.4.1 Perfil do investimento em ações

O investimento em ações deve ter por objetivo a formação de patrimônio dentro de uma expectativa mais de longo prazo. Mesmo que excelentes resultados tenham se verificado em negócios de curto prazo (ou até especulativos) nas bolsas de valores, a visão do investidor deve preferencialmente cobrir horizontes maiores de tempo, pensando na formação de uma carteira para 5, 10 ou até mesmo 15 anos.

O investidor de curto prazo é o que se costuma denominar *especulador*. Aplica hoje na expectativa de apurar um ganho rápido, às vezes no mesmo dia. É uma forma de investimento bastante arriscada, podendo proporcionar bons lucros e também grandes perdas. Exige do investidor grande experiência, bastante informação e disponibilidade para acompanhar, de forma bem próxima, o comportamento das ações no mercado.

As melhores oportunidades de investimento em ações são de empresas que apresentam bom potencial de ganho no futuro. O investidor não deve seguir o comportamento atual (ou passado) do papel; o que é relevante para a decisão são as expectativas futuras de ganho. Nada do que ocorreu no passado irá necessariamente se repetir no futuro.

Todo investimento em ação embute riscos, principalmente ao se entender que se trata de um papel de renda variável. Da mesma forma que pode apresentar valorização, refletida por um aumento em sua cotação de mercado, pode também sofrer redução no preço, gerando uma perda de capital ao investidor. É recomendado ao investidor que selecione somente parte de seu patrimônio financeiro para aplicação em ações, não devendo comprometer os recursos necessários às suas despesas básicas (alimentação, saúde, educação) ou seus gastos imediatos.

> Todo investimento deve remunerar seu risco. É sempre importante não concentrar todo o capital numa única alternativa. A diversificação é bastante recomendada, é o conceito essencial para todo investidor.

O investidor deve se preocupar em *diversificar* sua carteira de ativos, analisando outros papéis ou alternativas de investimentos que possam compensar eventuais perdas que venha a sofrer. Com isso, caso ações de algum setor econômico não apresentem resultados satisfatórios, papéis de outros setores podem minimizar (ou compensar) essas perdas. Da mesma forma, uma desvalorização do mercado de ações costuma ser acompanhada de melhores oportunidades de aplicação em outros mercados, como de renda fixa ou de imóveis, e assim por diante.

A diversificação das aplicações é fundamental para a gestão de carteiras de investimentos, contribuindo para se obterem os melhores resultados da relação risco-retorno, ou seja, minimizar o risco e permitir um retorno que remunere o custo de oportunidade do investimento.

QUADRO 3.2   Rentabilidade anual do mercado de ações no Brasil

Período: 2000-2020

Ano	Retorno	Ano	Retorno
2000	– 10,72%	2011	– 18,11%
2001	– 11,02%	2012	7,40%
2002	– 17,00%	2013	– 15,50%
2003	97,34%	2014	– 2,91%
2004	17,81%	2015	– 13,31%
2005	27,71%	2016	38,94%
2006	32,93%	2017	26,86%
2007	43,65%	2018	14,03%
2008	– 41,22%	2019	31,58%
2009	82,66%	2020	2,92%
2010	1,04%		

Fonte: Instituto Assaf. B3. Disponível em: www.institutoassaf.com.br. Acesso em jun. 2021.

Conforme observado no Quadro 3.2, de 2000 a 2020, a bolsa brasileira teve rendimento acumulado de 590,49%, ou seja, um investidor que tivesse aplicado R$ 100 em 2000 teria, em dezembro de 2020, R$ 690,49. Isso equivale a um rendimento médio (juros compostos) de 9,64% ao ano.

3.5 VALOR DAS AÇÕES

As ações possuem diversos valores, conforme descritos a seguir:

- *Valor nominal:* equivale ao valor de emissão da ação. As companhias poderão emitir ações com ou sem valor nominal.

  No caso de ações com valor nominal, o valor deverá ser o mesmo para todas as ações emitidas. Alguns direitos dos acionistas (como dividendos preferenciais, por exemplo) podem ter como referência o valor nominal da ação.

  No caso de ações sem valor nominal, o preço de emissão é fixado na constituição da sociedade pelos sócios fundadores, e no caso de aumento de capital, pela Assembleia Geral ou pelo Conselho de Administração.

- *Valor patrimonial:* é obtido com a divisão do montante do patrimônio líquido da companhia, conforme registrado pela contabilidade e divulgado nos balanços publicados, pelo número de ações emitidas. O valor patrimonial equivale à parcela dos recursos próprios da empresa que compete a cada ação em circulação. É um indicador contábil, com pouca importância na análise e avaliação de ações.

- *Valor intrínseco*: é uma medida econômica indicativa do valor máximo que o investidor pagaria por uma ação para ter sua expectativa de remuneração atendida. Esse valor é apurado pelos princípios da análise fundamentalista das ações e considera os rendimentos futuros esperados e a taxa de retorno mínima exigida pelo investidor. É muitas vezes denominado *fair value* (valor justo) de uma ação.

- *Valor de mercado:* representa o valor em que a ação se encontra negociada no mercado e reflete as expectativas dos investidores com relação ao seu desempenho esperado. Esse valor é diariamente publicado pela imprensa, a partir das cotações das ações estabelecidas em bolsas de valores.

Para o investidor, uma ação será atraente sempre que sua cotação de mercado ficar abaixo de seu valor intrínseco, indicando um potencial econômico de ganho, ou seja, ganho maior que o esperado. Por exemplo, se um investidor estivesse disposto, a partir de suas projeções de rendimento futuras e do ganho mínimo exigido, a pagar até $ 3,00 por uma ação, o interesse em sua aquisição se apresentaria sempre que sua cotação em mercado atingisse um preço abaixo desse valor intrínseco.

As ações são consideradas de pouco interesse econômico quando o seu valor de mercado supera o seu valor intrínseco.

O valor de mercado é bastante dinâmico e sensível a inúmeros fatores conjunturais, alterando-se com bastante frequência nos mercados bursáteis. Políticas econômicas, ambiente político, avanços tecnológicos e competitividade de mercado e desempenho da empresa são algumas das variáveis que afetam as cotações das ações, promovendo valorizações ou perdas de valor conforme a correlação dos fatos com o desempenho das bolsas.

- *Valor de liquidação:* valor da ação previsto no caso de liquidação (dissolução) da sociedade. Considerando que as empresas, em geral, admitem duração indeterminada, esse valor que considera o encerramento das atividades apresenta pouco interesse para o analista.
- *Valor de subscrição:* é o valor fixado formalmente pela companhia ao emitir novas ações visando promover um aumento de capital. Pela legislação vigente, esse valor não pode ser inferior ao valor nominal da ação, se houver.

3.6 *DEPOSITARY RECEIPTS*

Quando empresas de um país decidem negociar suas ações em bolsas de valores de outras economias, são emitidos certificados representativos desses ativos, denominados *depositary receipts* (DR) – recibos de depósitos, negociados livremente nos mercados financeiros do exterior.

As ações que lastreiam a emissão desses certificados são custodiadas por uma instituição financeira, sendo o DR emitido com base nesse depósito por um banco estrangeiro. Os DRs negociados no exterior são tratados como títulos do próprio país, seguindo as leis e padrões de operação do mercado financeiro local.

Estes podem ser negociados com base em ações emitidas pela companhia ou a partir de uma oferta pública de ações. Em qualquer tipo, há inúmeras exigências formais de registros para que os certificados sejam incluídos nas negociações em bolsas.

Os DRs mantêm todos os direitos dos acionistas com relação a dividendos, bonificações e participações em subscrições. A emissão desses certificados facilita bastante o acesso dos investidores aos mercados financeiros de outros países. Um investidor pode adquirir ações estrangeiras sob a forma de DR em seu próprio país, obedecendo às práticas normais de mercado.

Para a companhia captadora dos recursos, as emissões de DRs trazem diversas vantagens corporativas, como o acesso ao mercado de capitais internacionais, melhores opções de financiamento, maior exposição da empresa e de seus produtos e serviços no mercado etc.

Os investidores em DR são atraídos principalmente pelos pagamentos dos rendimentos em dólar, possíveis vantagens fiscais, redução de despesas de negociação, maior liquidez dos certificados, informações mais amplas e de melhor qualidade, entre outros fatores.

Principais empresas brasileiras com ações negociadas no exterior: Petrobras, Vale, CSN, Itaú, Bradesco, Gerdau, Embraer, AmBev.

O volume financeiro médio com ADRs[1] brasileiros negociados no mercado de ações dos EUA vem assumindo grandes proporções, ultrapassando em vários momentos o movimento do mercado à vista da Bovespa. Em 2019, os ADRs movimentaram em média, por dia, US$ 1,42 bilhões.

3.7 RENDIMENTOS DAS AÇÕES

Conforme ficou demonstrado, o capital social de uma companhia é dividido em ações, que representam as frações mínimas em que se encontra dividido. São valores negociáveis no mercado e entregues aos subscritores de acordo com a participação efetivada no capital. O titular de uma ação é um coproprietário da sociedade, um de seus *donos*, assumindo participação em seus resultados, bem como em seus ativos e dívidas perante terceiros.

Os rendimentos oferecidos por esses títulos são:

- dividendos;
- juros sobre o capital próprio;
- bonificações;
- direito de subscrição;
- valorizações.

Esses rendimentos podem ser interpretados pelos resultados e participações distribuídos pela companhia emitente e aqueles provenientes das variações de seus preços de mercado.

Os rendimentos pagos aos acionistas estão diretamente relacionados aos resultados obtidos pela empresa em exercícios passados. Apurando lucros, a assembleia geral pode decidir distribuir parte aos investidores com base no desempenho apresentado. Por outro lado, as variações nos preços das ações no mercado (valorizações ou desvalorizações) têm a ver com as expectativas futuras da companhia e com o desempenho esperado de seus negócios.

Se uma ação apresentar boas possibilidades futuras de promover ganhos aos investidores, a demanda por esse título se elevará, valorizando seu preço de negociação no mercado. Ao contrário, se as expectativas de lucros não forem atraentes, ocorrerá menor procura por esse papel, determinando uma queda (desvalorização) em sua cotação de mercado.

---

[1] Quando negociado no mercado dos Estados Unidos, o DR é conhecido como *american depositary receipt* (ADR). Quando transacionado em outros países, recebe o nome de *international depositary receipt* (IDR).

O preço de mercado de uma ação é, em essência, determinado por esse processo natural de oferta e procura, determinado pelas expectativas futuras que os investidores têm com relação aos seus resultados.

O acionista se beneficia com os lucros auferidos pela companhia em exercícios passados e, principalmente, com o seu desempenho esperado. Por isso, a compra de ações é considerada um investimento de renda variável, não sendo possível conhecer, no momento da aplicação, o exato rendimento que será auferido.

Sempre é interessante lembrar que o investimento em ações, ao mesmo tempo que proporciona maiores possibilidades de ganhos e liquidez diária, envolve também maiores riscos. É sempre recomendado que o investidor menos familiarizado com as técnicas de avaliação de ações recorra a uma instituição financeira em busca de orientação e assessoria na gestão de seus investimentos.

Os investimentos em ações vêm atraindo número cada vez maior de aplicadores, devido principalmente às possibilidades de negociações pela internet. Essa alternativa eletrônica de investir em ações torna mais ágil e dinâmica a operação, além de poder reduzir seus custos de transação.

3.7.1 Dividendos

Dividendos são pagamentos em dinheiro aos titulares das ações. São calculados com base nos lucros apurados pela companhia no exercício social, conforme estabelecido em assembleia de acionistas. A legislação societária atual estabelece que um mínimo de 25% do lucro líquido disponível seja distribuído a todos os acionistas, de maneira proporcional à participação de cada um. Os acionistas preferenciais têm, no entanto, alguns privilégios com relação a esses rendimentos, apurando valores geralmente maiores que os recebidos pelos ordinários.[2]

São previstos dois tipos de dividendos: *dividendo obrigatório* e *dividendo preferencial*.

O dividendo *obrigatório* é um percentual mínimo calculado sobre os resultados líquidos apurados pela companhia e de direito de todos os acionistas (ordinários e preferenciais). Esse dividendo é distribuído em cada exercício segundo valor fixado nos estatutos da companhia, não podendo a quantia paga, conforme comentado, ser inferior a 25% do lucro líquido do período.

O dividendo *preferencial* pode ser pago de forma fixa ou definido por meio de um valor mínimo. O dividendo preferencial do tipo fixo é pouco comum no Brasil. Representa um valor monetário fixo por ação distribuído em cada exercício social. Adotando

---

[2] Para uma leitura mais completa sobre dividendos, recomenda-se: ASSAF N., Alexandre; AMBROZINI, Marcelo A.; LIMA, Fabiano G. *Dividendos*: teoria e prática. São Paulo: Inside Books, 2007.

esse dividendo fixo, a ação preferencial assemelha-se a um título de renda fixa, de prazo indeterminado, que paga juros periódicos aos seus titulares.

O dividendo preferencial mínimo, de uso bastante generalizado, tem seu critério de cálculo definido pelos estatutos da companhia, podendo ser um percentual sobre o capital social ou sobre os resultados líquidos, por exemplo. A Lei nº 6.404/1976, alterada pela Lei nº 10.303/2009, determina que os dividendos preferenciais devem ser, no mínimo, 10% mais elevados que os calculados para as ações ordinárias.

QUADRO 3.3 Porcentagem do lucro líquido das empresas brasileiras distribuído aos seus acionistas

Ano	%	Ano	%
2000	51,1%	2011	75,0%
2001	51,2%	2012	85,7%
2002	114,6%	2013	71,1%
2003	42,4%	2014	94,4%
2004	70,9%	2015	76,3%
2005	74,2%	2016	40,0%
2006	52,7%	2017	37,5%
2007	70,2%	2018	66,5%
2008	99,6%	2019	61,5%
2009	101,1%	2020*	51,8%
2010	66,9%		

* Até o 3º trimestre de 2020.
Fonte: Economática. Acesso em: jan. 2021.

Conforme observado no Quadro 3.3, as empresas costumam distribuir seus resultados em excesso, ou seja, os recursos de caixa que restam ao final do exercício, após cobertos todos os custos e despesas incorridos e atendidas todas as suas necessidades de investimentos. O lucro não distribuído pela empresa é reinvestido em seus ativos, elevando sua capacidade em produzir novos lucros no futuro e valorizar o preço de mercado de suas ações.

3.7.2 Juros sobre o capital próprio (JSCP)

Os juros sobre o capital próprio são proventos que uma empresa pode pagar aos seus acionistas, sendo descontados dos dividendos obrigatórios em caso de sua distribuição. Esses proventos não são calculados a partir dos lucros auferidos pela empresa no exercício, como os dividendos. São mensurados sobre os lucros registrados em exercícios anteriores, que não foram pagos aos acionistas (ficaram retidos na empresa).

A principal vantagem dos JSCPs para a empresa pagadora é a sua dedutibilidade fiscal. Em outras palavras, esses rendimentos pagos aos acionistas são tratados pelo fisco como despesas financeiras e reduzem o imposto sobre a renda a pagar da empresa.

É importante registrar que o pagamento dos JSCPs, ao contrário dos dividendos, implica pagamento de Imposto de Renda Retido na Fonte (IRRF) pelos acionistas. Atualmente, a alíquota é de 15% calculada sobre o valor dos juros pagos.

O Quadro 3.4 ilustra o histórico dos totais dos proventos pagos pelas companhias abertas no Brasil, em valores médios, segundo a data de aprovação por ação.

QUADRO 3.4 Proventos médios pagos aos acionistas

Ano	Proventos totais pagos/valores médios	Ano	Proventos totais pagos/valores médios
1996	R$ 0,31	2009	R$ 1,38
1997	R$ 0,15	2010	R$ 0,63
1998	R$ 0,20	2011	R$ 2,32
1999	R$ 0,18	2012	R$ 1,45
2000	R$ 0,21	2013	R$ 1,23
2001	R$ 0,54	2014	R$ 0,97
2002	R$ 0,68	2015	R$ 0,83
2003	R$ 0,21	2016	R$ 0,68
2004	R$ 0,24	2017	R$ 0,86
2005	R$ 0,43	2018	R$ 0,97
2006	R$ 1,00	2019	R$ 1,30
2007	R$ 0,80	2020*	R$ 1,21
2008	R$ 0,81		

* Até setembro de 2020.
Fonte: Instituto Assaf/Econtomática. Acesso em: jan. 2021.

3.7.3 Bonificações

Uma companhia pode elevar seu capital social sem o ingresso efetivo de novos recursos, utilizando suas reservas de lucros registradas em contas patrimoniais. É uma operação de natureza contábil, envolvendo a transferência de valores registrados em uma rubrica do balanço (grupo: patrimônio líquido) para outra, sem repercutir em qualquer alteração na posição econômico-financeira da companhia.

A distribuição desse aumento por incorporação de reservas de lucros aos acionistas é o que se denomina *bonificação*. A bonificação pode ser efetuada de duas formas:

♦ Pela emissão de novas ações e entrega aos atuais acionistas na proporção dos valores possuídos. Nesse caso, há uma elevação da quantidade física das ações em circulação sem indicar, necessariamente, maior riqueza do acionista. Em verdade, há uma expectativa de ajuste nos preços de mercado das ações de forma a manter inalterado o montante do patrimônio dos acionistas.

♦ Mediante alteração do valor nominal da ação visando refletir o aumento de capital. Nessa modalidade, não há necessidade de emissão de novas ações e consequente distribuição aos acionistas, ajustando-se somente o seu valor de emissão (valor nominal).

No caso de existência de ações sem valor nominal, não se dá nenhuma alteração na quantidade dos papéis emitidos, permanecendo em circulação o mesmo volume original.

Apesar de muitas vezes ser incluída como rendimento de uma ação, é importante acrescentar que a bonificação não reflete normalmente ganho ao acionista. Mesmo quando há distribuição de novas ações, elevando o volume físico dos papéis, o preço de mercado tende a se ajustar de maneira a não alterar o valor total das ações emitidas pela companhia.

A bonificação não promove qualquer alteração nas condições atuais e futuras de atuação da empresa, não devendo, portanto, interferir no preço de mercado da ação. É uma simples transferência de contas patrimoniais, sem interferir nos resultados da companhia.

3.7.4 Direitos de subscrição

Quando há aumento de capital por subscrição de novas ações (novas ações são emitidas e oferecidas para subscrição aos investidores), a legislação societária atribui aos atuais acionistas o direito de participação (preferência) na proporção das ações possuídas. Por exemplo, ao emitir 2 milhões de novas ações numa operação conhecida por *underwriting* (subscrição de capital), a companhia, antes de lançar esses papéis no mercado, deve oferecê-los aos atuais acionistas para subscrição na proporção das ações possuídas. Um acionista com 3% do capital social tem a preferência em subscrever, pelo preço de lançamento, 60 mil ações; outro, com 5%, tem o direito de adquirir 100 mil das novas ações emitidas; e assim por diante. Somente o saldo remanescente, se existir, é que será oferecido para subscrição pública no mercado.

Essa preferência pode se constituir em vantagem financeira para o acionista, principalmente quando o preço de mercado da ação estiver valorizado em relação ao preço de subscrição. O direito de subscrição permite, ainda, que o acionista mantenha inalterada sua porcentagem de participação no capital da empresa.

Não desejando exercer seu direito de subscrição das novas ações emitidas, o acionista pode negociar essa preferência de compra no mercado, vendendo o seu direito a outro investidor.

> **FATO RELEVANTE**
>
> ITAÚ UNIBANCO HOLDING S.A. ("Companhia") comunica aos seus acionistas que o Conselho de Administração, reunido em 10/02/2020, aprovou o pagamento, em 06/03/2020, dos seguintes proventos aos acionistas, tendo como base de cálculo a posição acionária final registrada no dia 20/02/2020:
>
> - Dividendos complementares no valor de R$ 0,4832 por ação.
> - Juros sobre o capital próprio complementares no valor de R$ 0,5235 por ação, com retenção de 15% de imposto de renda na fonte, resultando em juros líquidos de R$ 0,444975 por ação, excetuados dessa retenção os acionistas pessoas jurídicas comprovadamente imunes ou isentos.
> - Aprovou, ainda, que os juros sobre o capital próprio declarados pelo Conselho de Administração em 28/11/2019, no valor bruto de R$ 0,037560 por ação (líquido de R$ 0,031926 por ação), também serão pagos em 06/03/2020 aos acionistas com posição acionária final registrada no dia 12/12/2019.
> - Em relação ao resultado de 2019, os acionistas da Companhia receberão R$ 1,9270 por ação, que totaliza R$ 18,8 bilhões de dividendos e juros sobre o capital próprio (líquido do imposto de renda), valor esse que equivale a 66,2% do lucro líquido consolidado recorrente do exercício de 2019.
>
> São Paulo (SP), 10 de fevereiro de 2020

Fonte: Terra. Disponível em: https://www.terra.com.br/noticias/dino/fato-relevante-pagamento-de-dividendos-e-juros-sobre-o-capital-proprio,43c9a89ce74e6c792a22900563cdfeb71zvfdoqf.html. Acesso em: 21 jun. 2021.

3.7.5 Ganho de capital

Reflete a valorização ocorrida no preço de mercado da ação, sendo calculado pela diferença positiva entre o valor de venda e o de compra.

No caso de a ação apresentar uma desvalorização no mercado, ficando sua cotação abaixo do preço de aquisição, o investidor apura uma perda de capital.

O ganho de capital pode ocorrer a partir da venda de imóveis, ações, investimentos em fundos e quaisquer outros ativos de capital. Esse resultado está normalmente sujeito a tributação.

O investidor realiza financeiramente o ganho ou a perda de capital no caso de venda da ação. Nos capítulos seguintes, serão discutidos novamente esses temas com maior abrangência.

4

MERCADO PRIMÁRIO DE AÇÕES

O capítulo tem por objetivo o estudo do mercado primário de ações, ambiente onde ocorre o lançamento de novos valores mobiliários para subscrição pelos investidores. Nesse mercado, a empresa levanta importantes recursos para financiar seu crescimento. Após serem lançadas no mercado primário, as ações são negociadas no mercado secundário, o qual é formado pelas bolsas de valores e pelos mercados organizados de balcão. A principal diferença entre os mercados é que, no mercado primário, os recursos são captados pela companhia emitente e, no secundário, pelos acionistas vendedores.

O entendimento do mercado primário é importante para o estudo do investimento em ações, sendo entendido como o início de todo o processo de negociação e formação de preço. Oportunidades de negócios atraentes com ações costumam começar no mercado primário.

O mercado acionário é desenvolvido em dois grandes segmentos de negociação: mercado *primário* e mercado *secundário*.

No mercado *primário*, as novas ações emitidas por sociedades anônimas são negociadas e colocadas em oferta pública, após ser dada a preferência aos atuais acionistas para aquisição (subscrição) na proporção do capital possuído. Ao renunciar a esse direito, o acionista dilui sua participação na empresa. É o ambiente no qual as ações são negociadas pela primeira vez, direcionando-se os recursos financeiros da subscrição para a empresa emitente das novas ações. A aquisição pelos investidores das novas ações emitidas é chamada de *subscrição de capital*.

O mercado *secundário* constitui-se essencialmente nas bolsas de valores, associações civis que se responsabilizam em manter um local adequado e organizado para a realização das operações de compra e venda de ações. Os mercados de balcão também fazem parte do mercado secundário. Após o lançamento inicial, as ações passam a ser negociadas no mercado secundário, permitindo que os investidores possam comprar e vender os valores mobiliários já emitidos pelas companhias e em circulação.

O conceito de mercado secundário é bastante amplo, englobando, além das operações realizadas no ambiente formal das bolsas de valores, todos os negócios diretos celebrados pelos investidores mediante algum contrato de compra e venda.

As negociações nos pregões das bolsas de valores são realizadas através da intermediação de sociedades corretoras. Essas instituições financeiras são membros das bolsas e credenciadas pelo Banco Central, Comissão de Valores Mobiliários (CVM) e pelas próprias bolsas de valores. Uma das principais atividades das corretoras é a de atuar com exclusividade na compra e venda de títulos e valores mobiliários nos pregões mantidos pelas bolsas. No mercado secundário, não há captação de novos recursos pela empresa emitente; os negócios realizados refletem simplesmente uma transferência de propriedade entre os investidores. Determinada ação, que pertencia ao investidor A, é negociada e passa a pertencer ao investidor B, e assim por diante.

As *Sociedades Corretoras de Valores* são instituições do mercado de capitais, autorizadas a funcionar pelo Banco Central e pela CVM, que se dedicam a executar ordens de compras e vendas dos investidores. As corretoras são as únicas instituições que negociam ações e derivativos na bolsa de valores.

Pregão é o ambiente onde são realizados os negócios em bolsa de valores. O pregão pode ser "físico", onde as ordens de compra e venda são passadas de viva voz, ou "eletronicamente", onde as corretoras operam em tempo real.

O pregão de viva voz foi utilizado na bolsa de valores de São Paulo até 2005. A partir desse ano, todas as operações foram centralizadas no sistema eletrônico.

A contribuição importante do mercado secundário é garantir a liquidez dos novos títulos subscritos no mercado primário.

A *oferta pública de compra* (OPA) é uma operação de oferta de compra de ações em circulação em bolsas de valores realizada mediante autorização prévia da CVM. Essa oferta pública pode ser realizada visando atender a diferentes finalidades, como o fechamento de capital da companhia, ou ainda visando atender ao objetivo de um investidor em adquirir o controle acionário. Usa-se a OPA também quando da venda do controle acionário de uma companhia aberta.

4.1 SUBSCRIÇÃO DE AÇÕES E OFERTA PÚBLICA INICIAL (IPO E *FOLLOW ON*)

O lançamento de novas ações no mercado, conhecido por "subscrição pública de ações" (*underwriting*), é uma operação que se inicia no mercado primário, na qual a sociedade anônima emitente atrai novos sócios mediante a oferta inicial de ações emitidas. As novas ações são subscritas e integralizadas pelos investidores e os recursos financeiros apurados são direcionados ao financiamento do capital fixo e de giro das empresas.

Quando a empresa realiza o seu primeiro lançamento público de ações, essa operação é denominada no mercado *initial public offering* (IPO) – oferta pública inicial. Para realizá-la, a empresa precisa ter autorização da CVM, obter o registro de companhia aberta, estar constituída como sociedade anônima e atender a diversas outras exigências da CVM. As ofertas de novas ações após a realização da IPO, quando a empresa já tem ações negociadas no mercado de capitais, são denominadas *follow on* (ofertas subsequentes).

A *subscrição* de ações refere-se à emissão de novas ações de uma companhia de capital aberto, que já realizou a oferta pública inicial. É um *follow on*, ou seja, a subscrição ocorre após a IPO.

A IPO de ações pode ocorrer mediante a emissão de novas ações, denominada *emissão primária*, ou pela venda de ações já existentes, operação conhecida por *emissão secundária*. O Quadro 4.1 ilustra essa condição:

QUADRO 4.1 Algumas ofertas de ações realizadas em 2020 na Bolsa de Valores (B3)

Companhias	Primária	Secundária
Via Varejo	100%	–
Banco Inter	100%	–
Boa Vista – Serv. Financeiros	59,5%	40,1%
JHSF Participações	92,3%	7,7%
Track Field	40,1%	59,9%
Dimed	46,3%	53,7%
Suzano	–	100%
Banco Pan	–	100%

Fonte: B3. Disponível em: http://www.b3.com.br/pt_br/produtos-e-servicos/solucoes-para-emissores/ofertas-publicas/estatisticas/. Acesso em: jun. 2021.

Os acionistas atuais têm preferência na subscrição de novas ações emitidas pela companhia, em volume equivalente à sua participação no capital social e nas condições de venda estabelecidas pela empresa emitente. Esse benefício do acionista, conforme foi estudado no capítulo anterior, é conhecido por "direito de subscrição". No prazo estabelecido de subscrição, não desejando o acionista exercer o direito, este pode ser negociado no mercado. Findo o prazo de exercício do direito de subscrição sem qualquer manifestação por parte do titular da ação, o benefício deixa de existir.

Os preços de subscrição são normalmente definidos de forma atraente aos investidores, oferecendo quase sempre um ganho financeiro na negociação desses direitos no mercado. Ao optar por realizar ganhos e negociar seus direitos de subscrição no mercado, o acionista dilui sua participação relativa no capital da empresa.

A colocação de ações no mercado, conforme foi descrito, pode ocorrer pela oferta de um investidor (ou grupo de investidores), controlador ou não, detentor de um lote de papéis – operação conhecida por *oferta secundária de ações* –, ou mediante uma operação de lançamento de novas ações por uma companhia, denominada *oferta primária*.

Na operação *primária*, a própria companhia apresenta-se como vendedora inicial de suas próprias ações no mercado, registrando o ingresso de novos recursos. Nesse tipo de oferta, os recursos levantados pela venda das ações são registrados diretamente no caixa da companhia, através do aumento do capital social. Na oferta *secundária* não há aumento de capital, são negociadas ações já emitidas, indo os recursos das vendas das ações para os proprietários vendedores das ações. O Quadro 4.2, adiante, ilustra essa condição.

A oferta particular de ações por investidores constitui-se basicamente em uma colocação secundária de ações, envolvendo grande quantidade de títulos negociados de uma única vez, e é conhecida pela expressão em inglês *block trade*.

Uma operação *block trade* não denota uma captação de novos recursos para a sociedade emitente dos papéis, somente uma transferência de propriedade entre investidores.

QUADRO 4.2 Algumas operações de subscrição realizadas na B3

Companhia	Tipo	Valor da oferta
Rede D'Or	IPO	R$ 112,5 bi
Via Varejo	Follow on	R$ 4,45 bi
Lojas Americanas	Follow on	R$ 7,87 bi
Grupo Soma	IPO	R$ 1,82 bi
Loca Web	IPO	R$ 1,0 bi

Fonte: B3. Disponível em: http://www.b3.com.br/pt_br/produtos-e-servicos/solucoes-para-emissores/ofertas-publicas/estatisticas/. Acesso em: jun. 2021.

4.1.1 Oferta pública de ações (OPA)

A OPA é uma operação de negociação de uma participação ou da totalidade das ações emitidas por uma companhia aberta. Para a realização do OPA, devem ser divulgadas pela empresa a quantidade mínima de ações que podem ser adquiridas, as condições de pagamento e outras informações.

Em geral, a OPA é usada para se adquirir o controle do capital de uma companhia aberta, para fechar o capital (cancelar o registo de companhia aberta junto à CVM), ou ainda quando os acionistas almejam aumentar seu controle no capital social da empresa. Quando uma empresa utiliza a OPA com o objetivo de assumir o controle do capital de outra empresa, a operação é conhecida pela expressão em inglês *take over*.

Quando da venda do controle de uma companhia aberta, usa-se a OPA para cumprir a obrigação legal de se realizar oferta pública de compra das ações dos demais acionistas.

4.2 CONDIÇÕES PARA UMA EMPRESA ABRIR SEU CAPITAL

Para abrir seu capital, a empresa deve ter um plano de investimentos para os novos recursos a serem captados. Esse projeto deve justificar a decisão de levantar novos recursos no mercado de ações, geralmente por meio de um retorno atraente, que remunere no mínimo as expectativas de ganhos dos investidores e também promova uma geração de caixa compatível com os fluxos de pagamentos previstos.

O número de empresas brasileiras que decidiram abrir seu capital e captar recursos no mercado de capitais cresceu muito nos últimos anos, tornando-se uma possibilidade concreta não somente para as empresas de grande porte, como também para as de menor porte. Desde que apresentem atratividade em seus investimentos, as empresas mostram-se capazes de atrair investidores para subscreverem as novas ações emitidas.

A maior popularização da abertura de capital vem atraindo também os mais variados setores empresariais. O mercado acionário mais tradicional, formado principalmente por empresas como Banco do Brasil, Petrobras e Vale, Acesita, Sabesp, entre outras, vem convivendo com um processo de maior diversificação de ações de companhias de outros setores, como exploração de rodovias (AutoBan), tecnologia da informação (TOTVS), serviços educacionais (Ser Educacional), aluguel de carros (Localiza), produtos diversos (Centauro), incorporações (Gafisa) etc.

A seguir, são apresentados alguns aspectos fundamentais que os investidores devem avaliar de uma empresa para investirem em suas ações:

- ◆ evolução dos principais indicadores econômico-financeiros da empresa, como evolução das vendas, margem de lucro, rentabilidade, liquidez, participação no mercado, potencial de crescimento etc.;

- capacidade competitiva descrita na qualidade e imagem de seus produtos e serviços, na valorização de sua marca, liderança no mercado, pontos diferenciadores dos concorrentes etc.;
- planejamento estratégico da empresa que inclua um projeto de curto e longo prazos, objetivos bem definidos e atingíveis, estratégias adotadas etc.;
- qualidade e competência administrativa e qualificação de seu pessoal.

BOVESPA TORNA-SE UMA S.A.[1]

Em Assembleia Geral Extraordinária (AGE) realizada no dia 28/8/2007, na sede da Bolsa, em São Paulo, foi aprovada a reestruturação societária da Bovespa, que deixou de ser uma instituição sem fins lucrativos para se tornar uma sociedade por ações (S.A.).

A medida consolida o processo de desmutualização, que permitirá que o acesso às negociações e demais serviços prestados pela Bolsa seja desvinculado da propriedade de ações. No formato anterior, apenas corretoras proprietárias de títulos patrimoniais podiam negociar em bolsa.

A reestruturação acionária resultou na criação da *Bovespa Holding*, sociedade por ações que terá como subsidiárias integrais a *Bolsa de Valores de São Paulo (BVSP)* e a *Companhia Brasileira de Liquidação e Custódia (CBLC)*, ambas sociedades de capital fechado. A BVSP será responsável pelas operações dos mercados de bolsa e de balcão organizado; a CBLC prestará serviços de liquidação, compensação e custódia.

Os títulos patrimoniais da Bovespa serão convertidos em ações ordinárias da *Bovespa Holding*. Essa empresa pretende efetuar uma Oferta Inicial de Ações (IPO).

Em 2008, é criada a *BM&FBOVESPA* a partir da integração das operações da Bolsa de Valores de São Paulo e da Bolsa de Mercadorias & Futuros.

4.2.1 Principais vantagens para uma empresa abrir seu capital

A captação de recursos próprios no mercado por meio de operações de *underwriting* oferece diversas vantagens para as empresas. Como reflexo da emissão e colocação de novas ações no mercado, a companhia fica mais conhecida dos investidores, proporcionando maiores oportunidades e dinamismo aos seus negócios.

A abertura de capital torna a empresa mais exposta ao mercado, valorizando sua imagem institucional. Com isso, a empresa costuma obter melhores condições financeiras de captação no mercado de empréstimos. Ao abrir seu capital, a empresa aufere maior

---

[1] Disponível em: www.bovespa.com.br. Acesso em: 30 ago. 2007.

visibilidade e, em contrapartida, deve adotar um modelo de gestão mais transparente, compartilhando seus dados e informações com as várias partes interessadas.

Da mesma forma, a abertura de capital oferece maior liquidez aos papéis emitidos, permitindo novas oportunidades aos atuais acionistas em negociar suas participações no mercado. Facilita ainda uma reestruturação societária, ajudando a solucionar principalmente problemas sucessórios e partilhas de heranças.

Um aumento de capital próprio pela subscrição de novas ações eleva a segurança financeira da empresa, promovendo a reestruturação de seus passivos e possibilitando negociar novos volumes de empréstimos a taxas de juros mais atraentes.

A abertura oferece ainda uma oportunidade de levantar recursos externos para investimentos a partir do lançamento de *depositary receipts* (ver Capítulo 3, item 3.6) nos mercados de capitais de outros países.

Uma companhia aberta oferece maior transparência em suas informações, transmitindo confiabilidade aos investidores. Os consumidores são atraídos a adquirirem produtos de empresa de presença e prestígio no mercado.

A abertura de capital acelera também a profissionalização da administração da empresa, reduzindo eventuais influências conflitantes de uma "administração familiar" e elevando a qualidade de suas decisões. Diversas pesquisas têm apontado que as empresas de capital aberto apresentam-se mais eficientes que as de capital fechado, promovendo maiores vantagens competitivas.

4.2.2 Principais desvantagens e custos para uma empresa abrir seu capital

Apesar de não existir a obrigação de reembolsar o capital investido em determinada data preestabelecida, como no caso dos financiamentos, o capital próprio tem custo mais alto, representado pela taxa de retorno mínima exigida pelos acionistas.

Talvez o principal custo de uma companhia aberta seja a obrigação de prestar informações amplas e detalhadas ao mercado e aos órgãos fiscalizadores. Existem também diversos custos financeiros no processo de abertura de capital, identificados de acordo com as seguintes naturezas:

- *legais:* taxas de registro e fiscalização devidas à CVM, anuidade à bolsa de valores, cadastros etc.;
- *publicações:* editais, demonstrações financeiras, materiais informativos e publicitários, anúncios, informes obrigatórios aos acionistas etc.;
- *intermediação financeira:* comissões, custos dos trabalhos de coordenação etc.;
- *projeto:* estudos de viabilidade da abertura de capital, consultorias externas etc.

A empresa incorre também em algumas despesas internas, de caráter administrativo, incorridas após a subscrição. Deve manter, por exemplo, um departamento de relações com os investidores e com os acionistas, contratação de serviços externos de auditoria independente, custos de divulgação sistemática de informações ao mercado, taxas devidas às bolsas de valores, entre outros encargos.

4.3 SUBSCRIÇÃO PÚBLICA DE AÇÕES – *UNDERWRITING*

A subscrição pública de ações (*underwriting*) é um processo institucional desenvolvido sob a coordenação de instituições financeiras intermediadoras (*underwriters*), representadas principalmente por bancos de investimentos e sociedades corretoras.

Essas instituições financeiras participam da elaboração do projeto de lançamento de ações, definindo seus aspectos técnicos essenciais, como o preço de emissão da ação, quantidade de títulos, tipo etc.; registro do contrato de subscrição junto à CVM; divulgação das informações no mercado; colocação dos títulos junto aos investidores e pagamentos à sociedade emitente; e outras formalidades.

Uma operação de *underwriting* obedece ao seguinte fluxo de atividades:

- emissão de novas ações;
- intermediação financeira;
- colocação no mercado primário;
- mercado secundário.

4.3.1 Empresa emitente

A sociedade anônima decide, em assembleia de acionistas, levantar capital próprio mediante a subscrição de novas ações, utilizando a assessoria de uma instituição financeira.

Antes de colocar os papéis no mercado para subscrição pública a qualquer pessoa, deve a companhia dar prioridade de compra aos atuais acionistas na proporção das ações possuídas. Caso o acionista atual não deseje exercer esse direito, poderá vendê-lo a outro investidor em bolsa de valores.

Essa decisão de *underwriting* pressupõe que a sociedade apresenta certas condições econômicas e financeiras favoráveis, de maneira a tornar-se atraente para investimento, como capacidade de crescimento e competitividade, endividamento, rentabilidade e solvência e liquidez. As informações financeiras são avaliadas envolvendo não somente a posição corrente da empresa, mas principalmente sua viabilidade futura e capacidade em atender as novas exigências de competitividade do mercado globalizado.

O processo de abertura de capital, ainda, deve atender certas formalidades exigidas pela lei das sociedades por ações (Lei nº 6.404/1976 e complementos) e pela CVM, órgão fiscalizador do mercado de capitais.

FIGURA 4.1 Fato relevante IRB-Brasil Resseguros S.A.

IRB-BRASIL RESSEGUROS S.A.
Companhia Aberta
CNPJ nº 33.376.989/0001-91
NIRE nº 333.00309179

FATO RELEVANTE E AVISO AOS ACIONISTAS
Aumento de Capital Privado

O **IRB-Brasil Resseguros S.A.** (B3: IRBR3) ("IRB Brasil RE" ou "Companhia"), em cumprimento ao disposto na Lei nº 6.404, de 15 de dezembro de 1976, conforme alterada ("Lei das S.A."), na regulamentação da Comissão de Valores Mobiliários ("CVM"), em especial a Instrução CVM nº 358, de 3 de janeiro de 2002, conforme alterada, vem informar aos seus acionistas e ao mercado em geral que nesta data, o Conselho de Administração do IRB Brasil RE aprovou a homologação do aumento do capital social da Companhia, dentro do limite do capital autorizado, para a subscrição privada, conforme aprovado na Reunião do Conselho de Administração realizada em 8 de julho de 2020 ("Aumento de Capital Privado") bem como a consignação do valor do novo capital social da Companhia.

Em continuidade ao Fato Relevante e Aviso aos Acionistas divulgado em 8 de julho de 2020 ("Fato Relevante e Aviso aos Acionistas") e aos Comunicados ao Mercado divulgados em 17 e 26 de agosto de 2020 ("Comunicados ao Mercado"), a Companhia informa que, em 28 de agosto de 2020, foi realizado leilão especial na B3 S.A. – Brasil, Bolsa, Balcão, para venda das sobras das ações não subscritas no Aumento de Capital Privado, em benefício da Companhia, nos termos do artigo 171, §7º, "b", in fine, da Lei das S.A.

Foram vendidas no leilão as 8.383.542 sobras de ações remanescentes, ao preço de R$ 7,05 por ação, totalizando o valor de R$ 59.103.971,10.

Neste contexto, o Conselho de Administração homologou o Aumento de Capital Privado no valor de R$ 2.300.000.000,00, dentro do limite do capital autorizado, mediante a emissão, para subscrição privada, de 331.890.331 ações ordinárias.

O valor adicional de R$ 1.006.025,04, obtido com a venda das sobras de ações não subscritas, será destinado à formação de reserva de capital, em conta de ágio na subscrição de ações.

As Ações subscritas serão creditadas em nome dos subscritores em até 3 (três) dias úteis após a homologação, ocorrida na presente data, do aumento do capital social pelo Conselho de Administração. O início da negociação das novas Ações na B3 ocorrerá após a homologação, na presente data, do aumento do capital social pelo Conselho de Administração.

Uma vez apurada a posição acionária, após a efetivação do Aumento de Capital Privado, a Companhia procederá com todos os atos homologatórios regulatórios eventualmente necessários, nos termos das normas regulatórias vigentes.

Rio de Janeiro, 31 de agosto de 2020.

IRB-BRASIL RESSEGUROS S.A.
Werner Romera Süffert
Vice-Presidente Executivo Financeiro e de Relações com Investidores

Fonte: Disponível em: https://api.mziq.com/mzfilemanager/v2/d/0d797649-90df-4c56-aa01-6ee9c8a13d75/ae91c7e0-643b-487b-952e-fce2a4d28acb?origin=1. Acesso em: jun. 2021.

4.3.2 Intermediação financeira

Na operação de subscrição de novas ações, a legislação societária atual exige a presença de uma instituição para promover a intermediação financeira, podendo ser, conforme foi comentado, banco de investimentos e sociedade corretora. Esse intermediário financeiro atua basicamente na ligação entre a sociedade anônima emitente das novas ações e os investidores identificados no mercado primário.

Quando a emissão assume um porte maior, a intermediação pode constituir-se por meio de um *pool* de instituições, liderado por um coordenador, responsável por todo o processo de *underwriting*. As instituições financeiras aderem ao *pool* mediante um contrato de adesão, o qual estabelece seus direitos e obrigações com a colocação dos papéis no mercado.

A subscrição pública pode se desenvolver de três maneiras:

- pura ou firme;
- residual (*stand by*);
- melhores esforços (*best effort*).

4.3.3 Subscrição do tipo puro ou firme

Esse tipo de contrato de subscrição prevê que a instituição financeira irá se responsabilizar integralmente pela colocação e integralização das ações emitidas, assumindo o compromisso de pagamento à sociedade emitente, independentemente do nível de sucesso da operação.

Para um investidor no mercado primário, esse tipo de subscrição embute certa garantia com relação aos resultados esperados dos papéis, denotando uma sinalização favorável da instituição financeira à subscrição. Se o desempenho econômico esperado da companhia não fosse atraente, dificilmente a instituição financeira se entusiasmaria em realizar esse tipo de subscrição, assumindo responsabilidade total pela colocação das ações.

4.3.4 Subscrição do tipo residual – *stand by*

Nessa modalidade de subscrição, a instituição financeira responsabiliza-se por somente uma parte da emissão, prometendo dedicar os melhores esforços na colocação das ações residuais sem, contudo, assumir compromisso formal de pagamento.

É um contrato com responsabilidade parcial, envolvendo a obrigação de colocação de determinado volume de ações durante certo prazo. As ações remanescentes que não foram integralizadas são devolvidas à companhia emitente para cancelamento.

4.3.5 Subscrição do tipo melhores esforços – *best effort*

Esse tipo de subscrição admite que a instituição financeira intermediadora não assume responsabilidade alguma pela emissão, prometendo somente os melhores esforços em sua colocação no mercado. As ações que não forem subscritas no mercado serão devolvidas, sem envolver nenhuma obrigação de pagamento. A sociedade anônima emitente das ações é a única responsável pela emissão.

> **ABERTURA DE CAPITAL DA PETZ MOVIMENTA R$ 3 BI E É A MAIOR DO ANO ATÉ AGORA**
>
> *Fernanda Guimarães, O Estado de S. Paulo*
>
> 09 de setembro de 2020
>
> Com alta demanda entre investidores, a varejista de produtos para animais de estimação Petz acaba de concluir a maior oferta inicial de ações (IPO, na sigla em inglês) do ano até aqui, que *movimentou R$ 3,03 bilhões*, considerando os lotes extras. Com a oferta, o fundo de *private equity* americano Warburg Pincus deixa o controle da companhia para ser um sócio minoritário, com 5% do capital. O fundador da empresa, Sergio Zimermamm, volta, com isso, a ser o maior acionista da empresa, com 35%. Ela será a primeira varejista do gênero na B3 e sua ação terá seu debute no dia 11, próxima sexta-feira, valendo na chegada um pouco mais de R$ 5 bilhões.
>
> A ação da companhia precificada hoje ficou em R$ 13,75, ante uma faixa indicativa de preço para o IPO que ia de R$ 12,25 e R$ 15,25. A demanda superou a oferta em seis vezes, segundo fontes, mesmo assim a ação não ficou no topo da faixa, com investidores acreditando que os múltiplos de venda estavam elevados.
>
> No 1º semestre deste ano, lucro líquido da Petz foi de R$ 22,1 mi, ante R$ 3,1 mi em igual período de 2019. A geração de caixa medida pelo *Ebitda* (lucro antes de juros, impostos, depreciação e amortização), ainda na primeira metade de 2020, foi de R$ 123,6 milhões, contra R$ 77,6 milhões um ano antes. Já a receita líquida subiu 36% em um ano, para R$ 617,3 milhões de janeiro a junho.
>
> Os R$ 336,7 milhões que vão ao caixa serão destinados para a abertura de lojas e hospitais para os "pets" e tecnologia digital. Hoje a empresa tem 110 lojas, em 13 Estados.
>
> Os bancos coordenadores da oferta foram o Itaú BBA, Bank of America, Santander, JP Morgan e BTG Pactual.

Fonte: Adaptado de *O Estado de S. Paulo*. Disponível em: https://economia.estadao.com.br/noticias/geral,abertura-de-capital-da-petz-movimenta-r-3-bi-e-e-a-maior-do-ano-ate-agora,70003431690. Acesso em: 21 dez. 2020.

4.4 GOVERNANÇA CORPORATIVA

Uma companhia, ao manter suas ações negociadas em bolsas de valores, permite que qualquer pessoa se torne seu acionista, ou seja, sócio de seus negócios. Para isso, deve simplesmente adquirir ações no mercado. Os recursos que as empresas captam no mercado de seus investidores têm a finalidade de financiar seus investimentos, suas necessidades de crescimento.

Os compradores de ações de uma empresa são sócios, proprietários de uma parcela do capital da companhia. Ao abrir seu capital, a empresa passa a ter responsabilidades com a transparência e a qualidade de suas informações no relacionamento com seus sócios investidores. Esse conjunto de práticas de relacionamento adotadas por uma empresa com as diversas partes interessadas (credores, funcionários, fornecedores, consumidores etc.), principalmente acionistas, é o que se denomina de *governança corporativa*.

> O Instituto Brasileiro de Governança Corporativa (IBGC) define a governança corporativa como "um sistema pelo qual as sociedades são dirigidas e monitoradas, envolvendo os relacionamentos entre acionistas/cotistas, conselho de administração, diretoria, auditoria independente e conselho fiscal. As boas práticas de governança corporativa têm a finalidade de aumentar o valor da sociedade, facilitar seu acesso e contribuir para a sua perenidade".

A prática de governança corporativa tem por finalidade desenvolver melhor gestão da empresa, voltada aos acionistas e às demais partes interessadas. Permite ainda que a administração da empresa se estruture de forma a atender aos interesses de todos os seus acionistas, tanto controladores como investidores minoritários. Com isso, a empresa passa a usufruir de maior confiança, por parte dos investidores de mercado, de que não terão seus direitos e interesses prejudicados, caso venham a investir na empresa e se tornar acionistas minoritários.

A governança corporativa permite que os acionistas exerçam o controle estratégico da empresa e acompanhem também a sua gestão. Envolve, basicamente:

- transparência nas informações;
- equidade no tratamento dos acionistas;
- prestação de contas.

O sistema de governança é importante para superar eventuais conflitos entre os controladores e a administração da empresa. O acionista controlador, ao delegar o poder de gestão a executivos profissionais, convive muitas vezes com conflitos de percepções e interesses entre os agentes. Algumas decisões tomadas pelos administradores podem não estar alinhadas com as expectativas dos proprietários, gerando o conhecido "conflito de agência". A preocupação é manter um alinhamento mais harmônico e eficiente entre o comportamento dos executivos e os interesses dos acionistas.

Os principais instrumentos reconhecidos que asseguram o controle da sociedade pelos controladores são o conselho de administração, a auditoria independente e o conselho fiscal.

O conselho de administração deve representar os acionistas, exercendo o papel de controlador da propriedade. Assume a responsabilidade de estabelecer as estratégias da empresa, fiscalizar e avaliar seu desempenho, escolher a auditoria independente e eleger seus principais executivos.

Atualmente, muitos investidores aceitam subscrever ações somente de companhias empenhadas nas melhores práticas de governança corporativa que se comprometem a adotar padrões de conduta que garantam a todos os acionistas acesso permanente às informações, transparência e participação nas decisões da empresa por meio do direito de voto em assembleias gerais.

As companhias que se comprometem com a governança corporativa têm suas ações negociadas no segmento especial da bolsa de valores denominado: *o Novo Mercado*.

5
MERCADO SECUNDÁRIO DE AÇÕES

O capítulo introduz os principais conceitos e práticas do mercado secundário de ações e do ambiente de negociação da Bolsa de Valores de São Paulo (B3).

São estudados o mercado à vista de ações, o funcionamento e as formas de operar na Bovespa, sistemas eletrônicos de negociação, tipos de ordens de compra e venda, tributação, corretagem e outras despesas de negociação e liquidação das operações com ações.

A partir desses fundamentos, o próximo capítulo demonstra a prática do mercado, simulando diversas operações com ações.

5.1 EFICIÊNCIA DO MERCADO DE AÇÕES

As ações são negociadas nos pregões das bolsas de valores, onde têm acesso somente representantes das sociedades corretoras. Esses operadores negociam valores mobiliários com base em ordens de compra e venda expedidas pelos investidores.

> *Pregões* são sessões que ocorrem no espaço de negociações da bolsa de valores (ou por via eletrônica), onde são realizadas operações de compra e venda de valores mobiliários registrados. No pregão eletrônico, são realizados negócios por terminais envolvendo papéis registrados em bolsa de valores.

Nos pregões, somente são admitidos para negociação de títulos e valores mobiliários registrados em bolsas de valores e que tenham atendido todas as exigências da Comissão de Valores Mobiliários (CVM). As corretoras que atuam nas bolsas são remuneradas com base em comissões cobradas dos investidores e calculadas sobre os valores nominais dos negócios realizados. Os percentuais de corretagem são periodicamente fixados e divulgados pela CVM. O Capítulo 6, a seguir, simula todos os resultados das operações com ações em bolsa de valores, destacando suas taxas, impostos e emolumentos.

As transações com ações em bolsas de valores, assim como a divulgação de suas cotações, são processadas de forma contínua durante todo o período de funcionamento do pregão. Nesse ambiente, os participantes têm direito a acessar todas as informações e fatos julgados relevantes e que exerçam influência sobre a formação dos preços de mercado das ações.

Os pregões das bolsas possuem um serviço que oferece informações instantâneas aos investidores sobre as condições gerais do mercado e dos títulos negociados. Esse sistema de informações tem abrangência nacional, utilizando terminais eletrônicos para ligar as bolsas de valores do país, instituições financeiras e investidores interessados.

O mecanismo do *mercado eficiente* consiste em evitar sistemas de informações privilegiadas, pelos quais somente um número reduzido de pessoas tem acesso a dados que levam a um melhor julgamento na decisão de investir em determinada ação.

No conceito de mercado eficiente, ainda, o valor de mercado de um ativo deve refletir um consenso sobre o desempenho futuro esperado de seus rendimentos. A partir das diversas informações disponíveis aos investidores, são tomadas decisões de compra e venda de ações nos pregões, promovendo essa interação entre oferta e demanda na formação de seu preço de mercado.

O preço de mercado das ações deve ser livre, praticado pelos investidores de acordo com a interpretação dos fatos relevantes. Toda nova informação é introduzida no mercado e, sendo considerada relevante, atuará de forma a promover alterações nas cotações dos papéis negociados.

Em verdade, os preços das ações são formados nos pregões como resultado da dinâmica de oferta e procura de cada título. Um interesse maior dos investidores em adquirir determinado papel é capaz de promover valorização em seu preço de mercado. Os preços devem refletir, num mercado admitido como eficiente, as informações disponíveis aos investidores e apresentar ainda grande sensibilidade a fatos novos que venham a surgir e que exerçam influências sobre o desempenho da ação. As perspectivas futuras da empresa emissora é um fator de elevada importância para se formar o preço de mercado de uma ação.

Apesar dessa preocupação com relação à eficiência das bolsas de valores, é importante avaliar que os mercados não são perfeitos, apresentando inúmeras oportunidades de ganhos extraordinários e, também, riscos adicionais. Entre os aspectos da imperfeição do mercado acionário podem ser citados, entre outros:

- O mercado costuma sofrer influências externas ao seu ambiente, principalmente aquelas originadas de políticas econômicas adotadas pelo governo, que promovem brusca euforia, em alguns momentos, e pessimismo, em outros, nas cotações dos valores. Nessas condições, avalia-se que as ações não se apresentam cotadas de forma mais eficiente, sendo negociadas com forte influência especulativa.
- A estrutura de impostos incidentes sobre as aplicações financeiras, como se deu no Brasil com a figura da Contribuição Provisória sobre Movimentações Financeiras (CPMF), que vigorou de 1997 a 2007 e contribuiu também para reduzir a eficiência do mercado.
- Na prática, reconhece-se que nem todos os investidores têm acesso a todas as informações relativas às empresas e ao mercado, verificando-se nesse ambiente bursátil algumas fontes privilegiadas de fatos e dados.
- Apesar de as empresas com ações negociadas em bolsas serem consideradas entidades de capital aberto, nem todas têm seu controle acionário no mercado. No Brasil, por exemplo, as empresas são controladas por um número bastante reduzido de acionistas, o que limita bastante a qualidade e o volume das informações divulgadas.

5.2 MERCADO À VISTA DE AÇÕES

Nesse mercado, a ação é negociada pela sua cotação corrente conforme anunciada no sistema da bolsa de valores.

Preço corrente de uma ação é aquele praticado no momento no mercado, ou seja, o preço pelo qual alguém aceita vender e o que alguém se mostra disposto a pagar pela respectiva ação.

As bolsas de valores publicam boletins diários de informações contendo as cotações das ações negociadas. O valor da cotação pode também ser obtido por meio de consulta pela internet, acessando o *site* de uma corretora ou da própria bolsa de valores. Os principais jornais de grande circulação também costumam publicar as cotações das ações. Em geral, são divulgadas as cotações de abertura (primeira cotação do dia), e de fechamento (última cotação do dia) e as cotações máximas, mínimas e uma cotação média do dia de operações.

Os negócios com ações no mercado à vista, conforme foi comentado, são realizados mediante a intermediação de uma sociedade corretora, a qual está autorizada a executar as ordens de compra e venda dos investidores em pregões da bolsa de valores através de operadores de mercado. A corretora pode ainda intermediar o registro das ordens de seus clientes utilizando-se do sistema eletrônico de negociação da bolsa.

Há prazos previamente definidos de pagamento pelos compradores das ações e de entrega dos títulos objetos da transação pelos vendedores, estabelecidos pela bolsa de valores.

É preciso ter clara a ideia de que investir em ações significa que a pessoa está se tornando proprietária de uma parte da companhia, ou, em outras palavras, está se tornando sócia de uma sociedade anônima. A parte que está comprando é proporcional ao número de ações que a companhia emitiu.

A maioria dos investidores que desejam participar do mercado de capitais tem por objetivo "comprar barato" e "vender caro", isto é, revender suas ações com lucro. Muitas vezes, entende-se essa postura como "comprar na baixa" e "vender na alta". Todavia, é bom saber que existem duas maneiras básicas de buscar esses lucros com a valorização das ações ao mercado: a de curto prazo e a de longo prazo.

Buscar lucros no curto prazo é o que se chama de *especular*. É esperado que o investidor tenha amplo conhecimento do mercado e ainda desenvolva um acompanhamento diário para análises de compra e venda. Além disso, deve conhecer e possuir bastante informação confiável para avaliar o que está ocorrendo no mercado.

Já no longo prazo, o risco do investidor está associado ao desempenho da companhia emissora das ações adquiridas ficar abaixo das projeções esperadas e também à possibilidade de as condições de conjuntura e de mercado não se apresentarem favoráveis. Mas, se o investidor comprou ações de companhias sólidas que tradicionalmente têm apresentado bons resultados e liquidez no mercado, esse risco não é grande.

5.3 BOLSA DE VALORES DE SÃO PAULO – B3

No Brasil, a maior bolsa existente é a Bolsa de Valores de São Paulo, a B3 – Brasil, Bolsa e Balcão. De acordo com dados divulgados pela *World Federation of Exchanges* – Federação Internacional das Bolsas de Valores –, em outubro de 2020 a B3, considerando a capitalização do mercado doméstico das Américas, apresentou uma posição destacada, conforme demonstrado no Quadro 5.1.

Entende-se por *capitalização* o valor de mercado das companhias com ações negociadas em bolsa de valores. É apurada pelo produto entre a quantidade de ações emitidas pela empresa e seu respectivo valor de mercado.

QUADRO 5.1 Capitalização das bolsas no mercado doméstico nas Américas

	Capitalização (bilhões de dólares)	
1	NYSE – EUA	22.383
2	Nasdaq – EUA	16.095
3	TMX Group – Canadá	2.201
4	B3 – Brasil Bolsa Balcão	594
5	Bolsa Mexicana de Valores	320

Fonte: *World Federation of Exchange*, out. 2020. Disponível em: www.world-exchanges.org. Acesso em: out. 2020.

Levando-se em consideração as demais bolsas de valores mundiais, o Quadro 5.2 destaca os valores da capitalização obtidos pela Federação Internacional das Bolsas de Valores.

QUADRO 5.2 Capitalização das bolsas no mercado doméstico no mundo

	Capitalização (bilhões de dólares)	
1	NYSE – EUA	22.383
2	Nasdaq – EUA	16.095
3	Xangai – China	6.228
4	Japão	6.122
5	Hong Kong – China	5.586
6	Shenzhen – China	4.765
7	Euronext	4.227
8	LSE Group – Londres	3.166
9	Saudi SE (Tadawul) – Arábia Saudita	2.306
10	TMX Group – Canadá	2.201

Fonte: *World Federation of Exchange*. Disponível em: www.world-exchanges.org. Acesso em: out. 2020.

Para os historiadores, não existe uma época precisa para ser dada como marco histórico do surgimento das bolsas de valores; o certo mesmo é que surgiram nas mais antigas civilizações, cujas funções eram bem diferentes das bolsas de hoje. A origem da palavra *bolsa* está, para muitos, na cidade de Bruges, na Bélgica, onde se realizavam assembleias de comerciantes na casa de um morador chamado Van der Burse – daí o nome da "bolsa".[1]

---

[1] Cf. RUDGE, L. Fernando. *Mercado de capitais*. Belo Horizonte: CNBV, 1993.

No ano de 1141, é criada a Bolsa de Paris por Luís XII, sendo regulamentada em 1304. Em 1698 foi fundada a Bolsa de Fundos Públicos de Londres, de acesso restrito aos associados *brokers* (corretores) e *jobbers* (que negociavam por conta própria).

Em 1792, é criada a Bolsa de Nova York, a qual se tornou a mais importante bolsa de valores do mundo.

No Brasil, em 21/10/1843, a Lei nº 317 criou a Bolsa de Valores do Rio de Janeiro (BVRJ). Essa bolsa foi inicialmente localizada na Rua Direita, centro da antiga capital, onde se juntavam os corretores que percorriam as diversas ruas da cidade à procura de vendedores e compradores de moedas, mercadorias, metais nobres e outros valores.

Em 23/8/1890, é criada a *Bovespa – Bolsa de Valores de São Paulo*, mas somente em 1934 é que ocorreu no Brasil a regulamentação nas atividades das bolsas e corretoras. Foi a partir das amplas reformas institucionais do mercado financeiro brasileiro, em 1964, que a Bovespa assumiu suas características atuais.

BOLSA DE VALORES DO RIO DE JANEIRO FAZ HOJE O ÚLTIMO PREGÃO

A primeira bolsa de valores fundada no Brasil encerra seus negócios com ações após 155 anos de operações. A Bovespa passará a centralizar todo o mercado acionário. A Bolsa do Rio de Janeiro passará a funcionar para leilões de privatização e para negociar títulos públicos.

Fundada em 1845, a partir da regulamentação da profissão de Corretor de Fundos Públicos, a BVRJ presenciou grandes momentos da história econômica brasileira, desde a Proclamação da República em 15/11/1889, quando foram lançadas ações de todo tipo de companhia no mercado, e passando em março de 1964 pelas mais profundas transformações no final daquele ano, quando foi restituída a Lei da Reforma Bancária, criando os primeiros órgãos regulatórios sobre a Bolsa e os Corretores: o CNM e o Banco Central do Brasil (Bacen).

A explosão das Bolsas em 1971 atraiu uma verdadeira multidão de investidores ansiosos. O fenômeno se prolongou até a metade do ano, quando os preços das ações começaram a cair. A BVRJ começou a ficar esvaziada com alguns episódios prejudiciais à sua imagem, principalmente o verificado em junho de 1989, quando foram passados vários cheques sem fundo, causando um rombo próximo a US$ 400 milhões.

Fonte: Adaptado de *Folha de S. Paulo*, 28 abr. 2000.

Na história da BM&FBovespa, registram-se ainda as incorporações, também no ano de 2000, das bolsas de Minas Gerais, Brasília, Bahia, Extremo Sul, Espírito Santo, Alagoas, Sergipe, Pernambuco e Paraíba. Em 2005, incorpora a Bolsa do Paraná e, em 2006, a Bolsa Regional, passando a concentrar toda a negociação de ações do Brasil.

Em 28/8/2007 realiza sua *initial public offering* (IPO), criando a Bovespa Holding S.A., a maior bolsa de ações da América Latina. E, em 25/3/2008, une-se à BM&F, consolidando-se na BM&FBovespa uma nova bolsa de valores, cuja integração foi decisiva para o mercado de capitais brasileiro.

> **FATO RELEVANTE**
>
> A *BOVESPA HOLDING S.A.* (BOVH3) e a *BOLSA DE MERCADORIAS & FUTUROS BM&F S.A.* (BMEF3), em complemento às informações divulgadas no Fato Relevante de 19 de fevereiro de 2008, vêm informar que seus respectivos Conselhos de Administração, em reuniões realizadas no dia 25 de março, decidiram propor aos respectivos acionistas uma integração das atividades das duas companhias, com formação de uma entidade provisoriamente denominada de Nova Bolsa.
>
> A Nova Bolsa será uma companhia aberta, registrada na Comissão de Valores Mobiliários, e cujas ações serão negociadas no Novo Mercado. Serão procedidas operações de reorganização societária que resultarão na emissão de ações ordinárias da Nova Bolsa para os acionistas da BM&F e da Bovespa Holding, na proporção de 50% para cada Companhia. Adicionalmente, os acionistas da Bovespa Holding receberão pagamento de R$ 1,24 bilhão.
>
> A Nova Bolsa terá um conselho de administração composto paritariamente por representantes indicados pela BM&F e pela Bovespa Holding, com maioria de membros independentes.
>
> Os Conselhos de Administração decidiram, também, formar um Comitê de Transição, do qual farão parte os respectivos Presidentes e Diretores Gerais das companhias, e que funcionará até 31 de dezembro de 2008.
>
> Caberá ao Comitê de Transição, no prazo de até 60 (sessenta) dias contados da data de aprovação da transação pelas assembleias gerais da BM&F e da Bovespa Holding, a indicação do novo Presidente do Conselho de Administração e do novo Diretor Geral para eleição pelo Conselho de Administração da Nova Bolsa. Até que ocorra essa indicação, a presidência do Conselho de Administração será ocupada pelos atuais Presidentes do Conselho de Administração de cada companhia, como Co-Presidentes, sendo os dois executivos principais das mesmas companhias eleitos para os cargos de Co-Diretores Gerais da Nova Bolsa.
>
> Estima-se preliminarmente que essa reorganização societária poderá, até 2010, atingir um potencial de economia de até 25% das despesas operacionais anuais da organização combinada, em função das sinergias existentes.
>
> Os Conselhos de Administração das duas Companhias autorizam as respectivas administrações a concluírem a *due diligence* recíproca e a prosseguirem com os atos preparatórios necessários para a submissão da proposta aos acionistas das duas sociedades, devendo a transação ser submetida à apreciação dos órgãos reguladores, como a CVM e o Banco Central do Brasil, além do Conselho Administrativo de Defesa Econômica.

> Assim que forem aprovadas pelos respectivos Conselhos de Administração as estruturas definitivas das operações de reorganização societária retrorreferidas, será feita divulgação de novo fato relevante em cumprimento ao disposto na Instrução CVM 319/99, com a realização de novas reuniões dos Conselhos de Administração e das assembleias gerais extraordinárias.
>
> Tão logo se verifiquem novos fatos, inclusive a manifestação dos órgãos reguladores, será divulgado novo fato relevante ao mercado.
>
> São Paulo, 25 de março de 2008.
>
> **Gilberto Mifano**
> Diretor Geral e de
> Relações com Investidores
> da Bovespa Holding S.A.
>
> **Edemir Pinto**
> Diretor Geral
> da Bolsa de Mercadorias &
> Futuros-BM&F S.A.
>
> **João Lauro Pires Vieira do Amaral**
> Diretor de Relações
> com Investidores
> da Bolsa de Mercadorias &
> Futuros-BM&F S.A.

Fonte: *Valor Econômico*, 26 mar. 2008.

Em 22/3/2017, ocorreu a fusão da Central de Custódia e de Liquidação Financeira de Títulos (Cetip) com a Bolsa de Valores, Mercadorias e Futuros de São Paulo (BM&F Bovespa), formando a B3, tal como existe hoje. Seu código de negociação na bolsa passou a ser B3SA3.

5.3.1 Como operar na bolsa

Uma operação à vista ocorre pela compra ou venda de determinada quantidade de ações e a um preço estabelecido em pregão. Quando realizada a operação, é de responsabilidade do comprador despender o valor monetário envolvido na operação e do vendedor a entrega dos títulos-objeto da transação nos prazos estabelecidos pela B3 e pela Companhia Brasileira de Liquidação e Custódia (CBLC).

Um investidor pode participar do mercado de capitais individualmente, por meio de uma corretora que intermediará suas negociações, ou coletivamente, utilizando os clubes de investimentos ou de fundos mútuos de ações, que funcionam como associações de aplicadores com objetivo comum.

> As pessoas físicas que desejam investir seus recursos em bolsas de valores, formando uma carteira de ações diversificada e administrada por uma instituição financeira, podem se constituir sob a forma de *clube de investimento*.
>
> O clube de investimento deve ser registrado na B3 e seu patrimônio é dividido em cotas. Cada cota adquirida pelo investidor representa o resultado da divisão de todo o dinheiro do clube pelo número total de investidores (cotistas).
>
> Todo clube de investimento necessita de um *administrador*, que cuidará de sua gestão e do bom funcionamento de suas operações, e de um estatuto social, ou seja, um conjunto de normas que devem ser seguidas pelos membros do clube.
>
> Os *fundos de investimentos* são constituídos sob a forma de condomínios, e têm por objetivo promover a aplicação dos recursos de seus participantes em ativos negociados no mercado, formando uma carteira diversificada de títulos e valores mobiliários. Os fundos oferecem grandes vantagens, principalmente aos pequenos investidores, transferindo suas poupanças para uma forma coletiva de investimentos.
>
> Os fundos de investimentos são regidos por um regulamento, que prevê suas regras básicas de funcionamento, e suas principais decisões são tomadas em assembleia geral de cotistas. O funcionamento do fundo depende de autorização prévia da CVM.

Ao se registrar em uma sociedade corretora, o investidor terá de preencher um cadastro prévio, o qual deverá informar uma conta bancária que será utilizada para pagamentos das aquisições e recebimentos das vendas de ações que executar. No *site* da Bolsa de Valores de São Paulo, o investidor encontrará a lista de todas as corretoras membros da B3.

O investidor receberá também um *login* e uma senha que lhe permitirão acesso ao *home broker* – sistema eletrônico de negociação via internet –, onde poderá realizar seus negócios por conta própria. Outra maneira de efetuar suas operações é passando por telefone ao seu corretor suas ordens de negociação.

Todas as ordens de negócios devem ser passadas a uma sociedade corretora credenciada a executar, em pregão, a ordem dada. O investidor pode acompanhar o andamento das operações durante todo o pregão por meio da rede de terminais da B3, nos terminais disponíveis da corretora ou por telefone, pelo serviço conhecido por Disque Bovespa.

As ações negociadas em todas as bolsas de valores do mundo possuem um *código de identificação* visando sua padronização. Conforme material divulgado, a B3 definiu o código *International Securities Identification Number* (ISIN) com a seguinte estrutura para suas ações:

BR AAAA BBB CC 7

BR = Identifica o código do Brasil

AAAA = Identifica a companhia emissora da ação

BBB = Indica o tipo do ativo

CC = Indica a espécie da ação (ordinária ou preferencial)

7 = Dígito de controle

Exemplo:

BR BBDC ACN PR 4

BR = Brasil

BBDC = Banco Bradesco

ACN = Ações Nominativas

PR = Preferenciais

4 = Código de Controle

Todas as empresas têm suas ações negociadas em *lotes,* que podem ser de 1 ação, 10 ações, 100 ações etc. O que se chama de lote padrão é uma quantidade determinada pelas bolsas de valores de uma ação para negociação no mercado. As ordens de negociação em bolsa são enviadas em termos de quantidade de lotes padrão, ou frações deles.

Por exemplo, se uma empresa tem o lote padrão de suas ações definido em 100 ações, ao comprar 156 ações é necessário usar o *mercado fracionário*. Nesse caso, o lote padrão de 100 ações será negociado no mercado integral e as 56 ações restantes, no mercado fracionário. Recomenda-se aos iniciantes no mercado de ações atuarem apenas com lote padrão de ações, por apresentar maior facilidade de negociação.

As ações negociadas no mercado fracionário apresentam características iguais às negociadas no mercado à vista. Para melhor identificação do mercado em que a ação está sendo negociada, é inserida a letra *F* ao final de seu código. Por exemplo, PETR4 indica ação da Petrobras negociada no mercado à vista, e PETR4F, a mesma ação no mercado fracionário.

Atualmente, os negócios na B3 são feitos integralmente num sistema conhecido como Plataforma Unificada Multiativo (Puma), que substituiu o antigo sistema chamado *Mega Bolsa*. Todos os avanços foram feitos na unificação dos sistemas após as fusões da bolsa, gerando maior agilidade, processamento e segurança.

O antigo sistema de negociação chamado *viva voz* já não existe mais. Aquela cena típica de bolsa de valores, na qual os operadores se acotovelavam, gritavam e gesticulavam para informar suas ofertas de ações, foi paulatinamente substituída pelos computadores do Mega Bolsa e, atualmente, pela Puma, sendo hoje a imagem de um passado romântico do mercado financeiro.

> **OPERADORES SE DESPEDEM HOJE DO PREGÃO VIVA VOZ DA BOVESPA**
>
> Chega ao fim o pregão viva-voz da Bovespa em uma sexta-feira, 30 de setembro de 2005. Pregão este que chegou a ter 1.200 operadores.
>
> O espaço de cerca de 750 metros quadrados, palco da disputa "grito a grito", não será fechado, mas dará lugar a dez novos ambientes, todos voltados à integração do público ao mercado de capitais.

Fonte: *Folha de S. Paulo*, 30 set. 2005.

5.4 *HOME BROKER*

Home broker é um sistema que visa à realização de operações financeiras e se processa *on-line* por meio da internet. Essa modalidade de operação permite que o investidor adquira ou venda ações em tempo real, acessando somente o *site* de sua corretora de valores e expedindo por meios eletrônicos suas ordens de negociação em bolsa de valores.

A sociedade corretora operadora do sistema *home broker* costuma manter uma página financeira em seu *site*, oferecendo diversos serviços aos investidores interessados em operar no mercado. O sistema eletrônico oferece, ainda, informações relevantes para a avaliação do investimento, preparadas geralmente por consultorias especializadas, orientações de negócios ao investidor, plantão de dúvidas, relatórios e indicadores de empresas, algumas análises de ações, entre outros serviços.

Para realizar operações com ações através do *home broker*, o investidor deve inicialmente cadastrar-se como cliente em uma corretora que disponha desse sistema, quando lhe será fornecida uma senha para operar. Toda vez que o investidor acessar, em seu computador, o programa da corretora para consultas e realização de qualquer negócio na bolsa, deverá fornecer a senha recebida. Muitas corretoras não exigem um valor monetário mínimo para operar no sistema *home broker*.

As operações de compra e venda de ações são processadas pelo investidor no sistema via internet, operando por meio da corretora diretamente no pregão da bolsa de valores. A corretora executa a liquidação financeira das operações realizadas de compra e venda de ações, registrando os respectivos resultados financeiros (créditos ou débitos) diretamente na conta-corrente do cliente.

É importante registrar que os clientes do sistema *home broker* têm responsabilidade sobre o desempenho de seus investimentos, devendo avaliar previamente suas decisões e sempre acompanhar a evolução e registrar as tendências das cotações de seus papéis no mercado.

> *Home broker* é um canal de relacionamento entre o investidor e as corretoras da B3, permitindo a negociação de ações por computador por meio da internet.

Uma grande vantagem apontada para o sistema *home broker* é a redução dos altos custos operacionais das corretoras, incorridos principalmente no atendimento aos pequenos investidores. Com a introdução dessa modalidade operacional, as instituições do mercado financeiro conseguem atrair para os negócios com ações poupadores com dificuldades em movimentar pequenos valores nos pregões das bolsas de valores, obtendo importantes vantagens para todas as partes envolvidas.

O sistema *home broker*, além de viabilizar a participação do maior número possível de investidores nos negócios em bolsas de valores, tornou as operações mais dinâmicas e ágeis, motivando maior volume de investimentos no mercado acionário.

O sistema atrai ainda pela sua simplicidade e execução em tempo real das operações. Do ponto de vista do investidor, são exigidos basicamente conhecimentos introdutórios de internet e de aplicação em ações.

Emitir uma ordem ao mercado de ações é informar o papel (a ação) que deseja adquirir ou vender, a quantidade e o preço de interesse. Por isso, o investidor tem que estar atento ao mercado para não correr o risco de dar um lance fora (a maior ou menor) do mercado.

Ao acessar o *home broker*, o investidor pode localizar o papel que deseja comprar ou vender e verificar a sua cotação numa janela semelhante à mostrada no Quadro 5.3, como ilustrado para o Ibovespa.

QUADRO 5.3 "Janela" do *home broker* de uma corretora

Ativo	Último	Data/Hora	Variação	Máximo	Mínimo	Abertura
ABEV3	16,01	17:12:37	–0,25%	16,24	15,91	16,03
BBAS3	39,55	17:12:37	4,11%	39,55	37,92	38,12
BBDC4	27,94	17:12:35	3,21%	27,96	26,96	27,17
BRAP4	75,47	17:12:30	6,99%	75,73	71,02	71,02
BRFS3	21,94	17:12:37	3,49%	22,03	21,45	21,45

Para uma ação, o investidor pode ainda acessar as informações apresentadas no Quadro 5.4.

QUADRO 5.4 Informações adicionais para operação em *home broker*

Petrobras ON N2 PETR4 30,85 ▲ 2,59%			
COTAÇÕES		VOLUME	
Abertura	30,34	Financeiro	1,35B
Máxima	31,05	Quantidade	43,86M
Mínima	30,34	Negócios	62.992
Oferta Compra	30,84		
Oferta Venda	30,85	ÚLTIMA COTAÇÃO:	17:08:28

5.4.1 Emissão de ordens

Para emitir uma ordem de compra ou venda de um papel, o investidor deve considerar o montante de dinheiro que pretende dispor para investir e permanecer atento à cotação do lote de ações no mercado e ao seu lote de negociação.

Por exemplo, a ação da Petrobras PN (PETR4) possui lote de cotação unitária, isto é, se em determinado momento o investidor verificar no pregão que a cotação da PETR4 está em R$ 30,00, isso significa que cada ação vai lhe custar R$ 30,00 e que o lote padrão de negociação é composto de 100 ações.

Para comprar, por exemplo, um lote padrão de ações das preferenciais da Petrobras, o investidor deverá dispor de R$ 30,00 × 100 = R$ 3.000,00, fora os custos operacionais de emolumentos e corretagem.

5.5 TRIBUTAÇÃO

Os ganhos líquidos obtidos em operações realizadas em bolsa de valores, inclusive operações de *day trade*, são tributados pelo Imposto de Renda (IR), de acordo com as seguintes alíquotas vigentes desde 1º/1/2005:

- 20% sobre os ganhos líquidos obtidos em operações de *day trade*;
- 15% sobre os ganhos líquidos obtidos nas alienações (venda) de ações no mercado à vista;
- 1% de IR retido na fonte em operações de *day trade* calculados sobre os ganhos líquidos;
- 0,005% de IR retido na fonte em operações do mercado à vista, calculados sobre a alienação (venda).

Estão isentos do pagamento do IR sobre os ganhos líquidos os investidores – pessoas físicas – em operações no mercado à vista de bolsa de valores cujo total das alienações (venda) realizadas no mês não exceda a R$ 20.000,00.

> Entende-se por *day trade* as operações conjuntas de compra e venda de ações realizadas em um mesmo dia, para um mesmo investidor, e realizadas por uma mesma sociedade corretora. A liquidação financeira de uma operação *day trade* é processada também por um único agente de compensação.

A base de cálculo do IR é a diferença positiva entre o valor de alienação (venda) do papel e o seu custo de aquisição. Quando houver mais de uma operação com o mesmo papel, o custo de aquisição deverá ser tomado como a sua média ponderada. É permitida a dedução dos custos e despesas incorridos na operação.

Também é permitido deduzir as perdas incorridas nas operações dos ganhos líquidos auferidos, no próprio mês ou nos meses subsequentes, exceto no caso de perdas em operações de *day trade*, que somente poderão ser compensadas com ganhos auferidos em operações de mesma espécie.

Os ganhos líquidos deverão ser apurados por períodos mensais e pagos até o último dia útil do mês subsequente ao da operação.

A responsabilidade pela retenção e pelo recolhimento do IR incidente na fonte (1% e 0,005%) é da instituição intermediadora da operação, e pelo IR incidente sobre os ganhos líquidos (15% e 20%), do contribuinte investidor.

O recolhimento deve ser feito por meio de uma guia DARF, preenchida com o código da receita 6015, para pessoa física, e 3317, para pessoa jurídica. Todo mês o investidor deverá efetuar o controle de suas posições de ações, verificando todas as operações de alienação (venda) realizadas e o respectivo resultado obtido (ganho líquido ou prejuízo).

5.6 TIPOS DE ORDEM DE COMPRA E VENDA

Ordem é uma instrução dada a uma sociedade corretora para compra ou venda de ações. Os tipos de ordem de compra e venda que podem ser feitos por um investidor são:

- *Ordem a mercado:* o investidor informa apenas a quantidade e a ação que deseja comprar ou vender, aceitando pagar ou receber o valor ofertado pelo outro investidor que deseja vender ou comprar o mesmo papel. A ordem a mercado não especifica o preço da operação, devendo ser executada quando de seu recebimento.
- *Ordem limitada:* o investidor informa o preço que está disposto a ofertar pelas ações e a quantidade desejada a realizar pela operação de compra e venda. A ordem limitada deve ser executada a partir de um preço no máximo igual ou menor em caso de compra a limite e igual ou maior em caso de venda a limite.
- *Ordem* stop loss: ordem em que o investidor pode programar previamente um preço como ponto de partida, o qual, ao ser atingido, dispara uma ordem limitada.
- *Ordem discricionária:* ordem dada por investidor que administra uma carteira de ações ou um representante de mais de um cliente, que estabelecem as condições de execução da ordem. Quando executada a ordem discricionária, o investidor que emitiu a ordem irá indicar o nome do(s) investidor(es), a quantidade de ações a ser atribuída a cada um deles e o preço negociado.
- *Ordem casada:* o investidor define a ordem de venda de um papel ou de compra de um outro ativo, escolhendo qual operação deseja ver executada em primeiro lugar. Os negócios somente serão efetivados se forem executadas as duas ordens.
- *Ordem* on start/stop: o investidor informa o preço mínimo pelo qual a ordem deve ser executada e a quantidade de papéis. Se for uma ordem de compra com *start*,

será executada se, diante de uma alta dos preços do papel, ocorrer um negócio a preço igual ou maior que o preço determinado. Caso seja uma ordem de venda com *stop*, será executada quando, diante de queda de preços, ocorrer um negócio a preço igual ou menor que o preço informado.

- *Ordem stop móvel*: ordem em que o investidor tem a possibilidade de proteger seu ganho, podendo colocar um *stop* móvel baseado em um percentual, para cima ou para baixo, em relação ao preço de mercado. Caso o preço da ação ultrapasse esse percentual, a ordem não é executada e a ação continua gerando lucros; e caso o preço caia abaixo do percentual, a ordem de venda é realizada.

Os valores informados na ordem com *start* ou *stop* funcionam como um "gatilho". Na ordem de compra com *start*, caso o valor da ação atinja o estabelecido, é criada a ordem de compra, com os valores predeterminados. O mesmo ocorre com a ordem de venda com *stop*, ou seja, caso o valor da ação caia até aquele valor, uma ordem de venda é enviada à bolsa de valores, conforme determinado pelo investidor.

Por exemplo, suponha que determinado papel esteja sendo negociado a $ 20,00 e admita que, pela análise de uma corretora, os vendedores acreditam que, se a cotação da ação atingir $ 21,50, ela poderá subir ainda mais. Se o investidor quiser comprar esse papel e sair do negócio com o preço acima de $ 21,50, ele poderá colocar uma ordem com *start* a $ 21,51.

Do mesmo modo, se um investidor comprar uma ação a $ 2,00 e pretender limitar sua perda em 10%, por exemplo, ele poderá colocar uma ordem com *stop* limitada a $ 1,80. Em outras palavras, se a cotação do último negócio for igual ou menor que $ 1,80, será disparada uma ordem de venda limitada a $ 1,80.

O registro de uma ordem *start* ou *stop* limitada não é garantia de execução. A partir do momento em que uma delas é inserida na bolsa, a ordem segue as mesmas regras operacionais das ordens limitadas. Lembrando que, a qualquer momento, o investidor pode avaliar suas ordens *stop*, enquanto não forem acionadas, através da tela de pendências do seu *home broker*.

5.7 LIQUIDAÇÃO DA OPERAÇÃO

A partir do momento da execução de uma ordem de compra ou venda, o dia da compra é dado como o início do processo de transferência da propriedade e o pagamento ou recebimento do montante financeiro envolvido. Denomina-se o dia de realização do negócio como *D0*. A liquidação das operações no mercado à vista ocorre em D+2, ou seja, em dois úteis para a liquidação das operações.

> A *CBLC* tem por objetivo realizar a compensação financeira, liquidação física e controle das operações de compra e venda de ações na B3. A CBLC realiza também serviços de custódia de títulos e valores mobiliários. É supervisionada pela CVM.

O pregão regular na B3 ocorre em sessão contínua das 10h às 17h55, para todas as companhias listadas nos mercados à vista, a termo, de opções e futuro de ações (tais mercados serão descritos oportunamente neste livro), sendo:

- *leilão de pré-abertura:* das 9h45 às 10h, quando são feitos os registros de oferta para a formação do preço teórico de abertura;
- call *de fechamento:* das 17h55 às 18h, ou 18h15 para algumas operações, para os ativos negociados no mercado à vista que fazem parte da carteira de índices da B3 e para a série de opções de maior liquidez.

5.8 MERCADO DE BALCÃO ORGANIZADO

O mercado de balcão é um ambiente onde são negociados, geralmente por telefone, títulos de valores mobiliários entre as instituições financeiras. Não há um espaço físico determinado para a realização dos negócios. Quando o mercado de balcão viabiliza as transações entre os intermediários de forma mais estruturada, através de sistemas informatizados, interligando as instituições financeiras registradas em todo o país, é chamado de *organizado*.

> No mercado de balcão organizado, as ordens de compra e venda são processadas eletronicamente e são estabelecidas regras próprias de funcionamento pelas entidades administradoras. Esse mercado é administrado por uma entidade autorizada pela CVM.

As sociedades corretoras, sociedades distribuidoras e bancos de investimentos podem participar como membro do mercado de balcão organizado, devendo cumprir as diversas exigências das entidades que administram o mercado, da CVM e do Bacen. Esses intermediários devem informar os investidores clientes sobre as regras de funcionamento do mercado de balcão organizado e a forma de realização de seus negócios.

No mercado de balcão organizado são negociados diversos papéis, como ações de companhias abertas, debêntures, direitos de subscrição de capital, cotas de fundos de investimentos, entre outros. Quando uma empresa solicitar registro de companhia aberta junto à CVM para negociação de seus títulos no mercado primário, deverá especificar em qual mercado os títulos serão negociados: bolsa de valores ou mercado de balcão organizado.

Em comparação com as bolsas de valores, o mercado de balcão organizado permite que participe um número maior de intermediários nas negociações. Essa característica propicia maior divulgação (oferta) das novas ações lançadas pelas companhias abertas.

O mercado de balcão organizado ainda é um ambiente bastante atraente para as companhias abertas de menor porte. Ao lançarem suas ações em bolsas de valores, essas empresas menores podem ter sua liquidez prejudicada pelos valores emitidos pelas companhias de grande porte. As ações listadas em bolsa de valores são geralmente de companhias de grande porte.

O mercado organizado de balcão firma-se, assim, como um ambiente especializado para negociação de títulos e valores mobiliários emitidos por empresas de menor porte. Uma importante contribuição desse mercado organizado está em oferecer às companhias que abrem seu capital um ambiente de negociação de seus valores mobiliários emitidos mais ajustados às suas características de menor porte e menos conhecidas pelos investidores. É uma porta de entrada ao mercado de capitais para essas companhias.

A *Bovespa Mais* é um segmento do mercado de balcão organizado e administrado pela B3, no qual são listadas somente ações de companhias abertas com registro na CVM. O objetivo principal desse mercado é o de apoiar as empresas em seus projetos de crescimento, através de seu acesso ao mercado de capitais.

De acordo com a descrição da B3,

> [...] o BOVESPA MAIS tem como objetivo acolher as empresas com estratégia gradual de acesso ao mercado de capitais, viabilizando sua exposição a esse mercado e apoiando sua evolução em termos de transparência, de ampliação da base de acionistas e de liquidez.[2]

A *Sociedade Operadora do Mercado de Ativos S.A.* (Soma) é uma instituição autorreguladora e tem por objetivo administrar o mercado de balcão organizado.

As negociações na Soma ocorrem exclusivamente através de sistema eletrônico. Os intermediários financeiros que atuam na Soma oferecem também a seus clientes sistema de negociação via internet, denominado *Soma broker*.

5.9 CORRETAGEM

A corretagem varia de corretora para corretora quando se trata de operações realizadas pelos próprios investidores via *home broker*. Há corretoras que cobram valores fixos por ordem, seja de compra ou de venda; há as que adotam tarifa zero e corretoras que seguem uma tabela padrão da bolsa.

---

[2] Fonte: B3. Disponível em: http://www.b3.com.br/pt_br/produtos-e-servicos/solucoes-para-emissores/segmentos-de-listagem/bovespa-mais/. Acesso em: jun. 2021.

As ordens executadas através da mesa de operações são tarifadas em um valor percentual sobre o montante financeiro operado na compra e na venda, de acordo com o Quadro 5.5.

QUADRO 5.5 Tabela de corretagem das operações

Valor	Percentual	Adicional
Até R$ 135,07	–	R$ 2,70
De R$ 135,08 até R$ 498,62	2,00%	–
De R$ 498,63 até R$ 1.514,69	1,50%	R$ 2,49
De R$ 1.514,70 até R$ 3.029,38	1,00%	R$ 10,06
Acima de R$ 3.029,39	0,50%	R$ 25,21

Para o mercado à vista, existe ainda a cobrança de despesas adicionais chamadas emolumentos, que são pagos para a B3 e para a CBLC.

Os valores cobrados como emolumentos pela B3 e pela CBLC são apresentados no Quadro 5.6. No Quadro 5.7, aparecem as operações de compra e venda de um mesmo papel, na mesma quantidade e no mesmo dia, conhecidas como operações *day trade*. Operações que começam em um dia e terminam em dias futuros são chamadas de *swing trade*.

As tarifas demonstradas são retiradas do *site* da B3 e podem mudar, a critério da B3. Dessa forma, recomenda-se sempre visitar o *site* da Bolsa para se manter atualizado em relação às tarifas em vigor.

QUADRO 5.6 Taxa de negociação, taxa de liquidação e taxa de registro

Tipo de Investidor	Negociação[1]	Liquidação[1]	Registro[1]	Total[1]
Pessoas físicas e demais investidores	0,003096%[2,3]	0,0275%	–	0,030596%
Fundos e clubes de investimento locais	0,003096%	0,0200%	–	0,023096%

[1] Sobre o valor financeiro da operação de cada investidor (comprador e vendedor).

[2] As operações realizadas durante os leilões de abertura, de fechamento e em Ofertas Públicas de Aquisição (OPA), o valor da tarifa de negociação será 0,0070% desde que:
 • não sejam realizadas por fundos e clubes de investimento (que permanecem na regra em vigor);
 • não sejam caracterizadas como *daytrade*.

[3] Para fins de suas Políticas de Tarifação, a B3 considera como Fundos e Clubes de Investimento Locais aqueles investidores cujas atividades econômicas cadastradas no Sincad são: 203.00, 501.00, 501.01, 501.02, 501.03 e 701.00

Fonte: B3. Disponível em: http://www.b3.com.br/pt_br/produtos-e-servicos/tarifas/listados-a-vista-e-derivativos/renda-variavel/tarifas-de-acoes-e-fundos-de-investimento/a-vista/. Acesso em: jan. 2021.

QUADRO 5.7 Faixas de volume para *day trade*

Pessoa física	Pessoa jurídica	Negociação[1]	Liquidação[1]	Total[1]
Até 4 (inclusive)	Até 20 (inclusive)	0,003096%[2]	0,0200%	0,023096%
De 4 até 12,5 (inclusive)	De 20 até 50 (inclusive)	0,0030%	0,0200%	0,0230%
De 12,5 até 25 (inclusive)	De 50 até 250 (inclusive)	0,0005%	0,0195%	0,0200%
De 25 até 50 (inclusive)	De 250 até 500 (inclusive)	0,0005%	0,0175%	0,0180%
Mais de 50	Mais de 500	0,0005%	0,0155%	0,0160%

[1] Aplicadas regressivamente sobre o valor financeiro da operação, de cada investidor (comprador e vendedor).

[2] Esta tarifa está sujeita ao "método progressivo para todos os comitentes", exceto para *exchange traded funds* (ETF) de renda fixa, cuja taxa de negociação permanece em 0,0050%.

Fonte: B3. Disponível em: http://www.b3.com.br/pt_br/produtos-e-servicos/tarifas/listados-a-vista-e-derivativos/renda-variavel/tarifas-de-acoes-e-fundos-de-investimento/a-vista/. Acesso em: jan. 2021.

Lembrando ainda que, assim como a corretagem, os emolumentos são cobrados na compra e na venda das ações.

5.10 CANAL ELETRÔNICO DO INVESTIDOR (CEI)

A B3 criou em 2017 um mecanismo de acesso direto e simplificado para o investidor ter acesso a todas as principais informações de seus ativos negociados em bolsa. Esse canal é o Canal Eletrônico do Investidor (CEI).

Ao se cadastrar (abrir uma conta) em uma corretora, ela é automaticamente registrada na B3 e o investidor receberá um *email* com uma senha de consulta ao CEI.

O acesso é direto no *site* (https://cei.b3.com.br/CEI_Responsivo/). Digitando CPF e senha, o investidor pode conferir os ativos custodiados, extratos e os dividendos provisionados na bolsa de valores brasileira.

6

DIVIDENDOS

O investimento em ações negociadas em bolsa de valores não oferece somente como rendimento a valorização em suas cotações. Uma fonte de renda bastante importante para os investidores em ações são os dividendos, que representam uma parcela dos resultados líquidos auferidos pelas companhias distribuída geralmente ao final de cada exercício social.

O capítulo descreve os fundamentos e principais conceitos da decisão de dividendos. Aborda, ainda, entre outros temas importantes, a dinâmica da distribuição de dividendos pelas companhias abertas brasileiras. São apresentados também os principais indicadores de análise de dividendos.

O *dividendo* é entendido como a parcela do lucro líquido de uma empresa que é distribuída aos seus acionistas mediante geralmente pagamento em dinheiro. É uma forma de remuneração do acionista pelo capital investido. O valor do dividendo é definido com base no desempenho apresentado pela empresa no período, projeções financeiras de caixa e oportunidades de crescimento.

O estatuto da companhia deve definir a periodicidade dos pagamentos – mensal, trimestral, semestral, anual etc. –, a base de cálculo dos dividendos e a parcela do lucro a ser paga aos acionistas. No Brasil, o estatuto social das empresas pode prever dividendos diferenciados para as ações preferenciais, oferecendo alguma vantagem ao acionista como compensação por não ter o direito a voto, como no caso do titular da ação ordinária. Por exemplo, podem ser estipulados dividendos preferenciais calculados sobre o capital preferencial, ou um adicional a mais em relação ao distribuído aos acionistas ordinários.

O pagamento dos dividendos no Brasil, no período de altas taxas de inflação, não era relevante; havia um natural desinteresse por esse rendimento em razão da perda de poder aquisitivo que a variação nos índices de preços determinava nos rendimentos dos acionistas. Os investidores preferiam manter seus ativos protegidos da inflação, aplicados normalmente em ativos reais (não monetários). Com a estabilidade da economia, os pagamentos de dividendos por ação no Brasil tornaram-se mais atraentes aos investidores e estratégicos para as empresas, atingindo muitas vezes valores superiores aos de outros países emergentes.

O pagamento de dividendos no Brasil é regulado pela legislação societária, a qual exige um pagamento mínimo estipulado no estatuto social da companhia. A maturidade e maior eficiência do mercado deverão levar a um modelo voluntário de pagamento de dividendos, no qual a decisão de distribuição estará atrelada à estratégia da empresa. Uma companhia deve possuir liberdade de distribuir ou reter lucros para reinvestimento em seus negócios, de acordo com suas oportunidades de crescimento e de geração de riqueza.

Nos Estados Unidos, ao contrário, as empresas possuem maior flexibilidade para decidir o montante de distribuição, inclusive se devem ou não pagar dividendos no exercício. Muitas empresas deixam de pagar dividendos por longo período, optando pelo crescimento através de novos investimentos.

6.1 TIPOS DE DIVIDENDOS

Os dividendos são, na maioria das vezes, pagos em *dinheiro*, gerando um fluxo contínuo de rendimentos aos acionistas. O preço de mercado da ação após o pagamento dos dividendos (preço *ex-dividendos*) costuma se apresentar menor que o preço vigente antes, em razão do exercício desse direito. Nesse caso, diz-se que a ação é negociada "vazia", quando pagou os dividendos, ou "cheia", antes da distribuição do lucro.

Na prática, a redução do valor da ação ex-dividendos tende a se aproximar do valor dos dividendos pagos. O que um investidor não recebeu ao adquirir uma ação ex-dividendos pode ser compensado pelo seu preço de negociação mais baixo.

Por exemplo, se uma ação valia $ 6,20 com dividendos, após uma distribuição de $ 0,40/ação, provavelmente sua cotação no mercado cairá para $ 5,80/ação ao ser negociada como ex-dividendos.

Algumas vezes podem ocorrer pagamentos de dividendos com *emissão adicional de ações*. Por exemplo, uma empresa pode declarar um dividendo em ações de 25%; isso significa que o acionista recebe uma ação nova para cada quatro ações possuídas. Pelo aumento da oferta de ações, o mercado costuma reagir ajustando o preço de negociação ao novo volume de títulos negociados. É esperado que o preço da ação se reduza, diante da maior oferta física de papéis para negociação.

Por exemplo, se um investidor tem 200 mil ações cotadas a $ 5,00 cada uma, seu patrimônio atinge $ 1,0 milhão. Ao receber uma ação para cada quatro possuídas como dividendo, o que equivale a uma distribuição de 25%, o total acumulado pelo investidor aumenta para 250 mil ações. Pelo menos em teoria, o montante do investidor não deve se alterar após a distribuição, permanecendo em $ 1,0 milhão. Nesse caso, o preço de mercado da ação tende a se ajustar para $ 4,00 cada. O investidor possuía 200 mil ações avaliadas em $ 1,0 milhão (200 mil ações × $ 5,00/ação) antes da distribuição de dividendos, e após esse pagamento seu patrimônio se mantém no mesmo patrimônio de $ 1,0 milhão, somente com um volume maior de ações (250 mil ações) e um preço unitário menor, de $ 4,00.

Um dividendo em ação não se constitui necessariamente em riqueza, não torna o acionista mais rico; a decisão simplesmente torna o investidor possuidor de uma quantidade maior de papéis.

No Brasil, os dividendos são obrigatórios. Os acionistas têm o direito a receber como dividendos, em cada exercício social, uma parcela dos resultados líquidos conforme estabelecida em seu estatuto. O percentual de pagamento de dividendos sobre os lucros é definido no estatuto da companhia.

Caso o estatuto da companhia seja omisso, a legislação define outros critérios de cálculo dos dividendos. Se a assembleia de acionistas decidir introduzir um dividendo mínimo obrigatório, o percentual de pagamento não poderá ser inferior a 25% do lucro líquido ajustado de acordo com as normas vigentes.

O dividendo pode deixar de ser pago nos exercícios em que a situação financeira da companhia não for compatível. Esses dividendos não pagos devem ser transferidos para reserva especial e pagos, desde que não tenham sido absorvidos por eventuais prejuízos, logo que a situação financeira da companhia permitir.

6.1.1 Direitos e vantagens das ações preferenciais

De acordo com as normas vigentes, as ações preferenciais devem apresentar as seguintes preferências ou vantagens em relação aos acionistas ordinários:

- prioridade na distribuição de dividendos, fixos ou mínimos, ficando os acionistas ordinários na dependência de saldo restante;
- prioridade no reembolso do capital, com prêmio ou sem ele, no caso de liquidação da empresa;
- acumulação das vantagens enumeradas.

É previsto pela legislação societária (Lei nº 6.404/1976 e suas alterações), também, que as ações preferenciais sem direito a voto ou com restrições ao exercício desse direito somente serão admitidas à negociação no mercado de valores mobiliários se a elas for atribuída pelo menos uma das seguintes preferências ou vantagens:

- direito de participar do dividendo a ser distribuído, correspondente a, pelo menos, 25% do lucro líquido do exercício, calculado na forma do artigo 202;
- direito ao recebimento de dividendo, por ação preferencial, pelo menos 10% maior que o atribuído a cada ação ordinária; ou
- direito de serem incluídas na oferta pública de alienação de controle, nas condições previstas no artigo 254-A, assegurando o dividendo pelo menos igual ao das ações ordinárias.

> Os acionistas preferenciais possuem prioridade sobre os demais acionistas no recebimento de dividendos. São os denominados *dividendos prioritários*, que conferem aos titulares das ações preferenciais certa primazia em suas participações nos lucros líquidos distribuídos pelas empresas.
>
> Ao não disporem do direito político do voto, os preferencialistas assumem a prioridade sobre os lucros a serem pagos, criando-se assim um incentivo econômico para esses investidores.

6.1.2 Dividendos preferenciais fixos

Dividendos fixos são estabelecidos previamente como determinado valor em unidades monetárias (por exemplo, $ 0,80 por ação), ou resultado de um percentual aplicado sobre o capital social (por exemplo, 8% do capital social preferencial), ou preço de emissão da ação.

Esses dividendos fixos são distribuídos independentemente dos resultados obtidos pela empresa no exercício, e a ação não participa de lucros remanescentes, salvo disposição estatutária em contrário. Após receber o dividendo fixo estabelecido, o acionista preferencial não terá qualquer outro direito de rendimento. É como se fosse um juro pago periodicamente ao acionista.

Se o montante dos resultados a distribuir da companhia for igual (ou menor) que o total dos dividendos fixos, todo o lucro apurado deverá ser pago ao acionista preferencial. Nesse caso, o acionista ordinário nada recebe. Por outro lado, se o montante dos dividendos a ser distribuído supera o dos dividendos fixos, os acionistas preferenciais recebem exatamente o previsto como dividendo fixo, e o restante é destinado aos acionistas ordinários ou retido em reservas patrimoniais.

A figura de dividendo preferencial fixo não é muito comum no Brasil, ao contrário do que ocorre em outros países. Já o dividendo preferencial mínimo, apurado com base em percentual sobre o valor da ação ou do capital preferencial, é uma forma bastante disseminada no Brasil.

A definição do dividendo preferencial como mínimo, fixo, cumulativo ou não, é feita no estatuto social da companhia.

6.1.3 Desdobramento de ações

As empresas podem ainda elevar a quantidade de ações em negociação realizando um *desdobramento de ações*, também conhecido por *split*. Ao decidir realizar um *split*, a empresa declara que trocará certa quantidade de ações por cada ação em circulação. Por exemplo, em um *split* de 1 para 3, cada ação antiga em circulação será trocada por três novas ações. Assim, um acionista que possuía 200 mil ações antes da operação, após o desdobramento, irá acumular 600 mil ações.

O *split* é uma variante da distribuição de dividendos em ações. É geralmente adotado quando o preço de uma ação está muito elevado, dificultando sua negociação no mercado. De forma idêntica aos dividendos em ações, o preço de mercado da ação após o *split* cai, de maneira a se ajustar a uma oferta maior de papéis.

> Em 2020, diversas companhias, como Magazine Luiza, Lojas Renner, Bradesco e TOTVS, realizaram operações de desdobramento de ações com os objetivos de reduzir seus preços, incentivar mais negócios em bolsa e atrair novos investidores. Em verdade, ficou mais barato adquirir papéis dessas empresas, apesar da valorização observada no mercado acionário no ano.

O contrário do *split* é o *inplit* de ações (*grupamento de ações*). Na operação de *split*, a quantidade de ações se eleva; no *inplit*, há uma redução de papéis em circulação. Por exemplo, uma ação está sendo negociada no mercado por $ 0,50/ação, e a empresa decide fazer um grupamento (*inplit*) de uma ação para cada 6 existentes. Nessas condições de *inplit*, o preço da ação atinge $ 3,0/ação (6 ações × $ 0,05).

Patrimônio do investidor ANTES do inplit:

Total de Ações		= 12.000 ações
Preço da Ação		= $ 0,50 / ação
	TOTAL	**$ 6.000,0**

Patrimônio do investidor APÓS o inplit:

Total das Ações: 12.000 / 6	= 2.000 ações
Preço da Ação: $ 0,50 × 6	= $ 3,00/ ação
TOTAL	**$6.000,0**

O principal objetivo do *inplit* é a redução da volatilidade que ocorre, geralmente, quando as cotações das ações estiverem muito baixas. Por exemplo, uma desvalorização de $ 0,02 quando a cotação da ação está em $ 0,50/ação equivale a 4% de seu valor. Se a ação estivesse cotada a $ 3,00, essa perda de valor representaria somente 0,67%.

Os denominados *planos de reinvestimento de dividendos* são programas desenvolvidos pelas empresas que oferecem, aos seus acionistas, a oportunidade de reinvestirem automaticamente os dividendos recebidos em novas ações da emissão da empresa. Alguns fundos de investimentos costumam também oferecer programas similares.

Os acionistas podem definir, *a priori*, qual a parcela da distribuição que desejam receber em dinheiro, e qual a que decidem reinvestir em ações adicionais da empresa.

O programa torna-se atraente aos acionistas diante do desempenho esperado da empresa. Além disso, geralmente as ações adicionais costumam ser negociadas sem despesas de corretagem. Muitas vezes, ainda, as empresas oferecem ações adicionais para reinvestimento de dividendos a um preço inferior ao de mercado.

6.2 RECOMPRA DE AÇÕES E DIVIDENDOS

Algumas vezes, uma empresa pode decidir comprar de volta ações de sua própria emissão, reduzindo a quantidade desses papéis em poder do público. Em princípio, a recompra se justifica quando a empresa apresenta boa liquidez de caixa e avalia que suas ações se encontram desvalorizadas no mercado, sendo negociadas a um preço inferior ao seu valor econômico justo. Com a recompra, o preço da ação tende a subir, incorporando as expectativas mais favoráveis da empresa, e beneficiando os acionistas pela recuperação do preço de mercado.

A recompra pode constituir-se, assim, num importante sinal aos acionistas para que reavaliem suas expectativas sobre o desempenho futuro esperado da empresa, como fator relevante para a criação de valor. A empresa procura sinalizar ao mercado que confia em seus negócios, e que possui expectativas otimistas com relação aos seus negócios. Em verdade, ninguém melhor que a própria empresa para estabelecer essas projeções.

Rappaport e Mauboussin[1] destacam a regra fundamental para a recompra de ações:

> a recompra somente será interessante quando o preço de mercado se encontrar desvalorizado – com isso, o acionista consegue elevar sua taxa de retorno – e não existir outra oportunidade mais atraente de investimento – ou seja, quando o seu retorno esperado exceder ao que seria obtido nos investimentos nos negócios da empresa.

Comprando de volta suas ações, a empresa se apresenta como um investidor. As ações recompradas são muito dificilmente canceladas; permanecem classificadas pela contabilidade como "ações em tesouraria", sendo mantidas em contas retificadoras do patrimônio líquido. Essas ações podem, no futuro, ser utilizadas em operações de fusão e aquisição, programas de remuneração aos seus executivos através de opções ou, ainda, como forma de pagamento de dividendos em ações.

A recompra de ações pode também ser utilizada pelas empresas para ajuste na estrutura de capital. Empresas pouco alavancadas, com menos condições de elevar a taxa de retorno do capital próprio pelo uso de capital de terceiros mais barato, podem aumentar sua relação de endividamento (passivo/patrimônio líquido) para uma proporção mais adequada em termos da relação risco-retorno.

A compra das próprias ações pode, junto com o pagamento de dividendos e dos juros sobre o capital próprio, ser interpretada como uma alternativa de devolver dinheiro aos acionistas, remunerando o capital investido. A opção de recompra vem tomando maior destaque nas decisões das empresas, sendo possível observar atualmente no mercado financeiro gastos mais elevados na compra das próprias ações.

Parcelas cada vez maiores de dividendos estão sendo direcionadas para a recompra de ações. É preciso, no entanto, atentar para duas questões básicas nos programas de recompra: (a) *aspectos tributários*; e (b) *preço da recompra.*

No Brasil, os dividendos atualmente não são *tributados*, somente os ganhos de capital. Talvez possa ser mais interessante ao acionista, pela economia fiscal gerada, receber pagamentos em dinheiro sob a forma de dividendos, sem tributação, que participar de um programa de recompra de ações, com taxação sobre eventuais ganhos na valorização dos papéis.

No caso de o *preço* fixado para a operação de recompra exceder ao valor de mercado da ação, o acionista que aderiu ao programa vendendo suas ações ganha pela perda de valor daqueles que permanecem com os títulos. Há, evidentemente, uma transferência de valor dos acionistas que mantêm sua posição para aqueles que negociaram suas ações.

---

[1] RAPPAPORT, Alfred; MAUBOUSSIN, Michael J. *Análise de investimentos*. Rio de Janeiro: Campus, 2001. p. 228.

6.3 MEDIDAS DE DIVIDENDOS

6.3.1 *Payout* e taxa de reinvestimento

O indicador de *payout* revela a porcentagem do lucro líquido que a empresa destinou para pagamento de dividendos aos seus acionistas. Ou seja, quanto do lucro líquido apurado foi destinado para distribuição aos proprietários. É calculado pela relação entre os dividendos distribuídos e o resultado líquido apurado no exercício, ou seja:

$$Payout = \frac{Dividendos}{Lucro\ líquido}$$

Por exemplo, se o *payout* calculado for de 30%, isso indica que a companhia destinou 30% de seus resultados líquidos para distribuição de dividendos aos seus acionistas, mantendo o restante (70%) aplicado em suas operações.

O *payout* comporta-se, em geral, de maneira correlacionada com o ciclo de vida da empresa. Em fase de crescimento, quando são exigidos volumes maiores de investimento, o índice costuma ser baixo, indicando retenção de mais lucros para o reinvestimento. Quando a empresa, mais madura, começa a estabilizar sua taxa de crescimento, o índice de *payout* gradualmente aumenta, indicando maior pagamento de dividendos aos acionistas.

A *taxa de reinvestimento* (ou taxa de retenção) do lucro líquido (LL), geralmente representada por "b", é a parcela que não foi distribuída sob a forma de dividendos aos acionistas, sendo retida pela empresa para reinvestimento em sua atividade. É determinada pela expressão:

$$\text{Taxa de reinvestimento do LL } (b_{LL}) = 1 - Payout$$

Por exemplo, se uma empresa apurou um lucro líquido de $ 243,5 milhões em determinado exercício e pagou $ 56,0 milhões de dividendos, pode-se concluir que distribuiu o equivalente a 23,0% de seus resultados líquidos aos acionistas, reinvestindo 77% em suas operações, ou seja:

$$Payout = \frac{\$\ 56,0}{\$\ 243,5} = 23\%$$

$$\text{Taxa de reinvestimento do Lucro } (b_{LL}) = 1 - 0,23 = 0,77\ (77,0\%)$$

As empresas podem levantar um volume alto de recursos através da retenção dos lucros. Essa fonte de financiamento não tem custo explícito algum, somente custo de oportunidade (custo implícito), ou seja, o retorno da melhor alternativa de investimento que foi sacrificada pela decisão de reinvestimento. A atratividade em não distribuir uma parcela dos resultados aos acionistas é determinada pela relação entre o retorno esperado do investimento e o custo de oportunidade dos fundos retidos. A taxa de retorno da decisão de reter lucros deve sempre remunerar as expectativas de ganhos dos proprietários de capital. A questão básica é avaliar como a decisão de reinvestir os lucros pode influenciar a criação de valor econômico na empresa.

Por exemplo, se a taxa de retorno definida para o nível de risco apresentado por uma empresa for de 14% a.a., para ser economicamente justificável a retenção de lucros o acionista deve ganhar, no mínimo, seu custo de oportunidade de 14% a.a. Se a expectativa do reinvestimento é de um ganho inferior a essa taxa, dificilmente a empresa poderá justificar o não pagamento dos dividendos. O acionista, com os recursos dos dividendos, poderia aplicar em ativos de risco semelhante, recebendo a remuneração mínima desejada de 14% a.a. Ao reter os fundos, a empresa estará promovendo a redução da riqueza do acionista.

Por outro lado, se as oportunidades de investimento prometerem uma taxa de retorno superior aos 14% a.a., a empresa estará criando valor ao acionista elevando a taxa de reinvestimento dos lucros. Reduz a corrente distribuição de dividendos na expectativa de maiores ganhos no futuro.

6.3.2 Taxa de retorno sobre o patrimônio líquido (RSPL)

A taxa de retorno sobre o patrimônio líquido (RSPL) calcula o percentual de ganho líquido do acionista em relação ao capital próprio investido, representado pelo patrimônio líquido (PL). Uma RSPL de 12% indica que, para cada $ 1,0 de capital investido pelos acionistas, a empresa gerou um retorno líquido de $ 0,12. Assim:

$$\text{RSPL} = \text{Lucro líquido (LL)} / \text{Patrimônio líquido (PL)}$$

Por exemplo, uma empresa com montante de patrimônio líquido (recursos próprios investidos) de $ 830,0 mi apurou um lucro líquido (LL) de $ 124,5 mi em determinado exercício. Esses resultados indicam um retorno de 15,0% aos acionistas sobre o investimento, ou seja:

$$\text{RSPL} = \$\ 124{,}5\ \text{mi} / \$\ 830{,}0\ \text{mi} = 15{,}0\%$$

Para cada $ 100,0 de capital investido, o acionista lucrou $ 15,0.

6.3.3 Taxa de crescimento do lucro líquido (g_{LL})

A taxa de crescimento do lucro indica o percentual esperado de evolução do lucro líquido no próximo exercício. É calculada multiplicando-se a taxa de reinvestimento (b_{LL}) pelo retorno do capital próprio (RSPL), ou seja:

$$g_{LL} = b_{LL} \times \text{RSPL}$$

Para melhor entendimento da formulação, admita uma empresa que tenha apurado lucro de $ 100,0 em determinado exercício e um RSPL de 15%. Para o exercício seguinte, espera-se um índice de *payout* de 30%, indicando que a empresa irá pagar 30% de seu lucro líquido aos acionistas, retendo (reinvestindo) os 70% restantes. Essa retenção é que se denomina, conforme demonstrado no item 6.3.1, *taxa de reinvestimento dos lucros* (b).

Desta forma, tem-se:
$$RSPL = 15\%$$
$$b_{LL} = (1 - payout)$$
$$b_{LL} = (1 - 0{,}30) = 0{,}70 \ (70\%)$$

Logo:
$$g_{LL} = b_{LL} \times RSPL$$
$$g_{LL} = 70\% \times 15\% = \mathbf{10{,}5\%}$$

São as oportunidades de crescimento da empresa que determinam o valor de b. Conforme comentado, ciclos de expansão da atividade elevam o reinvestimento dos lucros e a consequente redução dos dividendos. Ao se reduzirem as oportunidades de novos investimentos, b também cai, esperando-se que a empresa distribua maiores dividendos. Quanto mais elevado se apresentar b, maior a expectativa de ganhos de capital dos investidores. Empresas com baixo b são tipicamente maiores pagadoras de dividendos e apresentam, ao mesmo tempo, menores taxas de crescimento.

A partir dessas informações de RSPL e dividendos, podem-se elaborar as seguintes projeções de resultados e dividendos da empresa para os próximos exercícios, conforme exemplo em desenvolvimento na Tabela 6.1:

TABELA 6.1 Projeções de resultados e dividendos

	ATUAL	ANO 1	ANO 2	ANO 3
LUCRO LÍQUIDO		$ 100,00	$ 110,50	$ 122,10	$ 134,92
REINVESTIMENTO (b_{LL} = 70%)		($ 70,00)	($ 77,35)	$ 85,47	$ 94,44
DIVIDENDOS PAGOS		**$ 30,00**	**$ 33,15**	**$ 36,63**	**$ 40,48**
TAXA DE CRESCIMENTO DOS DIVIDENDOS: $g_{LL} = b_{LL} \times RSPL$	10,5%	10,5%	10,5%	10,5%

Para cada $ 100,00 de lucro líquido, a empresa projeta reinvestir 70% em sua atividade, distribuindo o restante (30%) sob a forma de dividendos. No *ano 1*, o lucro líquido é igual a $ 100,00, retorno de 15% sobre o capital próprio investido, mais 15% sobre o capital não distribuído de $ 70,00. Assim, tem-se:

LUCRO LÍQUIDO (ANO 1): $ 100,00 + (15% × $ 70,00) = $ 110,50

Como se prevê distribuição de lucro líquido igual a 30%, os dividendos projetados para o final do ano 1 atingem: $ 110,50 × 30% = $ 33,15, apurando-se uma taxa de reinvestimento do lucro de 70%. Ou, de maneira inversa: a empresa retém 70% de seus resultados líquidos (70% × $ 110,50 = $ 77,35) distribuindo o restante aos seus acionistas.

Para os demais anos da projeção, o raciocínio de cálculo se repete. Observe que os dividendos estimados crescem a um percentual constante, igual a 10,5% em cada ano.

LUCRO LÍQUIDO (ANO 2): $ 110,50 + (15% × $ 77,35) = $ 122,10

LUCRO LÍQUIDO (ANO 3): $ 122,10 + (15% × $ 85,47) = $ 134,92

6.3.4 Taxa de rendimento da ação e dividendos

As ações oferecem dois potenciais de ganhos aos investidores: *dividendos e ganhos de capital*.

Para quem deseja receber ganhos correntes de seus investimentos, o pagamento de *dividendos* produz um fluxo contínuo de rendimentos de caixa. Para investidores menos preocupados com resultados de caixa, as ações permitem ainda auferir ganhos de capital pela valorização de seus preços de mercado.

A taxa de retorno de uma ação é formada, para cada rendimento potencial, através das seguintes expressões de cálculo:

$$\text{Taxa de retorno de dividendos} = \frac{DIV_t}{P_{INI}}$$

$$\text{Taxa de retorno de ganhos de capital} = \frac{P_{FIN} - P_{INI}}{P_{INI}}$$

$$\text{Taxa de retorno total} = \frac{DIV_t + [P_{FIN} - P_{INI}]}{P_{INI}}$$

onde: DIV_t: dividendos pagos no período;

P_{INI}: preço da ação no início do período;

P_{FIN}: preço da ação ao final do período.

Por exemplo, uma ação estava cotada a $ 3,50 no início do ano de x6. Ao final desse ano, seu preço subiu para $ 3,80. No período, ainda, a empresa pagou dividendos de $ 0,1182/ação aos seus acionistas.

Demonstração da taxa de retorno da ação:

$$\text{Taxa de retorno de dividendos} = \frac{\$\,0,1182}{\$\,3,50} = 3,38\%$$

$$\text{Taxa de retorno de ganhos de capital} = \frac{\$\,3,80 - \$\,3,50}{\$\,3,50} = 8,57\%$$

$$\text{Taxa de retorno total} = \frac{\$\,0{,}1182 + [\$\,3{,}80 - \$\,3{,}50]}{\$\,3{,}50} = 11{,}95\%$$

6.4 POLÍTICA DE DIVIDENDOS NA PRÁTICA

A definição de uma política de dividendos envolve responder às seguintes questões essenciais: (1) qual a porcentagem a ser distribuída; (2) como será feita a distribuição: em dinheiro, em ações ou pela recompra de ações; (3) qual a periodicidade da distribuição.

Na decisão sobre o valor do lucro a ser distribuído, o objetivo fundamental é o de maximizar o valor para o acionista. Conforme foi observado, a retenção ou o pagamento dos lucros são decisões dependentes da taxa de retorno esperada e do custo de oportunidade dos fundos. Se as oportunidades de investimentos da empresa oferecerem retornos mais altos que o custo do capital, ou seja, se o retorno que os acionistas poderiam obter, em investimentos de igual risco, fosse menor que o alcançado pela empresa em seus negócios, o lucro deveria ser retido. Em caso contrário, não sendo a empresa capaz de remunerar seus acionistas com taxa de retorno pelo menos igual ao seu custo de oportunidade, a administração deve decidir distribuir seus lucros.

Uma política de dividendos deve ser estabelecida de maneira ajustada a cada empresa. Não há como definir uma única política e aplicá-la com sucesso em diferentes ambientes de negócios. Existem empresas lucrativas e fortemente geradoras de caixa, porém com menores oportunidades de investimentos para crescimento. Isso ocorre em setores mais tradicionais e consolidados. Outras empresas trabalham fortemente alavancadas, com uma participação de capital de terceiros bastante relevante. Esse é o caso de bancos, por exemplo. Essas, e outras empresas similares, costumam distribuir fartos e constantes dividendos, como consequência de suas características. Atraem, com isso, um público investidor interessado em altos ganhos de caixa.

Outros segmentos de empresas, de maneira diferente, convivem com baixa geração de caixa e inúmeras oportunidades atraentes de investimentos. Alguns exemplos dessas empresas são as que apresentam forte concorrência, as que atuam em setores que exigem o contínuo desenvolvimento de novas tecnologias, negócios com forte crescimento e assim por diante. Tais empresas costumam distribuir pouco ou nenhum dividendo, porém oferecem como atrativo financeiro ganhos de capital a seus acionistas.

O grau de incerteza associado às decisões financeiras também influencia a distribuição de dividendos. Se as previsões financeiras da empresa são estabelecidas em ambiente de muita incerteza, é mais recomendável fixar um dividendo mais baixo aos acionistas.

Dessa forma, a política de dividendos varia bastante de uma empresa para outra, de um setor de atividade para outro, obedecendo a certas características presentes em suas atividades. Para uma empresa em particular, o montante ótimo de distribuição de dividendos deve considerar, de acordo com Brigham e outros,[2] quatro importantes fatores:

- *preferência* assumida pelos investidores por rendimentos de dividendos, ou ganhos de capital;
- *oportunidades* de investimentos disponíveis para a empresa;
- *ajustes* na estrutura de capital;
- *oferta* externa de crédito e custo de capital.

Na prática, toda empresa define sua política de dividendos juntamente com *decisões de estrutura de capital*: escolha da proporção ideal de capital próprio e capital de terceiros com que irá financiar sua atividade; *decisões de orçamento de capital*: seleciona um conjunto ótimo de alternativas de investimentos. Os dividendos são pagos somente com lucros que excedem as necessidades ótimas de investimentos. Em outras palavras, os dividendos representam recursos de caixa sem oportunidades atraentes de aplicação, excedentes gerados no exercício.

Em verdade, essas ideias de pagamento de dividendos explicam a *teoria residual de dividendos*. Por essa escola de pensamento, uma empresa paga como dividendos somente o montante que restar após todas as oportunidades atraentes (aceitáveis) de investimentos terem sido atendidas. Pela teoria, o dividendo é entendido como um resíduo. Se a necessidade de capital para investimentos rentáveis superar aos lucros apurados pela empresa, nada deverá ser distribuído, garantindo assim fundos para a empresa poder competir em condições efetivas. Se houver sobras de recursos, então o resíduo deverá ser pago aos acionistas como dividendos.

6.5 EVIDÊNCIAS DOS DIVIDENDOS

Ao final de cada exercício social, as empresas devem decidir quanto pagar de dividendos aos seus acionistas. A parcela de lucro não distribuída é reinvestida em seus negócios, na expectativa de oferecer um retorno adequado aos acionistas. Uma boa gestão das empresas deve preocupar-se em buscar oportunidades de crescimento que remunerem o capital investido, através de dividendos e ganhos de capital, promovendo a valorização dos preços de mercado das ações. Esses aspectos foram tratados em capítulos anteriores ao se estudar as teorias e políticas de dividendos.

As políticas de dividendos não possuem um padrão único, apresentando geralmente diferentes estruturas e critérios baseados nas próprias características das empresas.

---

[2] BRIGHAM, Eugene F.; GAPENSKI, Louis C.; EHRHARDT, Michael C. *Administração financeira*. São Paulo: Atlas, 2001. p. 645.

No entanto, podem ser observadas na literatura de dividendos e práticas financeiras das empresas algumas evidências comuns, as quais são apresentadas a seguir.[3]

Por serem normalmente calculados a partir do desempenho das empresas, os dividendos costumam guardar uma relação bastante estreita com os lucros. Em outras palavras, esses rendimentos tendem, na maioria das vezes, a seguir os resultados das companhias, aumentando ou diminuindo o volume de distribuição em paralelo às variações nos lucros das empresas.

Deve ser destacado, nessa correlação de distribuição e geração dos lucros, que os dividendos costumam acompanhar também o ciclo de vida da empresa. Períodos de crescimento da atividade, com maiores oportunidades de investimentos e mais forte demanda de caixa, geralmente promovem redução no índice de *payout*. Os lucros são retidos e reinvestidos no crescimento da empresa.

Os dividendos elevam-se proporcionalmente na fase de estabilidade dos negócios, no momento em que a empresa atinge certa maturidade. Isso explica por que empresas de alta tecnologia, ou atuantes em segmentos de forte concorrência e crescimento, costumam pagar baixos dividendos. Esse segmento de empresas adota altos índices de retenção de lucros, priorizando aos acionistas oportunidades de ganhos de capital pela valorização esperada de suas ações.

As indústrias de tabaco, com baixa concorrência e, principalmente, reduzida taxa de crescimento futuro de seus negócios, adotam geralmente duas posturas: (a) distribuir altos dividendos aos acionistas, para que eles tomem suas próprias decisões financeiras; ou (b) reter os lucros para diversificar os investimentos em outros negócios, com maiores perspectivas de crescimento.

As instituições financeiras, por atuarem fortemente alavancadas, costumam também distribuir altos dividendos aos acionistas, atraindo investidores que priorizam resultados de caixa. As ações dos bancos são admitidas pelos analistas como de proteção de carteiras de investimentos. Os principais bancos brasileiros encontram-se geralmente entre os primeiros classificados na lista dos melhores pagadores de dividendos no Brasil.

Uma constatação importante verificada é que as empresas procuram manter sua política de dividendos estável. Na prática, os dividendos costumam ser mais estáveis que os lucros. As empresas relutam bastante em reduzir os dividendos, mesmo em momentos de retração da atividade econômica; preocupam-se com uma avaliação negativa do mercado e possível desvalorização dos preços das ações. Uma política de dividendos estáveis tem por objetivo passar ao acionista uma capacidade melhor de previsão dos fluxos de rendimentos, reduzindo a incerteza com relação ao pagamento dos lucros.

---

[3] Um detalhamento dessas evidências pode ser visto em: DAMODARAN, Aswath. *Finanças corporativas*. 2. ed. Porto Alegre: Bookman, 2006. cap. 21.

Da mesma forma, se as empresas elevassem os dividendos em períodos de prosperidade, teriam a necessidade de manter esses valores também elevados no futuro, de maneira a não frustrar os fluxos de caixa dos acionistas. Damodaran[4] constata que os fluxos de dividendos são mais regulares que os de lucros. No Brasil, estudos publicados constataram uma tendência das companhias abertas em manter os pagamentos de dividendos mais estáveis, oferecendo maior previsibilidade aos seus acionistas. Isso foi motivado, principalmente, pelo desenvolvimento do mercado de capitais em nossa economia e adoção de melhores práticas de governança corporativa.

Um interessante estudo sobre a variabilidade dos dividendos no tempo foi desenvolvido por Siegel.[5] Estudando o desempenho das ações por quase dois séculos, no período de 1802 a 1997, a pesquisa demonstrou que, quanto maior o período do investimento, mais reduzida se apresenta a variabilidade dos dividendos. Em outras palavras, elevando-se o período do investimento em ações, a dispersão (desvio-padrão) dos dividendos tende a cair, tornando o investimento mais estável e seguro.

Assim, pelas conclusões do estudo para investimentos de um ano, o desvio-padrão é calculado em 18%; para dois anos, diminui para 12%; em cinco anos, cai para 8%; em 10 anos, para 4%; e, para 20 anos, a dispersão é mínima, em torno de 2%. No longo prazo, o investimento em ações se mostra mais previsível do que em títulos de renda fixa, refletido no menor índice de desvio-padrão apresentado.

---

[4] DAMODARAN, Aswath. *Op. cit.*, p. 541.

[5] SIEGEL, Jeremy J. *Stocks for the long run.* New Yoirk: McGraw-Hill, 2002. Esta pesquisa é também comentada em: FLEURIET, Michel. *A arte e a ciência das finanças.* Rio de Janeiro: Campus, 2004.

7
SIMULAÇÕES DE OPERAÇÕES COM AÇÕES EM BOLSA – *SWING TRADE*

O capítulo desenvolve a prática das negociações em bolsa de valores, simulando diversas operações de compra e venda de ações no mercado à vista. São demonstrados os cálculos dos emolumentos, corretagem e Imposto de Renda incidente sobre as operações.

A grande contribuição do estudo é demonstrar o lado prático das operações com ações na bolsa de valores, detalhando os resultados de cada transação.

Seguindo o objetivo de mostrar a prática das operações com ações, o capítulo ilustra diversos avisos de distribuição de dividendos e bonificação efetuados por companhias abertas brasileiras e as diversas siglas das ações negociadas em bolsa de valores.

Cabe destacar que os ativos utilizados nos exemplos não são recomendações de investimentos. São tomados apenas para trazer a realidade prática da bolsa.

A Bolsa de Valores de São Paulo – Bovespa, cuja operadora é a Brasil, Bolsa, Balcão (B3) – disponibiliza operações com títulos e valores mobiliários nos mercados:

- à vista;
- a termo;
- de opções;
- futuros.

No *mercado à vista*, as ações são negociadas para liquidação física e financeira quase imediata, ocorrendo alguns dias após a transação. A liquidação é processada pela Companhia Brasileira de Liquidação e Custódia (CBLC).

As operações no *mercado a termo* são realizadas através de contratos de compra e venda de ações, a um preço fixado, e para liquidação em uma data futura, em geral 30, 60 ou 90 dias. No mercado a termo são exigidos depósitos de garantia tanto do comprador como do vendedor, denominados margem de garantia. A margem é depositada na CBLC.

O *mercado de opções* negocia direitos de comprar ou vender ações, por preço e prazo preestabelecidos em contrato. Na aquisição desse direito, o investidor paga um prêmio em dinheiro para ter o direito de comprar ou vender a ação no futuro, nas condições fixadas. A opção pode ser de compra ou de venda. A *opção de compra* dá o direito, e não a obrigação, ao investidor de adquirir, até a data de vencimento e por um preço contratado, o lote de ações ou revender a opção no mercado. O comprador de uma *opção de venda*, ao contrário, dá o direito ao investidor de vender as ações objeto do contrato na data de seu vencimento ou negociar a opção no mercado a qualquer momento.

O *mercado futuro* envolve basicamente um compromisso de compra ou de venda de determinado ativo em certa data futura, sendo previamente fixado o preço objeto da negociação.

7.1 OPERAÇÕES COM AÇÕES EM BOLSA

São apresentados a seguir os cálculos dos resultados líquidos de algumas operações com ações em bolsas de valores. Mas, antes, é importante entender todos os elementos que regem uma operação na bolsa de valores. O primeiro é entender a sua nota de negociação, ou nota de corretagem. Para toda operação que é feita via corretora na bolsa, emite-se um comprovante de negociação. Esse comprovante é a nota de corretagem ou de negociação fornecida aos clientes quando uma ordem é emitida e devidamente executada.

Na Figura 7.1, apresenta-se uma nota de negociação onde são destacados todos os itens de negociação de uma ordem de compra de 100 ações da PETR4 feita em 21/12/2020, que o cliente receberá via *email* cadastrado na sua corretora.

FIGURA 7.1 Exemplo de nota de negociação de uma corretora

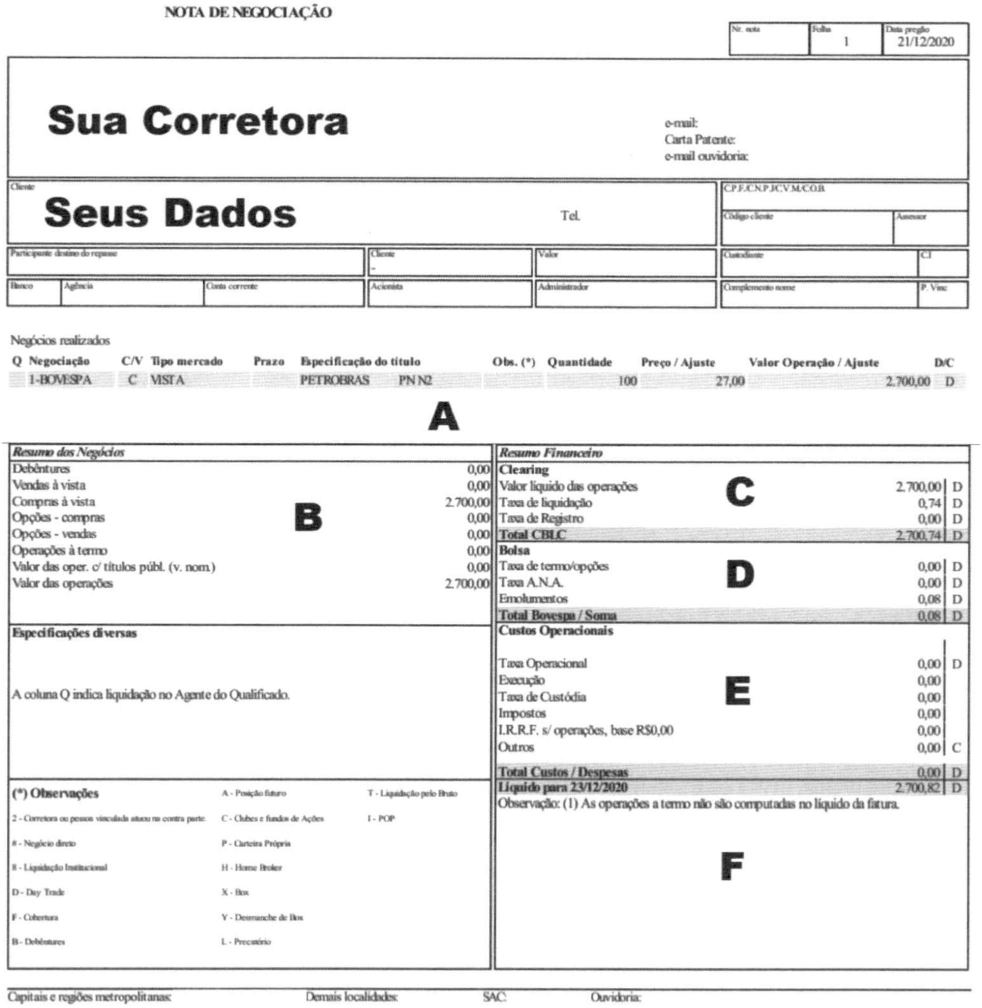

NOTA DE NEGOCIAÇÃO

Nr. nota	Folha	Data pregão
	1	21/12/2020

Sua Corretora

e-mail:
Carta Patente:
e-mail ouvidoria:

Cliente
Seus Dados
Tel.

C.P.F./C.N.P.J/C.V.M./C.O.B.
Código cliente
Assessor
Participante destino do repasse
Cliente
-
Valor
Custodiante
CI
Banco
Agência
Conta corrente
Acionista
Administrador
Complemento nome
P. Vinc

Negócios realizados

Q	Negociação	C/V	Tipo mercado	Prazo	Especificação do título	Obs. (*)	Quantidade	Preço / Ajuste	Valor Operação / Ajuste	D/C
	1-BOVESPA	C	VISTA		PETROBRAS PN N2		100	27,00	2.700,00	D

A

Resumo dos Negócios	
Debêntures	0,00
Vendas à vista	0,00
Compras à vista	2.700,00
Opções - compras	0,00
Opções - vendas	0,00
Operações à termo	0,00
Valor das oper. c/ títulos públ. (v. nom.)	0,00
Valor das operações	2.700,00

B

Especificações diversas

A coluna Q indica liquidação no Agente do Qualificado.

(*) Observações

2 - Corretora ou pessoa vinculada atuou na contra parte.
- Negócio direto
8 - Liquidação Institucional
D - Day Trade
F - Cobertura
B - Debêntures
A - Posição futuro
C - Clubes e fundos de Ações
P - Carteira Própria
H - Home Broker
X - Box
Y - Desmanche de Box
L - Precatório
T - Liquidação pelo Bruto
I - POP

Resumo Financeiro		
Clearing		
Valor líquido das operações	2.700,00	D
Taxa de liquidação	0,74	D
Taxa de Registro	0,00	D
Total CBLC	2.700,74	D
Bolsa		
Taxa de termo/opções	0,00	D
Taxa A.N.A.	0,00	D
Emolumentos	0,08	D
Total Bovespa / Soma	0,08	D
Custos Operacionais		
Taxa Operacional	0,00	D
Execução	0,00	
Taxa de Custódia	0,00	
Impostos	0,00	
I.R.R.F. s/ operações, base R$0,00	0,00	
Outros	0,00	C
Total Custos / Despesas	0,00	D
Líquido para 23/12/2020	2.700,82	D

C

D

E

Observação: (1) As operações a termo não são computadas no líquido da fatura.

F

Capitais e regiões metropolitanas: Demais localidades: SAC: Ouvidoria:

A nota de negociação apresenta duas partes bem definidas. A primeira é a parte "A", onde constam os dados da sua corretora e seus dados pessoais cadastrados, como o número do seu banco, sua agência e conta-corrente.

E na parte em seguida aparecem os negócios realizados no dia. No exemplo, foi realizada uma operação na Bovespa, de compra de ações (C= Compra, V= Venda). A operação foi realizada no mercado à vista. Caso fossem opções de compra apareceria "opção de compra".

A especificação do título foi a ação da Petrobras preferencial (PN), que se encontra no nível 2 de Governança Corporativa (N2); a quantidade, 100 ações, ao preço/ajuste de

R$ 27,00, que se refere ao preço em que a ordem foi executada; o valor da operação foi de R$ 2.700,00. Trata-se de uma operação de débito – D – (D/C) na sua conta da corretora.

Na segunda parte, existem cinco divisões conforme representadas pelas letras de "B" a "F". No quadro "B" consta o Resumo dos Negócios, indicando todos os negócios executados no dia, no caso 21/12/2020 (data que pode ser encontrada na parte superior direta da nota de negociação). No exemplo, consta o total de compras à vista no valor de R$ 2.700,00. No quadro "C" tem-se o Resumo Financeiro do que foi pago à Clearing (CBLC – Companhia Brasileira de Liquidação e Custódia –, que é onde suas ações ficarão "guardadas", ou seja, custodiadas).

Esse valor é estabelecido pela B3 e consta na página da bolsa, como pode ser visto na Figura 7.2.

FIGURA 7.2 Taxas de negociação, liquidação e registro da B3

Tipo de Investidor	Negociação[1]	Liquidação[1]	Registro[1]	Total[1]
Pessoas físicas e demais investidores	0,003020%[2,3]	0,0275%	–	0,030520%
Fundos e clubes de investimento locais	0,003020%	0,0200%	–	0,023020%

[1] Sobre o valor financeiro da operação, de cada investidor (comprador e vendedor).
[2] As operações realizadas durante os leilões de abertura, de fechamento e em Ofertas Públicas de Aquisição (OPA), o valor da tarifa de negociação será 0,0070% desde que:
 · Não sejam realizadas por fundos e clubes de investimento (que permanecem na regra em vigor);
 · Não sejam caracterizadas como daytrade.
[3] As operações de ETF de Renda Fixa não estão sujeitas ao "método progressivo para todos os comitentes", sendo a taxa de negociação sempre 0,0050%.

Fonte: B3. Disponível em: http://www.b3.com.br/pt_br/produtos-e-servicos/tarifas/listados-a-vista-e-derivativos/renda-variavel/tarifas-de-acoes-e-fundos-de-investimento/a-vista/. Acesso em: 28 dez. 2020.

No caso da operação de compra à vista, calcula-se a taxa de liquidação:

Taxa de liquidação: 0,0275% × R$ 2.700,00 = R$ 0,74

Assim, o total a ser pago à CBLC é de R$ 2.700,74, que pode ser observado no final do quadro "C" na linha Total da CBLC.

No quadro "D" constam as taxas pagas à bolsa, no caso à B3, que são os emolumentos da negociação:

Taxa de negociação: 0,003020% × R$ 2.700,00 = R$ 0,08

Assim, o total a ser pago à B3 é de R$ 0,08.

No quadro "E" constam as Custas Operacionais, que correspondem à corretagem paga à corretora em que o cliente investidor possui a conta, para executar a ordem que foi enviada. No exemplo, a corretora desse investidor não cobra taxa de corretagem, por isso os valores estão zerados.

Essas taxas variam de corretora para corretora. Algumas cobram taxa fixa, como, por exemplo, R$ 5,00 por ordem, seja de compra ou de venda no mercado à vista; outras cobram taxas variáveis e de acordo com a Tabela Padrão da B3.

Cabe lembrar que essas tarifas variam de corretora para corretora e de operação para operação, ou seja, se for uma operação de *day trade*, como será mostrado mais adiante, as tarifas tendem a ser menos onerosas, dado o volume de operações que podem ser executadas nessa modalidade em um mesmo dia – por exemplo, R$ 3,00 por ordem.

Essas tarifas normalmente são cobradas quando o investidor realiza suas operações via aplicativos ou *home broker*. Caso o investidor opte por solicitar à corretora que execute uma operação por telefone ou mesmo presencialmente, a corretora executa via mesa de operações, e aí a cobrança normalmente segue a Tabela Padrão da B3 que é dada a seguir, no Quadro 7.2. Porém, algumas corretoras optam por utilizar a Tabela Padrão da Bovespa em todas as operações, inclusive nas feitas pelo investidor via *home broker*.

QUADRO 7.2   Tabela padrão Bovespa para corretagem

Valor financeiro movimentado	Percentual do volume	Valor fixo
De R$ 0,01 a R$ 135,07	–	R$ 2,70
De R$ 135,08 a R$ 498,62	2,00%	–
De R$ 498,63 a R$ 1.514,69	1,50%	R$ 2,49
De R$ 1.514,70 a R$ 3.029,38	1,00%	R$ 10,06
A partir de R$ 3.029,39	0,50%	R$ 25,21

Nesse mesmo quadro "E" estariam também os impostos que, caso existam, estariam descontados, como o Imposto sobre Serviços (ISS) e o Imposto de Renda Retido na Fonte (IRRF). Sobre o IRRF, os cálculos e regras serão demonstrados mais adiante neste capítulo.

No quadro "F", constam o total líquido a pagar/receber pelo investidor e a data na qual deverá ser executada a liquidação financeira, que ocorrerá em dois dias, no caso em 23/12/2020, no valor de R$ 2.700,82 a debitar do saldo da conta do investidor na corretora.

Lembremos que cada investidor tem uma "conta-corrente" na corretora que escolhe para fazer suas operações. O envio de recursos deve ser feito via transferência bancária, entre a conta-corrente normal do investidor, de mesma titularidade, e a conta do investidor na corretora. E é nessa conta da corretora que será feio o débito do valor negociado, conforme consta no quadro "F" da nota de negociação.

A B3 vem ajustando sua política de tarifação frente aos avanços do mercado de capitais. E as novas regras, que estão em vigor desde 2/2/2021, foram divulgadas como fato relevante, como pode ser visto na Figura 7.3.

FIGURA 7.3 Fato relevante da B3

B3 S.A. – Brasil, Bolsa, Balcão
CNPJ nº 09.346.601/0001-25
NIRE 35.300.351.452

FATO RELEVANTE
Modelo Intermediário da Nova Política de Tarifas
para o Mercado de Renda Variável

A B3 S.A. – Brasil, Bolsa, Balcão ("Companhia" ou "B3") comunica que, a partir de 02/02/2021, inclusive, entrarão em vigor novas políticas de tarifação dos produtos do mercado à vista de renda variável para os serviços (i) de negociação e pós-negociação e (ii) da Central Depositária, com o período de certificação iniciando em 14/12/2020.

As mudanças para o mercado de renda variável acontecem em um contexto de aumento significativo dos volumes negociados no mercado de ações e visam compartilhar com clientes os benefícios do ganho de escala e alavancagem operacional da Companhia, por meio do uso eficiente de mecanismos de preços que estimulem o aumento dos volumes negociados e a expansão da base de clientes pessoas físicas.

Os documentos contendo as tabelas de preços completas estão disponíveis no site da B3.

Principais mudanças previstas no modelo intermediário:

I. Serviços de negociação e pós-negociação no mercado à vista de renda variável

- Substituição do modelo de desconto progressivo baseado no ADTV global por nova tabela de preços
- Tabela de preços diferenciada para *day traders*, baseada no volume diário negociado, com a concessão de descontos mais acelerada e profunda

II. Principais mudanças para os serviços da Central Depositária de renda variável

- Tarifa mensal de manutenção de conta de custódia cai para zero (para investidores residentes)
- Isenção total das tarifas sobre o valor em custódia para contas com valor em custódia inferior a R$20,000
- Atualização da tabela de custódia conforme anunciado em janeiro

Para auxiliar na análise de potenciais impactos financeiros dessas mudanças para a B3, foram realizadas simulações e *backtests* que levaram em conta perfis e mix de clientes observados no período compreendido entre abril e junho de 2020, anualizado, em cada um desses serviços. Os resultados dessas simulações e testes mostraram que, se aplicadas essas novas políticas do modelo intermediário neste período, as receitas da Companhia teriam sido cerca de R$250 milhões menores, o que corresponde a cerca de 2/3 das reduções líquidas totais de tarifas previstas inicialmente na implantação do modelo final (cerca de R$400 milhões anualizados no *backtest* realizado). É importante destacar que não é possível garantir que, uma vez implantadas as novas políticas de tarifação, o impacto financeiro para a B3 guardará qualquer relação com o número mencionado acima, uma vez que podem ocorrer mudanças significativas nas condições de mercado, na base de clientes e no perfil de negociação destes.

São Paulo, 10 de dezembro de 2020

Fonte: B3. Disponível em: http://www.b3.com.br/pt_br/noticias/tarifacao.htm. Acesso em: 21 jun. 2021.

7.1.1 Simulação de operação com lucro – *swing trade*

A operação de *swing trade* nada mais é do que a operação mais comum do mercado de capitais. O investidor abre uma posição em um pregão; por exemplo, compra ações em um dia e fica aguardando a valorização do papel por vários dias, meses ou até mesmo anos, quando encerrará sua posição vendendo o papel.

Para ilustrar uma operação com ações (Quadro 7.2), suponha que um investidor tenha comprado em 9/11/2020 a quantidade de 800 ações da Petrobras PN – PETR4, cotada a R$ 21,61 cada ação. O investidor adquiriu oito lotes de 100 ações cada.

QUADRO 7.3 Exemplo de operação de ações

Operação	Ação	Lote padrão	Qtde.	Preço	Valor
Compra à vista	PETR4	100 ações	800 ações	R$ 21,61	R$ 17.288,00

De acordo com tabelas divulgadas pela B3 e apresentadas anteriormente, são calculadas a seguir as despesas de emolumentos e corretagem da compra:

Taxa de liquidação da CBLC:

$$0,0275\% \times R\$ 17.288,00 = R\$ 4,75$$

Emolumentos de negociação da bolsa:

$$0,003020\% \times R\$ 17.288,00 = R\$ 0,52$$

Corretagem (tabela acima de R$ 3.029,38):

$$(0,5\% \times R\$ 17.288,00) + R\$ 25,21 = R\$ 111,65$$

Valor líquido da compra:

$$R\$ 17.288,00 + R\$ 4,75 + R\$ 0,52 + R\$ 111,65 = R\$ 17.404,92$$

Esse valor será debitado na conta do cliente na corretora em 2 dias úteis. No jargão do mercado, diz-se que esse pagamento ou recebimento é feito em D+2, ou seja, 2 dias úteis após o dia "D" da operação. Essa mudança ocorreu a partir de 27/5/2019, quando antes o prazo era D+3.

Em 14/12/2020, ou seja, 35 dias úteis depois da aquisição, o investidor decide vender todas as ações ao preço unitário de $ 28,03. As principais informações da venda encontram-se no Quadro 7.4.

QUADRO 7.4 Exemplo de venda de ações

Operação	Ação	Lote padrão	Qtde.	Preço	Valor
Venda à vista	PETR4	100 ações	800 ações	R$ 28,03	R$ 22.424,00

Taxa de liquidação da CBLC:

0,0275% × R$ 22.424,00 = R$ 6,16

Emolumentos de negociação da bolsa:

0,003020% × R$ 22.424,00 = R$ 0,67

Corretagem (tabela acima de R$ 3.029,38):

(0,5% × R$ 22.424,00) + R$ 25,21 = R$ 137,33

Valor líquido da venda:

R$ 22.424,00 − R$ 6,16 − R$ 0,67 − R$ 137,33 = R$ 22.279,84

Esse valor também será creditado na conta do investidor na corretora em D+2 dias úteis, que ocorrerá em 16/12/2020.

Como pode ser observado, essa operação gerou lucro para o investidor. E, segundo as regras do mercado, deverá haver incidência de Imposto de Renda (IR). No mercado à vista de ações, se forem realizadas vendas em até R$ 20.000,00 por mês, o investidor estará *isento* de pagar IR sobre eventuais ganhos. Esse limite de R$ 20.000,00 engloba todas as vendas somadas dentro do respectivo mês. Em vendas acima desse valor haverá incidência de IR, cuja alíquota é de 15% sobre o lucro, descontados os custos operacionais para a realização da operação.

No entanto, na nota de negociação virá um IRRF cuja alíquota é de 0,005% sobre o total da venda bruta. Esse imposto, chamado de "dedo-duro", serve para alertar a Receita Federal do valor das movimentações dos investidores. Esse não é o IR total a recolher, devendo ser apurado o resultado final e, se houve lucro, deverá ser tributado na alíquota de 15%, caso haja vendas superiores a R$ 20.000,00 no mês. Esse IRRF recolhido nas operações de venda poderá ser descontado do IR devido em um referido mês.

Admitindo que o investidor tenha realizado apenas essa operação na bolsa e sendo o valor obtido na venda das ações superior a R$ 20.000,00, há retenção de 0,005% de IRRF sobre o valor da venda. A corretora retém esse valor e avisa a Receita Federal.

IRRF = 0,005% × R$ 22.424,00 = R$ 1,12

Valor líquido a receber na nota de negociação após o IRRF e creditado na conta do investidor na corretora:

R$ 22.279,84 − R$ 1,12 = R$ 22.278,72

O cálculo do IR a recolher fica:

Valor líquido da venda	= R$ 22.279,84
Custo de aquisição das ações	= R$ 17.404,92
Ganho líquido	= R$ 4.874,92

Imposto a recolher:

(15% × 4.874,92) – R$ 1,12 = R$ 731,23 – R$ 1,12 = R$ 730,11

Lembre-se, uma vez mais, que o IR na fonte é cobrado sobre o valor da alienação (venda), pois cada corretora pode praticar diferentes taxas de corretagem, o que implicaria diferentes valores de impostos.

O recolhimento deve ser mensal e realizado pelo investidor até o último dia útil do mês subsequente à venda. Na Figura 7.4, é demonstrado um exemplo de guia de recolhimento (documento de arrecadação de receitas federais – DARF), no qual devem ser preenchidos os campos necessários à identificação do investidor, valores e o código da Receita, sendo 6015 para pessoa física (PF) e 3317 para pessoa jurídica (PJ):

FIGURA 7.4 Ilustração de guia de recolhimento de IR

MINISTÉRIO DA FAZENDA **SECRETARIA DA RECEITA FEDERAL DO BRASIL** **Documento de Arrecadação de Receitas Federais** **DARF**	02 PERÍODO DE APURAÇÃO →	31/12/2020
	03 NÚMERO DO CPF OU CNPJ →	XXX.XXX.XXX-XX
	04 CÓDIGO DA RECEITA →	6015 (PF) 3317(PJ)
01 NOME / TELEFONE XXXXXXXXXXXXXXXXXXX	05 NÚMERO DE REFERÊNCIA →	
	06 DATA DE VENCIMENTO →	29/01/2021
Veja no verso instruções para preenchimento	07 VALOR DO PRINCIPAL →	730,11
	08 VALOR DA MULTA →	0,00
ATENÇÃO É vedado o recolhimento de tributos administrados pela Secretaria da Receita Federal do Brasil (RFB) cujo valor total seja inferior a R$ 10,00. Ocorrendo tal situação, adicione esse valor ao tributo de mesmo código de períodos subseqüentes, até que o total seja igual ou superior a R$ 10,00.	09 VALOR DOS JUROS E / OU ENCARGOS DL - 1.025/69 →	0,00
	10 VALOR TOTAL →	730,11
	11 AUTENTICAÇÃO BANCÁRIA (Somente nas 1ª e 2ª vias)	

Aprovado pela IN/RFB nº 736, de 2 de maio de 2007.

Pode-se calcular, a seguir, a *rentabilidade* auferida na operação pelo prazo de 35 dias. O investidor aplicou na compra das ações da Petrobras o capital total de R$ 17.404.92, apurando na venda o valor bruto de R$ 22.424,00, e um valor líquido do IR de R$ 21.549,73 = (R$ 22.279,84 – R$ 730,11). Assim:

$$i\%\quad 21.549{,}73$$

$$17.404{,}92 \quad\quad 35\ (\text{dias})$$

$$i = \frac{21.549{,}73}{17.404{,}92} - 1$$

$$i = 23{,}814\%\ \text{em 35 dias}$$

$$i = (1 + 0{,}23814)^{\frac{30}{35}} - 1$$

$$i = 20{,}09\%\ a.m.$$

O investimento rendeu 23,814% nos 35 dias em que foi mantida a posse das ações, o que equivale a 20,09 % a.m.

7.1.2 Simulação de operação com mais de uma ação

Este item descreve os resultados de um investimento em bolsa de valores envolvendo mais de uma ação. Para ilustrar, considere as seguintes informações referentes à aquisição de cinco lotes de 100 ações cada realizada em 2/4/2020, na operação também chamada de *swing trade* (Quadro 7.5).

QUADRO 7.5 Exemplo de *swing trade*

Operação	Ação	Lote padrão	Qtde.	Preço	Valor
Compra à vista	Ação A	100 ações	500 ações	R$ 42,20	R$ 21.100,00
Compra à vista	Ação B	100 ações	500 ações	R$ 71,48	R$ 35.740,00
Total					**R$ 56.840,00**

Taxa de liquidação da CBLC:

$$0{,}0275\% \times R\$\ 56.840{,}00 = R\$\ 15{,}63$$

Emolumentos de negociação da bolsa:

$$0{,}003020\% \times R\$\ 56.840{,}00 = R\$\ 1{,}71$$

Corretagem (tabela acima de R$ 3.029,38):

$$(0{,}5\% \times R\$\ 56.840{,}00) + R\$\ 25{,}21 = R\$\ 309{,}41$$

Valor líquido da compra:

$$R\$\ 56.840{,}00 + R\$\ 15{,}63 + R\$\ 1{,}71 + R\$\ 309{,}41 = \mathbf{R\$\ 57.166{,}75}$$

É preciso agora calcular o custo líquido de aquisição de cada papel. O custo operacional total da compra nada mais é do que a soma dos emolumentos com a corretagem, cujo total atinge: R$ 309,41 + R$ 15,63 + R$ 1,71= R$ 326,75.

Calculando o custo médio de aquisição para a Ação A =

$$= 21.000 + \frac{21.100,00}{56.840,00} \times 326,75 = 21.100,00 + 121,29 = 21.221,29$$

que dá um custo de aquisição por ação de: $\frac{21.221,29}{500} = 42,44$

Calculando o custo médio de aquisição para a Ação B =

$$= 35.740,00 + \frac{35.740,00}{56.840,00} \times 326,75 = 35.740,00 + 205,45 = 35.945,45$$

que dá um custo de aquisição por ação de: $\frac{35.945,45}{500} = 71,89$

Admita agora que, em 25/6/2020, o investidor resolva vender 200 ações da Ação B, cotada a R$ 72,50 cada.

QUADRO 7.6 Exemplo de operação de venda

Operação	Ação	Lote padrão	Qtde.	Preço	Valor
Venda à vista	Ação B	100 ações	200 ações	R$ 72,50	R$ 14.500,00

Taxa de liquidação da CBLC:

$$0,0275\% \times R\$ 14.500,00 = R\$ 3,98$$

Emolumentos de negociação da bolsa:

$$0,003020\% \times R\$ 14.500,00 = R\$ 0,43$$

Corretagem (tabela acima de R$ 3.029,38):

$$(0,5\% \times R\$ 14.500,00) + R\$ 25,21 = R\$ 97,71$$

O IR retido na fonte será de:

$$0,005\% \times R\$ 14.500,00 = R\$ 0,72$$

Esse valor do IRRF vem discriminado na nota de negociação, todavia, será descontado da sua conta apenas quando o valor total retido for superior a R$ 1,00 no mês. Caso esse valor não supere R$ 1,00 ao longo de um ano, o total poderá ser solicitado via restituição junto à Receita Federal ou deduzido na declaração anual.

Valor líquido da venda:

$$R\$\ 14.500,00 - R\$\ 3,98 - R\$\ 0,43 - R\$\ 97,71 = \mathbf{R\$\ 14.397,88}$$

Considere agora a venda de mais 200 ações da Ação B, em 26/6/2020, cotada a R$ 73,09 cada (Quadro 7.7).

QUADRO 7.7 Exemplo de operação de venda

Operação	Ação	Lote padrão	Qtde.	Preço	Valor
Venda à vista	Ação B	100 ações	200 ações	R$ 73,09	R$ 14.618,00

Taxa de liquidação da CBLC:

$$0,0275\% \times R\$\ 14.618,00 = R\$\ 4,01$$

Emolumentos de negociação da bolsa:

$$0,003020\% \times R\$\ 14.618,00 = R\$\ 0,44$$

Corretagem (tabela acima de R$ 3.029,38):

$$(0,5\% \times R\$\ 14.618,00) + R\$\ 25,21 = R\$\ 98,30$$

O IRRF será de:

$$0,005\% \times R\$\ 14.618,00 = R\$\ 0,73$$

Valor líquido da venda:

$$R\$\ 14.618,00 - R\$\ 4,01 - R\$\ 0,44 - R\$\ 98,30 = \mathbf{R\$\ -14.515,25}$$

O valor das vendas das ações no mês de junho de 2020, após as deduções apenas dos custos operacionais de transação (emolumentos e corretagem), totaliza: R$ 14.397,88 + R$ 14.515,25 = R$ 28.913,13.

> A apuração do resultado líquido será:
> - Valor líquido da venda: R$ 28.913,13
> - Custo de aquisição das ações: R$ 71,89 × 400 = 28.756,00
> - Ganho líquido na operação: **R$ 157,13**

Cálculo do IR:

> IR a pagar = (15% × R$ 157,13) − R$ 1,45 (IRRF: R$ 0,72 + R$ 0,73) = R$ 23,56 − R$ 1,45 = R$ 22,11

Dessa forma, o IR a recolher referente às operações de vendas de ações realizadas no mês de junho de 2020 totaliza R$ 22,11.

7.1.3 Simulação de operação com compensação de perdas

Diante de uma operação que apresenta prejuízo, o investidor poderá realizar a compensação desse prejuízo quando da obtenção de lucro em determinado mês. É possível realizar esse desconto de prejuízos de meses anteriores em lucros obtidos em meses subsequentes. Os prejuízos podem ser compensados em operações do mesmo tipo; por exemplo, operações normais de *swing trade* com lucros em operações de *swing trade*, perdas em *day trade* com ganhos em *day trade*.

É possível ainda "carregar" prejuízos de um ano para o outro, lembrando que esses prejuízos e ganhos devem estar devidamente informados na declaração anual de IR junto à Receita Federal.

Suponha agora que um investidor compre 400 ações (4 lotes de 100 ações cada) da Ação A em 2/3/2020, cotada cada uma a R$ 42,02. Seguem as principais informações da compra de ações no Quadro 7.8:

QUADRO 7.8 Exemplo de operação de compra

Operação	Ação	Lote padrão	Qtde.	Preço	Valor
Compra à vista	Ação A	100 ações	400 ações	R$ 42,02	R$ 16.808,00

Taxa de liquidação da CBLC:

$$0,0275\% \times R\$\ 16.808,00 = R\$\ 4,62$$

Emolumentos de negociação da bolsa:

$$0,003020\% \times R\$\ 16.808,00 = R\$\ 0,50$$

Corretagem (tabela acima de R$ 3.029,38):

(0,5% × R$ 16.808,00) + R$ 25,21 = R$ 109,25

Valor líquido da compra:

> R$ 16.808,00 + R$ 4,62 + R$ 0,40 + R$ 109,25 = **R$ 16.922,27**

Admita que, em 6/3/2020, o investidor precise vender todas as suas ações da Ação A e que o valor da cotação esteja em R$ 39,86. Nessas condições, verifica-se uma queda de 5,14% [(R$ 39,86/R$ 42,02) – 1] no valor de mercado do papel. Seguem, no Quadro 7.9, as informações da venda:

QUADRO 7.9 Exemplo de operação de venda

Operação	Ação	Lote padrão	Qtde.	Preço	Valor
Venda à vista	Ação A	100 ações	400 ações	R$ 39,86	R$ 15.944,00

Taxa de liquidação da CBLC:

0,0275% × R$ 15.944,00 = R$ 4,28

Emolumentos de negociação da bolsa:

0,003020% × R$ 15.944,00 = R$ 0,48

Corretagem (tabela acima de R$ 3.029,38):

(0,5% × R$ 15.944,00) + R$ 25,21 = R$ 104,93

Valor líquido da venda:

> R$ 15.944,00 – R$ 4,28 – R$ 0,48 – R$ 104,93 = **R$ 15.834,79**

O IRRF será de:

0,005% × R$ 15.944,00 = R$ 0,79

> O resultado líquido da operação atinge:
> - Valor líquido da venda: R$ 15.834,79
> - Custo de aquisição das ações: R$ 16.922,27
> - Prejuízo líquido: **R$ 1.087,48**

Considere agora que, em 10/3/2020, o investidor faça uma nova compra de 500 ações da Ação A (5 lotes de 100 ações cada), agora com a cotação unitária em R$ 41,37, conforme Quadro 7.10.

QUADRO 7.10 Exemplo de operação de compra

Operação	Ação	Lote padrão	Qtde.	Preço	Valor
Compra à vista	Ação A	100 ações	500 ações	R$ 41,37	R$ 20.685,00

Taxa de liquidação da CBLC:

$$0,0275\% \times R\$ \ 20.685,00 = R\$ \ 5,68$$

Emolumentos de negociação da bolsa:

$$0,003020\% \times R\$ \ 20.685,00 = R\$ \ 0,62$$

Corretagem (tabela acima de R$ 3.029,38):

$$(0,5\% \times R\$ \ 20.685,00) + R\$ \ 25,21 = R\$ \ 128,64$$

Valor líquido da compra:

$$R\$ \ 20.685,00 + R\$ \ 5,68 + R\$ \ 0,62 + R\$ \ 128,64 = \mathbf{R\$ \ 20.819,94}$$

Se em 30/3/2020 o investidor vender suas ações da Ação A, cuja cotação unitária está fixada no mercado em R$ 45,78, obterá uma valorização de 10,66%, ou seja: [(R$ 45,78/ R$ 41,37) – 1]. Informações da venda (Quadro 7.11):

QUADRO 7.11 Exemplo de operação de venda

Operação	Ação	Lote padrão	Qtde.	Preço	Valor
Venda à vista	Ação A	100 ações	500 ações	R$ 45,78	R$ 22.890,00

Taxa de liquidação da CBLC:

$$0,0275 \times R\$ \ 22.890,00 = R\$ \ 6,29$$

Emolumentos de negociação da bolsa:

$$0,003020\% \times R\$ \ 22.890,00 = R\$ \ 0,69$$

Corretagem (tabela acima de R$ 3.029,38):

$$(0,5\% \times R\$ \ 22.890,00) + R\$ \ 25,21 = R\$ \ 139,66$$

O IRRF será de:

$$0,005\% \times R\$ 22.890,00 = R\$ 1,14$$

Assim, o cálculo total do IRRF fica:

$$\boxed{IRRF = -R\$ 0,79 + R\$ 1,14 = R\$ 1,93}$$

O valor líquido da venda, deduzido de emolumentos, corretagem e IRRF, atinge:

$$\boxed{R\$ 22.890,00 - R\$ 6,29 - R\$ 0,69 - R\$ 139,66 = \mathbf{R\$ 22.743,36}}$$

O resultado líquido da segunda operação é:
- Valor líquido da venda = R$ 22.743,36
- Custo de aquisição das ações = R$ 20.819,94
- Ganho líquido = **R$ –1.923,42**

O cálculo do IR total a pagar, fazendo a compensação das perdas no referido mês, é:

Perda:	– R$ 1.087,48
Ganho:	R$ 1.923,42
Resultado:	R$ 835,94

$$\boxed{\text{Imposto de Renda} = (15\% \times R\$ 835,94) - R\$ 1,93 = R\$ 125,39 - R\$ 1,93 = R\$ 123,36}$$

8

SIMULAÇÕES DE OPERAÇÕES COM AÇÕES EM BOLSA – *DAY TRADE*, DIREITOS E PROVENTOS

O capítulo desenvolve a prática das negociações em bolsa de valores, particularmente as operações de *day trade*, simulando diversas operações de compra e venda de ações no mercado à vista, demonstrando os cálculos dos emolumentos, corretagem e imposto de renda incidente sobre as operações.

Destaca-se ainda que os ativos utilizados nos exemplos não são recomendações de investimentos. São tomados apenas para trazer a realidade prática da Bolsa.

8.1 SIMULAÇÃO DE OPERAÇÃO DE *DAY TRADE*

É desenvolvido agora exemplo de uma operação de *day trade* que, conforme visto no capítulo anterior, se caracteriza pela conjugação de operações de compra e venda na mesma quantidade, iniciadas e encerradas no mesmo dia e referentes ao mesmo papel.

Os custos operacionais se dão conforme a tabela do Quadro 8.1.

QUADRO 8.1 Tarifas de negociação B3 para *day trade*

Faixas de volume para *day trade*				
Volume *day trade* (R$ milhões)		Negociação[1]	Liquidação[1]	Total[1]
Pessoa física	Pessoa jurídica			
Até 4 (inclusive)	Até 20 (inclusive)	0,003020%[2]	0,0200%	0,023020%
De 4 até 12,5 (inclusive)	De 20 até 50 (inclusive)	0,0030%	0,0200%	0,0230%
De 12,5 até 25 (inclusive)	De 50 até 250 (inclusive)	0,0005%	0,0195%	0,0200%
De 25 até 50 (inclusive)	De 250 até 500 (inclusive)	0,0005%	0,0175%	0,0180%
Mais de 50	Mais de 500	0,0005%	0,0155%	0,0160%

[1] Aplicadas regressivamente sobre o valor financeiro da operação de cada investidor (comprador e vendedor).
[2] Esta tarifa está sujeita ao "método progressivo para todos os comitentes", exceto para ETF de renda fixa, cuja taxa de negociação permanece 0,0050%.
Fonte: B3. Disponível em: http://www.b3.com.br/pt_br/produtos-e-servicos/tarifas/listados-a-vista-e-derivativos/renda-variavel/tarifas-de-acoes-e-fundos-de-investimento/opcoes-de-acoes/.

Considere as seguintes informações de uma operação de *day trade* (Quadro 8.2) iniciada com a compra de 400 ações (4 lotes de 100 ações cada), da Petrobras PN, em 30/11/2020:

QUADRO 8.2 Exemplo de operação *day trade*: compra

Operação	Ação	Lote padrão	Qtde.	Preço	Valor
Compra à vista	PETR4	100 ações	400 ações	R$ 24,84	R$ 9.936,00

Taxa de liquidação da CBLC:

$$0{,}020\% \times R\$\ 9.936{,}00 = R\$\ 1{,}98$$

Emolumentos de negociação da bolsa:

$$0{,}003020\% \times R\$\ 9.936{,}00 = R\$\ 0{,}30$$

Corretagem fixa por ordem:

$$\text{Corretagem fixa por ordem} = R\$\ 3{,}00$$

Quanto à corretagem, neste exemplo, optou-se por considerar a título de ilustração uma corretagem fixa por ordem como é feita em algumas corretoras. Cabe lembrar, uma vez mais, que há corretoras que cobram taxas maiores e menores e também aquelas que seguem a tabela padrão (dos exemplos anteriores).

Valor líquido da compra:

R$ 9.936,00+ R$ 1,98 + R$ 0,30 + R$ 3,00 = **R$ 9.941,28**

Considere agora a venda total da mesma ação, na mesma quantidade e no mesmo dia, no Quadro 8.3:

QUADRO 8.3 Exemplo de operação *day trade*: venda

Operação	Ação	Lote padrão	Quantidade	Preço	Valor
Venda à vista	PETR4	100 ações	400 ações	R$ 25,80	R$ 10.320,00

Taxa de liquidação da CBLC:

$$0{,}020\% \times R\$\ 10.320{,}00 = R\$\ 2{,}06$$

Emolumentos de negociação da bolsa:

$$0{,}003020\% \times R\$\ 10.320{,}00 = R\$\ 0{,}31$$

Corretagem fixa por ordem:

$$\text{Corretagem fixa por ordem} = R\$\ 3{,}00$$

Valor líquido da venda:

R$ 10.320,00 − R$ 2,06 − R$ 0,31 − R$ 3,00 = **R$ 10.314,63**

Apurando o resultado líquido da operação:
- Valor líquido da venda: R$ 10.314,63
- Custo de aquisição das ações: R$ 9.941,28
- Ganho líquido: **R$ 373,35**

Na operação de *day trade*, não há isenção de imposto de renda e o imposto de renda retido na fonte (IRRF) é calculado sobre o ganho auferido diariamente. A alíquota é de 20%. Dessa forma:

$$\text{IRRF: } 1\% \times \text{R\$ } 373,35 = \text{R\$ } 3,73$$

Para o investidor que só tenha feito essa operação no mês, o imposto de renda a recolher (alíquota de 20%, conforme demonstrado no item 5.5) será:

$$\text{IR} = (20\% \times \text{R\$ } 373,35) - \text{R\$ } 3,73 = \text{R\$ } 74,67 - \text{R\$ } 3,73 = \text{R\$ } 70,94$$

Lembrando que, para as operações de *day trade*, o recolhimento tanto do imposto mensal como do retido na fonte é de responsabilidade do contribuinte, devendo recolher o imposto retido na fonte até o 3º dia útil da semana subsequente, com o código da guia DARF 8468, e o imposto mensal, com o código da guia DARF 6015, até o último dia útil do mês subsequente.

8.2 DIREITOS E PROVENTOS

As companhias listadas em bolsa de valores oferecem benefícios aos seus acionistas, sob a forma de proventos, que podem ser dividendos (incluídos juros sobre o capital próprio) e bonificações ou direitos de preferência na aquisição de ações, chamados de subscrição. Esses rendimentos, amplamente demonstrados no Capítulo 3 (ver principalmente item 3.7), são resumidos a seguir:

- *Dividendos*: valor representativo de parte dos lucros obtidos pela empresa, em que, de acordo com a lei das sociedades por ações, no mínimo 25% do lucro líquido deve ser distribuído entre os acionistas, em dinheiro, proporcionalmente às ações possuídas.
- *Bonificação*: é uma ação nova, advinda de um aumento de capital por incorporação de reservas, distribuída gratuitamente aos acionistas, respeitadas as proporções originais já possuídas. Pode-se também, a critério da empresa, distribuir essas reservas, ou parte delas, em dinheiro, o que é conhecido como *bonificação em dinheiro*.
- *Subscrição*: direito de preferência que possui o acionista para adquirir ações novas lançadas à venda pela empresa, respeitada a quantidade proporcional já possuída. O objetivo da operação para a empresa é o de levantar recursos no mercado para financiar suas necessidades de investimento e crescimento. Esse direito de subscrição pode ser transferido a terceiros, pela venda desse direito em pregão.

As ações que ainda não pagaram proventos são conhecidas no mercado como ações "com", ou seja, "cheias", as quais ainda conferem ao seu titular o direito aos proventos a serem distribuídos pela empresa.

Já as ações cujos direitos aos proventos já foram exercidos pelo acionista são denominadas ações "ex", ou seja, "vazias".

A data da publicação (ou do anúncio) do pagamento de dividendos é o da "EX1", ou seja, terão direito a receber os dividendos os investidores detentores das ações no pregão imediatamente anterior ao dia do anúncio. Em outras palavras, se o anúncio é feito numa terça-feira, somente os investidores de posse das ações até a segunda-feira é que receberão os dividendos. Vale lembrar que não basta ter estado de posse das ações por algumas horas na segunda-feira, mas ter a posse no fechamento do pregão.

Ficará uma sigla complementar ao lado do preço da ação, "ED", que significa "ex-dividendo", durante cinco pregões seguidos, para informar aos investidores que aquele papel está "ex", ou seja, já teve seus direitos exercidos.

Outra forma de pagamento de proventos em dinheiro é através dos *juros sobre o capital próprio* (JSCP). Para o investidor, a grande diferença é que há uma tributação de imposto de renda na fonte de 15%. Assim, ele deve ficar atento se o valor a ser pago pela empresa é bruto (sem os impostos) ou líquido (já descontados os impostos).

Tal diferença, em relação ao pagamento dos dividendos, deve-se ao fato de que os valores anunciados em dividendos para os acionistas já estão líquidos do imposto de renda, uma vez que é de responsabilidade da empresa efetuar o recolhimento dos impostos sobre esse lucro.

Para a empresa, muitas vezes, usar o pagamento de juros sobre o capital próprio em lugar de dividendos é vantajoso do ponto de vista fiscal. A sistemática legal vigente de JSCP permite que ela remunere seus acionistas até o valor da taxa de juros de longo prazo (TJLP), com o valor pago sendo considerado como despesa financeira dedutível para efeitos fiscais. Com isso, o lucro tributável é reduzido, assim como o imposto de renda a ser pago por ela.

No boxe a seguir, tem-se um exemplo de comunicado de pagamento de juros sobre o capital próprio.

ITAÚ UNIBANCO HOLDING S.A.

CNPJ 60.872.504/0001-23

Companhia Aberta NIRE 35300010230

FATO RELEVANTE

O ITAÚ UNIBANCO HOLDING S.A. comunica aos seus acionistas que o Conselho de Administração, reunido em 03.08.2020, aprovou o pagamento, em 26.08.2020, dos seguintes proventos aos acionistas, tendo como base de cálculo a posição acionária final registrada no dia 17.08.2020:

JCP – juros sobre o capital próprio no valor de R$ 0,0529 por ação, com retenção de 15% de imposto de renda na fonte, resultando em juros líquidos de R$ 0,044965 por ação, excetuados dessa retenção os acionistas pessoas jurídicas comprovadamente imunes ou isentos.

> Em caso de dúvidas, por favor, acesse www.itau.com.br/relacoes-com-investidores e siga a rota: Fale com RI > Atendimento.
>
> São Paulo (SP), 03 de agosto de 2020.
>
> Observações: Os valores de dividendos e juros sobre o capital próprio são pagos igualmente para as ações ordinárias (ITUB3) e preferenciais (ITUB4). O pagamento de JCP ora comunicado observa o disposto na Resolução 4.820/20 do Conselho Monetário Nacional.

Fonte: Itaú. Disponível em: https://www.itau.com.br/relacoes-com-investidores/Download.aspx?Arquivo=o0TVv5C5vreUxLSHsL+XxA==. Acesso em: jul. 2021.

Outro aviso de distribuição de dividendos publicado por uma companhia aberta é o da Vale do Rio Doce, conforme transcrito a seguir.

> **VALE INFORMA SOBRE APROVAÇÃO PELO CONSELHO DE ADMINISTRAÇÃO**
>
> Rio de Janeiro, 10 de setembro de 2020 – A Vale S.A. ("Vale"), informa que o Conselho de Administração aprovou na data de hoje o pagamento da remuneração ao acionista no montante total bruto de R$ 2,407510720 por ação, sendo R$ 1,410166173 por ação na forma de dividendos e R$ 0,997344547 por ação na forma de juros sobre o capital próprio ("JCP").
>
> O pagamento da remuneração ocorrerá em 30 de setembro de 2020 e os acionistas terão direito à remuneração, conforme a seguir:
>
> 1. A *record date* para os detentores de ações de emissão da Vale negociadas na B3 será no dia 21 de setembro de 2020 e, para os detentores de *American Depositary Receipts* ("ADRs") negociados na New York Stock Exchange ("NYSE"), será no dia 23 de setembro de 2020.
>
> 2. As ações da Vale serão negociadas ex-direitos na B3 e na NYSE a partir de 22 de setembro de 2020.
>
> 3. Os titulares de ADRs receberão o pagamento através do Citibank N.A., o agente depositário dos ADRs, a partir de 7 de outubro de 2020.
>
> 4. De acordo com a legislação vigente no Brasil, a distribuição de JCP está sujeita à retenção de imposto de renda na fonte, exceto para os beneficiários imunes e isentos que comprovarem atender as condições legais para a dispensa de retenção. Qualquer alteração no cadastro de acionista quanto ao domicílio e perfil fiscais deve ser realizada até o dia 21 de setembro de 2020, para assegurar a apuração correta do imposto retido na fonte referente ao JCP anunciado nesta data.

Fonte: Vale. Disponível em: http://www.vale.com/brasil/PT/investors/information-market/press-releases/Paginas/Vale-informa-sobre-aprova%C3%A7%C3%A3o-pelo-Conselho-de-Administra%C3%A7%C3%A3o.aspx. Acesso em: jul. 2021.

O boxe a seguir ilustra o comunicado de distribuição de bonificação da Lojas Renner.

BONIFICAÇÃO DE AÇÕES

A Assembleia Geral Extraordinária da Lojas Renner S.A. ("Companhia"), realizada em 30/04/2019, aprovou a bonificação de ações, à razão de 10% (dez por cento), que corresponderá à emissão de 72.026.948 novas ações ordinárias, pelo que será emitida 1 (uma) nova ação ordinária para cada 10 (dez) ações ordinárias existentes naquela data, com custo unitário atribuído de R$ 14,44.

As novas ações são distribuídas gratuitamente aos acionistas, em quantidade equivalente à sua participação acionária na Companhia e à relação acima mencionada, as quais farão jus integralmente aos direitos que vierem a ser atribuídos a partir da data da Assembleia e creditadas nas posições dos acionistas em 07/05/2019. As ações de emissão da Companhia passaram a ser negociadas "ex-direito" à bonificação, no dia 02/05/2019.

Dessa forma, o preço da ação LREN3 já abriu, no dia 02/05/2019, com o reflexo da bonificação, tendo o preço sido ajustado em –9,0909%. Assim, a ação LREN3 que fechou no dia 30/04/2019 a R$ 46,88, abriu no dia seguinte a R$ 42,62 (–9,0909%).

PROCEDIMENTO PARA EFETUAR O LANÇAMENTO DA BONIFICAÇÃO NA DECLARAÇÃO DO IMPOSTO DE RENDA PESSOA FÍSICA (IRPF) OU PARA FINS DE APURAÇÃO DO IMPOSTO DE RENDA NO CASO DE VENDA DAS AÇÕES

As ações bonificadas devem ser lançadas na Declaração do Imposto de Renda da Acionista pessoa física, na ficha de Rendimentos Isentos e Não Tributáveis, linha 18 – Incorporação de Reservas ao Capital / Bonificações em Ações. O valor a ser considerado será obtido pela multiplicação do custo unitário atribuído pela quantidade de ações bonificadas. Este mesmo valor deve ser somado ao custo histórico das ações na ficha de Bens e Direitos, linha 31 – Ações.

Exemplo de lançamento:

Um acionista possuía, em 31 de dezembro de 2018, 1.000 ações ordinárias de emissão da Lojas Renner S.A. (LREN3), registradas em sua Declaração do Imposto de Renda ao custo unitário de R$ 24,00, totalizando R$ 24.000,00 (valor pago pela aquisição das ações).

Com a aprovação da bonificação citada acima, este acionista, caso tenha mantido a sua posição de 1.000 ações até a data de 02 de maio de 2019, recebeu 100 ações em bonificação (10% aplicados sobre as 1.000 ações possuídas), passando a ter um saldo de 1.100 ações.

Conforme constou no Aviso aos Acionistas, o custo unitário atribuído a cada uma das ações bonificadas da Companhia é de R$ 14,44 por ação. Assim, o custo total das ações bonificadas recebidas por este acionista é R$ 1.444,00 (R$ 14,44 do custo unitário atribuído, multiplicado pelas 100 ações recebidas como bonificação).

> Caso venha a manter essas ações até 31 de dezembro de 2019, este valor deve ser lançado na Declaração do Imposto de Renda, na ficha de Rendimentos Isentos e Não Tributáveis, na linha 18 – Incorporação de Reservas ao Capital / Bonificações em Ações, ao mesmo tempo que for adicionado ao custo histórico das ações na ficha de Bens e Direitos.
>
> No exemplo acima descrito, o acionista que tinha registrado na sua Declaração do Imposto de Renda um custo histórico de R$ 24.000,00 para as suas 1.000 ações, passa agora a ter um custo de R$ 25.444,00 para as suas 1.100 ações, com custo unitário de R$ 23,13.
>
> Este acionista, quando for vender as suas 1.100 ações, para efeitos de cálculo do imposto de renda sobre ganho de capital, deverá considerar este novo custo histórico das ações, ou seja, R$ 25.444,00.

Fonte: Lojas Renner. Disponível em: https://lojasrenner.mzweb.com.br/acoes/bonificacao-de-acoes/. Acesso em: jun. 2021.

8.3 DESDOBRAMENTOS E GRUPAMENTOS

O desdobramento, também conhecido pelo termo inglês *split*, nada mais é do que a divisão de uma ação em várias. Isso ocorre quando o preço de uma ação alcança um valor de mercado considerado alto demais para ser negociado pelos investidores em bolsa. Nesse caso, a empresa pode optar por dividir o lote de ações em duas, três ou outra proporção que julgar apropriada.

Pelo desdobramento, a companhia aumenta a quantidade de ações oferecida para negócios no mercado (liquidez do papel) e reduz seu valor na mesma proporção, incentivando o aumento do número de investidores. A operação não exerce nenhuma influência sobre o endividamento e resultados da empresa, participação no mercado ou qualquer outro fundamento.

Já o grupamento, ou *inplit* ou *reverse split*, é exatamente o contrário, isto é, o número de ações diminui, de forma que duas ou mais ações possam ser agrupadas em uma única ação. Pelo *inplit*, a empresa reduz a quantidade de suas ações no mercado, provocando uma elevação correspondente em seus preços. Da mesma forma que o *split*, o grupamento de ações não produz qualquer efeito sobre a estrutura de endividamento e resultados da empresa.

Na prática, é importante ressaltar que o valor do investimento não muda. Por exemplo, se um investidor tivesse 100 ações no valor de R$ 50,00 cada uma antes do desdobramento (*split*) anunciado por uma companhia, teria um total de R$ 5.000,00 investidos. Se houver um desdobramento de 5 por 1, isto é, se cada ação existente for convertida em 5 novas ações cujo valor será de 1/5 do valor da ação original, no caso R$ 10,00 (R$ 50,00/5 ações), o investidor terá após o *split* 500 ações cotadas a R$ 10,00 cada uma. Seu patrimônio antes e após o desdobramento é o mesmo, ou seja, igual a R$ 5.000,00.

Vale lembrar que o capital social da empresa não é alterado, embora a quantidade de ações tenha aumentado cinco vezes, compensada, porém, por um preço cinco vezes menor.

Conforme foi destacado, o objetivo principal dos desdobramentos de ações é aumentar a base de possíveis compradores, para que mais investidores estejam aptos a operar no mercado com lotes inteiros e evitar compras de lotes fracionários. A empresa aumenta a liquidez de suas ações no mercado e atrai mais investidores na bolsa pela maior facilidade de negociação.

A seguir, são mostradas as siglas complementares que podem ser vistas diante das ações negociadas em bolsa e seu significado:

- EB = ex-bonificação;
- EC = ex-cisão;
- ED = ex-dividendo;
- EG = ex-grupamento;
- EJ = ex-juros;
- ES = ex-subscrição;
- EBD = ex-bonificação/dividendo;
- EBS = ex-bonificação/subscrição;
- EDS = ex-dividendo/subscrição;
- INT = direitos integrais.

MAGAZINE LUIZA S.A. COMPANHIA ABERTA DE CAPITAL AUTORIZADO

FATO RELEVANTE

Magazine Luiza S.A. ("Companhia" ou "Magalu"), nos termos das Instruções CVM nºs 358/02 e 567/15 e da Lei nº 6.404/76, conforme alterada, vem comunicar aos seus acionistas e ao mercado em geral que seu Conselho de Administração, em reunião realizada em 17 de setembro de 2020, aprovou por unanimidade e sem quaisquer ressalvas a submissão da proposta de desdobramento da totalidade de suas ações à apreciação da Assembleia Geral Extraordinária ("AGE") da Companhia.

I) Desdobramento de Ações. Por meio da operação proposta, será realizado o desdobramento da totalidade das atuais 1.624.731.712 (um bilhão, seiscentos e vinte e quatro milhões, setecentas e trinta e uma mil setecentas e doze) ações ordinárias, todas nominativas, escriturais e sem valor nominal, de emissão da Companhia, na proporção de 01 (uma) ação para 04 (quatro) ações da mesma espécie ("Fator de Desdobramento"), sem modificação do capital social, nos termos do artigo 17, alínea i) do Estatuto Social da Companhia e do artigo 12 da LSA. Após o desdobramento, o capital social do Magazine Luiza permanecerá no montante de R$6.070.911.472,00 (seis bilhões, setenta milhões, novecentos e onze mil, quatrocentos e setenta e dois reais), divididos em 6.498.926.848 (seis bilhões, quatrocentos e noventa e oito milhões, novecentas e vinte e seis mil, oitocentas e quarenta e oito) ações ordinárias, todas nominativas, escriturais e sem valor nominal. O desdobramento será operacionalizado e efetivado pela Administração da Companhia preservando todos os direitos dos Acionistas.

II) Finalidades. A realização da operação de desdobramento das ações ordinárias de emissão da Companhia tem como principal objetivo conferir melhor patamar para a cotação das ações a fim de torná-las mais acessíveis aos investidores.

AGE da Companhia e Alterações Estatutárias. A Presidente do Conselho de Administração da Companhia convocará a AGE para submeter ao exame, discussão e deliberação dos acionistas a proposta de desdobramento da totalidade de ações de emissão da Companhia, nos exatos termos descritos neste Fato Relevante.

III) A Companhia manterá seus acionistas e o mercado em geral devidamente informados sobre a proposta de desdobramento de ações, bem como a data na qual as ações passarão a ser negociadas desdobradas.

São Paulo, 18 de setembro de 2020.

Fonte: Magazine Luiza. Disponível em: https://ri.magazineluiza.com.br. Acesso em: jun. 2021.

8.4 FORMADOR DE MERCADO

O formador de mercado, também conhecido pelo termo em inglês *market maker*, é um especialista que atua no mercado de capitais com o objetivo de garantir uma liquidez mínima para as ações, oferecendo ainda uma referência de preço para o ativo. Os fundamentos de um formador de mercado são a *liquidez mínima* garantida ao papel e a formação de um *preço de referência* visando incentivar sua negociação.

Na B3, a função de formador de mercado é geralmente desempenhada pelas instituições financeiras credenciadas. Essas instituições promovem diariamente ofertas firmes de compra e venda de ações selecionadas envolvendo determinada quantidade previamente divulgada ao mercado. Propõem, com isso, formar um preço de referência para a ação no mercado.

A quantidade física mínima de ações em cada oferta de compra e venda feita pelos formadores de mercado é determinada pela B3. Os preços estabelecidos para as ofertas devem respeitar certo intervalo para cada ação com base em seu comportamento no mercado.

FIGURA 8.1 Fato relevante formador de mercado

BANCO BMG S.A.
Companhia Aberta
CNPJ/ME 61.186.680/0001-74 | NIRE 3530046248-3

FATO RELEVANTE

O Banco BMG S.A. (**B3: BMGB4**) ("Banco"), em atendimento ao disposto na Instrução CVM nº 358/02, conforme alterada, e na Instrução CVM nº 384/03 ("ICVM 384"), informa aos seus acionistas e ao mercado em geral que celebrou o Contrato de Prestação de Serviços de Formador de Mercado ("Contrato") com a BTG Pactual Corretora de Títulos e Valores Mobiliários S.A., sociedade anônima com sede na Cidade e Estado de São Paulo, na Av. Brigadeiro Faria Lima, n.º 3477, 14º andar, parte, inscrita no CNPJ/ME sob o n.º 43.815.158/0001-22 ("Formador de Mercado"), para exercer a função de formador de mercado de suas ações preferenciais, nominativas, escriturais e sem valor nominal de emissão do Banco negociadas no âmbito da B3 S.A. – Brasil, Bolsa, Balcão ("B3") sob o código "BMGB4" conforme a ICVM 384, o regulamento para credenciamento do formador de mercado nos mercados administrados pela B3 e nos regulamentos e manuais que regem os mercados administrados pela B3, com o objetivo de fomentar a liquidez das referidas ações de emissão do Banco.

O Contrato vigorará pelo prazo de 24 meses a contar da sua celebração, prorrogável automaticamente por períodos de 12 meses caso não haja manifestação contrária das partes. O referido Contrato pode ainda ser resilido e/ou rescindido a qualquer tempo e sem qualquer ônus por qualquer das partes, mediante comunicação escrita enviada à outra parte com, no mínimo, 30 dias de antecedência da data de resilição e/ou rescisão.

O Banco informa, ainda, que 102.705.124 ações preferenciais de sua emissão encontram-se em circulação no mercado, de acordo com o conceito estabelecido no artigo 8º, §3º, inciso I, da Instrução CVM nº 567/2015, e que não existe qualquer contrato com o Formador de Mercado regulando o exercício do direito de voto ou a compra e venda de valores mobiliários de emissão do Banco.

A contratação do Formador de Mercado reforça o compromisso do Banco com os investidores e com as melhores práticas de negociação do mercado.

As atividades do Formador de Mercado terão início em 24 de agosto de 2020.

São Paulo, 21 de agosto de 2020

Fonte: InvestSite. Disponível em: https://www.investsite.com.br/IPE/024600/2020/24600_786580.pdf. Acesso em: jul. 2021.

8.5 INVESTINDO EM *BRAZILIAN DEPOSITARY RECEIPTS* (BDR)

Conhecidos pela sigla BDR, são os recibos que representam ações emitidas por empresas estrangeiras e que podem ser adquiridos aqui no mercado de capitais brasileiro.

É uma alternativa para os investidores nacionais que têm interesse em investir em papéis de outros mercados, sem necessariamente terem que abrir conta em corretora estrangeira e arcar com as despesas de transferência de valores internacionais.

A estratégia é de um investimento local, mas com lastro em ações emitidas por empresas no exterior. As ações de empresas estrangeiras que servem de lastro para os BDRs negociados aqui no Brasil ficam depositadas no exterior em uma instituição que realiza a custódia. No Brasil, a emissão do certificado para essa ação fica na responsabilidade de uma instituição financeira que representa a empresa aberta no país e é liberada pela Comissão de Valores Mobiliários (CVM). A liquidação das operações de compra e venda e a custódia dos BDRs ficam a cargo da Companhia Brasileira de Liquidação e Custódia (CBLC).

Os BDRs podem ser emitidos em duas categorias: *patrocinados*, representados pelos Níveis I, II e III, e os *não patrocinados* em nível único. O "Guia Bovespa para Programas de BDRs" prevê para o programa patrocinado uma única instituição depositária contratada pela emissora dos valores mobiliários que servem de lastro para a emissão dos certificados de depósitos. No caso dos não patrocinados, a instituição depositária não mantém nenhum acordo com a sociedade emissora de valores mobiliários.

O BDR de Nível I não requer o registro de companhia na CVM e pode ser negociado no mercado de balcão organizado ou em bolsa de valores, sendo destinado principalmente para aquisições de instituições financeiras e fundos de investimentos. Já o BDR Nível II tem a necessidade de registro de companhia na CVM e também pode ser negociado em bolsa de valores ou balcão organizado. O Nível III do BDR apresenta as mesmas características do Nível II, porém somente é permitido o registro quando a distribuição de valores mobiliários é feita concomitantemente no Brasil e no exterior, exigindo ainda o cumprimento das normas aplicáveis a distribuição pública e instruções específicas da CVM.

A negociação do BDR é bem simples e realizada da mesma forma que a das ações. Assim como as ações têm seus códigos, os BDRs também possuem os seus *tickers* (códigos), para serem reconhecidos e usados nas negociações. Também utilizam quatro letras para representar a empresa, seguidas por dois números para identificar se são patrocinados e em que nível.

Assim, pode-se reconhecer um BDR pelos seguintes números:

- Sem número fixo após as letras da empresa: BDRs Patrocinados Nível I.
- Código 32: BDRs Patrocinados Nível II.
- Código 33: BDRs Patrocinados Nível III.
- Código 34 ou 35: BDRs Não Patrocinados.

Logo, os BDRs AAPL34 (Apple), AMZO34 (Amazon), GOGL34 (Alphabet) MSFT34 (Microsoft), são exemplos de BDRs não patrocinados.

A B3 alterou o lote padrão dos BDRs através do ofício circular mostrado na Figura 8.2.

FIGURA 8.2   Ofício circular da B3

17 de setembro de 2020
119/2020-PRE

OFÍCIO CIRCULAR

Participantes dos Mercados da B3 – Segmento BM&FBOVESPA

Ref.: **Alteração no Tamanho do Lote-padrão de Negociação no Mercado Secundário de BDR Não Patrocinado Nível I, BDR Patrocinado Nível II e III, ETF de Renda Variável e Opções sobre ETFs de Renda Variável**

A B3 informa que, em **28/09/2020**, alterará o tamanho do lote-padrão de negociação no mercado secundário dos ativos listados abaixo.

Ativo	Lote-padrão atual	Lote-padrão novo
BDR Não Patrocinado Nível I	10 unidades	1 unidade
BDR Patrocinado Nível II ou III	100 unidades	1 unidade
ETF de renda variável	10 unidades	1 unidade
Opções sobre ETF de renda variável	10 unidades	1 unidade

Essa alteração tem o objetivo de facilitar o acesso de todos os investidores a esses ativos e atender ao pedido do mercado à B3.

As ofertas com validade serão canceladas após o encerramento do pregão do dia 25/09/2020.

Ressalta-se que as demais características técnicas do produto permanecerão inalteradas.

Este Ofício Circular revoga a alteração do lote-padrão divulgada no Ofício Circular 011/2020-PRE, de 13/02/2020.

Fonte: B3. http://www.b3.com.br/pt_br/regulacao/oficios-e-comunicados/oficios-e-comunicados/. Acesso em: jul. 2021.

No Quadro 8.4 temos um exemplo de negociação de BDR.

QUADRO 8.4 Exemplo de negociação de BDR

Operação	Ativo	Lote padrão	Quantidade	Preço	Valor
Compra à vista	APPL34	1 unidade	5 unidades	R$ 69,54	R$ 347,70

Taxa de liquidação da CBLC:

$$0,0275\% \times R\$\ 347,70 = R\$\ 0,09$$

Emolumentos de negociação da bolsa:

$$0,003020\% \times R\$\ 347,70 = R\$\ 0,01$$

Corretagem fixa por ordem:

$$\text{Corretagem fixa por ordem} = R\$\ 0,00$$

Quanto à corretagem, neste exemplo, optou-se por considerar a título de ilustração uma corretagem zero por ordem, como é feito em algumas corretoras. No Quadro 8.5, ilustra-se a nota de corretagem para essa operação.

QUADRO 8.5 Exemplo de nota de negociação de uma corretora para BDR

Negócios Realizados

Q	Negociação	C/V	Tipo mercado	Prazo	Especificação do título	Obs. (*)	Quantidade	Preço/ Ajuste	Valor Operação/ Ajuste	D/C
	1-BOVESPA	C	VISTA		APPLE DRN		5	69,54	347,70	D

Resumo dos Negócios		Resumo Financeiro	
Debêntures	0,00	**Clearing**	
Vendas à vista	0,00	Valor líquido das operações	347,70 | D
Compras à vista	347,70	Taxa de liquidação	0,09| D
Opções – compras	0,00	Taxa de registro	0,00| D
Opções – vendas	0,00	**Total CBLC**	347,79 |D
Operações à termos	0,00	**Bolsa**	
Valor das oper. c/ títulos públ. (v. nom.)	0,00	Taxa de termo/opções	0,00 | D
Valor das operações	347,70	Taxa A.N.A.	0,00 | D
		Emolumentos	0,01 | D
		Total Bovespa / Soma	0,01 | D

(continua)

(continuação)

Especificações diversas			Custos Operacionais	
A coluna Q indica liquidação no Agente do Qualificado			Taxa operacional	0,00 | D
			Execução	0,00 |
			Taxa de custódia	0,00 |
			Impostos	0,00 |
			IRRF s/ operações, base R$ 0,00	0,00 |
			Outros	0,00 | C
			Total Custos / Despesas	0,00 | D
(*) Observações	A – Posição Futuro	T – Liquidação pelo Bruto	**Líquido para 05/01/2021**	**347,80 | D**
2 – Corretora ou pessoa vinculada atuou na contraparte.	C – Clubes e fundos de ações	I – POP	Observação: (1) as operações a termo não são computadas no líquido da fatura	
# – Negócio direto	P – Carteira Própria			
8 – Liquidação Institucional	H – Home Broker			
D – Day Trade	X – Box			
F – Cobertura	Y – Desmanche de Box			
B – Debêntures	L – Precatório			

Total a pagar:

R$ 347,70 + R$ 0,09 + R$ 0,01 = R$ 347,80

9

O INVESTIDOR EM AÇÕES

O capítulo procura responder importantes questões sobre o perfil do investidor, o seu grau de aversão ao risco e cuidados que devem ser tomados no mercado de ações. O assunto é leitura recomendada a todos os aplicadores e permite que se reflita sobre como a psicologia e os investimentos se conciliam nas decisões do mercado de capitais.

O investidor deve conhecer não somente as características técnicas e operacionais dos investimentos, mas também seu lado psicológico, de maneira que se sinta mais confortável e selecione a alternativa financeira mais de acordo com o seu perfil de risco e retorno.

O ambiente de mudanças no cenário econômico mundial, se de um lado é atraente aos mercados emergentes em termos de possibilidades de crescimento, de outro é bastante exigente, afastando todo amadorismo nas decisões de investimentos.

Todo investidor busca otimizar três aspectos fundamentais em um investimento. São eles: *retorno, prazo* e *proteção*. Ao avaliar esses aspectos, devem ser estimadas a rentabilidade e a liquidez desejadas e o grau de risco. O risco de um investimento está diretamente relacionado à rentabilidade; cabe então ao investidor analisar e definir o nível de risco que está disposto a assumir a fim de se obter maior ou menor retorno.

O investidor deve possuir algum conhecimento mínimo de avaliação dos ativos financeiros, assim como ter capacidade de interpretação dos principais indicadores econômicos. As melhores oportunidades de investimentos são identificadas a partir de uma análise mais competente de seus resultados possíveis, permitindo estabelecer estratégias de atuação mais ajustadas ao comportamento do mercado.

O acentuado crescimento do mercado financeiro no mundo globalizado introduz duas importantes consequências aos investidores:

- coloca disponível um volume extraordinário de informações em tempo real;
- exige, ao mesmo tempo, melhor formação técnica para interpretar as informações e decidir sobre as melhores alternativas.

Há uma premissa básica em todo investimento: "quanto maior o risco, mais elevado é o retorno esperado". Ativos com maiores riscos prometem como compensação maiores retornos e vice-versa.

> IMPORTANTE: maior retorno esperado indica uma *possibilidade* de se auferirem ganhos elevados e não deve ser confundido com certeza de ocorrer.

Toda aplicação em ações exige que o investidor assuma riscos na expectativa de maiores ganhos que outras oportunidades mais seguras, como caderneta de poupança ou títulos públicos. A disposição em assumir riscos depende do perfil psicológico de cada pessoa (investidor). O *avesso ao risco* irá preferir aplicações mais conservadoras e de mais baixo risco, como títulos públicos, CDBs de bancos de primeira linha e assim por diante. O investidor que aceita melhor o risco tem expectativas também de maiores retornos e não expõe pavor em investir em bolsa de valores, por exemplo.

Todo investimento deve ser avaliado de forma racional, a partir de uma relação eficiente entre o risco e o retorno esperado. A decisão de investir deve se direcionar para uma posição de máximo ganho para um risco mínimo. Essa condição pode ser estabelecida pela diversificação dos investimentos, formando carteiras que ofereçam as melhores condições de risco e retorno.

> **VOLUME FINANCEIRO DA BOLSA B3 EM 2020 PELA PRIMEIRA VEZ SE APROXIMA DO PIB – NOS USA, A BOLSA MOVIMENTA O EQUIVALENTE A QUATRO VEZES O PIB**
>
> Por Einar Rivero
>
> O volume financeiro movimentado na bolsa brasileira no mercado à vista no ano de 2020 é de R$ 6,45 trilhões, valor 71,1% superior ao volume financeiro movimentado no ano de 2019.
>
> Até o ano de 2017 o volume financeiro da bolsa brasileira era inferior a R$ 2 trilhões, no ano de 2018 o volume financeiro atingiu R$ 2,66 trilhões e em 2019 R$ 3,77 trilhões.
>
> No ano de 1995, um ano após o Plano Real, a relação do volume financeiro da bolsa brasileira e o PIB era de 6,7%.
>
> No ano de 2008 o volume financeiro da bolsa era equivalente a 39,4% do PIB, que foi o melhor desempenho anual com relação ao PIB desde o Plano Real. De 2008 até 2015 a relação do volume e PIB esteve em queda, atingindo o pior momento no ano de 2015 com 24,9% e a partir desse ano a relação tem cinco anos consecutivos de crescimento.
>
> O PIB no ano de 2019 foi de R$ 7,25 trilhões e o volume negociado na bolsa foi de R$ 3,77 trilhões, demonstrando relação de 52,0% entre o volume e o PIB. Para o ano de 2020 consideramos uma queda de 4,4% do PIB com relação ao ano de 2019, conforme estimativa do Banco Central do Brasil.
>
> Feita essa estimativa, chegamos ao PIB para o ano de 2020 de R$ 6,93 trilhões, que comparados aos R$ 6,45 trilhões do volume financeiro da bolsa, estabelece a relação de 93,1%, que é o melhor registro histórico da bolsa brasileira *vs*. o PIB.

Fonte: Economática, 2021.

9.1 O INVESTIDOR E O CORRETOR DE VALORES

O investidor é muitas vezes assessorado em suas decisões de investimentos por corretores de valores, profissionais com boa formação técnica e que atuam geralmente vinculados a instituições financeiras. A realização de qualquer negócio envolvendo compra e venda de ações em bolsas de valores, no entanto, requer a intermediação formal de uma sociedade corretora. A corretora atua diretamente nos pregões das bolsas, executando as ordens recebidas de seus clientes (investidores).

É importante que o investidor identifique claramente seus direitos e obrigações nos negócios em bolsas de valores envolvendo compra e venda de ações. Todas as decisões de aplicar dinheiro ou liquidar posições somente podem ser tomadas com a autorização do investidor. Ele é sempre o responsável pelos resultados financeiros das negociações realizadas (lucros ou prejuízos), pois o que está girando é o seu próprio patrimônio.

DECLARAÇÃO DE DIREITOS DO INVESTIDOR

O investidor tem direito de:

- FAZER PERGUNTAS – Indagar sobre o investimento no qual pretende aplicar sua poupança, sobre a operação e sobre os participantes de mercado envolvidos.
- CONHECER AS OPORTUNIDADES DE INVESTIMENTO – O investidor deve ser informado das oportunidades de investimento, considerando sua disponibilidade de capital e o grau de risco que está disposto a suportar.
- FAZER VALER SUA ESCOLHA – Ter sua vontade respeitada. O profissional deve destinar o capital do investimento para a operação escolhida pelo investidor.
- TER ACESSO ÀS INFORMAÇÕES – Solicitar e receber todas as informações necessárias sobre a aplicação financeira, visando permitir que tome sua decisão de forma consciente dos riscos e custos envolvidos na operação.
- SER INFORMADO DO RETORNO E DO RISCO DA APLICAÇÃO – O profissional deve informar de forma clara o retorno esperado e as possibilidades (riscos) de esse retorno não se realizar. O perfil de risco do investidor é importante para um melhor direcionamento da aplicação.
- CONHECER OS CUSTOS DECORRENTES DO INVESTIMENTO – O investidor pode recusar o pagamento de qualquer despesa que não tenha sido previamente acertada ou divulgada.
- LER PREVIAMENTE O CONTRATO – Tomar conhecimento prévio do contrato de investimento escolhido.
- RECEBER DOCUMENTAÇÃO COMPROBATÓRIA DO SEU INVESTIMENTO – O profissional tem a obrigação de entregar ao investidor um documento comprobatório da aplicação contendo as características da operação e o montante investido.
- RECEBER OS TÍTULOS OU VALORES DECORRENTES DA OPERAÇÃO – Após a liquidação da operação, o investidor deverá receber os títulos ou o comprovante correspondente e, no caso de venda ou de resgate, os valores decorrentes dos mesmos. [...]
- SER INFORMADO DOS DIREITOS DECORRENTES DO INVESTIMENTO EFETUADO – O profissional deve informar sobre as vantagens acessórias ligadas ao investimento. Por exemplo, no caso de ações, explicar ao investidor sobre a existência de dividendos, juros sobre o capital próprio, bonificações, desdobramentos, grupamentos, direito de voto e de preferência.
- RECLAMAR, FAZER VALER OS SEUS DIREITOS – No caso de não cumprimento das regras vigentes, o investidor tem o direito de apresentar sua reclamação à instituição, à bolsa de valores, ou junto à CVM.

Fonte: CVM. Disponível em: www.cvm.gov.br. Acesso em: jun. 2021. Texto resumido.

9.2 O INVESTIDOR E O RISCO DAS APLICAÇÕES

As preocupações básicas de todo investidor são a preservação de seu patrimônio e a garantia de retorno sobre as aplicações realizadas.

O mercado financeiro, diante de sua volatilidade, costuma privilegiar o investidor prudente, aquele que procura desenvolver estratégias voltadas à preservação de seu patrimônio. O risco de operar num mercado cada vez mais disputado e que adota técnicas de avaliação de investimentos mais sofisticadas é alto, principalmente para o investidor sem experiência e formação específica mais sólida. Investir em ações envolve assumir certo grau de risco com relação às variações de suas cotações de mercado. Tanto a empresa emissora da ação quanto seu setor ou o mercado podem sofrer crises e influências positivas e negativas de eventos do cenário internacional. Assim, as incertezas estarão sempre presentes devido às diversas variáveis envolvidas.

Em termos gerais, o investidor deve procurar reduzir o risco de seus investimentos operando de forma *diversificada*, ou seja, preocupando-se em não manter seu patrimônio concentrado num único ativo; deve, sempre que possível, *proteger* seus ativos através de operações específicas disponíveis no mercado (*hedge*); e ainda possuir uma visão mais de *longo prazo* em seus investimentos. Deve saber trabalhar com probabilidades e imprevistos, estudar, conhecer, entender e acompanhar esse mercado cujo desconhecimento representa grande perda para muitas pessoas.

Um aspecto relevante e de extrema importância para se obterem ganhos com ações é o chamado *timing* (momento oportuno) para entrar e sair do mercado. De outra maneira, todo investidor deve saber antecipar-se aos movimentos, às oscilações do mercado financeiro, acompanhando e analisando o desempenho das empresas, dos concorrentes e dos cenários econômicos.

Dessa forma, podem ser identificados dois tipos básicos de risco no investimento em ações. São eles:

- *Risco da empresa*: esse risco está ligado às decisões financeiras, à atratividade econômica do negócio e à capacidade do resgate dos compromissos assumidos perante terceiros. Assim, identifica-se esse risco em dois grandes segmentos:
  - *risco econômico*, ou seja, risco inerente à própria atividade da empresa e às características do mercado em que opera;
  - *risco financeiro*, que é o risco do endividamento (alavancagem) da empresa, ou melhor, está associado à sua capacidade em liquidar os compromissos financeiros assumidos.

Assim, é importante lembrar que o desempenho desses dois componentes do risco afeta o risco total da empresa e o valor de mercado de suas ações. Deve haver equilíbrio na relação risco/retorno do investimento em ações, a fim de se alcançar o máximo de rentabilidade associado a um nível de risco que resulte em sua valorização.

♦ *Risco de mercado*: esse risco está associado às oscilações, de maneira geralmente imprevisível, no comportamento de todo o mercado, ocasionadas, em especial, por mudanças ocorridas na economia do país e na economia internacional. Ele está presente em todo o mercado e, em especial, no mercado de ações.

TEMOR DE 2ª ONDA DA COVID DERRUBA MERCADOS GLOBAIS; NO BRASIL, BOLSA RECUA 4% E DÓLAR FICA A R$ 5,76

Redação, O Estado de S. Paulo

28 de outubro de 2020

Em um dia marcado pela instabilidade nos mercados internacionais, que acompanham a segunda onda de covid-19 na Europa e nos Estados Unidos, o dólar fechou em forte alta de 1,39%, a R$ 5,7619, apesar da realização de um leilão pelo Banco Central para conter os preços. Já a Bolsa de Valores de São Paulo, a B3, engatou sua quarta queda seguida para fechar na mínima do dia, aos 95.368,76 pontos nesta quarta-feira, 28, com um tombo de 4,25%, o maior para um dia desde abril.

Pela manhã, a moeda americana chegou a subir 1,9%, sendo cotada a R$ 5,79 – foi a primeira vez em cinco meses que o dólar ultrapassou R$ 5,75. Logo depois das 10h, o Banco Central fez um leilão de moeda americana de US$ 1 bilhão e a cotação desacelerou para o patamar de R$ 5,73. No entanto, de olho no noticiário pouco favorável do exterior, a moeda rapidamente voltou a subir e ganhou novo fôlego no final da sessão. No ano, ela acumula valorização de mais de 40%.

Já na Bolsa brasileira, o Ibovespa, principal índice do mercado de ações brasileiro, desceu aos 95 mil pontos, algo que não acontecia desde o começo de outubro – no dia 2, ele bateu nos 94 mil pontos. Hoje também foi a primeira vez desde 30 de abril que o Ibovespa encerrou com uma queda superior a 3% no fechamento do pregão. Com o resultado de hoje, o índice sobe apenas 0,18% no mês e perde 5,82% na semana, o pior resultado desde a semana de 16 a 20 de março, quando recuou 18,88%. No ano, as perdas são de 17,53%.

Os mercados financeiros de todo o mundo tiveram queda nesta quarta-feira sob uma onda de aversão a risco causada pelo temor de que a reaceleração da covid-19 na Europa e nos Estados Unidos contamine também o processo de retomada econômica dessas regiões. O índice VIX de volatilidade – um termômetro de medo nos mercados – alcançou os 40 pontos no começo da tarde, patamar que não era visto desde junho.

Em Frankfurt, a Bolsa fechou o dia em queda de 4,17%, depois da informação de que haveria um acordo para iniciar um *lockdown*. A mesma medida também foi adotada no final da tarde pelo presidente da França. O índice FTSE 100, de Londres, recuou 2,55%.

> Em Nova York, Dow Jones despencou 3,34%, o S&P 500 recuou 3,52% e o Nasdaq perdeu 3,73%. Nesse ambiente de forte aversão aos riscos, o dólar aproveitou para ganhar força e derrubar o valor das *commodities* – nos contratos futuros do petróleo, o WTI para dezembro fechou em baixa de 5,51%, enquanto o Brent para janeiro caiu 4,73%.

Fonte: *O Estado de S. Paulo*, 28 out. 2020.

9.3 AVALIAÇÃO DO RISCO E RETORNO MÍNIMO DO INVESTIDOR

Quando se fala em risco, logo se sabe que sua relação com o investidor é pessoal, ou seja, não há unicamente uma resposta para todas as situações que diversos cenários podem apresentar. A maior preocupação quanto ao investimento, em determinadas situações de incerteza, é demonstrar as preferências do investidor em relação a risco e retorno das alternativas financeiras apresentadas.

Assim, é recomendado a todo participante do mercado classificar as alternativas de investimentos por nível de risco, antes de tomar suas decisões. Em essência, todos os investidores possuem certa aversão ao risco e suas atitudes em relação às oportunidades de aplicações devem ser consistentes com o seu comportamento diante de possibilidades de perdas financeiras.

A questão básica que se coloca é quanto *de risco um investidor estaria disposto a aceitar em troca de retorno*, ou seja, qual o lucro que melhor remunera o risco assumido. O objetivo de todo investidor é sempre selecionar uma alternativa financeira que ofereça o melhor *nível de satisfação*, entendido como uma combinação de equilíbrio entre o retorno e o risco esperados de um investimento.

Um investidor com perfil de maior aversão ao risco (conservador) exige maior segurança em suas decisões financeiras. É esperado formar uma carteira mais conservadora de ativos, composta basicamente de depósitos à vista, títulos públicos, caderneta de poupança, CDI, ações de companhias de primeira linha, entre outros.

Essa postura mais conservadora privilegia mais a segurança do investimento, a preservação do patrimônio do investidor. Os rendimentos não costumam ser elevados, mas perfeitamente compensados pelo mais baixo risco dos investimentos.

Um investidor que aceita mais o risco (moderado e arrojado) não costuma exigir retorno tão elevado quanto o conservador para assumir mais risco. Seu nível de aversão ao risco é menor e, portanto, dá preferência a maiores expectativas de ganhos. Forma, em geral, carteiras de investimentos compostas de outros tipos de ativos, como ações mais especulativas, operações com derivativos (mercados futuros, opções etc.), títulos de renda fixa com maior remuneração e, portanto, mais alto risco, e assim por diante.

9.4 O INVESTIDOR E O ESPECULADOR

O investidor e o especulador são dois importantes participantes do mercado financeiro e apresentam diferentes perfis de atuação.

Uma comparação temporal mostra que o *especulador* não tem prazo para negociar seus ativos, tanto pode comprar e vender no mesmo dia como em alguma data futura. O que move suas decisões são as oportunidades de ganho que surgem naturalmente no mercado. O investidor, ao contrário, costuma atuar com objetivo de ganhos a médio ou longo prazo.

É muitas vezes apontado que o *investidor* tem uma postura mais próxima de empreendedor. Costuma ser orientado por uma visão mais completa do ciclo econômico do investimento, interessando-se pelas receitas de lucros (dividendos, juros etc.) e também pelo crescimento de seu patrimônio. Costuma demonstrar maior preocupação com a preservação de seu capital aplicado e com a estabilidade do retorno.

O especulador está sempre disposto a assumir riscos mais elevados em troca de maior expectativa de lucro. É especialista em realizar ganhos mais rápidos através da tomada de decisões que precedem às variações nos preços de mercado dos ativos. Sua atuação básica consiste em comprar ativos na *baixa* e vendê-los quando atingem um nível mais *alto* de cotação.

O investidor, por outro lado, procura minimizar o risco, desenvolvendo operações protetoras. Por exemplo, se tem dívidas em dólar, em vez de especular com a cotação da moeda, adquire, por um preço previamente fixado, dólar a ser pago no futuro. Com isso, protege-se contra eventuais perdas financeiras determinadas por variações nos preços das moedas. É uma operação inversa conhecida no mercado por *hedge*.

> O *investidor* dá prioridade à manutenção de seu capital e toma decisões baseadas nos fundamentos da empresa e em seu potencial econômico futuro (Exemplo: Warren Buffett).
>
> O *especulador* tem por objetivo aumentar seu capital o máximo possível. Procura lucrar com as variações nas cotações de mercado das ações (Exemplo: George Soros).

A atuação do especulador é considerada necessária e importante ao funcionamento do mercado financeiro. Através de suas operações, em geral de prazos mais reduzidos, costuma contribuir para a liquidez dos mercados. Da mesma forma, ao assumir o risco de outros participantes do mercado em busca de ganhos mais altos, viabiliza certas operações e atua no equilíbrio da formação dos preços dos ativos.

A regra básica para uma atividade de especulação é usar somente o excesso de recursos, aquele dinheiro que, em princípio, não irá fazer muita falta. Os fundos deslocados para a especulação são sobras após terem sido satisfeitas as necessidades básicas de moradia, educação, poupança de segurança e outras mais.

O especulador deve possuir uma personalidade equilibrada e capaz de absorver e reagir adequadamente diante de eventuais fracassos financeiros. Deve conhecer profundamente o mercado, suas operações e seus participantes, seguir um planejamento adequado e possuir firmeza e racionalidade em suas decisões. Não pode deixar as emoções dominarem seus negócios.

9.5 TEORIA DA UTILIDADE E TEORIA DO PROSPECTO

9.5.1 Teoria da utilidade

Toda decisão de investimento é uma escolha entre retorno e risco. Para maior retorno, é necessário incorrer em mais alto risco do investimento. Há sempre duas alternativas para o investidor:

- incorrer em *menor* risco (mais segurança) e auferir um retorno *menor*;
- assumir *maior* risco (menos segurança) e alcançar o objetivo de um retorno mais audacioso.

Entre esses dois extremos, há posições conciliadoras. Os investidores, em geral, não visam atingir o retorno máximo desejado ou minimizar as possibilidades de incorrer em perdas. O conceito fundamental é o da *utilidade esperada*, a qual reflete o grau de satisfação do investidor em relação ao dilema risco-retorno. Entre duas alternativas, o investidor escolherá aquela que melhor atenda suas preferências. Se as preferências dos investidores são atendidas igualmente pelas alternativas, conclui-se que o investidor é *indiferente* diante das possibilidades. Os investidores são avessos ao risco e procuram, geralmente, maximizar a sua utilidade esperada, conforme proposto por Bernoulli.[1] Esse autor propôs em seu trabalho que o preço de um ativo deve ser baseado em sua utilidade esperada.

Através da utilidade, é possível se construir as *curvas de indiferença*, as quais demonstram a quantidade de bens que uma pessoa aceitaria ter considerando seu nível de satisfação. Essas curvas revelam, em outras palavras, para uma mesma escala de preferência, um quadro comparativo das possíveis combinações das várias alternativas de investimentos, permitindo que o investidor tome sua decisão entre diferentes ativos.

A Figura 9.1 ilustra três curvas de indiferença de uma pessoa, as quais fornecem informações completas sobre suas preferências. Todos os pontos sobre cada curva indicam a indiferença do investidor. Ou seja, o investidor é indiferente às combinações descritas de risco-retorno ao longo da curva. Curvas mais altas são preferíveis às situadas em posições mais baixas, por oferecerem maiores retornos em relação ao mesmo risco. Para Bernoulli,[2] ainda, os investidores apresentam um perfil de aversão ao risco, revelando preferir situações de certeza às de incerteza.

---

[1] O conceito de utilidade esperada foi introduzido por: BERNOULLI, Daniel, Exposition of the new theory on the measurement of risk. *Econometrica*, 1954.

[2] Op. cit.

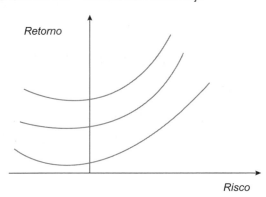

FIGURA 9.1 Curvas de indiferença

9.5.2 Teoria do prospecto

A *teoria do prospecto, desenvolvida por Kahnemam e Tversky*,[3] propõe que a dor da perda é mais forte que a alegria do ganho, ou seja, o investidor atribui maior importância às perdas (prejuízos) do que aos ganhos auferidos em seus investimentos. A teoria sugere que os investidores são geralmente avessos ao risco para ganhos, porém aceitam melhor o risco para as perdas.

A teoria do prospecto veio de alguma forma ocupar o lugar da teoria da utilidade estudada acima, principalmente em sua proposta da racionalidade do investidor. Pela teoria do prospecto, os investidores são mais avessos ao risco em decisões envolvendo ganhos; porém, em situação de possíveis perdas, mostram-se mais propensos ao risco. Na descrição do processo de tomada de decisão, a teoria do prospecto sugere que a decisão não está necessariamente vinculada às alternativas de maior utilidade.

Para a teoria do prospecto, o risco não é o principal motivo de aversão de um investidor, mas a perda. Muitas vezes, ao apurar um prejuízo em seus investimentos em ações, por exemplo, o investidor toma a decisão de realizar novas aplicações com o objetivo de recuperar os prejuízos sofridos. Evidentemente, se o risco fosse o aspecto mais importante, o investidor não se sentiria atraído a incorrer no mesmo risco novamente. A aversão do investidor, para a teoria do prospecto, é relativa à perda e não ao risco. Ele aceita assumir riscos mais altos para recuperar as perdas.

A preocupação maior da teoria do prospecto é descrever o comportamento do investidor tomador de decisões. A teoria da utilidade está mais focada em identificar a melhor decisão que deve ser tomada.

---

[3] KAHNEMAN, Daniel; TVERSKY, Amos. Propspect theory: an analysis of decisions under risk. *Econometrica*, 1979.

9.6 ORIENTAÇÕES BÁSICAS PARA O INVESTIDOR DE BOLSA

O mercado de ações opera com diferentes níveis de risco, ou seja, com variadas possibilidades de ganhos ou perdas. Reduzir as chances de prejuízos na busca do lucro é a grande meta de um investidor.

A medida de sucesso do investidor está em obter, dentro de um ambiente aceito de incerteza, os resultados desejados para um volume de capital aplicado. Apesar da presença de diversos e diferentes fatores que influenciam os preços de mercado das ações, há um conjunto de indicadores econômicos e sociais presentes em praticamente todas as avaliações bursáteis. Seu julgamento permite uma visão das tendências de mercado e das melhores oportunidades financeiras.

São citados, entre outros:

- *Taxas de juros*: sabidamente, aplicações em títulos que remuneram com juros oferecem menor incerteza ao investidor que as ações. São operações conhecidas como de renda fixa em confronto com as ações que pagam rendimentos variáveis. Aumentos nas taxas de juros costumam promover desvalorizações no mercado acionário; reduções, por outro lado, incentivam os negócios com ações, elevando suas cotações.
- *Inflação*: variações nas taxas de inflação transmitem, em geral, maior incerteza aos investidores com relação aos rumos da economia. Em caso de aumento mais prolongado do índice de inflação, é natural repercutirem sobre o mercado expectativas recessivas, oriundas de medidas econômicas voltadas para conter a expansão dos preços. Esse panorama afeta de forma negativa o mercado de ações, influenciando suas negociações e formação dos preços.
- *Produto interno bruto (PIB)*: o comportamento do PIB é acompanhado atentamente pelos analistas financeiros como um indicador do crescimento da economia. A evolução do índice, principalmente numa tendência de mais longo prazo, está associada à capacidade produtiva do país, revelando suas perspectivas com relação ao bem-estar material. As bolsas de valores costumam se fortalecer diante de notícias de crescimento da economia.
- *Desemprego*: constitui-se num dos indicadores que mais preocupam as economias mundiais na atualidade. É geralmente expresso em porcentagem da força de trabalho (população economicamente ativa) afastada por falta de vagas no mercado produtivo. É reflexo não somente da globalização da economia e avanços tecnológicos, mas também de problemas estruturais que impedem que uma sociedade alcance seu objetivo de pleno emprego.
- *Reservas internacionais*: são os saldos formados geralmente por moedas estrangeiras de maior liquidez e mantidos por uma economia visando cobrir eventuais déficits nas transações internacionais.

Em geral, o sistema monetário internacional baliza um volume mínimo de reservas internacionais adequado às necessidades de uma economia. Alterações no nível das reservas são motivadas por *superávits* ou *déficits* no balanço de pagamentos. Se o balanço se apresentar superavitário, sinaliza que a economia recebe um fluxo de capitais maior que o de saída, elevando o saldo de suas reservas monetárias e o potencial de investimentos.

♦ *Cenário internacional*: é relevante no atual ambiente de economia globalizada, onde as repercussões de instabilidade no cenário mundial costumam repercutir de forma instantânea sobre os mercados. Um ambiente de instabilidade internacional promove maior volatilidade nas bolsas de valores, além de desestimular qualquer iniciativa do Banco Central em reduzir as taxas de juros da economia.

9.7 POR QUE INVESTIR EM AÇÕES

Um investidor adquire ações com o objetivo de auferir um ganho, cujos valores dependem do desempenho da empresa, de suas expectativas futuras e do comportamento esperado dos principais indicadores econômicos e sociais, de acordo com o demonstrado anteriormente.

Uma vez auferido determinado rendimento, o investidor pode realizá-lo mediante a venda das ações possuídas. Essa decisão é geralmente tomada para suprir eventuais necessidades de caixa do investidor – as ações apresentam alta liquidez – ou quando suas projeções não se apresentarem favoráveis, comparativamente com outras ações ou, até mesmo, com outras alternativas de investimento.

Nesse caso, o investidor deve sempre selecionar a melhor alternativa financeira considerando o retorno esperado, o capital investido e o nível de risco. Para um mesmo nível de risco, deve escolher a alternativa que promete maior retorno esperado por capital investido. Para diferentes patamares de risco, é motivado a selecionar a alternativa que melhor remunera o risco assumido. Nessa avaliação de oportunidades de investimentos, são considerados os três fatores básicos de qualquer decisão: *liquidez, rentabilidade* e *risco*.

Ao optar por maior rentabilidade, o investidor assume também maior nível de risco. Conforme foi comentado, o risco é proporcional ao retorno oferecido pela aplicação. Em condições normais de mercado, não há como promover, ao mesmo tempo, a maximização da rentabilidade e a minimização do risco de um investimento.

Cabe ao investidor avaliar o limite de risco que esteja disposto a assumir em função do retorno esperado e da liquidez de uma alternativa de aplicação financeira.

Algumas dicas básicas para investir em ações:

♦ Tenha bastante claras as *razões* do investimento: realizar uma viagem ao exterior, comprar um imóvel, financiar educação dos filhos etc. Isso ajuda bastante a estabelecer critérios para o investimento e traz motivação maior para atingir os seus objetivos.

- Cuidado com as *euforias* de mercado. Avalie atentamente a ação antes de tomar a decisão de investir. Com a mesma velocidade com que teve seus preços elevados, a ação pode desvalorizar-se.
- Mantenha-se sempre bem *informado*, mesmo depois de ter adquirido o papel. Excelentes oportunidades de compras adicionais ou vendas lucrativas costumam ocorrer com frequência e o investidor atento pode tirar bom proveito dessas situações.
- Todo rendimento deve remunerar o *risco* assumido no investimento. Avalie sempre se suas possibilidades de ganhos são consistentes com o risco assumido.
- Procure sempre se *conhecer* como investidor, sua aversão ao risco, preferências e predisposições psicológicas. Da mesma forma, procure conhecer a instituição que administra o seu dinheiro. As decisões no mercado financeiro devem ser tomadas de acordo com seu perfil de investidor e metas estabelecidas.
- *Diversifique* seus investimentos utilizando as diversas opções financeiras disponíveis no mercado. Com isso, é possível criar uma proteção contra perdas mais expressivas, além de adequar sua carteira de aplicações às suas preferências de risco.
- Não se precipite diante de *boatos*, tanto de subida como de queda de preços. Procure sempre manter seu otimismo ou pessimismo sob controle, ou seja, seu equilíbrio emocional.
- *Medidas econômicas* de impacto, como os conhecidos pacotes de ajuste fiscal, alterações na paridade cambial, política de juros etc., repercutem em geral nos negócios do mercado financeiro por períodos curtos. Procure avaliar um prazo mais longo para tirar vantagens de seus investimentos.
- Procure sempre tirar alguma lição de cada investimento realizado visando melhorar sua *performance* no mercado de ações.
- Não invista em ações baseadas exclusivamente em sua *intuição*. As chances de ganhos costumam ser menores. Inclua sempre uma avaliação técnica em suas decisões financeiras e peça ajuda financeira a um especialista sempre que necessário.
- Não baseie sua decisão somente em indicadores financeiros. O desempenho de uma ação no passado não garante necessariamente o mesmo resultado no *futuro*.

Resumo dos principais cuidados discutidos neste capítulo ao investir no mercado acionário:

1. Não se desesperar com a queda do mercado.
2. Definir claramente seus objetivos e horizonte de investimento.
3. Não investir um capital que poderá ser necessário no curto prazo.
4. Estar atento quanto aos fatos que influenciam o mercado e que estão sempre ocorrendo.

5. O risco é maior quanto mais concentrada for a composição da carteira de ações. A palavra para reduzir o risco é: *diversificar*.
6. Estabelecer um limite de perda, sabendo que em todo investimento há alguma probabilidade de ocorrer.
7. Fazer o acompanhamento e a projeção do comportamento das ações através dos instrumentos financeiros disponíveis.
8. Avaliar a solidez, as taxas, as formas de cobrança, os serviços e as facilidades das corretoras para melhor escolhê-las.
9. Não superestimar eventos de baixa probabilidade, muitas vezes dramatizados pela mídia.
10. Nas escolhas, basear-se em indicações de modelos teóricos e procurar monitorar o emocional e a intuição nas tomadas de decisão.

9.8 PERFIL DO INVESTIDOR

Investidores são todos os indivíduos ou instituições que aplicam recursos com a finalidade de auferir ganhos, a médio e longo prazo. Eles sempre deverão analisar a forma mais adequada de realizar aplicações em ações de acordo com o seu perfil e predisposições psicológicas.

Ao aplicar em ações, é necessário que o investidor tenha claro quais são seu objetivo, seu prazo e sua disposição com relação ao risco. Há algumas questões básicas que devem ser respondidas pelo investidor para que apure um bom resultado:

a) Qual o objetivo do investimento

O investidor deve deixar bastante clara a razão de seu investimento, podendo ser desde o desejo de aquisição de um bem de consumo no curto prazo até a aquisição de casa própria no médio prazo, ou ainda garantir sua vida futura (aposentadoria) no longo prazo.

A partir desses esclarecimentos, é possível ao investidor programar suas aplicações, em termos de periodicidade e valor da poupança que deverá fazer.

b) Por quanto tempo deve fazer a poupança

Tudo irá depender do objetivo delineado para o investimento. Por exemplo, se o investidor deseja realizar uma viagem de turismo ao exterior no próximo ano, o tempo de poupança é de curto prazo e talvez a forma de investimento em ações não seja a mais indicada. Uma sugestão seria aplicar seus recursos em títulos de renda fixa. O investimento em ações deve ser avaliado em termos de médio e longo prazo.

c) Quanto pode suportar de risco

O investidor deve avaliar qual o limite de perda suportável, caso as coisas não saiam da forma esperada. O grau de aversão ao risco (alto ou baixo) é também um fator importante na decisão de investimento. É importante que o investidor consiga entender e avaliar todos os riscos associados às suas aplicações, de forma a selecionar as melhores alternativas.

Tanto os investimentos como os investidores podem ser divididos em *conservadores*, *moderados* e *agressivos* ou *arrojados*.

O investidor *conservador* é aquele que demonstra preferência por investimentos com o mínimo de risco (maior segurança) possível e, portanto, com possibilidade de retornos proporcionais. Não gosta de surpresas e tem medo de perder o capital que possui. Seu principal objetivo é a proteção de seu patrimônio e ele não costuma priorizar o mercado de ações em sua carteira de investimentos. Prefere aplicar em imóveis para locação, títulos públicos, caderneta de poupança etc.

Já o investidor *moderado* está disposto a correr algum risco, até certo limite, e apresenta maior tolerância à perda. As aplicações geralmente selecionadas por esse investidor são ações de companhias pagadoras de dividendos, fundos de renda fixa prefixados, imóveis para revenda etc. Seu principal objetivo é o aumento de seu capital e também salvaguardar e proteger seu investimento.

Por último, o investidor do perfil *agressivo* ou *arrojado* é aquele que está disposto a correr risco na busca de melhores resultados do aumento de capital. Assume plenamente o risco do investimento e não se preocupa com garantia de retorno. Tem consciência de que pode perder o capital investido. Em geral, possui bom conhecimento do mercado financeiro e suas operações, e maior equilíbrio emocional. Suas principais aplicações são em ações de empresas com elevado potencial de crescimento, derivativos, títulos podres (*junk bonds*), fundos cambiais etc.

É importante considerar que um investidor pode possuir diferentes investimentos com diferentes objetivos e ser conservador num deles, moderado em outro e arrojado num terceiro. O desafio é construir uma carteira de investimentos que corresponda ao seu perfil e ao grau de risco que está disposto a correr.

Existem diversos questionários disponíveis nos *sites* de diversas corretoras que permitem ao investidor ter uma ideia do seu perfil, dentro de uma tabela de pontuação criada por profissionais do mercado que dará, no final, de acordo com a soma dos pontos obtidos, um resultado esperado com um perfil previamente identificado pelos elaboradores.

Selecionamos um desses questionários, que pode ser encontrado em livro de Valmir Lameira,[4] bem simples, com apenas seis questões.

Para avaliar o seu perfil, o leitor deve responder com segurança às perguntas apresentadas. Avise o seu corretor da identidade do seu perfil para auxiliá-lo na administração dos seus negócios.

À frente de cada resposta, o leitor encontrará uma pontuação, que deverá ser somada ao final para conhecer o perfil em que se enquadra:

---

[4] LAMEIRA, Valmir. *Negócios em bolsa de valores*: estratégia para investimentos. São Paulo: Alaúde, 2005.

1. Há quanto tempo você investe no mercado?
   ( ) estou iniciando – 1 ponto
   ( ) há 1 ano – 5 pontos
   ( ) de 1 a 5 anos – 10 pontos
   ( ) mais de 5 anos – 20 pontos

2. Quanto suas aplicações no mercado de ações representam do total de seus investimentos?
   ( ) até 10% – 1 ponto
   ( ) até 25% – 5 pontos
   ( ) até 50% – 10 pontos
   ( ) mais de 50% – 20 pontos

3. Qual o limite máximo que estaria disposto a perder em bolsa?
   ( ) até 10% do investido – 1 ponto
   ( ) até 25% do investido – 10 pontos
   ( ) até 50% do investido – 20 pontos
   ( ) até 100% do investido – 50 pontos
   ( ) mais de 100% do investido – 100 pontos

4. Qual o horizonte de tempo que você pode esperar para começar a resgatar seus recursos investidos na bolsa?
   ( ) curtíssimo prazo – menos de 1 mês – 1 ponto
   ( ) curto prazo – entre 1 mês e 3 meses – 5 pontos
   ( ) médio prazo – entre 3 meses e 1 ano – 10 pontos
   ( ) longo prazo – mais de 1 ano – 20 pontos

5. Quanto tempo você gasta para acompanhar o mercado e as informações econômicas do país e do mundo durante a semana?
   ( ) até 1 hora – 1 ponto
   ( ) de 1 hora até 5 horas – 5 pontos
   ( ) de 5 horas até 10 horas – 10 pontos
   ( ) de 10 horas até 40 horas – 20 pontos
   ( ) mais de 40 horas – 50 pontos

6. Você conhece a estrutura e o funcionamento das instituições que atuam no mercado de capitais, além dos direitos dos investidores minoritários nas empresas e dos direitos dos investidores em bolsa?

( ) não conheço nada – 1 ponto

( ) conheço muito pouco – 10 pontos

( ) conheço razoavelmente – 20 pontos

( ) conheço profundamente – 50 pontos

Veja a seguir as classes de investidor enumeradas e verifique a qual classe você pertence:

Entre 6 e 40 pontos – Conservador e iniciante

Você deve ser prudente em suas aplicações e investir mais tempo em conhecer o mercado de capitais.

Entre 40 e 80 pontos – Moderado em relação ao risco e médio conhecedor do mercado

Você já tem conhecimento e deverá aprofundá-lo para poder investir em mercados de mais risco ou em aplicações mais arrojadas.

Entre 80 e 180 pontos – Arrojado em relação ao risco e bom conhecedor de mercado

Você somente necessita aprimorar um pouco seus conhecimentos para tornar-se um especialista.

Entre 180 e 280 pontos – Especialista e arrojado

Você conhece o mercado e, se não ocorrer uma crise imprevisível, deve ganhar dinheiro em suas aplicações.

Breve resumo

Ter sucesso nos investimentos requer mais do que o conhecimento do mercado financeiro. É importante conhecer a si mesmo, sua aversão ao risco, suas ambições culturais e de consumo. Não deve permitir que as emoções pessoais e passionais controlem as decisões racionais.

Aprenda a identificar as predisposições psicológicas e evitar que elas influam nos investimentos e levem a decisões equivocadas.

10
O COMPORTAMENTO DA BOLSA DE VALORES

Os índices de ações são indicadores usados como *benchmark* (referência) para as decisões de investimentos em bolsas de valores. Desempenham um papel fundamental ao expressarem as flutuações médias das cotações das ações em diferentes momentos, orientando os investidores em suas decisões. Fornecem uma noção bastante clara do mercado acionário e de toda a economia.

Diante da importância dessa medida para a avaliação de ações e conhecimento do comportamento do mercado, o capítulo detalha os índices de ações em seus vários aspectos. São tratados inicialmente os conceitos, cálculos e interpretações dos índices. É dado destaque aos índices de ações apurados no Brasil, em especial ao Índice da Bolsa de Valores de São Paulo (Ibovespa). O capítulo se completa com o estudo dos principais índices de ações internacionais, balizadores das decisões de investimentos em ações nos mais importantes mercados do mundo.

É muito comum ouvir a notícia nos telejornais de que a "Bolsa fechou em alta" ou a "Bolsa fechou em queda". O que isso significa? A "Bolsa fechou em alta" indica que o índice de fechamento do pregão de hoje é superior ao índice de fechamento do pregão anterior. Analogamente, a "Bolsa fechou em baixa" revela que o índice de fechamento do pregão de hoje foi inferior ao índice de fechamento do pregão anterior. A "Bolsa está estável", quando o índice de fechamento do pregão de hoje não apresenta alteração relevante em relação ao índice de fechamento do pregão anterior.

Na Bolsa de Valores de São Paulo (B3), o índice que atualmente é utilizado para verificar se a bolsa fechou em alta ou em baixa é o *Ibovespa*, por ser ele o índice mais tradicional e o mais divulgado pela mídia. Um índice de ações é um indicador do desempenho de uma carteira teórica de ações de determinada bolsa de valores.

Os índices de ações têm por finalidade servir como indicadores médios do comportamento do mercado acionário como um todo ou de um segmento econômico específico do mercado (no caso dos índices restritos e setoriais). Assim, os índices são desenvolvidos de modo a mostrar se as ações do mercado, em média, valorizaram-se ou se desvalorizaram em certo intervalo de tempo.

Os usuários do índice de ações são os investidores em geral, analistas financeiros, consultores financeiros, gestores de recursos, instituições financeiras e todos que desejarem informar-se sobre o desempenho do mercado de ações.

> *Carteira teórica* é um conjunto de ações selecionadas para comporem o índice de ações do mercado. No grupo de ações escolhidas, é idealizado o investimento teórico da carteira, sendo representado pelo índice de ações.
>
> O índice de ações é medido em "ponto", representando um valor absoluto. A variação dos pontos do índice mede a sua rentabilidade. Por exemplo, se um índice indicava 90.200 pontos em certa data e 91.706 em outra data futura, calcula-se uma rentabilidade de 3,0%, ou seja:
>
> $$[(91.706 / 90.200) - 1] \times 100 = 1,67\%$$

10.1 ÍNDICE BOVESPA (IBOVESPA)

O Índice Bovespa (Ibovespa) é o principal indicador do comportamento do mercado de ações brasileiro, retratando o desempenho das principais ações negociadas na Bolsa de Valores de São Paulo. Ele é formado a partir de uma aplicação hipotética, em unidades monetárias, em uma quantidade teórica de ações (carteira) selecionadas entre as negociadas no mercado. Sua finalidade básica é servir como indicador médio, ou termômetro de desempenho, das cotações do mercado de ações.

Para comporem o Ibovespa, as ações e *units* devem ter presença em pregão de 95% no período de vigência das três carteiras anteriores, estando em ordem decrescente do índice de negociabilidade (IN), representando em conjunto 85% do somatório total desses indicadores; ter participação no volume financeiro maior ou igual a 0,1% no mercado à vista (lote padrão) também no período de vigência das três carteiras anteriores; e não ser *penny stocks* (ativos cuja cotação seja inferior a R$1,00). Caso uma ação seja objeto de oferta pública durante o período de vigência das três carteiras anteriores ao rebalanceamento, ela será elegível, mesmo sem estar listada todo o período, desde que atenda aos critérios anteriores descritos, a oferta pública tenha sido realizada antes do rebalanceamento imediatamente anterior e possua 95% de presença a partir de seu início de negociação. Essas informações constam do Manual de Definições e Procedimentos dos índices da B3.

Como as ações que fazem parte dessa carteira têm grande representatividade, pode-se dizer que o índice de desempenho da B3 (Ibovespa) expressa o desempenho do mercado como um todo. Assim, se a maioria das ações estiver se valorizando, o mercado, medido pelo Ibovespa, também estará em alta, e, se estiver caindo, estará em baixa.

A B3 calcula seu índice em tempo real, considerando os preços dos últimos negócios efetuados no mercado à vista (lote padrão) com ações componentes de sua carteira e divulgadas em seu *site* e em vários outros *sites* das sociedades corretoras membros. Sua divulgação é feita pela rede de difusão da B3.

O Ibovespa apresenta uma metodologia de cálculo simples e de ampla divulgação aos investidores, o que assegura grande confiabilidade ao indicador. Isso pode ser constatado pela chancela do mercado, traduzida pelo fato de o Ibovespa ser o único dos indicadores de desempenho de ações brasileiras a participar de um mercado futuro.

O acompanhamento do mercado exige que se observe a sua oscilação, ou seja, a variação (positiva ou negativa) no preço das ações em determinado período de tempo. Conforme já exposto, definir se uma ação está em alta ou em baixa no mercado é relacionar o último preço negociado e o seu preço de fechamento no dia anterior. Assim, se o último preço negociado para a ação é superior ao seu preço de fechamento do dia anterior, essa ação está em *alta*. Se o último preço for inferior à cotação de fechamento, a ação estará em *baixa*.

Exemplo: se o preço de fechamento de uma ação X no dia anterior foi de R$ 1,00 e, hoje, o primeiro negócio realizado com a ação efetivou-se ao preço de R$ 1,05, dizemos que a ação teve uma oscilação positiva de 5%, ou seja, alta de 5% em sua cotação. Caso ocorra posteriormente outro negócio com a ação, concretizado ao preço de R$ 1,03, a oscilação positiva será de 3%; e assim durante todo o dia, sempre comparando o último preço à cotação de fechamento do dia anterior.

O Ibovespa pode ser interpretado como o valor atual, em moeda corrente, de uma carteira teórica de ações constituída em 2/1/1968 (*valor-base*: 100 pontos), a partir de uma aplicação hipotética. O índice supõe que não tenha sido efetuado nenhum investimento adicional desde então, tendo considerado somente os ajustes realizados em decorrência da distribuição de proventos pelas empresas emissoras, tais como reinversão de dividendos recebidos e do valor apurado com a venda de direitos de subscrição e manutenção em carteira das ações recebidas em bonificação. Dessa forma, o índice reflete não apenas as variações dos preços das ações, mas também o impacto da distribuição dos proventos, sendo considerado um indicador que avalia o retorno total de suas ações componentes.

Como informa a bolsa, o Ibovespa sofreu, unicamente para efeito de divulgação e sem prejuízo de sua metodologia de cálculo, as seguintes adequações:

1. divisão por 100, em 3/10/1983;
2. divisão por 10, em 2/12/1985;
3. divisão por 10, em 29/8/1988;
4. divisão por 10, em 14/4/1989;
5. divisão por 10, em 12/1/1990;
6. divisão por 10, em 28/5/1991;
7. divisão por 10, em 21/1/1992;
8. divisão por 10, em 26/1/1993;
9. divisão por 10, em 27/8/1993;
10. divisão por 10, em 10/2/1994;
11. divisão por 10, em 3/3/1997;
12. nova metodologia implantada em 11/9/2013.

A título de curiosidade, a primeira carteira do Ibovespa em 1968 continha as seguintes ações (Quadro 10.1):

QUADRO 10.1 Carteira do Ibovespa em 1968

Ação/Tipo
AÇOS VILLARES OP
ALPARGATAS OP
AMERICA (BCO)
ANTARCTICA OP
ARNO PP
CASA ANGLO (MAPPIN) OP
CIMENTO ITAÚ ON
CIMENTO ITAÚ PP
CIMAF OP
COM. IND. SP PN

(continua)

(continuação)

Ação/Tipo
COM'L EST. SP. ON
DOCAS OP
DURATEX PP
BANCO DO ESTADO SP. ON
ESTRELA PP
FORD WILLYS OP
INDS. VILLARES OP
INDS. VILLARES PPB
ITAÚ AMÉRICA ON
KIBON OP
LOJAS AMERICANAS OP
MELHORAMENTOS SP. OP
MOINHO SANTISTA OP
CIA PAULISTA DE FORÇA E LUZ OP
PETRÓLEO UNIÃO PN
SOUZA CRUZ OP
VALE RIO DOCE PP

Fonte: B3, informações obtidas *on demand*.

10.1.1 Cálculo prático do Ibovespa

O Ibovespa é calculado através de uma média ponderada das ações que compõem esse índice. Desenvolvemos a seguir um exemplo prático para que se possa entender o cálculo desse índice. Cada ação participa da carteira de acordo com sua participação no mercado à vista.

Suponha que existam apenas três ações, A, B e C, fazendo parte da carteira teórica do Ibovespa, e que no dia 0 o índice esteja valendo 90.000 pontos.

Acompanhe a evolução desses ativos no Quadro 10.2, em cujas colunas *Dia 1* e *Dia 2* estão registradas as respectivas oscilações de fechamento do papel em pregão:

QUADRO 10.2 Exemplo ilustrativo de evolução de ativos

	Participação da ação na carteira teórica do Ibovespa	Dia 1	Dia 2
A	55%	4%	– 2%
B	30%	– 1%	0%
C	15%	2%	1%

A rentabilidade do índice será uma média ponderada da quantidade teórica com as oscilações diárias:

Dia 1 = [0,55 × (0,04) + 0,30 × (− 0,01) + 0,15 × (0,02)] = 0,022, ou seja, alta de 2,2%

Dia 2 = [0,55 × (− 0,02) + 0,30 × (0,00) + 0,15 × (0,01)] = − 0,0095, ou seja, queda de 0,95%

No final das contas, qual o valor do índice nesses dias? No final do dia 1 teremos 90.000 pontos do pregão anterior mais 2,2%, ou seja: 90.000 + (2,2% × 90.000) = 91.980 pontos. No dia seguinte, com a queda de 0,95%, tem-se: 91.980 − (0,95% × 91.980) = 91.106,19 pontos.

Periodicamente, são realizadas reavaliações para que o índice acompanhe as mudanças do mercado e continue representando fielmente o seu comportamento. Na B3, as revisões são feitas a cada quatro meses (com base nos dados de negociação dos 12 meses anteriores), quando se verifica se alguma ação ainda não pertencente está atendendo aos critérios de inclusão no índice. Ao identificar-se alguma ação no mercado que atenda aos critérios exigidos, ela será incorporada à nova carteira. Da mesma forma, é verificado também se alguma ação que compõe o índice não está atendendo aos critérios exigidos. Caso se confirme o não cumprimento dos critérios, a ação será excluída da carteira. As vigências das carteiras dos índices da B3 são quadrimestrais: janeiro a abril; maio a agosto; setembro a dezembro.

A composição da carteira teórica do Ibovespa estabelecida para o período de janeiro a abril de 2021 é apresentada no Quadro 10.3.

QUADRO 10.3 Carteira teórica do Ibovespa jan./abr. 2021

Código	Ação	Tipo	Quantidade teórica	Part. (%)
ABEV3	AMBEV S/A	ON	4.355.174.839	3,19
AZUL4	AZUL	PN N2	327.283.207	0,548
B3SA3	B3	ON EDJ NM	1.930.877.944	5,267
BBAS3	BRASIL	ON NM	1.283.197.221	2,225
BBDC3	BRADESCO	ON EJ N1	1.147.260.246	1,255
BBDC4	BRADESCO	PN EJ N1	4.261.649.634	5,265
BBSE3	BBSEGURIDADE	ON NM	671.584.841	0,87
BEEF3	MINERVA	ON EJ NM	239.331.676	0,106
BPAC11	BTGP BANCO	UNT EJ N2	236.093.794	0,938
BRAP4	BRADESPAR	PN N1	222.075.664	0,715
BRDT3	PETROBRAS BR	ON NM	1.164.958.126	1,157
BRFS3	BRF SA	ON NM	811.759.800	0,785

(continua)

(continuação)

Código	Ação	Tipo	Quantidade teórica	Part. (%)
BRKM5	BRASKEM	PNA N1	264.640.575	0,293
BRML3	BR MALLS PAR	ON NM	843.728.684	0,355
BTOW3	B2W DIGITAL	ON NM	201.549.295	0,629
CCRO3	CCR SA	ON NM	1.115.695.556	0,642
CIEL3	CIELO	ON EJ NM	1.112.196.638	0,189
CMIG4	CEMIG	PN EJ N1	969.723.092	0,64
COGN3	COGNA ON	ON NM	1.847.994.874	0,381
CPFE3	CPFL ENERGIA	ON NM	187.714.249	0,268
CPLE6	COPEL	PNB EJ N1	128.297.543	0,424
CRFB3	CARREFOUR BR	ON NM	391.758.726	0,338
CSAN3	COSAN	ON NM	129.314.042	0,467
CSNA3	SID NACIONAL	ON	642.398.790	1,061
CVCB3	CVC BRASIL	ON NM	172.756.818	0,16
CYRE3	CYRELA REALT	ON NM	281.154.098	0,348
ECOR3	ECORODOVIAS	ON NM	171.109.276	0,097
EGIE3	ENGIE BRASIL	ON NM	254.792.279	0,498
ELET3	ELETROBRAS	ON N1	358.018.408	0,559
ELET6	ELETROBRAS	PNB N1	242.977.127	0,388
EMBR3	EMBRAER	ON NM	736.143.105	0,299
ENBR3	ENERGIAS BR	ON EJ NM	250.403.441	0,217
ENEV3	ENEVA	ON NM	287.844.670	0,78
ENGI11	ENERGISA	UNT N2	250.679.709	0,565
EQTL3	EQUATORIAL	ON NM	1.010.286.085	1,027
EZTC3	EZTEC	ON NM	95.756.217	0,17
FLRY3	FLEURY	ON EJ NM	303.800.430	0,357
GGBR4	GERDAU	PN N1	995.903.643	1,272
GNDI3	INTERMEDICA	ON NM	588.176.771	1,941
GOAU4	GERDAU MET	PN N1	693.699.918	0,397
GOLL4	GOL	PN N2	137.725.788	0,146
HAPV3	HAPVIDA	ON NM	1.085.256.490	0,699

(continua)

(continuação)

Código	Ação	Tipo	Quantidade teórica	Part. (%)
HGTX3	CIA HERING	ON NM	126.186.408	0,092
HYPE3	HYPERA	ON EJ NM	410.147.968	0,626
IGTA3	IGUATEMI	ON NM	85.796.919	0,133
IRBR3	IRBBRASIL RE	ON NM	1.255.327.516	0,444
ITSA4	ITAUSA	PN N1	4.515.538.171	2,413
ITUB4	ITAUUNIBANCO	PN ED N1	4.757.466.114	6,851
JBSS3	JBS	ON NM	1.500.315.048	1,617
JHSF3	JHSF PART	ON NM	288.952.690	0,093
KLBN11	KLABIN S/A	UNT N2	788.757.519	0,941
LAME4	LOJAS AMERIC	PN EJS N1	843.325.974	0,904
LCAM3	LOCAMERICA	ON EJ NM	323.763.077	0,401
LREN3	LOJAS RENNER	ON NM	785.417.914	1,426
MGLU3	MAGAZ LUIZA	ON EJ NM	2.668.955.512	2,855
MRFG3	MARFRIG	ON NM	368.864.634	0,232
MRVE3	MRV	ON NM	298.796.441	0,245
MULT3	MULTIPLAN	ON EJ N2	276.848.567	0,273
NTCO3	GRUPO NATURA	ON NM	841.083.922	1,878
PCAR3	P. ACUCAR-CBD	ON NM	157.635.935	0,523
PETR3	PETROBRAS	ON N2	3.307.982.840	4,635
PETR4	PETROBRAS	PN N2	4.566.457.037	6,267
PRIO3	PETRORIO	ON NM	135.160.900	0,448
QUAL3	QUALICORP	ON EJ NM	283.467.789	0,422
RADL3	RAIADROGASIL	ON NM	1.072.645.150	1,184
RAIL3	RUMO S.A.	ON NM	1.218.081.171	1,062
RENT3	LOCALIZA	ON NM	592.069.308	1,722
SANB11	SANTANDER BR	UNT	355.666.691	0,725
SBSP3	SABESP	ON NM	339.999.111	0,657
SULA11	SUL AMERICA	UNT EJ N2	279.572.852	0,522
SUZB3	SUZANO S.A.	ON ATZ NM	724.921.241	1,903
TAEE11	TAESA	UNT N2	218.568.274	0,327

(continua)

(continuação)

Código	Ação	Tipo	Quantidade teórica	Part. (%)
TIMS3	TIM	ON NM	808.485.985	0,506
TOTS3	TOTVS	ON NM	480.228.410	0,577
UGPA3	ULTRAPAR	ON NM	1.087.056.490	1,167
USIM5	USIMINAS	PNA N1	513.729.947	0,369
VALE3	VALE	ON NM	2.837.320.141	12,381
VIVT3	TELEF BRASIL	ON EDJ	444.219.852	0,912
VVAR3	VIAVAREJO	ON ATZ NM	1.595.083.594	1,129
WEGE3	WEG	ON NM	741.148.001	2,758
YDUQ3	YDUQS PART	ON NM	300.483.575	0,452
Quantidade teórica total			**74.598.272.017**	**100**

Fonte: B3. Disponível em: http://www.b3.com.br/pt_br/market-data-e-indices/indices/indices-amplos/indice-ibovespa-ibovespa-composicao-da-carteira.htm. Acesso em: jul. 2021.

A coluna *Quantidade teórica* é a quantidade de cada ação dentro da carteira, ou seja, quantas ações de cada companhia/tipo da ação (PN, ON...) serão incluídas na carteira do índice.

Não há limite de alta para um índice, ou seja, os preços das ações podem subir ilimitadamente. Para o investidor, mais importante do que o nível de alta do índice de ações é a tendência de alta dos preços sinalizada pelo mercado. As decisões do investidor são tomadas com base em suas expectativas futuras sobre o comportamento esperado dos preços, ou seja, a partir da tendência apresentada.

Já para as quedas, a B3 não fixa um limite de queda para os índices que calcula. No entanto, a bolsa adota para o seu índice um mecanismo chamado de "interruptor de circuito" (*circuit breaker*), que consiste na interrupção das negociações quando o Ibovespa atinge determinado percentual de queda. Esse parâmetro foi determinado de acordo com a volatilidade histórica do índice. O mecanismo de *circuit breaker* tem o objetivo de amenizar quedas do mercado em situações que se mostram anormais e, portanto, deve ser utilizado apenas nessas situações atípicas, pois seu uso frequente pode acabar elevando a volatilidade do mercado, gerando efeito inverso ao pretendido.

O *circuit breaker* é ativado tomando por base o valor de fechamento do Ibovespa do dia anterior, da seguinte maneira: interrupção de meia hora para uma queda de 10% no índice; interrupção adicional de uma hora se o índice cair mais 5% após a reabertura (completando uma queda total de 15%).

Por fim, vale ressaltar que a B3 assegura um período de 30 minutos de negociação contínua no final da sessão regular, de modo a possibilitar que compradores e vendedores ajustem suas posições.

ENTENDA OS INÉDITOS TRÊS PREGÕES DE *CIRCUIT BREAKERS* DA B3 EM SÓ QUATRO DIAS

Coronavírus volta a derrubar Ibovespa em mais de 10%, forçando nova interrupção dos trabalhos na bolsa; conheça o contexto de cada um dos três atos

Por Gustavo Ferreira, *Valor Investe* — São Paulo

12/3/2020 11h37

Nunca antes na história da bolsa deste país o botão de pânico foi acionado três vezes, tanto em tão pouco tempo. O *circuit breaker* da B3 foi acionado pela terceira vez, em apenas quatro pregões, nesta quinta-feira (12).

Mas cada um desses **três atos teve nuances diferentes**. Abaixo, você lerá um **resumão do contexto** que fez obrigou a B3 a interromper seus trabalhos **antes que a vaca fosse para o brejo de uma vez**.

Primeiro ato

Na segunda-feira (9), os preços do petróleo derreteram 30% na abertura, por causa de um impasse entre Arábia Saudita e Rússia sobre um corte de produção da Organização de Países Exportadores de Petróleo (Opep). A ideia era segurar os preços em meio à baixa demanda enquanto o surto do novo coronavírus, o Covid-19, durar. Como os Russos bateram o pé, os árabes radicalizaram cortando preços e aumentando a produção.

Resultado? Não bastasse a pressão de baixa demanda nos preços do petróleo, veio a pressão da sobreoferta saudita. Os preços do petróleo derreteram, as grandes petroleiras listadas, e com participação expressiva em índices de bolsa pelo mundo, idem, puxando as demais ações para o buraco junto delas.

Segundo ato

O segundo *circuit breaker*, na quarta-feira (11), veio depois de um soluço dos mercados, na terça (10), em que bolsas subiram forte com a ida de investidores às compras em busca de pechinchas. Na quarta, no entanto, o choque de realidade veio logo no início do pregão, com investidores frustrados e bolsas caindo por causa da até então apatia do governo americano.

No Brasil, em que o Ibovespa já caía na casa dos 5% com esse clima de frustração, o derretimento foi aprofundado quando a Organização Mundial da Saúde (OMS) determinou que não vivemos mais uma epidemia, mas uma pandemia de coronavírus. Na prática, significa que o mundo não tem sido bem-sucedido em conter a contaminação, e que os esforços agora devem se voltar para o cuidado dos doentes.

Resultado? Você já sabe. **Pânico pelo segundo dia na semana**, e botão de pânico acionado na B3 de novo, com a **fila dos tombos puxada pelas empresas que já estão se acostumando com quedas na casa dos dois dígitos**: aéreas, Petrobras, Vale, siderúrgicas e ações de varejista que, com alta forte antes de o caos se instalar, **despenca pela realização dos lucros** antes de eles irem para o vinagre.

Histórico de *circuit breakers* do Ibovespa

PARADA DE 1/2 HORA	HORÁRIO	OSCILAÇÃO NO FECHAMENTO (%)
07/11/1997	16:28:00	−6,38
12/11/1997	16:39:00	−10,2
21/08/1998	12:34:00	−2,85
04/09/1998	15:28:00	−6,13
10/09/1998	11:07:00	−15,82
17/09/1998	10:34:00	−4,84
13/01/1999	12:12:00	−5,04
14/01/1999	16:46:00	−9,96
29/09/2008	14:47:30	−9,36
06/10/2008	10:18:00	−5,43
10/10/2008	10:34:30	−3,97
15/10/2008	14:24:30	−11,39
22/10/2008	17:17:00	−10,18
18/05/2017	10:20:30	−8,8
09/03/2020	10:17:00	−12,17
11/03/2020	15:14:00	−7,67
PARADA DE 1 HORA	HORÁRIO	OSCILAÇÃO NO FECHAMENTO (%)
28/10/1997	12:33:00	6,42
10/09/1998	16:26:00	−15,82
06/10/2008	11:43:30	−5,43

Fonte: B3.

Terceiro ato

Com um dia de atraso, o presidente americano, Donald Trump, foi a público na noite passada dizer **o que a Casa Branca fará na tentativa de conter o avanço do novo coronavírus no território americano**. E tomou uma medida inesperada, cujas **consequências para o crescimento da economia mundial em 2020 podem ser trágicas**.

> A partir de agora, por quatro semanas, ninguém que tente entrar nos Estados Unidos a partir da Europa poderá desembarcar. Para a economia global crescer, afinal, depende de trocas entre os países. E, ao menos pelos próximos 30 dias, os negócios entre Estados Unidos e a União Europeia (que já não conta com o Reino Unido, que terá a seu favor condições especiais fornecidas por Trump) ficarão praticamente impossibilitados. Se o comércio internacional já tinha travas, por causa da **interrupção da livre circulação em alguns países, como a Itália**, agora a encalacrada tomou proporções inimagináveis.
>
> **Resultado?** Já tivemos um *circuit breaker* logo na abertura do pregão, com o Ibovespa caindo mais de 10%, e os negócios sendo interrompidos por meia hora. Poucos minutos depois da volta, veio um segundo, porque o índice afundou mais de 15%, e os negócios foram parados por uma hora.
>
> Para que um terceiro alarme não seja desperto, o Ibovespa não pode agora cair mais que 20% nesta sessão. Nesse caso, haverá um terceiro congelamento de operações na B3, por tempo a ser determinado e comunicado ao mercado.

Fonte: Valor Investe. Disponível em: https://valorinveste.globo.com/mercados/renda-variavel/bolsas-e-indices/noticia/2020/03/12/entenda-os-ineditos-tres-circuit-breakers-da-b3-em-apenas-quatro-dias.ghtml.

Existem ainda outros índices de ações importantes calculados pelo mercado, como: Índices Amplos, Índices de Governança, Índices de Segmentos e Setoriais, Índices de Sustentabilidade e Índices em parceria S&P Dow Jones.

10.2 ÍNDICES AMPLOS

Além do Ibovespa, a B3 possui outros índices nessa categoria, como os descritos a seguir.

10.2.1 Índice Brasil 100 de ações (IBrX 100 B3)

O IBrX 100 B3 mede o desempenho de uma carteira teórica composta pelas 100 ações e *units* de maior liquidez, ou seja, que se apresentam com maior participação no mercado à vista da bolsa de valores de São Paulo. Sua finalidade básica, assim como de outras carteiras, é refletir o comportamento médio do mercado, aproximando-se o máximo possível da realidade dos negócios realizados na bolsa de valores.

A cada quatro meses é efetuada uma reavaliação da carteira IBrX 100 B3, apurando-se principalmente o nível de negociabilidade das ações no mercado à vista, definido pela quantidade de presença nos negócios e volume financeiro. Não atingindo os padrões mínimos estabelecidos pela B3, a ação será substituída por outra de maior liquidez em bolsa.

A participação de cada ação na composição média do IBrX 100 também pode ser alterada, tomando-se por base as variações ocorridas em seus preços de negociação.

FIGURA 10.1   Exemplo de aviso aos acionistas

BANCO INTER S.A.
CNPJ/MF nº 00.416.968/0001-01
NIRE 31.300.010-864
(Companhia Aberta de Capital Autorizado)

AVISO AOS ACIONISTAS

HOMOLOGAÇÃO DO AUMENTO DO CAPITAL SOCIAL

BANCO INTER S.A. (B3: BIDI11) ("Banco"), vem a público comunicar aos Senhores Acionistas e ao Mercado que, por meio de ofício datado de 3 de setembro de 2020, o Banco Central do Brasil homologou o aumento do capital social do Banco, nos termos da deliberação do Conselho Administração do Banco realizada em 31 de agosto de 2020, de forma que o capital social do Banco passará a ser representado conforme segue:

Valor do capital social acrescido do aumento homologado: R$ 2.131.242.449,02

Total de ações após a homologação do aumento de capital: 708.455.745 sendo:

366.613.129 ações ordinárias (ON)

341.842.616 ações preferenciais (PN)

Valor do aumento de capital homologado: R$ 13.826.517,22

Belo Horizonte, 3 de setembro de 2020

Fonte: Banco Inter. Disponível em: https://ri.bancointer.com.br/. Acesso em: jan. 2021.

O IBX 100 B3, pela amplitude de sua carteira teórica incluindo as 100 ações de maior liquidez, é considerado pelos analistas financeiros um índice apropriado para se avaliar o desempenho de fundos de investimentos em ações.

10.2.2   Índice Brasil 50 de ações (IBrX 50 B3)

O IBrX 50 B3 é um índice de mercado responsável por medir o retorno total de uma carteira composta por 50 ações e *units* que são selecionadas entre as que possuem maior negociação na bolsa de valores, ou seja, os papéis mais líquidos da B3. Esse índice tem características bastante semelhantes às do IBrX 100 B3, formado pelas 100 ações de maior negociabilidade no mercado, apresentando, porém, a grande vantagem de ser mais facilmente reproduzido pelo mercado.

O IBrX 50 B3 foi desenvolvido com o objetivo principal de se tornar uma medida de referência para os investidores de ações e também possibilitar o lançamento de derivativos baseados no índice, como contratos futuros e de opções.

As 50 ações que integram o IBrX 50 B3 devem atender cumulativamente aos seguintes critérios, conforme definidos pela bolsa de valores de São Paulo:

- ser as 50 ações com maior Índice de Negociabilidade (IN) apurado nos 12 meses anteriores à reavaliação;
- possuir 95% de presença em pregão;
- não ser *penny stocks* (ativos com cotação inferior a R$ 1,00).

10.2.3 Índice Brasil Amplo da bolsa de São Paulo (IBrA B3)

O IBrA B3 é um índice de mercado que reflete o desempenho médio das cotações de ações e *units* exclusivamente de ações negociadas no mercado à vista, via lote padrão, que representem 99% em ordem decrescente do IN com 95% de presença.

No IBrA B3, a ponderação de cada ativo na carteira é balizada pelo valor de mercado do "*free float*" (ou seja, dos ativos que se encontram em circulação no mercado).

10.3 ÍNDICES DE GOVERNANÇA CORPORATIVA

Governança corporativa é um conjunto de valores que rege as empresas em suas relações internas e externas nos quesitos de transparência da forma como a empresa deve ser administrada e suas devidas responsabilidades para com a sociedade. Com base nos pilares da boa governança, foram criados índices que representam as empresas que seguem tais práticas.

10.3.1 Índice de Governança Corporativa Diferenciada (IGC B3)

O principal objetivo do IGC é avaliar e medir o desempenho de uma carteira de ações de empresas que se empenham em desenvolver e oferecer boas práticas de governança corporativa. Essa carteira é composta exclusivamente de ações e *units* de ações negociadas no Novo Mercado ou que estejam classificadas nos níveis 1 e 2 de governança corporativa pela B3.

Esse índice é calculado pela B3 em tempo real, sempre levando em consideração os preços dos últimos negócios realizados no mercado à vista com ações que compõem sua carteira.

O IGC é reavaliado periodicamente com o intuito de identificar as ações que tenham excessiva participação no índice, ou seja, a participação não poderá ser superior a 20%. Caso isso venha a ocorrer, a B3 efetuará ajustes para adequar o peso do papel a esse limite.

> *Novo Mercado* é o segmento da B3 onde são negociadas ações de companhias que aderiram ao que se denomina "boas práticas de governança corporativa". Essas práticas estão voltadas a ampliar os direitos dos acionistas e a melhorar a qualidade das informações divulgadas pelas companhias. Algumas obrigações das empresas no Novo Mercado:
> - manter em circulação ações representando, no mínimo, 25% do capital social da companhia;
> - oferecer a todos os acionistas as mesmas condições adotadas pelos controladores quando da negociação do controle acionário da companhia;
> - melhorar o conjunto de informações prestadas ao mercado etc.

10.3.2 Índice de Ações com *Tag Along* Diferenciado (ITAG B3)

O ITAG B3 é um índice calculado pela B3 com objetivo de medir o desempenho de uma carteira teórica de ações e *units* exclusivamente de ações de empresas que sejam capazes de oferecer as melhores condições aos acionistas minoritários, na situação de negociação do controle de capital.

> *Tag along* é um direito estendido aos acionistas minoritários de receber, em caso de alienação do controle de uma companhia, oferta de venda de suas ações nas mesmas condições dispensadas aos acionistas do grupo controlador. Por exemplo, se o *tag along* for definido em 80%, na alienação do controle da empresa, o adquirente terá de oferecer ao acionista minoritário, por suas ações com direito a voto, o equivalente a 80% do valor pago pelo controle.

A carteira teórica do ITAG B3 é reavaliada a cada quadrimestre, permitindo que se verifique se as ações estão dentro dos limites estabelecidos. São excluídas da carteira ações que ofereçam *tag along* abaixo do previsto e as que deixem de atender aos critérios estabelecidos de liquidez. Na vigência da carteira, se a companhia emitente estiver em regime de recuperação judicial ou falência, terá sua presença excluída.

São incluídas na carteira do ITAG B3 as ações das empresas ordinárias com *tag along* superior a 80%. É necessário também que essas ações tenham sido negociadas, no mínimo, em 30% dos pregões que ocorreram nos 12 meses anteriores à formação da carteira. E não entram ações classificadas como *penny stock* (aquelas com cotações inferiores a R$ 1,00).

Esse índice é calculado em tempo real pela B3, considerando os preços dos últimos negócios efetuados no mercado à vista, ou seja, lote padrão, até o momento do cálculo com as ações que compõem sua carteira.

10.3.3 Índice de Governança Corporativa Trade (IGCT B3)

O IGCT B3 é um índice calculado pela B3 a partir do índice IGC e tem como objetivo ser o indicador do desempenho médio das empresas integrantes do Índice de Governança Corporativa que:

- estejam listadas no Novo Mercado ou nos níves 1 e 2 da B3;
- no período de 12 meses anteriores, estejam inclusas em uma relação de ações cujos índices de negociabilidade somados representem 99% do valor acumulado de todos os índices individuais;
- tenham presença em pregão de 95% nos mesmos 12 meses anteriores e não sejam classificadas como *penny stock* (ações cotadas abaixo de R$ 1,00).

10.3.4 Índice de Governança Corporativa – Novo Mercado (IGC-NM B3)

O IGC-NM B3 é calculado pela B3 com objetivo ser o indicador do desempenho médio das empresas que apresentem bons níveis de governança corporativa listadas no Novo Mercado. Devem ter no período de 12 meses anteriores ou em seu período de listagem, se inferior, presença em pregão de 50% e não ser classificadas como *penny stock*.

10.4 ÍNDICES DE SEGMENTOS E SETORIAIS

10.4.1 Índice BM&FBOVESPA Financeiro (IFNC B3)

O IFNC B3 tem por objetivo medir o comportamento das ações das empresas representativas dos setores de intermediários financeiros, serviços financeiros diversos e previdência e seguros. As ações componentes são selecionadas por sua liquidez e são ponderadas nas carteiras pelo valor de mercado das ações disponíveis à negociação.

10.4.2 Índice de BDRs Não Patrocinados-GLOBAL (BDRX B3)

O BDRX B3 tem por objetivo medir o comportamento das cotações dos *Brazilian depositary receipts* (BDRs) não patrocinados e autorizados à negociação na B3, que possuam formador de mercado, tenham presença em pregão maior ou igual a 30% nos últimos 12 meses e não sejam classificados como *penny stock*.

10.4.3 Índice de *Commodities* Brasil (ICB B3)

O ICB B3 é um índice que tem por objetivo servir de referência a todos os investidores do mercado para avaliação de negócios com *commodities*. Pode fazer parte do ICB B3 qualquer *commodity* que tenha um contrato futuro na B3.

10.4.4 Índice de Consumo (ICON B3)

O ICON B3 tem por objetivo medir o comportamento das ações das empresas dos setores de consumo cíclico, não cíclico e de saúde. As ações e *units* exclusivamente de ações que estão nessa carteira têm seus pesos calculados pelo valor de mercado das ações disponíveis à negociação.

10.4.5 Índice de Energia Elétrica (IEE B3)

O IEE B3 tem por objetivo avaliar o desempenho do setor de energia elétrica através dos retornos apresentados pelas ações das companhias que atuam nesse setor. O índice fornece aos participantes do mercado referências importantes sobre o desempenho do setor de energia elétrica da economia, considerado de importância estratégica para o Brasil.

O índice é composto pelas empresas mais representativas do setor de energia elétrica, cujas ações são negociadas no mercado à vista da B3. A carteira engloba as companhias geradoras, distribuidoras e *holdings* de energia.

O IEE é composto por ações do setor que tenham negócios em, no mínimo, 80% dos pregões realizados na B3, e que em 80% desses pregões tenham participado com pelo menos dois negócios, além de não serem classificadas como *penny stock*.

10.4.6 Índice de Fundos de Investimentos Imobiliários (IFIX B3)

O IFIX B3 tem por objetivo ser o índice que mede o desempenho médio das cotações das cotas dos fundos imobiliários negociados nos mercados de bolsa e de balcão organizado da B3.

10.4.7 Índice de Futuro de Ibovespa B3

Este índice tem o objetivo de medir o desempenho do contrato futuro de Ibovespa, medindo as mudanças no preço de uma carteira teórica composta somente pelo primeiro vencimento com rolagem bimestral segundo a metodologia do índice.

10.4.8 Índice de Materiais Básicos (IMAT B3)

O IMAT B3 tem por objetivo medir o desempenho das ações de ativos de maior negociabilidade e representatividade do setor de Materiais Básicos da B3.

10.4.9 Índice DI B3

O Índice DI B3 tem por objetivo servir de referência para correção de contratos de opções de depósitos interfinanceiros (DI) realizados na economia.

10.4.10 Índice Dividendos (IDIV B3)

O objetivo do IDIV B3 é avaliar o desempenho médio das cotações das ações que se destacaram na remuneração dos investidores, sob a forma de dividendos e juros sobre o capital próprio.

10.4.11 Índice do Setor Industrial (INDX B3)

Tem como objetivo medir o retorno total de uma carteira teórica composta por ações mais representativas da atividade da indústria e que estão, em termos de liquidez, entre as mais negociadas na B3. Compreende os setores de materiais básicos, bens industriais, consumo cíclico e não cíclico, tecnologia da informação e saúde.

10.4.12 Índice Geral do Mercado Imobiliário Comercial (IGMI-C B3)

O IGMI-C B3 objetiva ser o indicador de referência para a rentabilidade do setor imobiliário brasileiro para os imóveis comerciais, contribuindo para oferecer maior transparência à formação dos preços de compra, venda e locação desses imóveis.

10.4.13 Índice Imobiliário (IMOB B3)

Este índice tem por objetivo medir o comportamento das ações das empresas representativas dos setores da atividade imobiliária. Integram tal segmento as empresas de construção civil, intermediação imobiliária e exploração de imóveis. As ações integrantes são selecionadas por sua liquidez e são ponderadas na carteira pelo valor de mercado das ações disponíveis à negociação.

10.4.14 Índice MidLarge Cap (MLCX B3) e Índice Small Cap (SMLL B3)

Os índices MLCX B3 e SMLL B3 têm por objetivo medir o comportamento das empresas listadas na B3 de modo segmentado, sendo que o MLCX medirá o retorno de uma carteira composta pelas empresas listadas de maior capitalização e o SMLL medirá o retorno de uma carteira composta por empresas de menor capitalização.

10.4.15 Índice Utilidade Pública (UTIL B3)

O UTIL B3 objetiva medir o comportamento das ações das empresas representativas do setor de utilidade pública: energia elétrica, água e saneamento e gás.

10.4.16 Índice Valor (IVBX 2 B3)

Esse índice tenciona medir o retorno de uma carteira hipotética formada exclusivamente por papéis emitidos por empresas conceituadas perante os investidores, classificadas a partir da 11ª posição no que se refere ao valor de mercado e à liquidez de suas ações.

O IVBX 2 B3 é composto por 50 papéis que são escolhidos em determinada relação de ações classificadas em ordem decrescente por liquidez, de acordo com seu índice de negociabilidade. Além disso, seu cálculo é realizado pela B3 a cada 30 segundos, levando em consideração os preços dos últimos negócios efetuados no mercado à vista (lote padrão) com ações componentes de suas carteiras.

10.5 ÍNDICES DE SUSTENTABILIDADE

10.5.1 Índice de Sustentabilidade Empresarial (ISE B3)

O Índice de Sustentabilidade Empresarial foi desenvolvido como resposta à tendência mundial de maior procura por investimentos em ações de empresas entendidas como socialmente responsáveis, sustentáveis e rentáveis. Ou seja, empresas que demonstram preocupação não somente com seus resultados financeiros, mas também com o impacto ambiental e social de suas decisões, revelando ao mercado uma marca de qualidade. O pressuposto básico das empresas admitidas como socialmente responsáveis é de que estejam mais bem preparadas para enfrentar turbulências econômicas, ambientais e sociais no futuro. Essa visão é amplamente aceita atualmente em todo o mercado financeiro internacional e espera-se que seja consolidada rapidamente no Brasil.

Em razão de suas características especiais, o ISE é desenvolvido pela B3 em conjunto com entidades interessadas e envolvidas em seus objetivos, citando-se ONGs, Ministério da Economia e associações diversas como IBGC, Abrapp, Instituto Ethos, Apimec e outras.

O objetivo básico do ISE é revelar o desempenho de uma carteira formada por ações de companhias comprometidas com a responsabilidade social e sustentabilidade empresarial, além de promover essas boas práticas no ambiente das empresas brasileiras.

10.5.2 Índice Carbono Eficiente (ICO2 B3)

A *World Federation of Exchanges* (Federação Mundial de Bolsas de Valores) relata que, nos três primeiros trimestres de 2020, mais de US$ 10,5 trilhões em ações, futuros e opções foram negociados em bolsas de valores. As mais de 54.000 companhias com registro em bolsa apresentavam um total de capitalização de mercado de mais de US$ 95 trilhões.[1]

Grande parte de todo esse volume financeiro é negociada no mundo sob as mais diferentes formas e é oriunda de empresas dos mais distintos setores da economia. Ações,

---

[1] Informações disponíveis em: https://www.world-exchanges.org/our-work/statistics.

commodities, termos, futuros sob os mais distintos produtos financeiros e agropecuários são negociados. Todavia, não se conhecem ao certo as reais preocupações na economia global sobre as emissões livres de dióxido de carbono (CO_2), que provoca o aumento do já conhecido efeito estufa.

Assim, a criação de mecanismos de verificação e controle das emissões de CO_2 na atmosfera seria uma forma de diminuir e condicionar as regras mais claras sobre esse processo. De tal maneira, toda empresa que colaborar na redução de emissão de poluentes no planeta pode ser compensada através dos créditos de carbono.

Créditos de carbono (CC) ou redução certificada de emissões (RCE) são certificados emitidos pelas empresas quando reduzem a emissão de gases do efeito estufa (GEE). Por convenção, uma tonelada de CO_2 corresponde ao equivalente a um crédito de carbono. Esse crédito pode ser negociado no mercado internacional, dando um valor financeiro: a redução da poluição.

Uma empresa que compra um desses créditos de carbono está diretamente financiando projetos que reduzem as consequências maléficas do efeito estufa através de ações como reflorestamento, tecnologias de redução de GEE na atmosfera para as empresas menos preparadas, melhorias nos mecanismos de controle de transportes, entre outras.

Para dar maior credibilidade a esse comércio, as bolsas estão criando os chamados índices de carbono (*carbon indexes*) para o mercado das companhias abertas como um todo, com o objetivo de ampliar a transparência da divulgação das informações e atitudes de cada empresa na empreitada da redução desses GEEs.

Nos Estados Unidos, já existe desde 17 de setembro de 2004 o S&P Carbon Efficient Index, criado pela Standard & Poors, segundo seu próprio critério, para empresas menos poluentes. O ICO2 da B3 foi lançado no Brasil em 1º de setembro de 2010. A entrada de uma empresa no ICO2 revela a adesão à transparência provocada por suas emissões e demonstra sua preocupação com a adesão a uma economia de baixo carbono. Entre os anos de 2010 e 2019, a carteira seguia as companhias integrantes do IBrX 50 e, a partir de 2020, na revisão da metodologia, ao posicionar as novas tendências da movimentação mundial sobre o tema, a B3 passou a convidar as empresas do IBrX 100 para a composição das carteiras a partir de 2021.

10.6 ÍNDICES DA PARCERIA COM A S&P DOW JONES[2]

Desde 2015, a bolsa vem desenvolvendo parcerias com avanços significativos e, dentre esses, surgiu a parceria B3 e S&P Dow Jones Indices (S&P DJI), com o lançamento de novos índices brasileiros de ações. A seguir, são apresentados os já desenvolvidos:

---

[2] Informações disponíveis no *site* da B3.

- *Índices Smart Beta*: é uma família de índices que trata de um conjunto de estratégias de investimentos criadas com objetivo de potencializar a relação risco × retorno através da diversificação dos investimentos. Os índices são:
  - *Índice S&P/B3 Baixa Volatilidade*: avalia o desempenho do quartil superior das ações brasileiras a partir do Índice S&P Brazil BMI (Broad Market Index) com menor volatilidade, calculado com base no desvio-padrão;
  - *Índice S&P/B3 Ponderado pelo Inverso do Risco*: avalia o desempenho do mercado de ações brasileiro, sendo que as ações são ponderadas pelo inverso da sua volatilidade;
  - *Índice S&P/B3 Qualidade*: apurado a partir do quartil superior das ações brasileiras de alta qualidade, identificadas através dos critérios de pontuação do conceito qualidade global cujos fatores são: retorno sobre o patrimônio líquido, taxa de acumulação e alavancagem financeira;
  - *Índice S&P/B3 Momento*: é calculado a partir do quartil superior das ações brasileiras com melhor desempenho relativo e obtido através do critério de momento do preço ajustado pelo risco;
  - *Índice S&P/B3 Valor Aprimorado*: obtido através do quartil superior das ações brasileiras com maiores valorizações a partir dos critérios de pontuação de valor obtida através dos índices valor contábil/preço, preço/lucro e valor de venda/preço.
- *Índice Brasil ESG*: é desenvolvido com o objetivo de medir o desempenho dos títulos que cumprem os critérios de sustentabilidade (*environmental, social and governance* – ESG) e segue a ponderação das pontuações ESG da S&P DJI.
- *Índice Small Cap Select*: criado para medir o desempenho de ações da categoria *small cap* brasileiras da B3 com resultados positivos.
- *Índice de Baixa Volatilidade Altos Dividendos*: tem por objetivo avaliar o desempenho das ações brasileiras de menor volatilidade de um grupo específico do S&P Brazil BMI com altos rendimentos dos seus dividendos, que servem de ponderação, sujeitos a requisitos de diversificação e negociabilidade.
- *Índice de Beta Elevado*: tem por objetivo medir o desempenho das ações brasileiras de maior sensibilidade medida pelo coeficiente beta de cada ação individual.
- *Índice de Commodities*: criado com objetivo de ser uma medida ampla do mercado de capitais brasileiro dos contratos futuros de *commodities*.
- *Índice de Empresas Privadas*: índice que mede o desempenho de ações brasileiras de empresas não controladas direta ou indiretamente por entidades públicas.
- *Índice de Futuros*: tem por objetivo medir o desempenho de uma carteira hipotética que conta com contrato futuro de moeda com rolagem mensal.

- *Índices de Renda Fixa*: criados com objetivo de medir o desempenho de alguns produtos, como:
  - *Índice S&P/B3 Inflação NTN-B*: avalia o desempenho dos títulos públicos indexados à inflação;
  - *Índice S&P/B3 de Futuros de Taxa de Juros*: avalia o desempenho de uma carteira hipotética com contratos futuros de DI e 3 anos.

10.7 ÍNDICES INTERNACIONAIS DE AÇÕES

Apresentamos agora os índices internacionais de ações admitidos como os mais relevantes:

- Índice Dow Jones;
- Índice Standard & Poor's (S&P);
- New York Stock Exchange (Nyse);
- Nasdaq;
- Nikkei;
- Russell 2000.

10.7.1 Índice Dow Jones

O índice Dow Jones é um dos indicadores do mercado de ações com maior repercussão no desempenho das bolsas de valores de todo o mundo. Foi o primeiro índice de ações do mundo, criado por Charles Dow em 1896.

No início, o índice era formado por somente 11 ações, a maioria de empresas ferroviárias. A carteira de Dow Jones foi sendo aperfeiçoada ao longo dos anos, incorporando novas ações de setores emergentes da economia.

O grande surto da industrialização determinou a base do mais popular índice de ações do mundo, o *Dow Jones Industrial Average* (DJIA). Atualmente, esse índice conta com 30 ações (*blue chip corporations*) de empresas de diversos setores da economia e admitidas como as mais representativas do mercado acionário.

10.7.2 Standard & Poor's 500 Stock Index (S&P 500)

O Standard & Poor's é o índice do mercado de ações mais representativo da atividade econômica dos Estados Unidos, incorporando uma amostragem bem mais ampla de ações. A carteira teórica do índice é constituída por 500 ações classificadas entre as mais representativas do mercado de valores mobiliários, tendo as seguintes origens: 385 ações de empresas industriais, 15 ações do setor de transporte, 56 ações do setor financeiro e 44 ações de empresas de serviços.

Esse índice é bastante utilizado para medir o desempenho das empresas de alta capitalização de mercado nos Estados Unidos, conhecidas como *large caps*.

> São classificadas como *large caps* as grandes companhias, com alta capitalização de mercado (valor estimado de mercado das ações). Admite-se para uma *large cap* um valor mínimo de mercado de R$ 10,0 bilhões. Algumas empresas de alta capitalização no Brasil: Petrobras, Itaúsa, Gerdau, Vale, entre outras.
>
> As ações *small caps* oferecem uma capitalização menor, geralmente entre R$ 300 milhões e R$ 2 bilhões. Algumas ações *small caps* no Brasil: UOL, Natura, Localiza, WEG, entre outras.

10.7.3 New York Stock Exchange (Nyse)

O *Nyse Composite Index* – Índice Composto da Bolsa de Valores de Nova York – é formado por todas as ações negociadas na bolsa de Nova York, considerada como a mais importante do mundo. Como inclui *todas* as ações, o índice não enfrenta problemas de critérios de seleção de ações que participam de sua carteira, representando efetivamente o desempenho de todo o mercado.

A ponderação das ações na Nyse é efetuada com base em seus respectivos valores de mercado.

A Bolsa de Valores de Nova York é considerada a maior do mundo em volume monetário e possui mais de 2.873[3] ações negociadas. Em outubro de 2020, a capitalização de todas as ações listadas na Nyse superava US$ 22,4 trilhões.

10.7.4 National Association of Securities Dealers (Nasdaq)

A Nasdaq é uma bolsa de valores eletrônica, constituída por inúmeros *dealers* (negociantes) que atuam no mercado de balcão dos EUA ligados através de um sistema eletrônico. Esses *dealers* compram e vendem ações pela internet, fora dos pregões das bolsas de valores.

As ações negociadas na Nasdaq são geralmente de empresas do setor de alta tecnologia em informática, eletrônica, biotecnologia e telecomunicações.

Por incluir inúmeras empresas de tecnologia e que atuam na internet, o índice Nasdaq se apresenta como uma medida especulativa do comportamento do mercado acionário. Apesar dessa sua característica de representar ações de setores novos da economia, o índice é considerado pelos analistas como um excelente indicador de negociação de ações.

A Nasdaq desenvolve dois índices: o Nasdaq Composite e o Nasdaq-100.

---

[3] Informação disponível em: https://focus.world-exchanges.org/issue/december-2020/market-statistics.

O Nasdaq Composite é o mais importante. O índice mede o desempenho de todas as emissões de ações registradas no sistema Nasdaq, atingindo atualmente mais de 5.000 companhias.

O índice Nasdaq-100 é formado pelas 100 maiores empresas de tecnologia, domésticas ou não, registradas no sistema Nasdaq. É exigido de cada empresa que compõe o índice tenha, em média, 100.000 ações negociadas por dia.

10.7.5 Nikkei

O índice Nikkei é composto por 225 ações de primeira linha da bolsa de Tóquio (conjunto de ações mais negociadas e de maior capitalização desse mercado). É o mais tradicional índice do mercado de ações japonês, tendo sido implantado após o final da Segunda Guerra Mundial (em 1949).

É importante ressaltar que as ações são apuradas perante critérios que levam em consideração sua representatividade, níveis de negociação e de capitalização e distribuição setorial da carteira, de maneira a reproduzir o perfil das carteiras mantidas pelos grandes investidores institucionais do Japão.

10.7.6 Russell 2000

Esse índice mede o desempenho de dois terços das 3.000 maiores empresas com ações negociadas em bolsa de valores nos Estados Unidos. Fazem parte do índice somente 2.000 companhias de menor porte.

11

AVALIAÇÃO DE AÇÕES – ANÁLISE FUNDAMENTALISTA

O capítulo desenvolve, em toda a sua extensão, os conceitos e técnicas da escola fundamentalista de análise de ações. Para ajudar o leitor a compreendê-la, são usados inúmeros exemplos reais observados no mercado financeiro.

O estudo da análise fundamentalista proposto neste capítulo destaca pontos importantes para o investimento em ações, envolvendo principalmente a definição de cálculo do valor justo (*fair value*) e seu confronto com o valor de mercado, como decidir o investimento em ações, decisões de reter ou distribuir lucros, formação da riqueza do acionista e indicadores de desempenho das ações.

A decisão mais difícil para um investidor é o momento certo de comprar ou vender determinada ação e qual o preço justo que deve considerar na negociação.

Existem duas técnicas para ajudar o investidor a definir seus negócios com ações: uma é a *análise fundamentalista* e a outra, a *análise técnica*, também conhecida por *análise grafista*.[1] A diferença básica entre essas duas escolas de análise é que a análise fundamentalista estuda as causas dos movimentos dos preços e a escola técnica, os seus efeitos.

A chamada escola *fundamentalista* sempre busca conhecer as razões dos movimentos nos preços das ações, através de estudos econômico-financeiros, trabalhando com cenários e conjunturas internos e, quando necessário, associados ao mercado externo. A análise pressupõe basicamente três etapas: definição de premissas macroeconômicas, identificação dos setores mais atraentes e seleção das melhores ações para investimentos.

A análise *técnica* trabalha com argumentos de que as flutuações do mercado são geradas pela maneira como os investidores reagem aos eventos provocados no mercado, estudando os movimentos passados dos preços e os volumes negociados com o objetivo de realizar previsões sobre o comportamento futuro dos preços. A análise técnica será tratada no capítulo seguinte.

11.1 ANÁLISE FUNDAMENTALISTA

A análise fundamentalista tem por objetivo estabelecer previsões de desempenho, geralmente em longo prazo, estabelecidas a partir de avaliações de indicadores de desempenho da empresa e em comparação com outras do setor e com médias setoriais.

A escola fundamentalista preocupa-se com a avaliação da empresa através de seus fundamentos, identificados na capacidade de geração de caixa, taxas de crescimento dos resultados, desempenho das vendas, taxas de retorno, risco e custo de capital, dividendos e investimentos. A técnica também analisa o setor de atuação da empresa e o comportamento da conjuntura econômica do país.

A ideia central é determinar o *valor justo* (ou valor intrínseco) do ativo, analisando todos os fatores relevantes (fundamentos) que afetam sua capacidade futura em gerar retorno ao investidor.

O *valor justo de mercado* de uma ação é uma informação de mercado, indicando o preço de negociação do papel em bolsa. Exprime o valor que, em média, uma parte está disposta a receber pelo ativo que está vendendo e a outra, adquirente, aceita pagar, em um mercado onde inexistam quaisquer interferências externas e anormalidades. Admite-se na fixação desse preço que os investidores estejam plenamente informados e buscando

---

[1] Para estudos mais avançados sobre análise técnica, veja: PIMENTA JR., Tabajara; LIMA, Fabiano Guasti. *Aprenda a usar análise técnica para investir em ações*. São Paulo: Inside Books, 2010.

atender aos seus próprios interesses. É a cotação justa de uma ação em determinado momento, que se torna referência para os negócios.

O valor de mercado de uma ação é determinado na prática pela lei econômica de oferta e procura. Um interesse maior dos investidores em adquirir determinada ação se reflete em aumento de seu preço; ao contrário, uma oferta de venda mais elevada costuma promover desvalorização em seu valor de mercado.

Nesse processo natural de compra e venda no mercado, o preço do papel pode muitas vezes, e por razões pontuais, se afastar de seu valor justo. Assim, se o preço de uma ação, em dado momento, for inferior ao seu valor intrínseco (justo), entende-se que o papel demonstra atratividade para compra. A ação está sendo negociada no mercado por um preço inferior ao seu efetivo valor econômico. Em caso contrário, quando o preço de negociação da ação no mercado é mais elevado que o seu valor intrínseco, há um indicativo de desinteresse pelo investimento, gerando em consequência maior pressão pela venda da ação.

São oferecidos a seguir alguns critérios geralmente adotados para selecionar empresas, visando investimentos de longo prazo em suas ações:

- Procure conhecer a administração da empresa, centrando sua atenção principalmente no perfil de seus administradores (ou em seu principal executivo) e nas políticas empresariais adotadas. É recomendado que se avaliem ainda a agressividade dos negócios, a reputação dos executivos, a imagem que a empresa passa ao mercado etc. É importante manifestar interesse em conhecer os acionistas controladores, sua personalidade na condução dos negócios e também se existe algum planejamento sucessório da companhia. Há diversos casos de empresas conhecidas que enfrentaram sérias dificuldades motivadas por uma sucessão mal orientada. Avalie a qualidade e a extensão das informações divulgadas pela empresa e a sua postura e interesse demonstrados em relacionar-se com os investidores de mercado, principalmente com os acionistas minoritários.

- Uma recomendação importante é avaliar o setor em que a empresa atua e suas perspectivas futuras. O risco do negócio é alto? O setor tem grandes incertezas? Há forte dependência tecnológica? Há problemas ecológicos e de saúde envolvidos com os produtos da empresa?

- Conheça também a política de dividendos da empresa e identifique as distribuições de resultados realizadas nos últimos anos.

- Analise os balanços da empresa e estabeleça conclusões sobre sua posição econômica e financeira. Considere principalmente seu endividamento – até que ponto a companhia será capaz de cumprir seus compromissos assumidos perante terceiros –, seus resultados, custos e retorno dos investimentos. Desenvolva comparações entre os indicadores da companhia e os de mercado, procurando médias do setor normalmente publicadas em revistas especializadas.

♦ Reavalie o investimento em uma ação se considerar sua cotação alta em relação ao padrão registrado nos últimos anos. Uma regra muito adotada no mercado de ações é comprar na baixa e vender na alta dos preços.

MARCAS BRASILEIRAS TÊM VALORIZAÇÃO DE 4% EM 2020

Cinco primeiras do ranking da Interbrand respondem por 77% do valor total

Daniela Braun, Valor Invest — São Paulo

11/12/2020

Mesmo num ano de pandemia, em que o Produto Interno Bruto (PIB) acumulado até o terceiro trimestre teve queda de 3,4%, as 25 marcas mais valiosas do Brasil conseguiram crescer. Juntas, atingiram R$ 135 bilhões este ano, 4% mais do que o ano passado, de acordo com a 20ª edição do estudo da consultoria Interbrand.

O ranking também mostra grande concentração das cinco marcas mais valiosas: Itaú, Bradesco, Skol, Brahma e Natura somam 77% do valor total da lista. Na edição do ano passado, a concentração das cinco primeiras foi de 76% do total.

Fonte: Valor Investe. Disponível em: https://valorinveste.globo.com/mercados/renda-variavel/empresas/noticia/2020/12/11/marcas-brasileiras-tem-valorizacao-de-4percent-em-2020.ghtml. Acesso em: jun. 2021.

11.2 COMO CALCULAR O VALOR DA AÇÃO

A definição do valor justo de uma ação é um desafio a todo investidor, exigindo:

♦ conhecimentos técnicos de economia e finanças;
♦ certa parcela de *feeling*, sentimento pessoal em relação ao desempenho esperado da ação.

Os modelos de avaliação vão dos mais simples aos mais sofisticados, exigindo do analista diferentes níveis de conhecimentos técnicos. É fundamental que o investidor tenha referência teórica do valor de uma ação, evitando com isso que influências emocionais e de caráter aleatório predominem em suas decisões.

O *valor teórico* de uma ação, também denominado de *valor intrínseco*, é o preço máximo que um investidor pagaria para adquirir o título, de acordo com suas projeções de rendimentos e taxa de retorno mínima exigida. O resultado obtido deve ser comparado ao valor praticado no mercado, revelando ser atraente quando este último for inferior ao seu valor intrínseco calculado.

Conforme descrito na seção anterior, admita que um investidor, com base em suas expectativas de desempenho e de sua taxa de retorno mínima exigida para o investimento, tenha avaliado uma ação em $ 4,30. Esse deve ser o preço máximo que estaria disposto a pagar pelo papel.

O investimento se tornará atraente sempre que o valor de mercado do papel situar-se abaixo desses $ 4,30. Nesse caso, o investidor estará obtendo um ganho acima do mínimo exigido, agregando riqueza ao seu capital.

Ao pagar $ 4,30 pela ação, estará sendo remunerado exatamente pela taxa de retorno mínima exigida para o investimento, preservando o valor econômico de seu patrimônio aplicado. Em caso de a ação estar cotada acima de $ 4,30, o preço de mercado é tido como elevado para o investidor, tornando desinteressante a aquisição da ação.

Uma ação é avaliada pelo seu desempenho esperado no longo prazo. Reitera-se sempre que o investimento em ações se torna bem mais interessante quando considerado em prazos mais longos.

As companhias emitentes de ações têm geralmente prevista em seus estatutos uma duração indeterminada de suas atividades. Uma empresa não é constituída prevendo-se vida limitada, admitindo-se a sua liquidação em determinada data futura. Como consequência, os modelos de avaliação de ações mais adotados pelo mercado supõem a perpetuidade (prazo indeterminado) no horizonte de vida de uma ação, baseando-se os seus rendimentos num fluxo de dividendos estimados.

Na perpetuidade, as remunerações dos acionistas são os dividendos, ou seja, os lucros que foram pagos aos titulares das ações. A parcela do lucro não distribuída, que a companhia manteve investida em seus negócios, deve promover um retorno que cubra, pelo menos, a taxa de remuneração mínima desejada pelos acionistas. Se essa rentabilidade não é conseguida pela empresa, a ação desvaloriza-se no mercado, provocando perdas de capital por seus titulares.

Em princípio, a retenção de lucros é justificada sempre que a companhia apresenta condições de aplicar esses recursos a uma taxa de retorno admitida como atraente pelos acionistas, permitindo valorização nos preços de mercado desses papéis.

11.3 INDICADORES FINANCEIROS DE AÇÕES[2]

11.3.1 Lucro por ação (LPA)

O *lucro por ação* (LPA) reflete o lucro líquido que caberia a cada ação no caso de sua distribuição integral aos acionistas. É calculado pela divisão entre o lucro líquido apurado pela empresa em determinado exercício e a quantidade de ações emitidas, ou seja:

$$LPA = \frac{\text{LUCRO LÍQUIDO}}{\text{QTD DE AÇÕES}}$$

---

[2] Fundamentos dos indicadores de desempenho das ações são apresentados no Capítulo 6.

Por exemplo, se uma companhia apura um resultado líquido de $ 10 milhões em certo exercício social e possui 40 milhões de ações em circulação, o seu LPA equivale a $ 0,25, ou seja:

$$LPA = \frac{LUCRO\ LÍQUIDO = \$\ 10\ milhões}{QTD\ DE\ AÇÕES = 40\ milhões\ de\ ações} = \$\ 0,25/ação$$

Isso significa que, se a empresa decidisse pagar todo o seu lucro líquido do período aos acionistas, caberia a cada ação possuída o valor de $ 0,25.

O LPA expressa somente um potencial de recebimento dos lucros e não a sua realização, o que caberia a cada acionista se a companhia decidisse distribuir integralmente seus resultados líquidos apurados.

> O LPA não revela quanto cada acionista efetivamente irá receber dos lucros auferidos pela empresa, somente quanto desses resultados líquidos compete a cada investidor. Parte desses lucros fica retida na empresa para reinvestimento, sendo paga somente uma parcela desse valor, definida por dividendos.

A distribuição dos lucros depende de uma política geral de reinvestimento, estabelecida principalmente a partir de uma avaliação das *oportunidades de crescimento e necessidades financeiras da companhia*. Em tempos de globalização da economia, a empresa é cada vez mais exigida a ampliar seus investimentos, de maneira a tornar-se mais competitiva no mercado e lucrativa a seus investidores.

Quando uma empresa identifica oportunidades de reinvestimento para seus lucros, que ofereçam uma expectativa de retorno superior àquela que o acionista teria se tivesse sua participação nos lucros disponível em dinheiro, é justificável a retenção do lucro. A empresa agrega valor quando produz esse ganho adicional e o acionista participa desse aumento de riqueza pela valorização dos preços de mercado das ações possuídas.

Os investidores de mercado têm a expectativa de que a empresa eleve a distribuição de dividendos nos momentos em que não for possível reaplicar seus lucros a uma taxa de retorno pelo menos igual à remuneração mínima exigida por seus acionistas.

Em conclusão, pode-se comentar que:

- ♦ Quanto maiores forem os dividendos distribuídos, menor a parcela do lucro reinvestida na expansão da empresa e, também, menor a participação de capital próprio no financiamento de seus ativos.
- ♦ Maior distribuição de dividendos justifica-se quando a empresa não é capaz de obter uma rentabilidade de seus investimentos pelo menos igual à taxa mínima exigida pelos seus acionistas.

- ♦ O pagamento de dividendos mais elevados, no entanto, pode afetar a situação financeira futura da companhia, tornando-a mais dependente de dívidas bancárias.
- ♦ A opção de maior retenção dos lucros, por outro lado, é justificada se a empresa for capaz de produzir, com esse capital não distribuído, um retorno economicamente atraente aos seus acionistas que remunere no mínimo o diferimento no recebimento de seus dividendos. Nessa situação, a companhia trabalha com um volume maior de capital próprio, permitindo expansão mais segura de seus negócios.

11.3.2 Índice preço/lucro (P/L)

O índice P/L é um dos indicadores mais utilizados pelo mercado, sendo determinado pela simples divisão entre o preço (cotação) de mercado da ação na bolsa de valores e o LPA, como calculado acima. Indica, de forma bastante simplificada, o tempo previsto de retorno do investimento.

Por exemplo, se uma ação estiver cotada no mercado em $ 5,00 em determinada data e for estimado um lucro por ação igual a $ 0,50/ano no exercício, apura-se um índice preço/lucro de dez anos, ou seja:

$$\text{Índice P/L} = \frac{\$\,5,00}{\$\,0,50} = 10 \text{ anos}$$

O P/L calculado indica que o investidor, considerando o preço unitário de compra de $ 5,00 e o ganho por ação que irá auferir em cada ano de $ 0,50, irá demandar dez anos para recuperar todo o capital investido.

Para que essa conclusão seja verdadeira, o conceito de P/L adota os seguintes pressupostos, nem sempre verificados na prática:

- ♦ o lucro por ação calculado para o exercício não deverá sofrer alterações no futuro, mantendo inalterado seu valor em cada ano;
- ♦ a companhia distribui integralmente seus resultados líquidos ao final de cada exercício, de modo que o LPA seja igual aos dividendos pagos.

Apesar das restrições que as condições acima podem determinar sobre o P/L, o mercado popularizou bastante o uso desse índice, atribuindo certa importância aos seus resultados.

O inverso do P/L, isto é, L/P, apura a taxa de lucratividade esperada de uma ação. Assim, no exemplo acima de um P/L de 10 anos, a taxa de retorno estimada pelo investidor para a ação é de 10% (1/10 = 0,10 ou 10%), ou seja:

$$\text{Taxa de lucratividade (L/P)} = \frac{\text{LPA} = \$\,0{,}50}{\text{Preço de mercado} = \$\,5{,}00} = 0{,}10\ (10{,}0\%)$$

Ações com alto P/L transmitem geralmente menor risco e, também, menor lucratividade esperada, se comparadas a papéis com P/L mais baixo.

Um índice P/L baixo infere tempo menor para o investidor recuperar o capital aplicado, exigindo maior nível de acerto nas previsões de rendimentos efetuadas. Ao contrário, um P/L mais alto oferece maiores possibilidades de recuperação no caso de o desempenho da ação não ter atingido em alguns períodos os resultados previstos.

Ao se efetuar uma comparação entre empresas de um mesmo setor de atividade (siderurgia, bebidas e alimentos, mineração etc.), as diferenças de P/L não podem ser atribuídas somente aos diferentes níveis de risco das ações. Admite-se, nessas comparações envolvendo empresas concorrentes que atuam no mesmo segmento de negócios, que seus riscos sejam bastante próximos. A formação de um P/L mais elevado é mais bem avaliada pelas oportunidades de crescimento previstas para a empresa com maior índice preço/lucro, o que pode se refletir na valorização do preço de mercado da ação.

11.3.2.1 Análise do preço/lucro (P/L) de ações

É comum os investidores buscarem indicadores na hora de analisarem e tomarem suas decisões de comprar ou vender ações. Um indicador bastante adotado pelo mercado é o preço/lucro, ou simplesmente P/L.

Se o investidor tomar ao pé da letra esse indicador, verá que é o preço corrente da ação dividido pelo lucro por ação que a empresa apura no exercício. Uma interpretação que surge é entender que esse indicador revela quantas vezes o preço da ação é superior ao lucro por ação da empresa. Por exemplo, um P/L = 4 mostraria que o preço é quatro vezes o lucro que essa empresa gera por ano ou, em outras palavras, em quatro anos poderia recuperar o investimento realizado.

Dessa forma, estamos diante de uma tentativa de reduzir o risco recuperando mais rapidamente o capital. O que nada mais é do que um pensamento fantasioso do investidor. Poderia imaginar comprar ações que tivessem P/L baixo e vender quando o P/L estivesse alto. Dessa forma, comprar ações com P/L baixo seria um investimento de sucesso. Se assim fosse, um P/L igual a 1 daria a entender que com o lucro de um ano se poderia pagar o custo da compra da ação, o que geraria um retorno extraordinário.

Mas é justamente o contrário. O índice P/L é o inverso da rentabilidade e, portanto, é uma função inversa do risco. Não tem, assim, referência a qualquer relação de projeção de resultado ou tendência futura.

Muitos utilizam o P/L ainda como *direcionador de valor*, podendo servir como um múltiplo de valor.

O Instituto Assaf levantou o valor do P/L no Brasil (Quadro 11.1) e nos EUA (Quadro 11.2) no período de 2015 a 2020:

QUADRO 11.1 P/L no Brasil de 2015 a 2020

Brasil	2015	2016	2017	2018	2019	2020*
Preço médio	R$ 13,44	R$ 12,55	R$ 15,93	R$ 17,61	R$ 22,61	R$ 27,35
LPA	R$ 6,06	R$ 6,50	R$ 5,16	R$ 5,14	R$ 5,68	R$ 7,51
P/L	2,21	1,93	3,08	3,42	3,98	3,64

QUADRO 11.2 P/L no EUA de 2015 a 2020

EUA	2015	2016	2017	2018	2019	2020*
Preço médio	U$ 49,61	U$ 40,29	U$ 45,65	U$ 50,28	U$ 51,07	U$ 52,69
LPA	U$ 0,28	U$ 4,79	U$ 11,40	U$ 2,04	U$ 22,16	U$ 2,25
P/L	177,17	8,41	4,00	24,64	2,30	23,41

Nota: * LPA até 3º trimestre de 2020.
Fonte: Economatica, jan. 2021.

O P/L, em verdade, gera duas importantes conclusões: quanto mais baixo for o índice, mais alto é o seu risco, e P/L mais alto revela menor risco ao investidor.

Outra conclusão fornecida pelo P/L é que, se compararmos duas empresas que atuam no mesmo setor econômico de atividade, possuindo, portanto, riscos similares, o P/L mais elevado de uma em relação à outra indica maior capacidade projetada pelo mercado de agregação de valor no futuro. O mercado atribui a essa empresa maior capacidade de criação de valor.

O P/L não pode ser interpretado como um prazo de recuperação do investimento, como *payback*. O P/L fornece, no contexto da análise financeira do investimento, duas importantes informações: *risco* e *agregação de riqueza futura*.

Não se deve esquecer que o denominador é calculado por competência e, mesmo se fosse caixa, isso não significaria que a empresa distribuiria todo esse lucro.

11.3.3 Valor patrimonial

O valor patrimonial de uma ação é calculado pela relação entre o montante de seu patrimônio líquido (PL), que representa todos os recursos dos acionistas que se encontram investidos na companhia, e a quantidade de ações emitidas (QTD).

Por exemplo, se o total do patrimônio líquido de uma sociedade for de $ 72 milhões e existirem 450 milhões de ações emitidas, o valor patrimonial atingirá:

$$\text{Valor patrimonial} = \frac{\$\ 72\ \text{milhões}}{450\ \text{milhões de ações}} = \$\ 0{,}16/\text{ação}$$

O valor reflete, em essência, quanto caberia em dinheiro a cada acionista, por ação possuída, em caso de dissolução da sociedade.

É importante registrar que o valor patrimonial de uma ação não tem (ou não deveria ter) relação com o seu valor de mercado. É um equívoco concluir que uma ação é avaliada como apresentando um preço atraente ao investidor quando o seu valor patrimonial for superior ao valor de negociação no mercado. Conforme já discutimos em diversos momentos, o valor de uma ação é medido pela sua capacidade de geração futura de rendimentos e seu valor patrimonial dimensiona essencialmente valores históricos passados, sem maior conotação econômica.

O patrimônio líquido representa a diferença entre o total dos ativos possuídos pela empresa e o montante de suas dívidas (exigibilidades) perante terceiros (bancos, fornecedores, impostos etc.), conforme registrado em seus balanços publicados. Os valores apurados nos ativos encontram-se mensurados de acordo com critérios específicos definidos pela legislação contábil. Alguns ativos são avaliados pelos preços históricos, outros a valor presente (realizáveis e obrigações), a valor de mercado (ou valor justo), ou ainda pelo seu valor de recuperação (*impairment*). São considerados valores de entrada (compra), portanto a empresa poderia realizar esses mesmos montantes se decidisse vender seus ativos.

Por exemplo, alguns estoques poderiam não alcançar no mercado, por obsoletismo ou deterioração, os preços registrados pela contabilidade; alguns títulos a receber podem não se realizar por inadimplência dos devedores; certas máquinas podem não valer nada se tiradas da empresa; e assim por diante.

Logo, o valor patrimonial de uma ação é um valor sem qualquer relação com o desempenho futuro da companhia. Não deve merecer maior destaque na avaliação de ações.

Resultados mais elevados de valor patrimonial indicam, essencialmente, uma parcela maior de capital próprio mantido pela companhia por ação emitida, sem evidenciar riqueza ou maior interesse econômico pelo investimento. Algumas vezes se fala (às vezes, escreve-se) que determinada ação apresenta-se atraente para compra, pois seu valor patrimonial é mais alto que a cotação de mercado. Evidentemente, se o mercado acreditar nessa colocação, o preço do papel poderá subir de forma especulativa pela presença momentânea de um número maior de investidores interessados em comprar, e o acionista poderá tirar proveito, no curto prazo, de sua valorização. No entanto, a variação no preço de mercado da ação somente será mantida se a companhia for capaz de projetar um desempenho futuro acima das expectativas de retorno dos investidores, não tendo relação com seu valor patrimonial.

11.3.4 Medidas de dividendos

Conforme estudado em capítulos anteriores, dividendos representam pagamentos de lucros feitos por uma empresa a seus acionistas, na proporção de sua participação no capital social. Alguns indicadores de dividendos são sugeridos a seguir.

$$Payout = \frac{\text{Dividendos por ações}}{\text{Lucro por ação}}$$

Representa o percentual do lucro líquido auferido por uma empresa em determinado exercício social que foi pago aos acionistas sob a forma de dividendos. A taxa de reinvestimento (ou retenção) do lucro, ou seja, a parcela do lucro líquido retida pela empresa em seus ativos, é calculada por:

Taxa de retenção do LL (b_{LL}) = 1 – *payout*.

Por exemplo, uma empresa que tenha pagado $ 1,20 por ação de dividendos no exercício social em que apurou um LPA de $ 3,00 tem os seguintes indicadores:

$$Payout = \frac{\$\,1{,}20}{\$\,3{,}00} = 0{,}40\ (40\%)$$

Taxa de reinvestimento do lucro (b_{LL}) = 1 – *payout*

$$b_{LL} = 1 - 0{,}40 = 60\%$$

Em outras palavras, dos resultados líquidos obtidos no exercício social, a empresa distribuiu 40% aos seus acionistas, retendo para reinvestimento 60%.

Outro indicador de dividendos é o *dividend yield* (DY), indicador do ganho oferecido pela ação aos investidores. Um *yield* mais elevado pode indicar boas perspectivas de distribuição de dividendos aos acionistas. É calculado pela relação entre os dividendos por ação pagos e o seu preço de mercado, ou seja:

$$DIVIDENDS\ YIELD\ (DY) = \frac{\text{Dividendos por ação}}{\text{Preço de mercado da ação}}$$

11.3.5 Estimativa do valor da ação

A estimativa do valor justo de uma ação é o principal objetivo da *análise fundamentalista* e se baseia em três pontos essenciais:

- desempenho passado da empresa e do mercado. Através dessas informações históricas, podem ser projetadas tendências futuras do desempenho da companhia e, em consequência, do desempenho da ação;
- conjuntura econômica atual e, principalmente, projeções dos principais indicadores de mercado que interferem nas cotações das ações, como taxas de juros, contas públicas, cenário internacional, cotação da moeda nacional em relação ao dólar, inflação, entre outros;
- percepção do investidor em relação ao comportamento do mercado e nível de risco que esteja disposto a assumir.

As ações prometem pagamentos futuros de rendimentos aos seus titulares, representados por dividendos. Esses fluxos de caixa, no entanto, não são previstos com total acerto, estando diretamente relacionados ao sucesso financeiro da empresa. Essa incerteza é que faz com que o investidor em ações venha a exigir um retorno maior que em outras aplicações concorrentes, como títulos de renda fixa, por exemplo, cujo fluxo futuro de rendimentos (juros) é conhecido com maior grau de certeza.

Ao se definir por K a taxa de retorno mínima que um investidor em ações exige e admitindo-se o pressuposto comentado da perpetuidade da companhia e distribuição de todo o seu lucro, pode-se chegar ao preço teórico (valor intrínseco) do título através da seguinte expressão básica de cálculo:

$$\text{Valor intrínseco} = \frac{\text{LPA}}{K}$$

Por exemplo, ao se projetar em $ 0,80 o lucro por ação (LPA) e em 20% o custo de oportunidade do investidor, pode-se determinar o seguinte valor intrínseco (P_0) para a ação, no pressuposto de que a companhia venha a distribuir integralmente seus resultados:

$$P_0 = \frac{\$\ 0,80}{0,20\ (20\%)} = \$\ 4,00/\text{ação}$$

Esse é o preço teórico máximo que um aplicador pagaria por tal ação. O valor encontrado deve ser confrontado com a cotação da ação no mercado para justificar a compra ou venda do título. Da mesma forma que foi estudado no Capítulo 9, seção 9.1, tem-se:

♦ Se a cotação de bolsa for superior a $ 4,00/ação, o investidor será atraído por vender sua participação acionária. O preço de mercado oferece um retorno acima do desejado, valorizando o capital do investidor na venda.

♦ Ao contrário, se a cotação de bolsa se apresentar abaixo dos $ 4,00/ação, a justificativa será de compra das ações. O preço de mercado é atraente para compra por projetar um retorno esperado ao acionista mais alto que o mínimo exigido.

O conhecimento do valor intrínseco de uma ação é uma informação relevante para todo investidor, permitindo melhor avaliação de seus investimentos em ações. O preço da ação pode variar de um para outro participante do mercado em razão das diferentes expectativas que tenham com relação aos rendimentos futuros esperados e também do nível de risco que aceitam assumir no investimento.

Em geral, uma empresa não distribui todo o lucro líquido auferido no exercício aos seus acionistas, reinvestindo parcela desse valor em seus negócios. Nessa situação mais comum, o LPA do numerador da equação de cálculo do preço da ação é substituído pelo valor efetivamente pago aos acionistas, ou seja, o montante dos dividendos distribuídos. A seção seguinte irá tratar dessa situação.

11.3.6 Crescimento do LPA

Uma limitação na utilização da expressão acima de cálculo do valor intrínseco é o pressuposto de estabilidade no valor do LPA e de sua distribuição integral aos acionistas, ou seja, LPA = Dividendos. Efetivamente, ao se relacionar o LPA com a taxa de oportunidade do investimento, fica implícito que o numerador é um valor constante a ser mantido em todo o horizonte de tempo.

Se a empresa retém parcela de seu lucro para reinvestimento que prometa um retorno igual ao exigido pelo acionista (K), a formulação permanece válida. Qualquer outra formulação mais sofisticada de cálculo do valor intrínseco considerando esse crescimento leva ao mesmo resultado da aplicação direta da fórmula do preço da ação enunciada acima.

Dessa forma, a diferença encontrada na fórmula não é explicada na premissa de a empresa não distribuir integralmente seus lucros aos acionistas. O problema surge quando a empresa reinveste seus lucros com previsão de auferir uma rentabilidade diferente da taxa K. Nessa situação, surge uma nova variável na fórmula, definida por g e conhecida por *taxa de crescimento* dos lucros.

Em essência, a taxa g é determinada pelo produto da taxa de lucro que não foi distribuída (ficou retida para reinvestimento), definida por b, e o seu percentual de retorno esperado, conhecido por r (Rj):

Taxa de crescimento (g_{LL}) = Taxa de reinvestimento (b_{LL}) × Taxa de retorno (r)

Por exemplo, no item anterior projetou-se um LPA igual a $ 0,80 e uma taxa de retorno mínima exigida do acionista de 20%. Ao se admitir a distribuição de 100% dos lucros (LPA = Dividendos), o valor intrínseco da ação (P_0) foi calculado em $ 4,00/ação, ou seja:

$$P_0 = \frac{LPA = DIV = \$\,0{,}80}{K = 0{,}20} = \$\,4{,}00/\text{ação}$$

É importante ressaltar que, mesmo que a empresa tivesse retido parcela desse lucro para reinvestimento prevendo uma taxa de retorno de 20%, igual ao custo de oportunidade dos investidores, o valor da ação não seria alterado. Por exemplo, ao se admitir uma taxa de retenção anual do lucro líquido de 60% (b = 60%), tem-se o cálculo do preço da ação ($P0$) desenvolvido da forma seguinte:

Taxa de Crescimento (g) = 60% × 20% = 12%

O fluxo futuro de dividendos nas condições de crescimento assinaladas passa a equivaler a 40% do lucro por ação. Em outras palavras, ao decidir reinvestir 60% de seus resultados, a empresa paga 40% de dividendos aos seus acionistas. Assim:

Fluxo de Dividendos = LPA × (1 – b) = $ 0,80 × (1 – 0,60) = $ 0,32/ação

Ao se incorporar a taxa de crescimento dos fluxos de caixa (dividendos) na formulação de cálculo do valor intrínseco, tem-se a nova expressão de cálculo do preço da ação:

$$P_0 = \frac{LPA \times (1 - b)}{K - g}$$

onde:

b = taxa de reinvestimento (retenção) do LL

K = taxa mínima exigida de retorno (custo de oportunidade)

g = taxa de crescimento do LL

Substituindo os valores, chega-se ao mesmo valor intrínseco de $ 4,00/ação, conforme calculado:

$$P_0 = \frac{\$\,0{,}80 \times (1 - 0{,}60)}{0{,}20 - 0{,}12} = \$\,4{,}00/\text{ação}$$

Agora, ao se supor que a empresa irá reter todo ano 60% de seus resultados líquidos, investindo-os em seus negócios a uma taxa estimada de retorno de 25% ao ano, calcula-se uma taxa de crescimento de 15% nos ganhos esperados por ação (dividendos), ou seja:

Taxa de Crescimento (g) = 60% × 25% = 15%

Fluxo de Dividendos = LPA × (1 − b) = $ 0,80 × (1 − 0,60) = $ 0,32/ação

Cálculo do preço da ação (P_0):

$$P_0 = \frac{\$\,0{,}80 \times (1 - 0{,}60)}{0{,}20 - 0{,}15} = \$\,6{,}40/\text{ação}$$

É importante o acionista observar que o reinvestimento da parcela do lucro valorizou a ação em 60%, subindo seu valor de $ 4,00/ação, admitindo a distribuição de todo o LPA, para $ 6,40/ação, ao supor a reaplicação de parte desse lucro na própria empresa. Aplicando seus resultados a uma taxa de retorno superior ao custo de oportunidade, a empresa é capaz de gerar valor econômico aos seus acionistas, elevando sua riqueza.

Uma vez mais, a valorização do preço de mercado da ação elevou a riqueza dos acionistas e foi determinada pela capacidade da empresa em aplicar parte de seus resultados líquidos em alternativas que ofereçam um retorno esperado maior (25%) que o mínimo desejado (20%) pelos seus proprietários. A empresa efetivamente agregou valor aos seus acionistas, elevando o preço de mercado de suas ações.

Em caso contrário, se os recursos dos acionistas fossem aplicados a uma taxa de retorno inferior àquela exigida, a ação sofreria desvalorização no mercado, destruindo valor econômico.

Por exemplo, ao se admitir que a rentabilidade esperada no investimento do lucro retido seja de 15% ao ano e mantendo-se em 40% a taxa de dividendos distribuídos, tem-se os seguintes resultados:

$$g = b \times r \Rightarrow g = (1 - 0{,}40) \times 15\% \Rightarrow g = 9\%$$

$$\text{Preço da Ação } (P_0) = \frac{\$\,0{,}80 \times (1 - 0{,}60)}{0{,}20 - 0{,}12} = \$\,2{,}91/\text{ação}$$

O resultado demonstra uma expressiva perda para o acionista, determinada pela decisão equivocada da companhia em reter parcela do lucro líquido e investir a uma taxa de retorno esperada inferior à remuneração mínima exigida pelos proprietários.

> O *custo de oportunidade*, definido por K nas expressões de cálculo, equivale à remuneração mínima exigida para um investimento. É muitas vezes expresso por "taxa mínima de atratividade" ou "custo de capital".
>
> Esse custo também pode ser entendido como o retorno a que se renunciou ao se decidir investir em outra alternativa, de risco similar. Por exemplo, um investidor em ações, ao decidir aplicar seu capital no Banco A, renunciou ao retorno que poderia auferir se tivesse decidido investir em outro banco (Banco B). Essa oportunidade descartada é o que se define por custo de oportunidade.
>
> O custo de oportunidade é essencialmente definido pelo risco da economia, taxas de juros de mercado e risco da empresa.

11.4 INVESTIMENTO EM AÇÕES E CRIAÇÃO DE VALOR

Conforme definido no Capítulo 6, o retorno de uma ação é formado pelos dividendos distribuídos e a variação de seu preço de mercado (ganho ou perda de capital), ou seja:

$$\text{Taxa de retorno da ação } (Rj) = \text{Dividendos} + (P_{FIN} - P_{INI})$$

onde:

Dividendos = toda distribuição de lucros aos acionistas, como dividendos mínimos obrigatórios, dividendos extraordinários, juros sobre capital próprio (JSCP), bonificações em dinheiro etc.

P_{FIN}, P_{INI} = preço final e preço inicial da ação no período, respectivamente.

$P_{FIN} - P_{INI}$ = valorização (ganho) ou desvalorização (perda) do valor da ação.

O objetivo de todo investimento é produzir um retorno que remunere, no mínimo, o custo de oportunidade do aplicador. A taxa de retorno (Rj) de um investimento em ações é a taxa de juros que iguale, a valor presente, resultados de caixa (dividendos e ganho de capital) com o valor do capital investido[3], ou seja:

---

[3] Para maior detalhamento das formulações de cálculo da taxa de retorno de ações, recomenda-se: ASSAF N. Alexandre. *Matemática financeira e suas aplicações*. 14. ed. São Paulo: Atlas, 2019. Cap. 14.

$$P_{INI} = \frac{D1}{(1+i)} + \frac{D2}{(1+i)^2} + \frac{D3}{(1+i)^3} + \ldots + \frac{Dn + Pfin}{(1+i)^n}$$

A taxa *i* calculada da expressão equivale à taxa interna de retorno do investimento, a taxa de retorno periódica da ação (*Rj*). A relação entre o retorno da ação (*Rj*) e o custo de oportunidade é discutida a seguir:

- *Rj > K*: o retorno do investimento *superou* as expectativas mínimas de ganhos do investidor, criando valor ao acionista. Toda vez que o retorno oferecido por um ativo superar o custo de oportunidade, o seu valor de mercado será maior que o capital investido, gerando maior riqueza econômica ao investidor.
- *Rj = K*: a taxa de retorno do investimento remunerou unicamente o custo de oportunidade (taxa mínima exigida de retorno). Não houve ganho econômico e, consequentemente, criação de valor.
- *Rj < K*: o retorno do investimento *não* foi capaz de remunerar o custo de oportunidade do investidor, desvalorizando o capital investido (destruição de valor).

11.4.1 Valor criado ao acionista (VCA)[4]

O VCA é uma métrica de valor baseada nos resultados de mercado de uma ação, sendo elaborado a partir dos seguintes resultados:

- *Valor de mercado do patrimônio líquido (PL)*: Quantidade de Ações × Preço de Negociação.
- *Ganho/perda de capital*: apurado pela variação do PL de mercado. Se o valor de mercado do PL cresceu de um período para outro, isso indica um ganho de capital (valorização). Caso ocorra uma redução no valor do PL, verifica-se perda (desvalorização) de capital.
- *Variação do PL (Δ)*: $PL_{FIN} - PL_{INI}$.
- *Dividendos*: incluem todos os pagamentos realizados aos acionistas no período, como dividendos mínimos, juros sobre capital próprio (JSCP), bonificações em dinheiro etc.

  A recompra de ações pode ainda ser entendida como uma distribuição de lucros aos acionistas.

- *Custo de oportunidade do acionista*: remuneração mínima exigida de retorno pelo acionista para remunerar seu capital investido.

---

[4] Adaptado da metodologia proposta por: FERNÁNDEZ, Pablo. A definition of shareholder value creation. IESE/University of Navarra, Research Paper, n. 448, 2002.

Para a demonstração de cálculo do VCA, admita os seguintes resultados divulgados por uma empresa e referentes a determinado exercício social, conforme Quadro 11.3:

QUADRO 11.3 Exemplo de resultados

($ milhões)

	Ano 0	Ano 1	Ano 2	Ano 3
Valor de Mercado do PL	$ 780,0	$ 947,5	$ 872,6	$ 1.130,7
Δ PL	–	$ 167,5	($ 74,9)	$ 258,1
Dividendos Pagos	–	$ 76,3	$ 57,1	$ 112,8
Desembolso P/ Δ de Capital	–	–	–	($ 39,6)
Resultado Agregado do Acionista	–	$ 243,8	($ 17,8)	$ 331,3

A soma dos ganhos pela variação do PL (valorização e desvalorização do investimento) com os dividendos totais distribuídos e desembolsos realizados no período totaliza o *resultado agregado do acionista*. Esse resultado é geralmente definido por *shareholder value added* (SVA).

11.5 RETORNO DO ACIONISTA

Pela metodologia sugerida, o *retorno do acionista* é mensurado pela relação entre o resultado agregado do acionista (SVA) e o montante do PL de início do período, ou seja:

$$\text{Retorno do Acionista} = \frac{\text{RESULTADO AGREGADO DO ACIONISTA (SVA)}}{\text{VALOR DO PL DE INÍCIO DO PERÍODO}}$$

Utilizando os resultados do exercício ilustrativo em desenvolvimento, tem-se, no Quadro 11.4, as seguintes taxas de retorno dos acionistas:

QUADRO 11.4 Exemplo de retorno de acionistas

($ milhões)

	Ano 0	Ano 1	Ano 2	Ano 3
Valor de mercado do PL	$ 780,0	$ 947,5	$ 872,6	$ 1.130,7
SVA	–	$ 243,0	($ 17,8)	$ 331,3
Taxa de retorno do acionista	–	$ 243,0 / $ 780,0 = 31,2%	($ 17,8) / $ 947,5 = (1,9%)	$ 331,3 / $ 872,6 = 38,0%

11.6 VALOR CRIADO AO ACIONISTA (VCA)

O *valor criado ao acionista* é a remuneração auferida em excesso ao custo de oportunidade do investimento. Em outras palavras, lucro gerado pelo investimento acima da remuneração mínima exigida, sendo calculado através da seguinte expressão:

VCA = Valor de Mercado do PL − [Retorno do Acionista − Custo de Oportunidade]

Ou:

VCA = SVA − [Valor de Mercado do PL × Custo de Oportunidade]

Admitindo-se um custo de oportunidade de 16% a.a. e aplicando-se a formulação de cálculo do VCA no exemplo ilustrativo em avaliação, chega-se aos seguintes resultados:

QUADRO 11.5 Exemplo dos resultados

	Ano 0	Ano 1	Ano 2	Ano 3
Valor de Mercado do PL	$ 780,0	$ 947,5	$ 872,6	$ 1.130,7
SVA	–	$ 243,0	($ 17,8)	$ 331,3
Retorno do Acionista	–	31,2%	(1,9%)	38,0%
Custo de Oportunidade	16%	16%	16%	16%
Valor Criado ao Acionista (VCA)	–	$ 118,2	($ 169,4)	$ 191,7

11.7 ÍNDICE DE NEGOCIABILIDADE (IN)

O *índice de negociabilidade* (IN) de uma ação é uma métrica usada para se conhecer o volume de negociação da ação no mercado de capitais. Pode-se ainda, sem perda de generalidade, entender como uma medida da liquidez com que o ativo é negociado.

O IN pode ser calculado pela seguinte expressão:

$$IN = \frac{\sum_{i=1}^{n} \sqrt[3]{\frac{N_{ativo}}{N} \times \left(\frac{V_{ativo}}{V}\right)^2}}{n}$$

em que:

n: número total de pregões no período

N_{ativo}: número de negócios com o ativo no mercado à vista (lote padrão)

N: número total de negócios no mercado à vista (lote padrão)

V_{ativo}: volume financeiro gerado pelos negócios com o ativo no mercado à vista (lote padrão)

V: volume financeiro total do mercado à vista (lote padrão)

O *IN* é calculado diariamente e indica para o investidor as ações que estão sendo mais buscadas no dia de negociação.

12
AVALIAÇÃO DE AÇÕES – ANÁLISE TÉCNICA

A análise técnica dedica-se a estudar os movimentos verificados nos preços e volumes de ativos financeiros negociados no mercado. Seu principal objetivo é o de estabelecer previsões futuras sobre os preços de mercado. A base de estudo da análise técnica são os gráficos que retratam o desempenho do mercado.

Este capítulo dedica-se a estudar os movimentos de mercado através da análise de fatores que determinam a oferta e a procura por ações, permitindo-se que se infira sobre a formação dos preços dos ativos.

É priorizado no estudo da análise técnica, conforme considerado neste capítulo, um enfoque bastante prático e aplicado à realidade de nosso mercado de ações.

As ferramentas mestras da análise técnica são os gráficos dos indicadores de preço e volume, formados a partir de cálculos estatísticos a eles relacionados, visando identificar determinado padrão histórico no comportamento da ação.

O que se busca na análise gráfica é saber o que vai acontecer no futuro próximo com base em alguns fatos que se repetiram ao longo do tempo, mediante visualização de certas figuras e regras geométricas para esses padrões de comportamento.

Mas a grande questão é: como detectar esses padrões em um gráfico que se parece com um "sobe e desce serrilhado", aparentemente sem tendência nenhuma? Será intuição do analista?

Não foi bem assim, porém, que Charles Dow pensou no início do século XX, ao estudar o comportamento histórico de índices médios diários das principais ações do mercado. Ele constatou que o mercado não é aleatório e que existe certa lógica em seus movimentos, em forma de tendências. É evidente que existe na análise técnica um forte componente de intuição e experiência do analista na prática de definir o momento de entrar e sair de uma operação em bolsa, o que provoca muitas vezes certa insegurança nos investidores. Todavia, vale lembrar que John Maynard Keynes (1936)[1] já dizia que o comportamento de mercado sofre forte influência psicológica.

12.1 BASE CONCEITUAL DA ANÁLISE TÉCNICA

A base conceitual da análise técnica é formada pelos seguintes princípios:

O preço desconta tudo

O analista técnico acredita que tudo aquilo que pode influenciar o preço de uma ação já está diluído no mercado ou então é rapidamente descontado por ele. Em outras palavras, se toda a informação já está refletida no seu preço, então sua cotação representa o valor justo que o mercado está avaliando para o ativo.

Vale lembrar que o combustível do mercado financeiro é a informação e é essa informação vinda do preço que o analista usa para interpretar o hoje e prever o que virá em seguida.

Cabe ao investidor analisar também o mercado e a conjuntura econômica ao tomar a decisão, com base em alguma informação que possuir, ou souber pelo mercado, respeitando-o sempre.

Um velho ditado diz que "o mercado sobe no boato e cai no fato", muito divulgado no mercado de ações, mas vale lembrar que o contrário também pode ser verdadeiro.

---

[1] KEYNES, J. M. *The general theory of employment, interest and money*. London: Macmillan; New York: First Harvest/Harcourt, 1936.

O preço tem tendência

O humor do mercado se reflete no movimento dos preços determinado pelos frequentes momentos de alta e de baixa nos preços, mas existem também alguns períodos duradouros durante os quais prevalece o otimismo ou o pessimismo.

E é nesses períodos que, embora os preços oscilem, eles se comportam obedecendo a certa tendência, indicando uma boa oportunidade de compra ou venda.

O analista técnico tem como objetivo buscar detectar e visualizar o início de uma tendência de alta, para poder indicar a compra de determinada ação, ou o final de uma tendência de alta e o início de uma tendência de baixa, na qual os investidores estarão vendendo suas ações. Esse período de venda de ações é o que se conhece no mercado como "realização de lucros".

A história se repete

É evidente que o comportamento passado dos preços de uma ação não seguirá necessariamente o mesmo valor de preço, com iguais períodos de alta ou de baixa do papel. É sempre possível prever algumas diferenças, mas o padrão gráfico é que será recorrente.

A análise técnica funciona justamente por causa disso. Os padrões de comportamento é que se repetem no tempo, correspondendo aos receios, expectativas e desejos dos investidores. É um choque entre os que apostam na valorização do mercado, e por isso compram suas ações, e os que apostam em sua desvalorização, e por isso vendem seus papéis.

Cabe ressaltar aqui, antes de dar início às teorias gráficas que norteiam a análise técnica, que além de usar ferramentas matemáticas e estatísticas para avaliações mais detalhadas, cada corretora tem seus analistas, que podem apresentar opiniões distintas com relação a determinado comportamento de preços. Isso ocorre devido ao fato de a análise técnica apresentar várias escolas, diversas teorias que podem conduzir a diferentes interpretações.

O investidor deve considerar que a análise técnica é muito mais uma arte que propriamente uma ciência. Ela é muito flexível e cada investidor deve usá-la da maneira que melhor ajudá-lo.

Serão demonstrados, nas seções seguintes, os principais tipos de gráficos e vários exemplos práticos de análises de ações que poderiam ser feitas. Uma recomendação deve ser repetida ao investidor: é preciso tempo e treino na visualização das análises. É necessário cautela no uso das análises feitas por conta própria e a assessoria de um profissional do mercado é sempre sugerida.

12.2 TIPOS DE GRÁFICOS PARA ANÁLISE TÉCNICA

Basicamente, existem três tipos de gráficos que podem ser usados para representar o preço de uma ação: o de *linha*, de *barras* e o *candlestick*.

Para a cotação de fechamento diário de uma ação, é bastante usado o *gráfico de linha*, que permite fácil visualização e identificação de padrões gráficos básicos. O próprio *site* da B3 possui todas as ferramentas de análise técnica, conforme pode ser encontrado em ACOMPANHE AS COTAÇÕES, na página inicial (Figura 12.1).

FIGURA 12.1   Imagem inicial do *site* da B3

Fonte: B3. Disponível em: http://www.b3.com.br/pt_br/. Acesso em: jun. 2021.

Ao entrar no *site* de acompanhamento das cotações, a imagem a ser mostrada (Figura 12.2) é do Ibovespa, onde se pode trocar o ativo (que consta como Ibov) digitando-se o código da ação que se deseja acompanhar. Pode-se escolher o prazo de visualização das cotações, sendo de 1 dia, 5 dias, 1 mês, 3 meses, 6 meses, 1 ano, 5 anos ou todo o período.

FIGURA 12.2   Imagem inicial da B3 para acompanhamento das cotações

Fonte: B3. Disponível em: http://www.b3.com.br/pt_br/market-data-e-indices/servicos-de-dados/market-data/cotacoes/. Acesso em: jun. 2021.

Ao se escolher o ativo e o período, tem-se visualmente o comportamento do ativo no período. No Gráfico 12.1, temos um exemplo da PETR4 nos últimos seis meses:

GRÁFICO 12.1   Cotações de fechamento PETR4 – gráfico de linha

Fonte: B3. Disponível em: http://www.b3.com.br/pt_br/market-data-e-indices/servicos-de-dados/market-data/cotacoes/. Acesso em: jun. 2021.

Todavia, são disponíveis no mercado, além do preço de fechamento, outras informações, como preço de abertura, preço máximo e preço mínimo em dia de pregão.

Com uso do *gráfico de barras*, podem-se colocar os preços máximo e mínimo nas extremidades superior e inferior da barra, respectivamente. O preço de abertura é indicado por um traço horizontal à esquerda da barra, e o fechamento, por um traço à direita da barra, conforme mostram a Figura 12.3 e o Gráfico 12.2.

FIGURA 12.3   Modelo do gráfico de barras

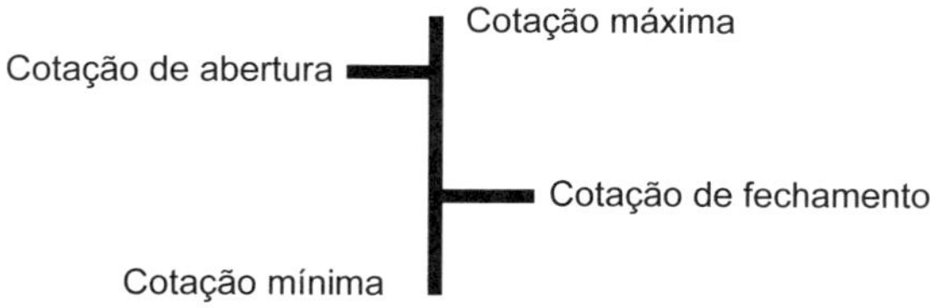

GRÁFICO 12.2   Gráfico de barras da ação PETR4

Fonte: B3. Disponível em: http://www.b3.com.br/pt_br/market-data-e-indices/servicos-de-dados/market-data/cotacoes/. Acesso em: jun. 2021.

A forma mais tradicional de apresentar essas quatro cotações (abertura, fechamento, mínima e máxima) juntas é o *gráfico de candlestick*, apresentado na Figura 12.4. Ele é formado por um retângulo central chamado de *corpo* do *candlestick*, e por duas pontas, uma na parte superior e outra na parte inferior. O corpo indica a variação entre as cotações de abertura e de fechamento no referido pregão. Quando o corpo é representado sem preenchimento (vazio), o *candle* é de alta, isto é, o preço de fechamento está na borda superior do corpo e o de abertura, na inferior. O *candle* preenchido significa que houve queda no preço da ação, ou seja, o preço de fechamento é menor do que o de abertura, como pode ser visto no Gráfico 12.3.

Vale lembrar que esse padrão de formação de *candle* pode mudar. Muitas vezes, apresenta-se como azul para alta e vermelho para baixa ou outras variações.

FIGURA 12.4   Representação do gráfico *candlestick*

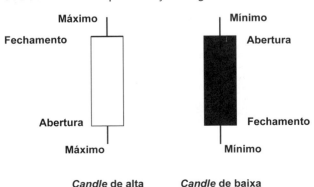

Esses gráficos podem ser observados por diferentes periodicidades, ou seja, existe gráfico diário representando a movimentação de um dia de pregão, semanal, mensal, anual, representando cada uma das variações no respectivo período. Existe ainda o gráfico *intraday*, ou intradiário, que mostra a cotação dentro de um dia de pregão: por exemplo, de 60 minutos, 30 minutos, 15 minutos ou até mesmo de 1 minuto, sendo representado da mesma maneira que o *candle* de um dia.

GRÁFICO 12.3 Gráfico de *candlestick* da PETR4

Fonte: B3. Disponível em: http://www.b3.com.br/pt_br/market-data-e-indices/servicos-de-dados/market-data/cotacoes/. Acesso em: jun. 2021.

12.3 MOVIMENTOS DE TENDÊNCIA

As movimentações dos preços podem ser identificadas basicamente em três tendências:

- *Tendência primária ou de longo prazo*: é o movimento de longo prazo observado na movimentação das cotações do papel.
- *Tendência secundária ou de médio prazo*: é o movimento de curto prazo que normalmente pode durar alguns meses, sendo capaz também de corrigir até dois terços da tendência primária da qual ela faz parte.
- *Tendência terciária ou de curto prazo*: é o movimento que integra a tendência secundária, durante aproximadamente algumas semanas.

A tendência pode ocorrer também na fase de alta ou de baixa. Na tendência de alta, podem-se identificar três etapas: *acumulação*, na qual poucos investidores assumem suas posições; *alta sensível*, entendida como o momento ideal para se entrar comprando no mercado; e a *etapa de euforia*, em que a informação da fonte alta já se espalhou. Nessa etapa de euforia de mercado, é recomendado ao investidor não entrar no mercado, pois é nesse momento que os profissionais e grandes investidores começam a se desfazer de suas posições (vendem suas ações), realizando os lucros acumulados até então.

É muito comum, nessa fase, jornais e revistas publicarem *rankings* de ações que mais se valorizam, o que pode levar leigos a entrarem no mercado. Nesse momento, os investidores já estão vendendo seus papéis, pois os lucros já foram obtidos. Uma vez mais, recomenda-se muita cautela e sempre consultar seu corretor.

É nesse momento também que se inicia uma possível tendência de baixa, já que os grandes investidores estão liquidando suas posições, isto é, vendendo suas ações lentamente, ainda na fase de euforia.

A etapa seguinte da tendência de queda é conhecida como *baixa sensível*, na qual ocorre a forte queda dos preços. A última fase de queda é o *pânico*, quando a informação já está difundida no mercado e os investidores desfazem-se de seus papéis a qualquer preço, tentando minimizar os prejuízos.

As fases descritas da tendência de alta e de baixa são representadas na Figura 12.5.

FIGURA 12.5 As três fases da tendência de alta e de baixa

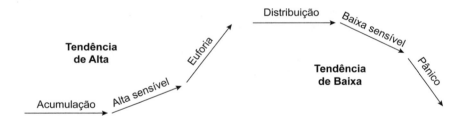

A verificação e a determinação visual de uma tendência parecem evidentemente fáceis, pela simples observação técnica do gráfico. Todavia, para uma correta verificação da tendência, são mostradas a seguir algumas definições mais técnicas.

Tendência de alta

Uma tendência de alta é verificada pela presença de fundos ascendentes. Tecnicamente, fundos são pontes de *suporte*, isto é, onde a força dos compradores supera a dos vendedores, indicando possibilidades de compra a preços cada vez maiores, sustentando a tendência de alta.

Seu gráfico é desenhado unindo-se os fundos das cotações (passando por eles), como pode ser visto no Gráfico 12.4.

GRÁFICO 12.4   Tendência das ações preferenciais PETR4

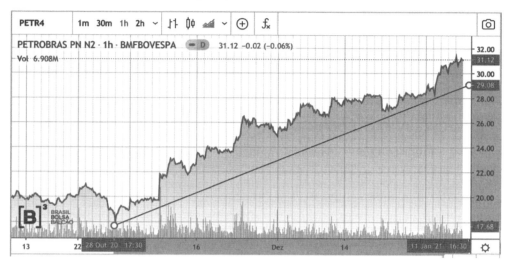

Fonte: B3. Disponível em: http://www.b3.com.br/pt_br/market-data-e-indices/servicos-de-dados/market-data/cotacoes/. Acesso em: jun. 2021.

Tendência de baixa

Uma tendência de baixa é determinada pela presença de topos descendentes. Tecnicamente, topos são pontos de *resistência*, isto é, onde a força dos vendedores supera a dos compradores, indicando possibilidades de vendas a preços cada vez mais baixos, sustentando a tendência de baixa. Seu gráfico é desenhado unindo-se os topos cada vez mais baixos das cotações (passando por eles).

Tendência lateral

Uma tendência lateral (no mercado, diz-se que "está andando de lado") ocorre porque existem topos e fundos em um mesmo nível horizontal.

12.4   SUPORTE E RESISTÊNCIA

O mercado de ações é uma eterna luta entre compradores e vendedores. Quando há mais compradores, o mercado opera com tendência de alta, enquanto na tendência de baixa há mais vendedores.

Todavia, existem compradores até certo limite de preço; a partir desse limite, o mercado não está disposto a pagar mais pela referida ação. Nessa situação, ocorre uma reversão: os vendedores se tornam mais fortes que os compradores. Essa barreira é conhecida no mercado de ações como *resistência*.

O mesmo ocorre na baixa, quando, até certo limite aceito pelo mercado, os compradores passam a predominar sobre os vendedores. Tem-se então o que se conhece como *suporte*.

O gráfico da reta de suporte indica um nível de preço pelo qual a pressão dos compradores supera a dos vendedores, interrompendo um possível movimento de baixa, sendo sua representação uma reta horizontal passando por fundos consecutivos.

A reta de resistência representa o nível de preço pelo qual a pressão dos vendedores supera a dos compradores, interrompendo um possível movimento de alta. Sua representação é uma reta horizontal, traçada ao longo de topos consecutivos. A Figura 12.6 descreve a estrutura de suporte e resistência.

FIGURA 12.6 Estrutura do gráfico de suporte e resistência

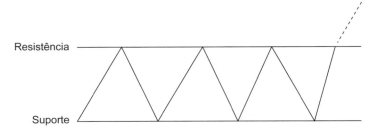

O rompimento de um suporte ou uma resistência normalmente é seguido de movimentos mais acelerados nos preços, em consequência do reposicionamento dos investidores que perderam a disputa.

12.4.1 Canais de alta e de baixa

Muitas vezes, as variações dos preços das ações se movimentam entre duas retas paralelas, sendo que uma dessas retas pode representar tendência de alta ou de baixa, formando um canal de alta ou de baixa, respectivamente (Figura 12.7).

FIGURA 12.7 Estrutura dos canais de alta e de baixa

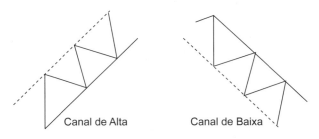

Quando um investidor estiver diante de um *canal de alta*, poderá observar a linha de tendência para aumentar sua posição (comprar mais ações) em relação ao papel e usar o topo da figura para realizar seus lucros. A ruptura da linha de tendência sinaliza o seu final, porém o rompimento da linha paralela à tendência apenas indica aceleração do movimento.

Raciocínio análogo deve ser usado na interpretação de um *canal de baixa*, isto é, o teste da linha de tendência de baixa deve ser utilizado para tomar decisões de venda do papel e o fundo da figura, para a realização de lucro.

12.5 ANÁLISE POR INDICADORES

Num passado não muito distante, os gráficos eram feitos a mão em papel quadriculado, o painel da bolsa era uma lousa e as marcações eram feitas também de forma manual, e as análises predominantes eram de suporte, resistência e de tendência.

Com o avanço da tecnologia e do poder de processamento dos computadores, os cálculos estatísticos antes tão complicados e demorados estão sendo usados com maior frequência e foram criados indicadores (índices) de análise para que sirvam de rastreadores de tendências ou osciladores.

Esses indicadores são facilmente programáveis para que, diante de certas condições, passem a emitir alertas de compra e venda automaticamente. O principal objetivo dos indicadores é servir de instrumentos auxiliares ao gráfico de preço, uma vez que esse gráfico pode levar a confusões pelos investidores, diante de uma análise, perante as oscilações que o preço de um papel pode apresentar.

O importante é aliar esses indicadores aos preços, com sinergia, mas respeitando as vantagens e desvantagens de cada um, junto com uma boa dose de intuição para entender o comportamento futuro do preço.

São descritos a seguir alguns dos mais importantes indicadores utilizados pelo mercado, lembrando sempre que existem bons livros de análise técnica para investidores que desejarem se aprofundar no assunto.

12.5.1 Médias móveis

A média móvel é um dos indicadores mais antigos e talvez o mais utilizado para prever o comportamento de tendências futuras. Como o próprio nome diz, a média móvel é uma média que "anda" junto com os preços, prezando um movimento mais suavizado desses preços, uma vez que tomarão o contorno do valor médio, tirando assim possíveis ruídos ou *outliers* (pontos discrepantes), facilitando a visualização da tendência.

Podem ser usadas médias móveis simples (aritméticas), ponderadas ou exponenciais. A média móvel simples ou aritmética é na verdade a média das cotações do período preestabelecido. Assim, em uma média móvel de três dias, toma-se a partir de hoje as três últimas cotações do papel e calcula-se a sua média.

$$MM\ (3) = \frac{\text{Preço 1} + \text{Preço 2} + \text{Preço 3}}{3}$$

A principal desvantagem da média móvel é que ela segue o gráfico do preço com certo atraso e o que pode ocorrer é que, muitas vezes, o preço já reverteu, mas a média não. Esse atraso pode ser minimizado reduzindo-se a amplitude do período da média, o que pode acelerar a média.

A média móvel exponencial atribui peso maior aos preços mais antigos. A escolha da média móvel a utilizar depende do comportamento da ação. Para os papéis com pequenas oscilações nos preços, recomenda-se o uso da média móvel simples, ao passo que para ações com alta volatilidade nos preços deve-se usar média móvel ponderada ou exponencial.

Decisão de compra e venda usando médias móveis

Verifica-se na prática que, quando o mercado apresenta uma tendência definida, os gráficos do preço e da média tendem a se orientar na mesma direção.

GRÁFICO 12.5   Média móvel simples para PETR4

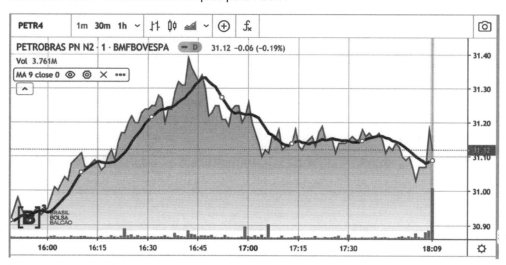

Fonte: B3. Disponível em: http://www.b3.com.br/pt_br/market-data-e-indices/servicos-de-dados/market-data/cotacoes/. Acesso em: jun. 2021.

O Gráfico 12.5 descreve o comportamento da curva de preços em relação às médias móveis. Observe que, quando o preço está acima da média móvel, há uma tendência de alta e, caso contrário, quando o preço está abaixo da média móvel, é verificada uma tendência de baixa.

Dessa forma, é indicado no gráfico que o momento de comprar ações é quando o preço estiver acima da média e o de vender, quando o preço estiver abaixo da média. A regra para se definir o melhor momento de compra e venda de ações é observar como se dá o cruzamento entre o gráfico do preço e o gráfico da média (simples ou exponencial). De baixo para cima, é indicado comprar ação e, caso contrário, vender quando o preço cruzar a média de cima para baixo.

Podem ocorrer cruzamentos que não dão origem a tendências consistentes, principalmente quando o mercado está com tendência lateral. Nesse caso, recomenda-se cautela nos investimentos para não levar prejuízo.

Para evitar esses "falsos" cruzamentos devidos ao comportamento bastante irregular dos preços, que podem induzir o investidor a tomar decisões com maiores chances de prejuízo, pode-se analisar o cruzamento dos gráficos de duas médias móveis de períodos diferentes (Gráfico 12.6), não levando mais em consideração o gráfico de preços. O critério de decisão de compra ou venda é semelhante: quando o gráfico da média móvel de menor período cruzar de baixo para cima a média móvel de maior período, é um sinal de compra e, quando a média de menor período cruzar de cima para baixo a média de maior período, é um sinal de venda.

GRÁFICO 12.6   Exemplo de cruzamentos de médias móveis de períodos diferentes para PETR4

Fonte: B3. Disponível em: http://www.b3.com.br/pt_br/market-data-e-indices/servicos-de-dados/market-data/cotacoes/. Acesso em: jun. 2021.

12.5.2   Índice de força relativa

Até aqui, foram estudadas as médias móveis que são aplicadas sobre o gráfico do preço e que possuem como principal objetivo identificar a real tendência do gráfico de preços. Os melhores resultados com maiores chances de acerto são encontrados quando o movimento do preço segue uma tendência definida.

Todavia, quando o mercado não apresenta essa tendência definida, ou seja, quando o mercado está "andando de lado", o uso da média móvel pode levar a análises distorcidas e conduzir o investidor a prejuízos.

Uma saída é usar os *osciladores*, indicadores que flutuam em torno de limites estabelecidos, mostrando possíveis regiões onde os preços estão sobre ou subvalorizados.

Quando ocorre a saturação das compras chamada *sobrecompra*, ou a saturação das vendas conhecida por *sobrevenda*, pode-se dizer que o mercado se encontra em níveis próximos às extremidades de um oscilador. Na *sobrecompra* os compradores perdem forças, indicando boa oportunidade de venda das ações, e na *sobrevenda* os vendedores perdem força, gerando oportunidade de compra. Os melhores resultados com maiores chances de acerto são encontrados quando o movimento do preço segue uma tendência definida, conforme pode ser observado no Gráfico 12.7.

GRÁFICO 12.7   Índice de força relativa para a Petrobras PN – PETR4

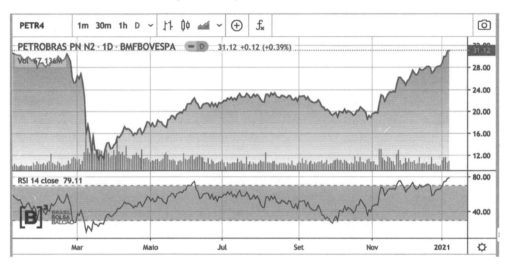

Fonte: B3. Disponível em: http://www.b3.com.br/pt_br/market-data-e-indices/servicos-de-dados/market-data/cotacoes/. Acesso em: jun. 2021.

Esse oscilador foi desenvolvido por Welles Wilder e mede a relação entre os fechamentos de alta e de baixa, ou seja, controla a força de compradores e vendedores. Varia de 0 a 100, sendo que a região próxima a 100 é denominada área de sobrecompra e indica que o mercado está sobrevalorizado, e a região próxima a 0 é a área de sobrevenda, indicando que o mercado está subvalorizado. Geralmente, trabalha-se com níveis acima de 70 e abaixo de 30 para marcações de sobrecompra e sobrevenda, respectivamente.

A sinalização de compra é dada quando a curva do índice de força relativa muda de inclinação para cima em região de sobrevenda. Quando o índice de força relativa sai da região de sobrevenda, tem-se a confirmação da indicação de compra, ou seja, ficar acima de 30. Do mesmo modo, a venda é identificada quando o índice de força relativa muda sua inclinação para baixo na região de sobrecompra, e confirma quando fica abaixo de 70.

12.5.3 Estocástico

Criado por George Lane, o indicador estocástico enfatiza a relação do preço atual com os valores das cotações máximas e mínimas mais recentes, formalizando regiões de sobrecompra e sobrevenda.

Em outras palavras, o indicador estocástico (exemplificado no Gráfico 12.8) baseia-se na observação de que, enquanto os preços sobem, os fechamentos tendem a se aproximar da máxima do dia, e em uma tendência de baixa esses preços tendem a se aproximar da cotação mínima do dia.

O estocástico é representado por duas linhas, $\%K$ e $\%D$. Quando o fechamento se aproxima do maior máximo, $\%K$ se aproxima de 100, e quando se aproxima do menor mínimo, o $\%K$ se aproxima de 0. A linha $\%D$ é uma média móvel da $\%K$.

Decisão de compra e venda pelo estocástico

A regra é comprar uma ação pelo estocástico quando o $\%K$ cruzar $\%D$ de baixo para cima e vender quando o $\%K$ cruzar $\%D$ de cima para baixo.

É importante lembrar que essa regra funciona melhor no mercado sem tendência.

GRÁFICO 12.8 Oscilador estocástico para a PETR4

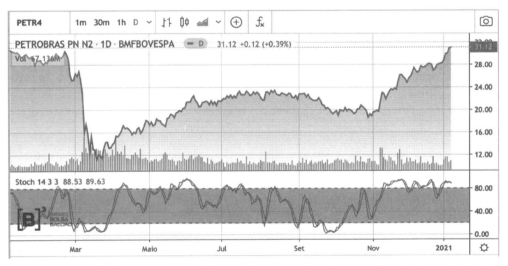

Fonte: B3. Disponível em: http://www.b3.com.br/pt_br/market-data-e-indices/servicos-de-dados/market-data/cotacoes/. Acesso em: jun. 2021.

12.6 TEORIA DAS ONDAS DE ELLIOTT

A teoria das ondas foi criada por Ralph Nelson Elliott (1871-1948) em seus estudos sobre o mercado de ações. O autor observou que o mercado seguia alguns padrões, mas que estes variavam na amplitude e no tempo.

A teoria das ondas de Elliott parte da ideia de que o mercado oscila de acordo com um padrão básico já conhecido e que é possível identificar tal padrão prevendo as movimentações futuras dos preços.

Esse padrão de oscilação é composto basicamente de 8 ondas, sendo 5 ondas de impulso na direção da tendência (numeradas de 1 a 5) e 3 ondas de correção (acerto) nomeadas *a*, *b* e *c*.

As ondas de impulso 1, 3, 5, *a* e *c* são ondas na direção da *tendência*, já as ondas 2, 4 e *b* são ondas *corretivas* que impedem temporariamente o avanço da tendência.

FIGURA 12.8 Ondas de Elliott: 8 ondas que representam o ciclo completo

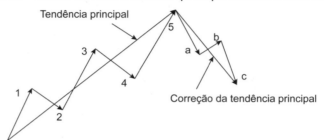

As ondas de Elliott, ilustrada na Figura 12.8, possuem uma estrutura básica, mas podem se repetir nos seus vários níveis, que é o que se chama de *estrutura fractal das ondas de Elliott*. O analista que se utiliza das ondas de Elliott deve procurar identificar no seu gráfico, aparentemente caótico, a estrutura dessas ondas.

O padrão básico é o de 8 ondas, sendo 5 no sentido da tendência e 3 de correção. Esses números 3, 5 e 8 não são números aleatórios, mas fazem parte da sequência de Fibonacci. As razões dos números de Fibonacci também foram estudadas por Elliott para medir o tamanho e dimensionar o tempo das ondas.

GRÁFICO 12.9 Ondas de Elliott da Petrobras Preferencial – PETR4

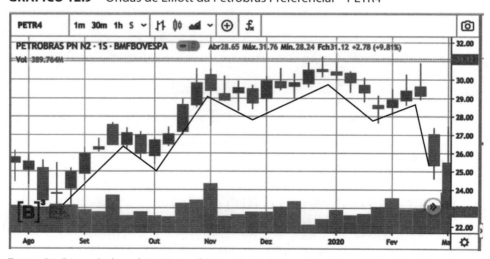

Fonte: B3. Disponível em: http://www.b3.com.br/pt_br/market-data-e-indices/servicos-de-dados/market-data/cotacoes/. Acesso em: jun. 2021.

Conforme pode ser observado no Gráfico 12.9, no período de agosto de 2019 a março de 2020 as ondas de Elliott indicavam venda das ações da Petrobras, que estavam na região de reversão das 5 ondas de tendência alta. Esse comportamento pode ser visto no gráfico pela forte queda que as ações tiveram.

A seguir, no Gráfico 12.10, pode-se observar um fundo triplo na reta de suporte das ações da CYRE3. O comportamento indica decisão de compra, por apresentar uma reversão de tendência, como pode ser observado no círculo.

GRÁFICO 12.10   Reversão de tendência com fundo triplo da CYRE3

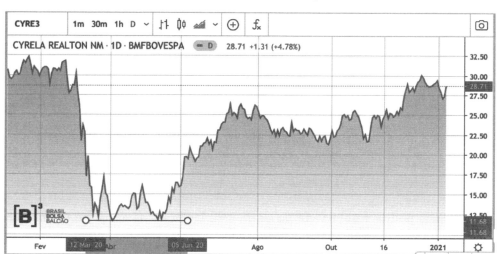

Fonte: B3. Disponível em: http://www.b3.com.br/pt_br/market-data-e-indices/servicos-de-dados/market-data/cotacoes/. Acesso em: jun. 2021.

12.7 TEORIA DOS NÚMEROS DE FIBONACCI

Leonardo de Pisa (1170-1250), italiano, é conhecido como Fibonacci pela descoberta da sequência de Fibonacci (apelido que recebeu de seu pai – família Bonacci) e pelo seu papel na introdução dos algarismos arábicos na Europa.

A sequência de Fibonacci é a série 1, 2, 3, 5, 8, 13, 21, 34, 55, 89, 144, 233 – que nada mais é do que uma sequência em que cada número da frente, a partir do 3º elemento da série, é a soma dos dois últimos antecessores.

Ao se dividir qualquer número da série pelo seu antecessor, é apurado um valor aproximado de 1,610834, que é conhecido pela letra grega ϕ (phi). Obviamente, quanto mais adiante na série for efetuada a sequência de cálculo, maior será a aproximação do número. Também, ao se dividir cada número pelo 2º número posterior ao escolhido, o valor aproximado será 0,381966.

Isso significa que no gráfico do preço, quando da diferença de um topo e um fundo, ao se alcançar 61,8% na maioria das vezes há reversão da tendência.

GRÁFICO 12.11 Indicador de Fibonacci para a PETR4

Fonte: B3. Disponível em: http://www.b3.com.br/pt_br/market-data-e-indices/servicos-de-dados/market-data/cotacoes/. Acesso em: jun. 2021.

Conforme pode ser observado no Gráfico 12.11, a PETR4 apresentou uma queda considerável no início de 2021 e, quando chegou a bater 61,8% do movimento, respeitou o indicador de Fibonacci, revertendo a tendência e voltando a ter forte alta.

13

RISCO E RETORNO DE AÇÕES

O capítulo trata do risco do investimento em ações de forma bastante atualizada e identificada com a realidade de mercado.

O estudo do risco começa com a descrição e ilustração de cálculo das principais medidas estatísticas de risco aplicadas a um ativo. São estudadas diferentes situações de risco e retorno de investimentos.

A seguir, é apresentada uma introdução a carteiras de investimentos e se descrevem seus principais tipos de risco. Uma importante contribuição do estudo desenvolvido neste capítulo é o entendimento da correlação e diversificação de ativos e seus efeitos sobre a redução de riscos.

O capítulo encerra esse estudo demonstrando como interpretar e calcular a taxa mínima de retorno que deve ser exigida de um investimento.

Uma preocupação constante no desenvolvimento do assunto é a maneira bem simplificada e prática como os temas foram tratados. As principais formulações de risco e retorno foram introduzidas prioritariamente para usuários, permitindo imediatas aplicações práticas no mercado.

13.1 COMO AVALIAR O RISCO DO INVESTIMENTO EM AÇÕES

Ao longo deste manual, comentaram-se as três características básicas do investimento em ações:

- boa liquidez;
- boas expectativas de rentabilidade;
- riscos mais elevados.

A variável *risco* no investimento em ações pode ser interpretada como a possibilidade de ocorrerem variações em seus rendimentos futuros esperados e, em consequência, na taxa de retorno prevista da aplicação.

Uma pessoa adquire uma ação hoje na expectativa de auferir ganhos futuros, sendo estes formados pelos fluxos de dividendos distribuídos pela empresa e valorização em sua cotação de mercado. Mesmo que a empresa não pague dividendos no período aos seus acionistas, permanece uma expectativa com relação ao comportamento do preço da ação, baseada no desempenho futuro esperado dos negócios da empresa emissora.

Conforme ficou demonstrado no Capítulo 9, ao atualizar as projeções dos ganhos futuros esperados por uma taxa de retorno mínima desejada (custo de oportunidade), o investidor apura o preço máximo que estaria disposto a pagar pela ação.

13.2 RISCO DAS AÇÕES

O risco do investidor em ações está associado às variações na taxa de retorno futura da aplicação. Por exemplo, a expectativa de um investidor em obter certo retorno na compra de uma ação pode ser frustrada por uma eventual desvalorização de sua cotação de mercado. Um desempenho negativo da companhia emitente do papel, ou ciclos desfavoráveis da economia, pode reduzir os preços das ações, proporcionando perdas aos investidores.

As medidas estatísticas de risco procuram, em essência, quantificar como os ganhos esperados das ações se comportam (se dispersam) em relação ao seu retorno médio esperado. Quanto maior for a dispersão dos resultados futuros possíveis em relação a sua média, mais alto se supõe o risco da ação.

Por exemplo, admita que um investidor tenha projetado os seguintes retornos possíveis no futuro de duas ações, dimensionados com as mesmas chances de ocorrerem (Tabela 13.1):

TABELA 13.1 Retornos das ações

Ação A	Ação B
– 12,0%	4,0%
10,0%	6,0%
20,0%	8,0%

Na avaliação do investidor, as duas ações apresentam o mesmo retorno médio esperado [E(R)] de 6,0%, obtido pela média aritmética simples dos retornos possíveis no período de investimento, ou seja:

$$E(R_A) = \frac{-12{,}0\% + 10{,}0\% + 20{,}0\%}{3} = 6{,}0\%$$

$$E(R_B) = \frac{4{,}0\% + 6{,}0\% + 8{,}0\%}{3} = 6{,}0\%$$

Fica evidente nos valores projetados que a ação B apresenta menor grau de dispersão em seus retornos esperados e, consequentemente, menor risco de variação nos resultados futuros esperados. A alternativa B não prevê possibilidade de prejuízo como a aplicação na ação A, porém oferece, ao mesmo tempo, as menores taxas de retorno. Seus resultados possíveis vão de um ganho mínimo de 4,0% a um retorno máximo de 8,0%.

A ação A, com taxas de ganhos e perdas bem mais elevadas, é a que apresenta maior risco. Sua dispersão é bem mais ampla, oscilando entre uma perda equivalente a –12,0% e um retorno positivo de 20,0%.

Medidas estatísticas de dispersão são desenvolvidas para expressar o risco dos investimentos. São discutidas, a seguir, as mais utilizadas no mercado.

13.3 MEDIDAS DE DISPERSÃO

13.3.1 Desvio-padrão e variância

O desvio-padrão é representado pela letra grega sigma (σ). É uma medida que tem por finalidade mensurar o grau de dispersão dos diversos valores (resultados possíveis) de um investimento em relação a sua média (retorno médio esperado).

No exemplo anterior, que compara o risco da ação A com o da ação B, observou-se que ambas têm o mesmo retorno esperado de 6,0%. Em outras palavras, as expectativas de ganho baseadas nos retornos possíveis no período da aplicação são idênticas, alcançando o valor médio de 6,0% para cada ação.

No entanto, o risco da ação A é maior que o de B, em razão de os resultados possíveis estimados pelo investidor afastarem-se (dispersarem-se) mais de sua média. Isso é retratado na medida estatística do desvio-padrão dos retornos possíveis das ações, cuja fórmula de cálculo é a seguinte:

$$\sigma = \sqrt{\frac{\sum [Rj - E(Rj)]^2}{n-1}}$$

onde:

Rj = retorno da ação

$E(Rj)$ = retorno médio esperado

n = número de possíveis resultados

Desenvolvendo a fórmula do desvio-padrão nos possíveis resultados dos investimentos nas ações A e B, conforme a Tabela 13.2, tem-se:

TABELA 13.2 Cálculo do desvio-padrão

\multicolumn{3}{c	}{Ação A}	\multicolumn{3}{c}{Ação B}
Rj	[Rj – E(Rj)]	[Rj – E(Rj)]²	Rj	[Rj – E(Rj)]	[Rj – E(Rj)]²
– 0,12	– 0,18	0,0324	0,04	– 0,02	0,0004
0,10	0,04	0,0016	0,06	0	0
0,20	0,14	0,0196	0,08	0,02	0,0004
E(Rj):	6%	0,0536	E(Rj):	6%	0,0008

$$\sigma_A = \sqrt{\frac{0{,}0536}{3-1}} = 0{,}1637\ (16{,}37\%)$$

$$\sigma_B = \sqrt{\frac{0{,}0008}{3-1}} = 0{,}02\ (2{,}0\%)$$

O maior risco da ação A está refletido em seu maior desvio-padrão em relação à ação B. Ou seja, o investimento A apresenta maior dispersão dos resultados esperados.

A variância é o quadrado do desvio-padrão e reflete também o grau de dispersão dos retornos em relação ao valor esperado. Uma desvantagem no uso dessa medida é o valor numérico mais elevado, podendo dificultar sua interpretação.

A fórmula apresentada de cálculo do desvio-padrão é geralmente empregada quando se admitem as mesmas probabilidades para todos os resultados possíveis do investimento. No exemplo ilustrativo desenvolvido, admitiu-se que todos os resultados futuros esperados tinham a mesma probabilidade de ocorrerem. Quando as probabilidades correspondentes aos resultados não forem as mesmas, a fórmula mais utilizada para o cálculo do desvio-padrão é dada por:

$$\sigma = \sqrt{\sum [Rj - E(Rj)]^2 \times Prob_j}$$

O retorno esperado com diferentes probabilidades de ocorrência é dado pela fórmula:

$$E(Rj) = \sum Rj \times Prob_j$$

Ao se admitirem probabilidades de 25%, 50% e 25%, respectivamente, aos retornos previstos de cada ação, podem-se determinar os seguintes resultados, ilustrados nas Tabelas 13.3, 13.4 e 13.5:

TABELA 13.3 Retorno esperado

Retorno [Rj]	Prob.	Valor Ponderado	Retorno [Rj]	Prob.	Valor Ponderado
Ação A				Ação B	
– 12,0%	25,0%	– 3,0%	4,0%	25,0%	1,0%
10,0%	50,0%	5,0%	6,0%	50,0%	3,0%
20,0%	25,0%	5,0%	8,0%	25,0%	2,0%
Retorno esperado: 7,0%			Retorno esperado: 6,0%		

TABELA 13.4 Desvio-padrão ação A

Ação A				
Rj	Prob.	[Rj – E(Rj)]	[Rj – E(Rj)]²	Prob. × [Rj – E(Rj)]²
– 12,0%	25,0%	– 0,19	0,0361	0,009025
10,0%	50,0%	0,03	0,0009	0,000450
20,0%	25,0%	0,13	0,0169	0,004225
				0,0137 (1,37%)

TABELA 13.5 Desvio-padrão ação B

Ação B				
Rj	Prob.	[Rj – E(Rj)]	[Rj – E(Rj)]²	Prob. × [Rj – E(Rj)]²
4,0%	25,0%	– 0,02	0,0004	0,0001
6,0%	50,0%	0	0	0
8,0%	25,0%	0,02	0,0004	0,0001
				0,0002 (0,02%)

Uma vez mais, o maior risco da ação *A* está nitidamente refletido no maior desvio-padrão calculado.

13.3.2 Coeficiente de variação (CV)

É, essencialmente, uma medida relativa do risco de cada ativo utilizada na comparação de investimentos que apresentam diferentes retornos esperados. Através do coeficiente de variação, o investidor pode avaliar o tamanho da dispersão dos resultados possíveis em relação à média do retorno, ou seja:

$$\text{Coeficiente de variação (CV)} = \frac{\text{Desvio-padrão}}{\text{Retorno médio}} = \frac{\sigma j}{(Rj)}$$

Substituindo os valores originais encontrados nas aplicações nas ações *A* e *B*, tem-se:

$$CV_A = \frac{16{,}27\%}{6{,}0\%} = 2{,}73\%$$

$$CV_B = \frac{2{,}0\%}{6,0\%} = 0{,}33\%$$

Nas condições admitidas de retornos possíveis com probabilidades iguais, a ação *A* tem um coeficiente de variação mais alto que *B*, denotando maior risco ao investidor por unidade de retorno esperado. Como as duas aplicações têm o mesmo retorno esperado de 6,0%, o cálculo do coeficiente de variação não forneceu informações adicionais àquelas sugeridas pelo desvio-padrão.

No caso de se atribuírem diferentes probabilidades aos retornos possíveis, o uso do coeficiente de variação apresenta-se mais relevante, indicando o risco de cada alternativa de investimentos por unidade de retorno esperado. Assim, para as ações *A* e *B*, com probabilidades assinaladas de, respectivamente, 25%, 50% e 25%, tem-se:

$$CV_A = \frac{1{,}77\%}{7{,}0\%} = 0{,}196\%$$

$$CV_B = \frac{0{,}02\%}{6{,}0\%} = 0{,}0033\%$$

Nesse caso, conclui-se que a ação *A* apresenta maior risco por unidade de retorno esperada.

13.4 DECISÕES COM DIFERENTES RETORNOS ESPERADOS

Admita que um investidor esteja avaliando duas oportunidades de investimento em ações, cujas principais informações disponíveis são as seguintes (Tabela 13.6):

TABELA 13.6 Exemplo ilustrativo das ações X e W

	Ação X	Ação W
Retorno Esperado E(Rj)	16,0%	26,0%
Desvio-padrão s_j	10,0%	13,0%
Coeficiente de variação CV = s_j/E (Rj)	0,625	0,50

Se o investidor basear sua avaliação somente nos desvios-padrões, a ação *X* será selecionada pelo seu menor risco. A ação *X* tem um desvio-padrão menor [$s_X = 10{,}0\%$] em relação à ação W [s_W = 13,0%], revelando menor grau de incerteza (menor dispersão) em torno do retorno esperado.

No entanto, a conclusão à qual o investidor chegaria se comparasse os coeficientes de variação das ações seria diferente. A ação X tem maior coeficiente de variação [CV_X = 0,625] em relação à ação W [CV_W = 0,50], indicando maior risco por retorno esperado.

A utilização do coeficiente de variação na comparação de riscos é mais adequada porque considera também o retorno esperado do investimento.

13.5 DECISÕES COM O MESMO DESVIO-PADRÃO

Uma aplicação interessante do coeficiente de variação é desenvolvida em situações nas quais os ativos apresentam o mesmo desvio-padrão. Para ilustrar, considere duas ações com os seguintes resultados:

TABELA 13.7 Exemplo ilustrativo das ações R e S

Ação	Retorno esperado $E(Rj)$	Desvio-padrão (σ)	CV [σ/E (Rj)]
R	16%	14%	0,875
S	22%	14%	0,636

Considerando a medida do desvio-padrão, o risco dos dois investimentos é o mesmo, ou seja: σ = 14%. Esse indicador de risco é absoluto e não considera o retorno esperado por ação. A medida do coeficiente de variação, ao contrário, avalia o risco por unidade de retorno esperado. Por esse critério, a alternativa S é a mais atraente, dado que oferece um risco de 0,636 por unidade esperada de retorno, inferior a 0,875 apurado na ação R.

13.6 O RISCO E O TEMPO

É importante acrescentar que o risco de um investimento aumenta com o passar do tempo. Em geral, quanto mais longo for o horizonte de tempo do investimento, mais alto se apresentará o seu risco, devido principalmente à necessidade de se preverem resultados num tempo mais distante. Projeções de longo prazo embutem riscos maiores de erros de previsão, determinando maior dispersão dos retornos possíveis.

Os erros de previsão em investimentos são, de certa forma, normais em horizontes mais longos. É bastante difícil ou, até mesmo, impossível preverem-se as inúmeras ocorrências futuras como inflação, crises econômicas, conflitos sociais e políticos, entre outras de natureza incontrolável.

13.7 CARTEIRAS DE AÇÕES

Uma *carteira* é um conjunto de ativos destinados à negociação. Pode ser formada por diferentes tipos de haveres, como títulos de renda fixa, ações, debêntures etc. Uma *carteira de ações* é constituída por diversas ações negociadas em bolsas de valores.

Quando um investidor constitui uma carteira, ao invés de aplicar seu capital numa única ação, ele procura efetivamente combinar as ações possuídas de maneira a reduzir (diversificar) o risco do investimento. O objetivo de qualquer investidor é constituir uma carteira eficiente que promova a redução de perdas pela presença de ações que se relacionam de forma inversa com as demais. Em outras palavras, um mesmo evento, aumento das taxas de juros, por exemplo, atua de forma diferente sobre as ações mantidas em carteira. Assim, uma carteira eficiente visa:

- *maximizar* o retorno esperado para determinado nível de risco; ou
- *minimizar* o risco para certo nível esperado de retorno.

Para se entender esse processo de formação de uma carteira eficiente, é importante que se discuta antes o conceito de *correlação*, que é a base para se efetuar a diversificação.

13.7.1 Correlação e diversificação

A *correlação* é uma medida estatística que indica como duas (ou mais) séries de números se relacionam entre si. As séries podem considerar qualquer tipo de dados e a correlação de uma carteira de ações é usada principalmente para avaliar o grau de relacionamento entre os retornos dos títulos.

Se os retornos de duas ações se movimentam no mesmo sentido, entende-se que elas são *positivamente correlacionadas*. Quando o retorno de uma ação demonstra tendência de crescimento, o mesmo ocorre com o retorno de outra ação que lhe seja positivamente correlacionada.

Se os retornos indicarem comportamento oposto, diz-se que as ações são *negativamente correlacionadas*. Nesse caso, os retornos se movimentam em direções contrárias: ocorrendo elevação nos rendimentos de uma ação, é esperada uma redução nos resultados de outra.

Se os retornos de duas ações não apresentam qualquer relação entre si, conclui-se que o grau de correlação é zero. Coeficiente de correlação nulo indica a inexistência de qualquer relacionamento entre os retornos das ações, apresentando comportamentos independentes no mercado.

Para melhor ilustrar o importante conceito de correlação, admita os retornos esperados de três ações diante de cinco possíveis cenários econômicos, conforme Tabela 13.8:

TABELA 13.8 Exemplo ilustrativo de taxa de retorno para as ações A, B e C

Cenários	Taxa de retorno		
	Ação A	Ação B	Ação C
I	10%	18%	7%
II	12%	16%	11%
III	14%	14%	13%
IV	16%	12%	19%
V	18%	10%	26%

Diante dos resultados esperados das ações, podem ser estabelecidas as seguintes conclusões:

* As ações *A* e *C* apresentam correlação positiva. Isso indica que as taxas de retorno das ações demonstram tendência de se moverem no mesmo sentido. As mudanças de cenários proporcionam o mesmo comportamento nas taxas de retorno das ações.

* As ações *A* e *B*, ao contrário, movem-se em direções opostas. Conforme cresce o retorno de *A*, diminui o de *B* e vice-versa. Observe que essa relação contrária de *A* e *B* é mais perfeita que a relação positiva de *A* e *C*. A ação *B* muda 2% a cada variação igual de *A*, enquanto *C* altera-se em sentido oposto, porém com diferentes percentuais.

Uma grande simplicidade no uso do coeficiente de correlação é que seu valor situa-se sempre entre –1 e +1. A correlação dos retornos de duas ações deve localizar-se entre esses dois extremos e os pares são considerados mais bem correlacionados quanto mais próximos de 1 estiverem. Os retornos das ações *A* e *B* na ilustração acima apresentam uma correlação perfeita negativa igual a –1, enquanto o coeficiente entre *A* e *C* é positivo e próximo a +1.

Uma correlação será considerada como *positiva perfeita* quando o coeficiente for igual a +1,0; ao contrário, é descrita como *negativa perfeita* se alcança o coeficiente de –1,0.

Através desse conceito de correlação, fica fácil compreender que, para reduzir o risco de uma carteira, o melhor será que o investidor combine ações que tenham correlação negativa (ou positiva baixa) entre si. Pela tendência oposta de evolução dos retornos das ações, o risco de grandes perdas é reduzido, assim como a possibilidade de grandes lucros. O desempenho negativo de uma ação é compensado pelos resultados positivos (correlação negativa) de outra, reduzindo o risco da carteira como um todo.

Mesmo que o investidor tenha dificuldades em compor sua carteira com ações negativamente correlacionadas, o risco pode ser minimizado (diversificado) pela seleção de ações com correlação mais reduzida possível. Quanto mais baixa for a correlação entre os retornos das ações (mais próxima de – 1,0), maior será a capacidade de se diversificar o risco. Uma correlação negativa (ou positiva baixa) reduz a possibilidade de um evento econômico (uma variação nas taxas de juros, por exemplo) atuar igualmente sobre o desempenho de todas as ações da carteira, permitindo certa compensação entre os retornos.

> Por exemplo, compor uma carteira com ações de empresas do setor automobilístico e de alimentos tende a apurar um risco total menor que uma combinação de ações de empresas do setor automobilístico e de construção civil.

Os retornos das ações dos setores automobilístico e de construção civil apresentam-se, em geral, bem correlacionados positivamente. O desempenho das empresas costuma acompanhar, de maneira próxima, os ciclos da economia, sugerindo uma mesma tendência de preços para as ações.

Por outro lado, o setor de alimentos apresenta-se geralmente mais estável, não sofrendo significativas influências da conjuntura econômica. Os resultados de uma companhia de alimentos apresentam-se menos dependentes dos ciclos econômicos em comparação com outros setores da economia. O seu coeficiente de correlação com as ações do setor automobilístico, apesar de positivo, é baixo, contribuindo para a redução do risco total da carteira.

13.8 TIPOS DE RISCO

Quando se constitui uma carteira com uma única ação, o risco total é igual ao risco da própria ação. Ao serem incluídas mais ações na carteira, selecionadas de maneira diversificada, o risco total da carteira se reduz. Quanto mais ações forem colocadas nessas condições, menor o risco da carteira.

Entretanto, essa redução do risco pela diversificação tem limite. É impossível, na prática, um investidor eliminar totalmente o risco das ações através da diversificação, permanecendo sempre um resíduo de risco na carteira. Inúmeros testes com ações de mercado têm demonstrado que é possível reduzir o risco de uma carteira ao seu nível mínimo com a combinação de 15 a 20 ações.

O risco total de uma carteira pode ser identificado em dois grandes componentes: *risco diversificável* e *risco sistemático* (ou não diversificável).

O *risco diversificável* equivale à parcela do risco da carteira que pode ser eliminada pelo processo de diversificação. É explicado por fatores específicos da empresa ou de seu setor de atividade, como endividamento, concorrência, estrutura de custos etc. Por exemplo, um investidor em ações de empresas de setores cíclicos, que tendem a acompanhar os ciclos de prosperidade e recessão da economia, como construção civil, bens de consumo, autopeças e montadoras etc., pode reduzir o risco de sua carteira compondo-a com ações de setores mais estáveis, como alimentos e fumo. Uma queda na rentabilidade das ações cíclicas nos momentos de retração econômica pode ser compensada, em parte, pelos resultados das ações de empresas mais estáveis, com menor dependência dos ciclos econômicos. A parcela do risco que o investidor elimina por essa diversificação é denominada diversificável.

O *risco sistemático*, também conhecido por não diversificável, é a parcela do risco que não pode ser eliminada pela diversificação. A diversificação reduz o risco da carteira, porém não o elimina totalmente, permanecendo uma parte residual conhecida por sistemática. O risco sistemático é atribuído a fatores comuns, que afetam o mercado como um todo, citando-se o comportamento da conjuntura econômica, ambiente político, crises cambiais internacionais etc. Não é possível eliminar esse risco pela diversificação.

Na avaliação de carteiras de ações, considerando que o investidor pode eliminar o risco classificado como diversificável, o risco efetivamente relevante é o sistemático. Toda decisão de novos investimentos em ações deve, em essência, avaliar a sua contribuição ao risco total da carteira.

- Quando o investidor adquire uma única ação, ele assume o risco total do papel.
- Quando o investidor seleciona uma quantidade de ações para formar sua carteira que se movimenta na mesma direção, ele pode estar aumentando o risco específico de cada ação.
- A melhor forma para o investidor reduzir o risco de suas aplicações é a *diversificação*.

Para diversificar, é fundamental que as ações não tenham alta correlação entre si. O principal objetivo da diversificação é reduzir o risco do investimento sem perda da rentabilidade.

Importante: não é necessariamente uma quantidade física maior de ações que irá determinar a redução do risco. O fundamental é a baixa correlação entre as ações. Por exemplo, uma carteira formada por somente quatro ações de setores diversificados pode apresentar desempenho de risco melhor que uma carteira formada por 12 ações do mesmo segmento.

13.9 COEFICIENTE BETA DA AÇÃO

O coeficiente *beta* (β) de uma ação (ou de uma carteira de ações) é uma medida bastante utilizada pelos analistas visando dimensionar o risco sistemático do investimento. O β reflete como a ação se comporta em relação aos movimentos nas taxas de retorno da carteira de mercado.

O retorno do mercado é dimensionado pelo índice da carteira de ações negociadas em bolsas de valores, como a B3, Dow Jones, Standard & Poor's, entre outras estudadas. Por ser totalmente diversificada, a carteira de mercado possui somente risco sistemático, tendo eliminado todo o risco diversificável.

O coeficiente beta pode ser determinado por técnicas estatísticas de regressão, avaliando-se o comportamento do retorno de uma ação com o retorno de mercado, ou obtido de publicações especializadas, *sites* financeiros e informações de instituições financeiras.

Como base de comparação, o β da carteira de mercado é sempre 1,0; essa carteira, por sua alta diversificação, inclui somente o risco sistemático, tendo eliminado a parte diversificável do risco. Todos os betas das ações negociadas são avaliados tendo por referência o beta do mercado.

Se uma ação apura um β igual a 1,0, diz-se que seu risco é *igual* ao risco médio da carteira de mercado, ou seja, ao seu risco sistemático. Se o β é superior a 1,0, a ação apresenta um risco *superior* ao do mercado, devendo oferecer remuneração maior ao investidor. Quanto maior o coeficiente beta de uma ação, maior o seu risco. Ao contrário, se o β for inferior a 1,0, o risco da ação será *inferior* ao da carteira de mercado, sendo entendido como um investimento defensivo (conservador).

Uma interpretação do beta de uma ação (ou carteira de ações) revela como o seu retorno reage diante de alterações na rentabilidade da carteira de mercado. Assim, pode-se interpretar que:

β > 1,0

O risco da ação é mais elevado que o risco sistemático da carteira de mercado, oferecendo maiores expectativas de ganhos e, também, possibilidades de perdas mais elevadas ao aplicador.

Se o retorno da carteira de mercado elevar-se em 10% e o beta de uma ação for de 2,0, por exemplo, espera-se que o retorno desse título atinja 20% (2,0 × 10%); se o β for igual a 1,5, o retorno esperado da ação será de 15%; e assim por diante.

Essa reação se repetirá com a mesma intensidade quando o retorno do mercado for negativo. Se o mercado apurar um retorno de – 10%, o retorno esperado da carteira de ações será calculado em – 20% para um β de 2,0; e de – 15% para um β igual a 1,5; e assim por diante.

Dessa maneira, quanto maior o coeficiente beta de uma ação, mais alto é o seu risco da ação em relação à carteira de mercado, devendo prometer um retorno maior. Exemplos de setores de empresas com risco mais alto: instituições financeiras, bens de consumo, construção civil, tecnologia etc.

β = 1,0

O desempenho da ação caminha na mesma direção da carteira de mercado, oferecendo a mesma reação aos movimentos do retorno de mercado. Interpreta-se que a ação apresenta um risco igual ao risco sistemático da carteira de mercado. Assim, se o retorno do Ibovespa elevar-se em 5%, por exemplo, espera-se que o retorno de uma ação com β = 1 incremente-se também em 5%. Para riscos iguais são esperados retornos iguais.

β < 1,0

Betas baixos oferecem menor reação frente às oscilações do mercado e, em consequência, indicam investimentos de riscos mais baixos que ações com betas mais altos. Ações com β inferior a 1,0 são conhecidas como papéis defensivos.

Se o β de uma ação for de 0,80 e o retorno da carteira de mercado elevar-se em 10%, por exemplo, espera-se um rendimento de somente 8% na ação. Se o índice de ações de mercado perder retorno, por outro lado, ações com betas inferiores a 1,0 apuram perdas menores; uma rentabilidade negativa de 10% na carteira de mercado reflete um desempenho também negativo na ação, porém de apenas 8%.

Riscos mais baixos prometem menores chances de retornos mais elevados e também menores possibilidades de maiores perdas. Alguns setores com coeficiente β inferior a 1,0: alimentação e bebidas, mineração, fumo, petróleo etc.

13.10 A EQUAÇÃO DO RETORNO MÍNIMO

A estrutura do retorno mínimo exigido por um investidor envolve essencialmente dois fatores:

a) remuneração equivalente ao de *ativo livre de risco* ou de mais baixo risco. Normalmente é considerado o retorno prometido por um título público;

b) *prêmio pelo risco* do investimento.

Ao decidir investir em algum ativo com risco (ação, por exemplo), todo investidor tem por meta apurar um retorno superior ao que ganharia se aplicasse seus recursos em algum título de risco mínimo. Esse diferencial maior exigido pelo investidor é entendido como um *prêmio* pelo risco assumido.

O conhecimento do coeficiente beta de uma ação é bastante útil para se determinar o retorno mínimo que um investidor deve exigir em sua aplicação. Partindo-se do raciocínio descrito acima, pode-se estabelecer a formulação da taxa mínima de retorno baseada no risco do investimento da forma seguinte:

$$Kj = RF + \beta \times (RM - RF)$$

onde:

Kj = taxa mínima de retorno que deve ser exigida pelo investidor como forma de compensar o risco da aplicação;

RF = taxa livre de risco da economia, normalmente dimensionada pelos juros dos títulos públicos;

β = coeficiente beta da ação, indicador do risco sistemático;

RM = retorno da carteira de mercado, sendo utilizado geralmente o índice da B3 (Ibovespa).

(*RM* – *RF*) = prêmio pelo risco de mercado. Ou seja, quanto a carteira de ações de mercado está pagando acima da remuneração de um título público;

β × **(*RM* – *RF*)** = prêmio pelo risco da ação calculado a partir de sua relação com o risco de mercado.

Ao avaliar uma ação com beta igual a 1,2, por exemplo, o investidor conclui que seu risco é superior ao risco da carteira de mercado, ou seja, da carteira de ações que compõe o Ibovespa. Se as taxas livres de risco da economia (juros pagos pelos títulos públicos) estão calculadas em 7% ao ano e a carteira de mercado oferece um retorno de 15%, o retorno mínimo que a ação deve oferecer ao investidor é de 16,6% ao ano, ou seja:

$$K = 7\% + 1,2 \, (15\% - 7\%)$$
$$K = 16,6\%$$

Para o investimento ser atraente, a ação deve oferecer um retorno mínimo de 16,6% de maneira a remunerar o risco assumido pelo aplicador. Quanto mais alto o risco do investimento, medido pelo beta da ação, mais elevado se apresenta também o retorno mínimo que deve ser exigido. Ao contrário, o retorno exigido reduz-se quando o risco do investimento é menor.

14
MERCADOS FUTUROS

Derivativos são ativos financeiros cujo valor depende, ou *deriva*, do valor de outros ativos financeiros. O capítulo enfoca o mercado de derivativos no Brasil e os contratos futuros e a termo. São descritas diversas operações disponíveis na B3 e cálculos de seus resultados.

O objetivo básico é oferecer ao leitor os fundamentos de avaliação dos derivativos, as condições estabelecidas das operações na B3 e analisar ainda os principais riscos envolvidos com esses ativos financeiros.

Derivativos são contratos firmados entre partes que derivam de um ativo-objeto e geralmente negociados no mercado de capitais, ou seja, não apresentam valor próprio, derivando do valor de um bem básico. Esses contratos têm por objetivo básico trocar valores de ativos, como ações, índices, câmbio, mercadorias, entre outros. Exemplos bastante conhecidos de derivativos são as operações dos mercados futuros e de opções.

14.1 MERCADOS FUTUROS

Nesse mercado são negociados, em essência, contratos a futuro, ou seja, contratos com liquidação prevista para o futuro. Um contrato a futuro é um compromisso de comprar ou vender (entregar ou receber a entrega) determinado ativo-objeto no futuro, nas condições de quantidade e de preços preestabelecidos.

Os mercados futuros ganham importância maior na administração de riscos de variação nos preços de negociação das ações e demais ativos financeiros. Prevendo uma desvalorização nos preços de suas ações, por exemplo, o investidor pode utilizar os contratos futuros para proteger-se do risco de perda em seu patrimônio. Nesse caso, ele pode vender as ações para liquidação futura por um preço previamente estabelecido. A perda esperada no mercado à vista de ações é compensada pelo ganho auferido no mercado futuro.

Os contratos futuros são padronizados pelas bolsas com o intuito de facilitar sua negociação. As bolsas de valores determinam a unidade e a quantidade total de comercialização (volume de ações previsto em cada contrato), data de vencimento do contrato e local de entrega do ativo objeto do contrato.

Uma operação no mercado futuro de ações envolve compra e venda de ações listadas em bolsa de valores, a um preço previamente acordado entre as partes, e com previsão de a operação ser liquidada em uma data futura especificada.

O investidor e o comprador no mercado futuro têm expectativas opostas com relação ao comportamento do preço do ativo-objeto. Por exemplo, se o preço de uma ação no futuro estiver previsto em $ 10, o investidor será atraído pelo negócio se sua expectativa de preço for superior aos $ 10 na data de vencimento do contrato, quando deverá desembolsar a quantia para receber o papel.

O vendedor, por outro lado, tem uma visão contrária, prevendo que a ação não atingirá esse preço no vencimento, quando deverá comprar os papéis para entregar ao investidor. Se efetivamente a ação não atingir os $ 10 na data futura, realizará lucro comprando no mercado à vista por um preço inferior a $ 10 e entregando-a pelos $ 10 assinalados no contrato.

Se, no entanto, a ação valorizar-se acima dos $ 10, o vendedor realizará prejuízo medido pela diferença entre o valor de compra no mercado à vista (acima de $ 10) e o preço estabelecido no contrato futuro para venda ($ 10/ação).

O preço do contrato futuro da ação é formado pela sua cotação no mercado à vista acrescida de um custo, normalmente definido pelos juros calculados desde a data de negociação do contrato futuro até a respectiva data de liquidação. Dessa forma, o preço das ações no mercado futuro é maior que os preços praticados no mercado à vista.

O preço de um contrato futuro de ações é alterado conforme o preço desse mesmo papel (ação subjacente) é modificado no mercado à vista. Na compra de um contrato futuro, não há transferência efetiva de dinheiro; verifica-se um compromisso de pagamento e entrega no futuro das ações subjacentes. Para promover maior segurança na operação, a bolsa de valores, através da Companhia Brasileira de Liquidação e Custódia (CBLC), exige uma garantia financeira, denominada *depósito de margem*. Esse depósito pode variar de acordo com a volatilidade da ação no mercado à vista.

A B3 exige ainda um *ajuste diário* na posição dos contratos futuros. Cada ação tem um preço de referência definido todo dia e, havendo diferença entre o valor do negócio pago em pregão e este preço, o investidor é chamado para fazer um ajuste financeiro. Assim, por exemplo, se o preço de ajuste de um dia for maior que o preço do negócio realizado pelo investidor, tem-se:

- O *comprador* do contrato futuro, ao adquirir por um preço inferior ao preço de referência, realiza um ganho no dia com a compra. Esse ganho é medido pela diferença entre o preço de ajuste do dia e o preço do negócio. O valor calculado é creditado para o comprador.
- Para o *vendedor* no mercado futuro a situação é inversa. Ele apurou uma perda no dia, medida pela diferença entre o preço de venda e o preço de referência. Essa perda é debitada em sua conta.

Por outro lado, se o preço de ajuste do dia for estabelecido abaixo do valor do negócio, tem-se uma situação contrária. O comprador a futuro incorre em uma perda no dia, que será debitada em sua conta, e o vendedor realiza um ganho, que será creditado em sua conta. O ganho ou perda na operação é sempre medido pela diferença entre o preço de ajuste e o preço do negócio.

14.2 PARTICIPANTES DO MERCADO FUTURO

Os participantes do mercado futuro são o arbitrador, o especulador e os *hedgers*.

O *arbitrador* é um participante do mercado futuro que procura, entre outras alternativas de ganhos, tirar vantagens financeiras dos diferentes preços das ações no mercado à vista e no mercado futuro.

Por exemplo, se uma ação estiver sendo negociada no mercado à vista a $ 10 e seu preço no mercado futuro for de $ 11, com vencimento para 60 dias, o investidor avalia a seguinte estratégia de ganho:

- comprar a ação no mercado à vista e vender simultaneamente no mercado futuro.

Com isso, espera auferir uma remuneração de 10% em 60 dias, percentual bem superior a qualquer outra alternativa disponível no mercado financeiro.

O arbitrador se garante nessa operação que venha a ocorrer no preço de mercado do papel: adquiriu a ação por $ 10 no mercado à vista e, ao mesmo tempo, garantiu sua venda a futuro por $ 11. Como resultado, aufere lucro de $ 1 por ação (antes do desconto de despesas de corretagem e outras), o que equivale a uma taxa de 10% em 60 dias.

O *especulador* é um participante que entra e sai do mercado de maneira rápida, sendo motivado pelo desejo de ser bem-sucedido. Seu principal objetivo é a obtenção de lucro medido pela diferença entre o preço de compra e o de venda. Almeja sempre elevar seu patrimônio, não somente preservá-lo. O especulador é atraído pelo risco, selecionando alternativas financeiras que prometam maiores retornos. Ele se torna importante, pois atribui liquidez às operações, tornando o mercado mais eficiente.

Os *hedgers* são usuários dos mercados futuros que, através das operações de compra e venda, procuram estabilizar sua estrutura de lucro e reduzir seu risco, ou seja, procuram eliminar o risco de perda determinado por variações adversas nos preços.

Quando um investidor prevê desvalorização nos preços de suas ações, pode vender contratos futuros para eliminar esse prejuízo potencial. Dessa forma, ocorrendo efetivamente a queda de preços no mercado à vista de ações, a posição do investidor é compensada pelo ganho apurado na venda no mercado futuro de ações.

Para ilustrar, admita um investidor que tenha 10.000 ações de uma companhia cotada cada uma a R$ 20,00. Prevendo uma queda em seus preços, decide vender contratos futuros por R$ 21,00. Algumas semanas depois, a ação está cotada no mercado à vista por R$ 19,00 e no mercado futuro seu preço atinge R$ 19,80. Os resultados do investidor são calculados conforme as Tabelas 14.1 e 14.2:

TABELA 14.1 Exemplo de cálculo de resultados

Mercado à vista	
Preço de abertura	R$ 20,00/ação
Preço de fechamento	R$ 19,00
Perda no mercado à vista	*R$ 1,00/ação × 10.000 ações*
Perda total	R$ 10.000,00

TABELA 14.2 Exemplo de cálculo de resultados

Mercado futuro de ações	
Preço de abertura	R$ 21,00/ação
Preço de fechamento	R$ 19,80
Ganho no mercado futuro	*R$ 1,20/ação × 10.000 ações*
Ganho total	R$ 11.200,00

O ganho auferido no mercado futuro de ações compensou a perda ocorrida no mercado à vista, eliminando o prejuízo previsto do investidor.

14.2.1 Investimento no mercado futuro de ações – valorização

Para melhor ilustrar uma operação no mercado futuro de ações, admita o seguinte exemplo ilustrativo.

Determinada ação está cotada no mercado à vista por $ 70,00 e por $ 73,50 no mercado futuro. A bolsa exige um depósito de garantia de $ 6,40 para comprar um contrato futuro. Ao final de 30 dias, o preço à vista da ação elevou-se para $ 76,00 e, no Mercado Futuro, o preço atingiu $ 79,50.

Observe na Tabela 14.3 que, ao adquirir no mercado à vista, o investidor deve pagar $ 70,00 na compra da ação. No mercado futuro, o investimento é muito menor, devendo o comprador depositar a quantia fixada pela bolsa de $ 7,00, definida por margem de garantia. Os resultados da operação são os seguintes:

TABELA 14.3 Exemplo de cálculo de resultados

	Mercado à vista de ações	**Mercado futuro de ações**
Preço de abertura	$ 70,00	$ 73,50
Preço de fechamento	$ 76,00	$ 79,50
Ganho do investidor	**$ 6,00**	**$ 6,00**
Investimento	$ 70,00	$ 6,40
Taxa de retorno	**8,57%**	**93,75%**
	($ 6,00/$ 70,00)	($ 6,00/$ 6,40)

Em razão do menor investimento realizado na operação a futuro, a taxa de retorno do investidor é muito maior. Como o investidor está aplicando somente uma parte do valor das ações, diz-se que a operação é alavancada.

14.2.2 Investimento no mercado futuro de ações – desvalorização

Um investidor que esteja prevendo queda no preço de mercado de determinada ação poderá se beneficiar desse comportamento mesmo não possuindo os papéis. Para tanto, deve adquirir um contrato futuro da ação, depositar a garantia exigida pela bolsa (depósito de garantia) e aguardar o desempenho da ação. Ao se concretizar sua expectativa, ou seja, se o preço da ação efetivamente se desvalorizar, irá auferir um ganho em sua posição de vendedor de contrato futuro. Poderá comprar contrato futuro da ação por um preço inferior ao da venda.

Para ilustrar essa operação, admita a ação da Cia. A cotada no mercado à vista a $ 50,00. O contrato futuro dessa ação para dois meses está sendo negociado a $ 52,50.

A expectativa do investidor é de uma redução no preço da ação. Para se aproveitar desse cenário, decide vender contratos futuros da ação A.

Ao final do mês, verifica-se que a ação da Cia. A está cotada a $ 42,00 no mercado à vista e, no contrato futuro, a $ 44,00. Para encerrar a sua posição de venda, o investidor adquire os contratos futuros da ação da Cia. A. Essa operação produziu um ganho ao investidor, conforme demonstrado na Tabela 14.4:

TABELA 14.4 Exemplo de resultado no mercado futuro de ações

Resultado no mercado futuro de ações	
Preço de abertura	$ 52,50
Preço de fechamento	$ 44,00
Ganho do investidor na operação	**$ 8,50**

O investidor vendeu contratos futuros a $ 52,50 na expectativa de auferir ganho financeiro pela queda de preço no mercado à vista. Ao verificar essa desvalorização, realiza um retorno positivo medido pela diferença entre o valor de venda e o de compra no mercado futuro de ações.

14.2.3 Investimento no mercado futuro de ações – cobertura de prejuízo

Um investidor, ao prever queda no preço das ações possuídas, pode vender contratos futuros para se cobrir desses prejuízos, e também realizar a venda de seus papéis. Ocorrendo a desvalorização do papel, as perdas registradas no mercado à vista são compensadas pelos ganhos auferidos no mercado futuro de ações.

Para ilustrar, admita um investidor que possua 100.000 ações cotadas no mercado à vista por $ 10,00/ação. O preço no mercado futuro está valendo $ 12,40. Diante do cenário previsto, ele decide vender contratos futuros por esse preço.

Algumas semanas depois, a cotação da ação cai para $ 9,50, e o preço a futuro é de $ 11,70. O investidor encerra sua posição de venda adquirindo ações no mercado futuro. Os resultados do investidor são apurados nas Tabelas 14.5 e 14.6.

TABELA 14.5 Exemplo de resultado no mercado à vista

Resultado do investidor no mercado à vista	
Preço de abertura	$ 10,00/ação
Preço de Fechamento	$ 9,50
Perda por ação	**$ 0,50/ação × 100.000 ações**
Perda total	**$ 50.000,00**

TABELA 14.6 Exemplo de resultado no mercado futuro de ações

Resultado do investidor no mercado futuro de ações	
Preço de abertura	$ 12,40/ação
Preço de fechamento	$ 11,70
Ganho por ação	**$ 0,70** × 100.000 ações
Ganho total	**$ 70.000**

O ganho auferido no mercado futuro de ações compensou a perda calculada no mercado à vista.

14.3 OPERANDO COM CONTRATOS FUTUROS

Como já definido, os contratos futuros são transações que representam um acordo de compra ou venda de certo ativo com liquidação em data futura a um preço definido entre as partes negociadas quando da contratação, na qual se estabelecem características como quantidade, qualidade e outras informações sobre a negociação.

Diferentemente do mercado à vista, onde ocorre de fato a negociação do ativo em si, em geral no mercado futuro esse compromisso, assumido em contrato, termina pela liquidação financeira, sem a entrega física do bem negociado, efetivando-se o pagamento ou recebimento da diferença entre o preço inicial fixado na compra e o de encerramento da venda.

Tais contratos costumam ser padronizados pela bolsa de valores, nas condições de quantidade de negociação, unidade de negociação (lote padrão), vencimento e forma de cotação.

Nesse mercado, as oscilações de preços costumam ser grandes de um dia para o outro de negociação, o que estimula a participação de especuladores. Como forma de garantia das operações, a bolsa de valores exige margem de garantias e realiza o ajuste diário das posições ao final de cada pregão, fazendo com que os investidores estejam sempre posicionados com as devidas variações dos preços, reduzindo assim o risco das operações.

Esse mecanismo dos ajustes diários ocorre cotidianamente na B3, que estabelece o preço de ajuste ao término de cada pregão, de forma que os investidores façam os devidos acertos financeiros. Em caso de ganho, ocorrerá o crédito na conta do investidor e, em caso de perda, o débito, sempre ocorrendo em D + 1.

Os ajustes são assim calculados:

♦ Operações realizadas no dia:

$$AD = (Preço\ Ajuste_{dia} - Preço\ da\ Operação) \times Múltiplo \times quantidade\ contratos$$

♦ Para os demais dias:

$$AD = (Preço\ Ajuste_{dia} - Preço\ Ajuste_{dia\ anterior}) \times Múltiplo \times quantidade\ contratos$$

Em que o preço de ajuste é definido pela B3 diariamente, o múltiplo se refere ao ativo, sendo que cada ativo tem o seu que o representa, e a quantidade de contratos se refere ao número de contratos que está sendo negociado.

Existem contratos de *commodities*, juros, moeda, ações, índices que podem ser negociados, tendo cada um suas características. Possuem códigos que representam cada tipo de ativo e seus vencimentos. E, a partir de 2001, a bolsa lançou os minicontratos com a finalidade de trazer mais participantes para esse mercado. A ideia foi reduzir o tamanho dos contratos, ficando os contratos normais chamados de "cheios" e passando a haver a figura dos "míni" contratos representando 20% do contrato normal. Os contratos míni possuem a denominação da letra *W* antes do código do ativo. A seguir, são apresentados alguns contratos, a título de exemplo, e suas principais características, sendo que as demais podem ser consultadas no *site* da B3:

- *Dólar*: corresponde à taxa de câmbio em reais por dólar dos Estados Unidos da América. O tamanho do contrato cheio é de US$ 50.000 com cotação na bolsa para cada US$ 1.000, com vencimento sempre no 1º dia útil do mês de vencimento, sendo negociado todos os meses do ano. Seu código é DOL e no minicontrato é WDO;
- *Ibovespa*: corresponde ao Índice Bovespa, multiplicando-se cada ponto de índice por R$ 1,00. No caso dos minicontratos, R$ 0,20. O vencimento ocorre sempre na quarta-feira mais próxima do dia 15 do mês de vencimento, tendo apenas vencimentos nos meses pares do ano. O código do contrato cheio é IND e, no minicontrato de dólar, é WIN;
- *Café*: corresponde a um contrato de 100 sacas de 60 kg líquidos de café cru, em grão, produção brasileira, espécie *Coffea arabica* 4-25 (4/5) – qualidade do café com poucas impurezas. Código é ICF, cotado em dólares dos EUA por saca com duas casas decimais, e vencimento no 6º, dia útil anterior ao último dia útil do mês de vencimento, que pode ocorrer nos meses de março, maio, julho, setembro e dezembro.

Outros contratos podem ser acessados diretamente no *site* da B3, onde estão todas as características.

Os vencimentos observam, conforme a Tabela 14.7, a seguinte ordem e letras de referência:

TABELA 14.7 Referência de vencimentos

F	Janeiro		N	Julho
G	Fevereiro		Q	Agosto
H	Março		U	Setembro
J	Abril		V	Outubro
K	Maio		X	Novembro
M	Junho		Z	Dezembro

Dessa forma, um contrato de míni-índice para vencimento em dezembro de 2021 terá o seguinte código: WIN Z 21.

Os custos operacionais dos contratos podem ser encontrados no *site* da B3, sendo calculados segundo regras definidas pela própria bolsa, incluindo horários de negociação de cada ativo.

Nos contratos futuros, usa-se uma linguagem que exprime a posição assumida pelo investidor em relação à expectativa de comportamento do ativo no mercado. Assume-se uma posição comprada quando se tem expectativa de valorização do papel, podendo-se vender quando da alta do ativo no mercado, ocorrendo perda caso o ativo tenha desvalorização no mercado. A posição vendida é contrária, quando se tem uma expectativa de queda no mercado, ocorrendo ganho para o investidor caso o ativo se desvalorize no mercado e haja perda com a valorização.

14.3.1 Operando com contratos futuros de míni-índice Bovespa

Os minicontratos de Ibovespa permitem ao investidor negociar esse índice em pontos, sendo que cada ponto de índice equivale ao valor financeiro de R$ 0,20. Os custos de transação, além da corretagem (Tabela 14.9), em que algumas corretoras aplicam corretagem zero para certas negociações, incluem as tarifas da B3, indicadas na Tabela 14.8:

TABELA 14.8 Tarifas da B3

Tarifação aplicável a	<ul><li>Futuro de Ibovespa (IND)</li><li>Futuro míni de Ibovespa (WIN)</li><li>Rolagem de Ibovespa (IR1)</li><li>Rolagem de futuro míni de Ibovespa (WI1)</li><li>Futuro de Índice Brasil 50 (BRI)</li></ul>

TABELA 14.9 Emolumentos e taxa de registro – componente fixo e variável

ADV		Emolumentos (R$)	Taxa de registro	
De	Até		Componente variável (R$)	Componente fixo (R$)*
1	50	0,63	1,22	0,1166181
51	150	0,58	1,12	0,1166181
151	500	0,54	1,06	0,1166181
501	1.500	0,49	0,96	0,1166181
1.501	3.500	0,44	0,86	0,1166181
3.501	7.500	0,39	0,76	0,1166181
7.501	15.000	0,36	0,69	0,1166181
Acima de 15.000		0,32	0,63	0,1166181

*Minicontrato é isento.

Políticas de incentivo

As políticas de incentivo apresentadas a seguir incidem somente sobre os emolumentos e à taxa de registro variável. O valor da taxa de registro fixa permanece inalterado.

- *minicontratos*: 21% do custo unitário calculado para o emolumento e taxa de registro variável;
- *day trade* indicado na Tabela 14.10:

TABELA 14.10 ADV *day trade*

ADV	*day trade*	Redução (%)
De	Até	
1	5	35,0
6	50	40,0
51	150	55,0
151	1.500	70,0
Acima de 1.500		15,0

TABELA 14.11 Taxa de permanência

Contrato	Fator de redução (λ)	Valor por dia (p)
Ibovespa e IBrX-50	0,36	R$ 0,01500
Minicontrato de Ibovespa	0,36	R$ 0,00300

Fonte: B3. Disponível em: http://www.b3.com.br/pt_br/produtos-e-servicos/tarifas/listados-a-vista-e-derivativos/renda-variavel/tarifas-de-ibovespa-e-indice-brasil-50/futuros-e-estruturadas/. Acesso em: jun. 2021.

Taxa de liquidação

Para os contratos de Ibovespa e IBrX-50, será cobrada taxa de liquidação de R$ 1,52 por contrato na liquidação. Para os minicontratos, será cobrada taxa de liquidação de R$ 0,30 por contrato na liquidação.

A faixa de preços que o investidor pagará por contrato é definida com base na quantidade média diária de contratos negociados, cuja sigla é ADV, de *average daily volume*; por exemplo, para um contrato negociado de míni-índice em *day trade*, o valor será de R$ 0,63 × 21% × (1 − 35%) = R$ 0,08 de emolumentos e R$ 1,22 × 21% × (1 − 35%) = R$ 0,17, totalizando para cada contrato R$ 0,25. Tais cálculos virão descritos na nota de negociação. Demais valores para mais contratos devem ser apurados segundo as regras de cálculo descritas pela B3. Recomenda-se sempre acessar o *site* da bolsa para atualização dos valores, uma vez que os mesmos podem ser alterados a critério da B3.

Assim, imagine que um investidor acredite na alta do Ibovespa em determinado dia e resolva então comprar um minicontrato futuro de Ibovespa, por exemplo, em 29/10/2020, sendo que o Ibovespa estava em 94.135 pontos para vencimento no mês de dezembro em 16/12/2020, contrato WIN Z20 (Tabela 14.12):

TABELA 14.12 Nota de negociação

NOTA DE NEGOCIAÇÃO					Nr. Nota	Folha 1	Data pregão 29/10/2020
C/V	Mercadoria	Vencimento	Quantidade	Preço/Ajuste	Tipo Negócio	Valor de Operação/ Ajuste	D/C	Taxa operacional
C	WIN Z20	@16/12/2020	1	94.135,0000	DAY TRADE	494,60	C	0,00
V	WIN Z20	@16/12/2020	1	94.300,0000	DAY TRADE	461,60	D	0,00

Confirmando-se a alta, o investidor resolve vender esse contrato no mesmo dia realizando uma operação de *day trade* a 94.300 pontos. Dessa forma, o ganho do investidor será de:

$$Ganho = (94.300 - 94.135) \times R\$\ 0{,}20 \times 1 = R\$\ 33{,}00$$

Cabe observar as informações das colunas, em que C se refere a compra e V, a venda. Na coluna Valor de Operação/Ajuste, têm-se os resultados dos ajustes do dia da operação. Para encontrar esse valor, o investidor precisa saber o preço de ajuste do dia da operação. Esse valor pode ser consultado no *site* da B3, conforme mostrado na Figura 14.1, fazendo-se a consulta pelo dia da operação e localizando-se o contrato negociado:

FIGURA 14.1 Ajustes do pregão

Fonte: B3. Disponível em: http://www.b3.com.br/pt_br/market-data-e-indices/servicos-de-dados/market-data/historico/derivativos/ajustes-do-pregao/. Acesso em: jun. 2021.

Observe, na coluna Preço de Ajuste Atual, que o contrato WIN Z20 é de 96.608. Com esse valor, pode-se chegar aos dados da coluna Preço de ajuste Atual:

- Para a compra do contrato:

$$AD = (96.608 - 94.135) \times 0{,}20 \times 1 = 494{,}60$$

- Para a venda do contrato:

$$AD = (94.300 - 96.608) \times 0{,}20 \times 1 = -\ 461{,}60$$

Veja que o saldo desses ajustes corresponde ao ganho do contrato:

$$Ganho = \text{R\$ } 494{,}60 - \text{R\$ } 461{,}60 = \text{R\$ } 33{,}00$$

Conforme comentado anteriormente, os custos de negociação para 1 contrato de compra e 1 contrato de venda, totalizando 2 contratos, são (Figura 14.2):

FIGURA 14.2 Nota de negociação

Venda disponível 0,00	Compra disponível 0,00	Venda Opções 0,00	Compra Opções 0,00	Valor dos negócios 33,00 | C
IRRF 0,00	IRRF Day Trade (proj.) 0,32	Taxa operacional 0,00	Taxa registro BM&F 0,34	Taxas BM&F (emol+f.gar) 0,16 | D
	+Outros Custos 0,00 Impostos 0,00	Ajuste de posição 0,00	Ajuste day trade 33,00 | C	Total de custos operacionais 0,50 | D
Outros 0,00 IRRF operacional 0,00	Total Conta Investimento 0,00	Total Conta Normal 32,18 | C	Total líquido (#) 32,50 | C	Total líquido da nota 32,18 | C

Nessa parte da nota de negociação, é possível encontrar esses custos e as demais informações:

- *Valor dos negócios*: equivale ao ganho obtido na operação, no caso R$ 33,00.
- *Taxa de registro*: foram dois contratos negociados a R$ 0,17 cada um, total R$ 0,34 (R$ 0,17 × 2).
- *Taxa BM&F*: emolumentos de dois contratos a R$ 0,08 cada, totalizando R$ 0,16 (R$ 0,08 × 2).
- *Total de custos operacionais*: R$ 0,34 + R$ 0,16 = R$ 0,50.
- *Total líquido*: R$ 33,00 – R$ 0,50 = R$ 32,50.
- *IRRF* day trade = 1% × R$ 32,50 = R$ 0,32.
- *Total líquido da nota*: R$ 33,00 – R$ 0,50 – R$ 0,32 = R$ 32,18.

Cabe destacar, ainda, que será necessário apresentar margem para executar o contrato acertado com a corretora.

14.3.2 Operando com contratos futuros de minidólar

Os minicontratos de dólar conferem ao investidor a taxa de câmbio de reais por dólares dos EUA. O contrato cheio é de US$ 50.000, com negociação padrão de lote de cinco contratos, e a cotação é de US$ 1.000,00, com vencimento no 1º dia útil do mês, tendo vencimento em todos os meses do ano. O minicontrato é equivalente a 1/5 do contrato cheio. Ou seja, o múltiplo do contrato cheio é 50 e o do míni é 10.

Os custos de transação, além da corretagem, em que algumas corretoras aplicam corretagem zero para certas negociações, têm as tarifas da B3, demonstradas na Tabela 14.13:

TABELA 14.13 Tarifas da B3

	Tarifação válida a partir de 18/03/2019
Contratos-base	■ Futuro de reais por dólar comercial (DOL) ■ Futuro míni de reais por dólar comercial (WDO) ■ Rolagem de reais por dólar comercial (DR1) ■ *Forward points* com futuro de dólar (FRP) ■ Rolagem de futuro míni de reais por dólar comercial (WD1)

Dólar = taxa de câmbio (PTAX de venda) referente ao último dia do mês anterior à data de negociação do contrato.

TABELA 14.14 Emolumentos e taxa de registro – componente fixo e variável

ADV De	ADV Até	Emolumentos (US$)	Taxa de registro Componente variável (US$)	Taxa de registro Componente fixo (US$)*
1	250	0,37	0,68	0,0319502
251	1.000	0,33	0,62	0,0319502
1.001	2.500	0,31	0,58	0,0319502
2.501	6.000	0,29	0,54	0,0319502
6.001	10.000	0,27	0,51	0,0319502
10.001	15.000	0,26	0,48	0,0319502
15.001	25.000	0,25	0,45	0,0319502
25.001	45.000	0,23	0,43	0,0319502
45.001	80.000	0,22	0,40	0,0319502
	Acima de 80.000	0,20	0,38	0,0319502

*Minicontrato é isento.

Políticas de incentivo

As políticas de incentivo a seguir incidem somente sobre os emolumentos e taxa de registro variável. O valor da taxa de registro fixa permanece inalterado.

♦ *Minicontratos*: 22% do custo unitário calculado para os emolumentos e taxa de registro variável.

- *Período de rolagem*: durante o período de rolagem, que compreende os dois pregões anteriores ao vencimento, os emolumentos e a taxa de registro variável sobre o contrato futuro de reais por dólar comercial e operação estruturada de rolagem de reais por dólar comercial serão de 50% em relação ao valor calculado para essas tarifas, de acordo com o ADV. Na operação estruturada, esse desconto vale somente para a perna que está vencendo. A outra perna será tarifada normalmente, também de acordo com o ADV.

TABELA 14.15 ADV *day trade*

ADV	Day trade	Redução (%)
De	Até	
1	20	5,0
21	200	15,0
201	600	35,0
601	2.000	45,0
2.001	5.000	50,0
5.001	10.000	55,0
10.001	20.000	57,5
20.001	35.000	60,0
35.001	60.000	62,5
	Acima de 60.000	65,0

Assim, considere que em 30/10/2020 um investidor acredite que o dólar irá subir, abra uma posição comprada de um contrato ao longo do dia, com dólar a R$ 5.801,000 para vencimento em 1/12/2020, contrato WDO Z20, conforme Tabela 14.16.

Na sequência, abre uma nova posição de contrato com mesmo vencimento a R$ 5.808,000. Ao longo do dia, resolve encerrar as duas posições em uma operação de *day trade*, encerrando a R$ 5.804,000 e a R$ 5.809,500.

TABELA 14.16 Nota de negociação

NOTA DE NEGOCIAÇÃO					Nr. Nota	Folha 1	Data pregão 30/10/2020
C/V	Mercadoria	Vencimento	Quantidade	Preço/Ajuste	Tipo Negócio	Valor de Operação/Ajuste	D/C	Taxa operacional
C	WDO Z20	@01/12/2020	1	5.801,0000	DAY TRADE	511,23	D	0,00
C	WDO Z20	@01/12/2020	1	5.808,0000	DAY TRADE	581,23	D	0,00
V	WDO Z20	@01/12/2020	1	5.804,0000	DAY TRADE	541,23	C	0,00
V	WDO Z20	@01/12/2020	1	5.809,5000	DAY TRADE	596,23	C	0,00

Dessa forma, obtém-se o seguinte resultado:

$$Ganho = (5.804{,}000 - 5.801{,}00) \times 10 \times 1 = \text{R\$ } 30{,}00$$

$$Ganho = (5.809{,}500 - 5.808{,}00) \times 10 \times 1 = \text{R\$ } 15{,}00$$

$$\text{Ganho total de R\$ } 30{,}00 + \text{R\$ } 15{,}00 = \text{R\$ } 45{,}00.$$

Observe que na coluna Valor de Operação/Ajuste estão os ajustes do dia 30/10/2020 para o contrato de minidólar, conforme os valores atuais.

FIGURA 14.3 Ajustes do pregão

Ajustes do pregão

Home / Market Data e Índices / Serviços de dados / Market Data / Histórico / Derivativos / Ajustes do pregão

30/10/2020 OK Atualizado em: 30/10/2020

Mercadoria	Vencimento	Preço de ajuste anterior	Preço de ajuste Atual	Variação	Valor do ajuste por contrato (R$)
	X20	5.759,9210	5.771,8000	11,8790	118,79
	Z20	5.764,8070	5.749,8770	-14,9300	149,30
	F21	5.769,0170	5.754,4450	-14,5720	145,72
	G21	5.772,5430	5.758,3160	-14,2270	142,27
	H21	5.776,4190	5.762,4870	-13,9320	139,32
	J21	5.782,5890	5.768,6580	-13,9310	139,31
WDO - Dólar Mini - WDO	K21	5.790,1100	5.775,0830	-15,0270	150,27

Fonte: B3. Disponível em: http://www.b3.com.br/pt_br/market-data-e-indices/servicos-de-dados/market-data/historico/derivativos/ajustes-do-pregao/. Acesso em: jun. 2021.

Observe na coluna Preço de ajuste atual contrato WDO Z20 (Figura 14.3), que é de R$ 5.749,877. Com esse valor, pode-se chegar aos dados da coluna Preço de ajuste Atual:

- Para a compra do contrato:

$$AD = (5.749{,}877 - 5.801{,}00) \times 10 \times 1 = -\text{R\$ } 511{,}23$$

$$AD = (5.749{,}877 - 5.808{,}00) \times 10 \times 1 = -\text{R\$ } 581{,}23$$

- Para a venda do contrato:

$$AD = (5.804{,}00 - 5.749{,}877) \times 10 \times 1 = \text{R\$ } 541{,}23$$

$$AD = (5.809{,}50 - 5.749{,}877) \times 10 \times 1 = \text{R \$ } 596{,}23$$

Veja que o saldo desses ajustes corresponde ao ganho do contrato:

$$Ganho = \text{R\$ } 541{,}23 + \text{R\$ } 596{,}23 - \text{R\$ } 511{,}23 - \text{R\$ } 581{,}23 = \text{R\$ } 45{,}00$$

No caso do minidólar, os valores das custas operacionais estão em dólar e o valor a ser considerado é o do último dia do mês anterior à data de negociação do contrato. Neste exemplo, deve-se considerar o dia 30/9/2020, podendo ser encontrada no *site* do Bacen a cotação PTAX para venda, R$ 5,6407, de acordo com a Tabela 14.17:

TABELA 14.17 Cotação PTAX

Data	Tipo	Cotações em real[1/]	
		Compra	Venda
29/09/2020	A	5,6521	5,6528
30/09/2020	A	5,6401	5,6407
[1/] – Moeda contra real			

Nessa parte da nota de negociação, é possível encontrar tais custos e as demais informações, conforme ilustrado na Figura 14.4.

FIGURA 14.4 Nota de negociação

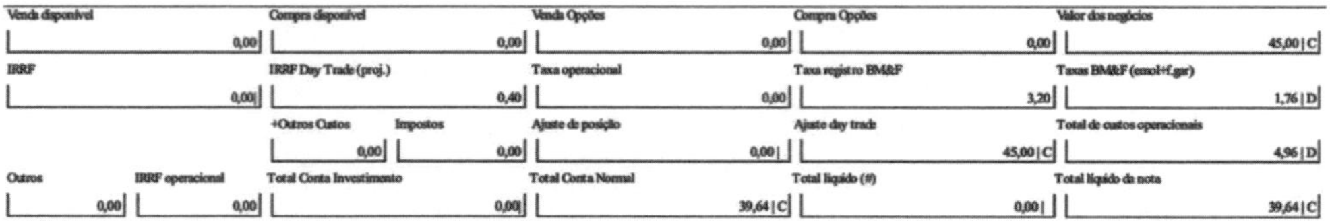

Venda disponível	Compra disponível	Venda Opções	Compra Opções	Valor dos negócios
0,00	0,00	0,00	0,00	45,00 | C
IRRF	IRRF Day Trade (proj.)	Taxa operacional	Taxa registro BM&F	Taxas BM&F (emol+f.gar)
0,00	0,40	0,00	3,20	1,76 | D
+Outros Custos / Impostos		Ajuste de posição	Ajuste day trade	Total de custos operacionais
0,00 / 0,00		0,00	45,00 | C	4,96 | D
Outros / IRRF operacional	Total Conta Investimento	Total Conta Normal	Total líquido (#)	Total líquido da nota
0,00 / 0,00	0,00	39,64 | C	0,00	39,64 | C

- *Valor dos negócios*: equivale ao ganho obtido na operação, no caso R$ 45,00.
- *Taxa de registro*: foram quatro contratos negociados (as regras de cálculo foram descritas anteriormente, sendo o custo unitário US$ 0,68 por contrato, com percentual para minicontratos de 22% e redução de 5%:

$$0{,}68 \times 5{,}6407 \times 22\% \times (1 - 5\%) \times 4 = R\$\ 3{,}20$$

- *Taxa BM&F*: emolumentos de quatro contratos a US$ 0,37 cada:

$$0{,}37 \times 5{,}6407 \times 22\% \times (1 - 5\%) \times 4 = R\$\ 1{,}75$$

- *Total dos custos operacionais*: R$ 3,20 + R$ 1,75 = R$ 4,95.
- *Total líquido*: R$ 45,00 – R$ 4,95 = R$ 40,05.
- *IRRF* day trade: 1% × R$ 40,05 = R$ 0,40.
- *Total líquido da nota*: R$ 45,00 – R$ 4,95 – R$ 0,40 = R$ 39,65.

Cabe destacar, ainda, que será necessário apresentar margem para executar o contrato acertado com a corretora.

14.4 MERCADO A TERMO

Uma operação a termo é a compra ou venda de certa quantidade de ações, a um preço fixado, para liquidação no futuro, em prazo determinado. O *prazo* do contrato é preestabelecido pela bolsa, sendo permitidas operações para 30, 60, 90, 120, 150 e 180 dias.

Todas as ações negociadas na B3 podem ser *objeto* de um contrato a termo. Essas operações são realizadas mediante a intermediação de uma corretora.

O *preço* a termo de uma ação é formado pelo seu valor cotado no mercado à vista, mais um adicional de juros determinado pelo prazo do contrato. A parcela dos juros é fixada livremente em mercado.

Toda operação a termo exige um "depósito em garantia" na Companhia Brasileira de Liquidação e Custódia (CBLC), empresa responsável por liquidação e controle do risco das operações realizadas na B3.

Pode-se ainda exigir que o investidor ofereça *garantias adicionais* ao depósito de garantia. A CBLC pode requerer do investidor o depósito do ativo-objeto como garantia do cumprimento de sua obrigação. É o que se denomina "depósito de cobertura". Ao efetuar esse depósito, o investidor (vendedor a termo) fica desobrigado de prestar quaisquer outras garantias adicionais.

Periodicamente, a CBLC reavalia a liquidez e a volatilidade das ações e, dependendo de seu desempenho, poderá exigir garantias maiores que o valor da margem inicial. Da mesma forma, ao ocorrer uma desvalorização da ação-objeto da negociação, ou dos títulos depositados em garantia na CBLC, poderá ser exigido um reforço da garantia inicial.

Os principais custos de transação de uma operação a termo são descritos a seguir:

- *Taxa de corretagem*: taxa livremente acertada entre a corretora e o investidor. É calculada sobre o valor dos negócios executados em pregão.
- *Taxa de registro*: taxa cobrada de cada uma das partes e calculada sobre o valor do contrato.
- *Taxas de negociação e liquidação*: calculadas a partir de um percentual sobre o valor total da operação a termo.

O contrato a termo é encerrado mediante a entrega do ativo-objeto pelo vendedor e o pagamento do preço acertado no contrato pelo comprador. A liquidação pode ocorrer no vencimento do contrato ou de forma antecipada, de acordo com a decisão do comprador.

Todos os direitos e proventos da ação-objeto do contrato a termo pertencem ao comprador, sendo pagos na data de liquidação.

Observe, na Tabela 14.18, as principais diferenças entre operações a termo e operações a futuro:

TABELA 14.18 Diferenças entre operações a termo e operações a futuro

Mercado a termo	Mercado futuro
Negociação pode ser feita através de um contrato particular. Não é exigido um contrato padronizado. Diferenças nos preços são acertadas no vencimento.	Negociação é realizada formalmente em bolsa de futuros. É exigido um contrato padronizado. Diferenças de preços são acertadas diariamente.

14.4.1 Estratégias de negócios a termo

Uma operação de *compra a termo* pode oferecer as seguintes estratégias ao investidor:

- proteção do preço de compra;
- diversificação de riscos;
- levantamento de recursos;
- ganhos alavancados.

Proteger o preço de compra

Um investidor que esteja prevendo alta no preço de mercado de uma ação pode adquirir o papel a termo por um preço fixado. Com isso, espera beneficiar-se de uma valorização de seu preço de mercado.

Diversificar risco

Um investidor pode adquirir um conjunto de ações visando diversificar riscos, desembolsando somente uma margem de garantia. Com essa estratégia, incorre em riscos menores que os que teria se concentrasse seus investimentos em um único papel (ou poucos papéis), já que eventual desvalorização de uma ação pode ser compensada por ganhos verificados em outras.

Levantar recursos

Um investidor pode vender uma ação no mercado à vista e adquirir imediatamente o mesmo papel a termo. Essa operação permite que faça caixa sem perder seu patrimônio em ações.

Ganhos alavancados

Um investidor, para adquirir certa quantidade de ações, não precisa dispor, no momento, do total dos recursos necessários. Pode comprar ações num montante superior às suas disponibilidades e auferir, com isso, uma rentabilidade maior em caso de alta em seus preços.

A *venda a termo* de ações tem por objetivo principal apurar renda adicional ao investidor.

Por exemplo, um investidor pode adquirir ações no mercado à vista e vendê-las a termo, apurando com isso, pelo prazo da operação, recursos de financiamento iguais à diferença entre os preços à vista e a termo. Em outras palavras, financia-se com os juros da operação.

A venda a termo permite também que um investidor, sem necessidade imediata de recursos, obtenha uma renda maior do que se realizasse a operação no mercado à vista. Na venda, o investidor aumenta sua receita pelos juros recebidos no mercado a termo.

14.4.2 Exemplo de operações a termo

Como explicado anteriormente, este é o mercado em que são realizadas operações de compra e venda de contratos de ativos, para liquidação em uma data futura, e preço previamente fixado sendo formado pelo preço praticado efetivamente no mercado mais uma taxa. É como se fosse uma compra "fiada" com juros preestabelecidos. Os contratos a termo podem ser de *compra,* em que o comprador obriga-se a pagar o preço previamente ajustado e receber o ativo-objeto referente ao contrato, e de *venda*, em que o vendedor tem por obrigação receber o valor acertado previamente com o comprador e realizar a entrega física do ativo-objeto do contrato.

O preço a termo de uma ação resulta da adição, ao valor cotado no mercado à vista, de uma parcela correspondente aos juros, que são fixados livremente em mercado, em função do prazo do contrato. A Tabela 14.19 ilustra as taxas praticadas por uma corretora para cada um dos seguintes prazos de vencimento (taxas meramente ilustrativas – consulte sua corretora para valores):

TABELA 14.19 Ilustração de taxas de acordo com os prazos de vencimento

Prazo	Taxa
16 D	0,60%
30 D	0,95%
62 D	1,90%
90 D	3,03%
120 D	4,05%
150 D	5,75%
181 D	7,00%
Outros prazos – sob consulta	

A realização de um negócio a termo é semelhante à de um negócio à vista, necessitando da intermediação de uma sociedade corretora, que executará a operação em pregão por um de seus representantes. É possível o acompanhamento das operações do mercado a termo, durante todo o pregão, pela rede de terminais da B3 e pelos *home brokers*. Toda transação a termo requer um depósito de garantia na CBLC, que é a empresa responsável por liquidação e controle de risco de todas as operações realizadas na B3. Algumas corretoras aceitam a própria carteira do cliente como garantia da operação.

Os direitos e proventos distribuídos às ações-objeto do contrato a termo pertencem ao comprador e serão recebidos, juntamente com as ações-objeto, na data de liquidação ou segundo normas específicas da CBLC. A liquidação de uma operação a termo, no vencimento do contrato ou antecipadamente, se assim o comprador desejar, implica a entrega dos títulos pelo vendedor e o pagamento do preço estipulado no contrato pelo comprador. Essa liquidação é realizada na CBLC, sob sua garantia, fiscalização e controle, o que assegura o cumprimento dos compromissos, de acordo com o que as partes envolvidas estipularam em pregão.

Por exemplo, dois investidores estão negociando a termo determinado ativo que vale $ 15,00 no mercado à vista. Suponha que tenham acertado o preço de $ 16,20 para liquidação em certa data futura. Tem-se, assim, um negócio a prazo formalizado através de um contrato a termo. Ao final do período acertado, o comprador deverá pagar $ 16,20 e receber o ativo-objeto do contrato, independentemente do preço do ativo naquela data. O vendedor, ao contrário, deverá aceitar o preço ajustado e entregar o ativo-objeto do contrato.

A posição dos dois investidores no negócio a termo é inversa. O comprador está especulando na alta do preço do ativo, projetando realizar algum ganho com a sua valorização que exceder ao preço contratado. Da mesma forma, poderia estar usando o mercado a termo para garantir o preço de aquisição do ativo por $ 16,20, eliminando o risco de alguma elevação mais forte no preço. Por outro lado, o vendedor, com uma expectativa inversa em relação ao comportamento do preço, poderia estar satisfeito com o preço de $ 16,20, realizando um ganho satisfatório diante de suas projeções mais conservadoras de mercado.

Deve-se observar que existem riscos para os dois lados em função do comportamento efetivo do preço de mercado do ativo. O comprador ganha se o ativo-objeto se valorizar acima dos $ 16,20 pagos; o vendedor aufere ganho se o preço, no momento da liquidação do contrato, situar-se abaixo dos $ 16,20 combinados. O ganho de uma parte equivale à perda da outra.

Caso o ativo extrapole o preço a termo de $ 16,20 ou até se desvalorize, o comprador deve desembolsar o preço previamente ajustado. Sua perda estará limitada aos $ 16,20 gastos na compra do ativo e seus ganhos serão teoricamente ilimitados se o preço subir indeterminadamente. Para o vendedor, a situação é exatamente o contrário. Sua perda é proporcional à elevação do preço de mercado do ativo e seu ganho se restringe ao preço ajustado.

Os custos operacionais atuais informados no *site* da B3 para as operações com contratos a termo, fora a corretagem praticada pela sociedade corretora, são encontrados nas Tabelas 14.20 e 14.21:

TABELA 14.20 Custos operacionais para operações com contratos a termo

Tarifação aplicável a	■ Termo de ações ■ Termo de BDR patrocinado (níveis I, II e III) ■ Termo de ETF de ações ■ Termo de ETF internacional

TABELA 14.21 Taxa de negociação, taxa de liquidação e taxa de registro

Tipo de investidor	Negociação[1]	Liquidação[1]	Registro[1]	Total[1]
Pessoas físicas e demais investidores	0,0180%	0,0275%	0,0195%	0,0650%
Fundos e clubes de investimento locais	0,0180%	0,0180%	0,0290%	0,0650%

[1] Sobre o valor financeiro da operação, de cada investidor (comprador e vendedor).

Fonte: B3. Disponível em: http://www.b3.com.br/pt_br/produtos-e-servicos/tarifas/listados-a-vista-e-derivativos/renda-variavel/tarifas-de-acoes-e-fundos-de-investimento/a-vista/. Acesso em: jun. 2021.

IR: 15% sobre a diferença, se positiva, entre o preço a termo e o preço à vista, na liquidação financeira. Exemplo de operação de derivativos a termo:

Considere uma ação A, cujo preço é dado a seguir:

Cotação à vista: $ 42,60

Prazo do termo: 60 dias

Taxa do termo: 2%

Quantidade de ações: 400

A corretagem seguirá a tabela da B3.

Solução:

O preço da ação a termo ficará: 42,60 + 2% = 43,45

Total da operação: 400 × $ 43,45 = $ 17.380,00

Corretagem: 0,5% × $ 17.380,00 + 25,21 = $ 86,90 + 25,21 = $ 112,11

Taxa de negociação: 0,0180% × $ 17.380,00 = $ 3,18

Taxa de liquidação: 0,0275% × $ 17.380,00 = $ 4,77

Registro: 0,0195% × $ 17.380,00 = $ 3,38

O custo total a pagar pelo investidor será: $ 112,11 + $ 3,18 + $ 4,77 + 3,38 = $ 123,44

O valor da compra será cobrado no vencimento da operação.

Para ter lucro, o preço da ação no mercado à vista deverá ser superior a:

$\dfrac{123,44}{400} + 43,45 = 0,30 + 43,45 = \$\ 43,75,$ ou seja, deverá ocorrer um aumento de 2,70% no preço de compra para começar a ter lucro referente à compra.

Suponha agora que, em certa data futura (antes do vencimento do contrato), a ação tenha alcançado R$ 45,00 no mercado à vista e o investidor resolva encerrar a operação:

Venda: 400 × $ 45,00 = $ 18.000,00

Corretagem: 0,5% × $ 18.000,00 + 25,21 = $ 90,00 + 25,21 = $ 115,21

Taxa de negociação: 0,0180% × $ 18.000,00 = $ 3,24

Taxa de liquidação: 0,0275% × $ 18.000,00 = $ 4,95

Registro: 0,0195% × $ 18.000,00 = $ 3,51

O total líquido da venda será: $ 18.000,00 − 115,21 − 3,24 − 4,95 − 3,51 = $ 17.873,09.

Nessa data, é cobrado o valor da compra ($ 17.380,00), perfazendo um ganho de: $ 17.873,09 − 17.380,00 = $ 493,09. Descontando a corretagem paga na compra, o ganho final foi de: $ 493,09 − 123,44 = 369,65.

O mesmo se repetiria se o investidor esperasse o vencimento do contrato, tendo lucro se a cotação final fosse superior a R$ 43,75, para pagar os custos da compra. Pode-se encontrar a cotação de equilíbrio também da venda que pague todos os custos de corretagem, emolumentos e registro também da venda.

Considere que o preço de venda seja de R$ x:

Venda: 400 × $ x = 400x

Corretagem: 0,5% × 400x + 25,21 = 2x + 25,21

Taxa de negociação: 0,0180% × 400x = 0,0720x

Taxa de liquidação: 0,0275% × 400x = 0,11x

Registro: 0,0195% × 400x = 0,078x

Custo total da venda: 2x + 0,148x 0,0720x + 0,11x + 0,078x + 25,21

O resultado final será:

$$400x - (2,26x + 25,21) = 17.380,00 + 123,41$$
$$400x - 2,26x - 25,21 = 17.503,41$$
$$400x - 2,26x = 17.503,41 + 25,21$$
$$397,74x = 17.528,62$$
$$x = \dfrac{17.528,62}{397,74}$$
$$x = \$\ 44,07$$

Isso significa que, para obter lucro, inclusive com o pagamento da corretagem e custos operacionais da B3 da compra e da venda, o valor da PETR4 no mercado à vista deverá ser superior a $ 44,07.

Agora, se no vencimento a ação estiver em R$ 38,00, o investidor terá que honrar o contrato. O seu resultado ficará:

Venda: 400 × $ 38,00 = $ 15.200,00

Corretagem: 0,5% × $ 15.200,00 + 25,21 = $ 76,00 + 25,21 = $ 101,21

Taxa de negociação: 0,0180% × $ 15.200,00 = $ 2,73

Taxa de liquidação: 0,0275% × $ 15.200,00 = $ 4,18

Registro: 0,0195% × $ 15.200,00 = $ 2,96

O total líquido da venda será: $ 15.200,00 − 101,21 − 2,73 − 4,18 − 2,96 = $ 15.190,13.

Nessa data, é cobrado o valor da compra ($ 17.380,00), perfazendo um prejuízo de: $ 15.190,13 − 17.380,00 = − $ 2.189,87. Descontando a corretagem paga na compra, o prejuízo final foi de: − $ 2.189,87 − 123,4 = − $ 2.313,31.

15
MERCADO DE OPÇÕES

O capítulo desenvolve os fundamentos das operações com as opções. Explica o que é e para que serve o mercado de opções de ações. Expõe a teoria das opções, os tipos e, de forma prática, como utilizar as opções para realizar uma operação nesse mercado.

Esse mercado foi criado com o propósito básico de fornecer aos investidores um mecanismo de proteção contra possíveis perdas. Uma vez que os preços e os retornos dos instrumentos financeiros estão sujeitos a flutuações imprevisíveis, as opções podem ser usadas para adaptar o risco às expectativas e metas do investidor.

Uma opção confere ao seu titular (investidor) o direito (e não a *obrigação*, como nos contratos futuros) de comprar ou vender no futuro certa quantidade de um ativo-objeto a um preço fixado, denominado *preço de exercício*.

O principal objetivo da existência desses mercados de opções é oferecer aos investidores alternativas de proteção contra possíveis perdas de quedas nos preços dos ativos no mercado.

A principal diferença entre um contrato futuro e um contrato de opções é que o primeiro implica uma *obrigação* futura de comprar ou vender certo ativo-objeto. O contrato de opção atribui unicamente um *direito* futuro ao titular do contrato, que poderá ser exercido ou não. Na data de vencimento da opção, o investidor decide o exercício de seu direito, dependendo do preço do ativo no mercado.

Os direitos de um contrato de opção podem ser de compra (*call*) ou de venda (*put*). Na *opção de compra*, o investidor paga um *prêmio*, também denominado preço da opção, para ter o direito de adquirir em data futura o ativo-objeto nas condições firmadas. Desejando o titular exercer esse direito de compra, o vendedor da opção de compra, também chamado de *lançador*, assume o compromisso de entregar o ativo-objeto após o pagamento do preço de exercício acordado previamente.

Na *opção de venda*, o seu titular tem o direito de poder vender o ativo-objeto em condições de quantidade e preço conforme estabelecidas no contrato. O direito de venda pode ser negociado a qualquer momento pelo titular no mercado. O comprador da opção de venda (lançador) tem a obrigação de comprar o ativo-objeto descrito no contrato de opção sempre que o titular exercer seu direito de venda.

Com relação ao momento do exercício dos direitos, as opções podem ser de dois tipos: americanas e europeias. No estilo americano, o titular de um contrato de opção tem o direito de comprar ou vender o ativo a qualquer momento até a data fixada de vencimento, pagando ou recebendo o preço de exercício. Na opção europeia, o direito do titular em comprar ou vender o ativo-objeto somente pode ser exercido na data de vencimento.

> No Brasil, as bolsas de valores negociam mais comumente as opções de compra no estilo americano e as opções de venda no estilo europeu. Em outras palavras, isso significa que as opções de compra podem ser exercidas a qualquer momento pelos seus titulares e as opções de venda somente podem ser exercidas na data de vencimento do contrato.

O mercado de opções tem, também, como participantes:

- *hedgers*;
- especuladores;
- arbitradores.

15.1 TERMINOLOGIA BÁSICA DO MERCADO DE OPÇÕES DE AÇÕES

- *Titular*: é o detentor dos direitos da opção negociada.
- *Ação-objeto*: ação identificada no contrato de opção, a ser adquirida ou vendida na data de vencimento. Ativo-objeto que lastreia o lançamento da opção.
- *Lançador*: designa o vendedor da opção. Tem a obrigação de entregar (vender) ou receber (comprar) determinada quantidade de ações-objeto a um preço fixado, até a data de vencimento da opção, caso o investidor decida exercer seu direito.
- *Preço de exercício*: preço pelo qual a opção será exercida pelo titular. Esse preço é fixado no contrato de opção e de conhecimento das partes.
- *Prêmio*: preço de negociação da opção. O prêmio é pago pelo titular (comprador) ao vendedor (lançador) da opção.
- *Exercício da opção*: se dá quando o titular da opção exerce seu direito de compra ou venda das ações-objeto do contrato, ao preço de exercício.

15.2 RISCOS DAS OPÇÕES

Prazo de validade

Inicialmente, é importante ter-se em conta que as opções têm um prazo, dentro do qual os direitos devem ser exercidos. Vencido o prazo de exercício, a opção perde valor.

Descrevemos agora dois importantes riscos das opções:

- *Risco de a opção de compra "virar pó"*

    Ao investir em uma opção de compra, o titular tem a expectativa de que o preço de mercado à vista da ação-objeto seja maior que seu preço de exercício. O ganho do investidor reside exatamente na diferença entre o preço de exercício da opção e o preço à vista da ação.

    Para exercer esse direito, o investidor pagou um prêmio, e a opção deve ser exercida até a data de vencimento do contrato. Caso não seja exercida pelo titular, ela expira, e perde validade.

    Se no vencimento da opção de compra o preço à vista do papel for inferior ao seu preço de exercício, não será vantajoso exercer o direito de compra. A opção não terá qualquer valor no mercado, ou seja, "vira pó". O investidor perde integralmente o prêmio pago.

- *Risco de venda a descoberto*

    É possível a um investidor lançar (vender) no mercado uma opção de compra de ações a descoberto. Em outras palavras, o investidor recebe um prêmio pelo compromisso de entregar no futuro, a um preço acordado, certa quantidade de ações que não possui.

Essa estratégia apresenta um risco alto. Se o comportamento da ação for de subida em seu preço de mercado, o titular da opção pode desejar exercer o seu direito de compra e o lançador será obrigado a adquirir o papel por um preço mais alto no mercado à vista e entregá-lo pelo preço de exercício.

15.3 COMO AS OPÇÕES SÃO CODIFICADAS NA B3

A B3 codificou as séries de opções através de símbolo, letra e número. O símbolo identifica o ativo-objeto da opção, a letra revela se a opção é de compra ou de venda e também o mês de vencimento e o número indica o preço de exercício. Transcrevendo-se os exemplos sugeridos pela B3, disponíveis em suas publicações, tem-se:

- *PETR B288*: opção de compra de Petrobras PN, com vencimento no mês de fevereiro e preço de exercício de R$ 29,50. O valor do preço de exercício deve ser pesquisado no *site* da B3 ou no *home broker* da corretora;
- *VALE N980*: opção de venda de Cia. Vale ordinária, com vencimento no mês de fevereiro e preço de exercício de R$ 99,74 por ação.

O quadro a seguir é adotado pela B3 para identificar, a partir da letra da opção, o seu tipo (compra ou venda) e mês de vencimento. A letra **B** da PETR B288 indica ser uma opção de compra com vencimento para fevereiro, e assim por diante.

Os preços de exercício das opções são divulgados diariamente pela B3, assim como as séries de opções autorizadas (Quadro 15.1).

QUADRO 15.1 Codificação das opções de compra e venda da B3

Opção		Vencimento
Compra	**Venda**	
A	M	Janeiro
B	N	Fevereiro
C	O	Março
D	P	Abril
E	Q	Maio
F	R	Junho
G	S	Julho
H	T	Agosto
I	U	Setembro
J	V	Outubro
K	W	Novembro
L	X	Dezembro

> **EXERCÍCIO DE OPÇÕES SOBRE AÇÕES MOVIMENTA R$ 10,4 BILHÕES NA B3**
>
> 21/9/2020
>
> O exercício de contratos de opções sobre ações movimentou R$ 10.468.790.923,51, dos quais R$ 2.200.142.485,27 em opções de compra e R$ 8.268.648.438,24 em opções de venda.
>
> A seguir, as opções que registraram o maior volume financeiro no exercício de hoje:
>
> - BOVAE CI R$ 98,00 por cota movimentou R$ 289.463.580,00 em opções de venda;
> - BOVAE CI R$ 97,00 por cota movimentou R$ 225.379.500,00 em opções de venda;
> - ITUBE PN R$ 24,32 por ação movimentou R$ 197.016.320,00 em opções de venda;
> - VALEE ON R$ 61,80 por ação movimentou R$ 156.187.140,00 em opções de venda;
> - ITUBE PN R$ 33,07 por ação movimentou R$ 149.320.971,00 em opções de venda.

Fonte: B3. Disponível em: http://www.b3.com.br/pt_br/noticias/exercicio-de-opcoes-8AA8D0CC73DB 0F4D0174B1F0C7EC42AB.htm. Acesso em: jun. 2021.

15.4 EXEMPLO DE OPÇÃO DE COMPRA

Admita uma ação-objeto com as seguintes informações:

Preço no mercado à vista	$ 20,00/ação
Preço de exercício	$ 21,00
Prêmio	$ 0,40
Prazo	2 meses

O investidor tem interesse em adquirir a ação-objeto através de um contrato de opção se prever um preço no mercado à vista superior a $ 21,40 no vencimento da opção. O custo do investidor é formado de $ 21,00 referentes ao preço de exercício mais $ 0,40 de prêmio pago pelo direito de decidir comprar ou não a ação no vencimento.

O investidor somente aufere ganho se o preço da ação no mercado à vista supera o seu custo total de $ 21,40/ação. Caso não atinja esse valor, o investidor não exerce seu direito de compra e perde somente o valor do prêmio de $ 0,40/ação, que se constituirá no lucro do vendedor. Nesse caso, costuma-se dizer que a opção "virou pó".

O vendedor da opção (lançador), ao aceitar vender essa ação-objeto por $ 21,00, tem a expectativa de que a cotação do papel no mercado não ultrapasse esse valor.

15.5 EXEMPLO DE OPÇÃO DE VENDA

Admita as seguintes informações de uma ação-objeto:

Preço no mercado à vista	$ 20,00/ação
Preço de exercício	$ 21,00
Prêmio	$ 0,40
Prazo	2 meses

Nas mesmas condições do exemplo anterior, um investidor somente será atraído por adquirir uma opção de venda se a expectativa de preço da ação-objeto no vencimento ficar abaixo de $ 20,60 no mercado à vista, ou seja: $ 21,00 – $ 0,40 = $ 20,60/ação. Esse é o preço líquido do prêmio.

Se o preço no mercado à vista ficar em $ 20,60, o investidor não auferirá lucro algum. Seu custo total será de $ 20,60 no mercado à vista, mais $ 0,40 de prêmio pago pela opção, totalizando $ 21,00/ação. Esse valor calculado é igual ao preço de exercício para venda da opção.

Somente com um preço abaixo desse valor é que conseguirá ter lucro na operação.

O vendedor (lançador) da opção de venda, ao contrário, tem a expectativa de que o preço da ação-objeto superará $ 21,00. Para que sejam realizados negócios nesses mercados, as expectativas dos investidores devem ser diferentes. Nesse caso, o investidor não exercerá seu direito de venda, ou seja, o lançador não será obrigado a comprar a ação, auferindo um lucro de $ 0,40/ação equivalente ao prêmio da opção.

Assim, o entendimento das opções será:

Call – *opção de compra*	Put – *opção de venda*
Quem compra (titular) – tem o direito de comprar	Quem compra (titular) – tem o direito de vender
Quem vende (lançador) – tem a obrigação de vender	Quem vende (lançador) – tem a obrigação de comprar

> Em resumo, através da *opção de compra* o investidor irá auferir ganho na elevação do preço da ação-objeto, o que determina uma valorização no prêmio da opção.
>
> Na opção de venda, o investidor aufere ganho na queda do preço à vista da ação-objeto e a consequente desvalorização do prêmio da opção.

15.6 OPÇÕES DENTRO, FORA E NO DINHEIRO

É muito importante fazer a classificação das opções que estão sendo negociadas no mercado pela diferença entre o seu preço de exercício (*strike*) e o preço à vista do ativo-objeto que gerou a opção (*spot*). Essa diferença é uma boa indicação de quais são as opções com maior probabilidade de serem exercidas no vencimento e quais têm maior chance de "virar pó".

Uma opção *dentro do dinheiro* (*in-the-money* – ITM) é uma *call* cujo ativo-objeto está sendo negociado à vista por um preço maior que o seu preço de exercício. Isso indica que, se fosse o momento do vencimento, o titular certamente a exerceria. Caso contrário, é uma *put* e estará ITM quando o seu preço à vista estiver abaixo do valor de exercício da opção.

Uma opção *fora do dinheiro* (*out-of-the-money* – OTM) é uma *call* com preço do ativo--objeto no mercado à vista menor que o seu preço de exercício. Isso indica que o exercício não compensaria se estivesse no momento do vencimento. Caso contrário, é uma *put* com preço do ativo-objeto à vista maior que o preço de exercício.

Uma opção *no dinheiro* (*at-the-money* – ATM) é aquela opção, seja *call* ou *put*, em que o preço do ativo-objeto no mercado à vista é igual ao preço de exercício. Dessa forma, não existe uma definição razoável sobre a possibilidade de exercício. Todavia, como a possibilidade de se adivinhar um preço específico no mercado à vista é praticamente impossível, consideram-se as opções no dinheiro como todas aquelas cujo preço de exercício esteja suficientemente próximo do preço à vista.

O mercado de opções apresenta alta volatilidade dos preços, sendo que uma opção pode entrar e sair do dinheiro várias vezes ao dia. Esse fato ocorre porque uma pequena variação na sua cotação na bolsa é suficiente para fazer uma opção virar pó ou dar lucros exorbitantes.

Valor intrínseco e valor extrínseco das opções

O prêmio ou o preço pelo qual uma opção pode ser comprada ou vendida é determinado pelo acordo entre as partes numa transação no pregão da B3. Conforme foi explicado, o prêmio é pago pelo titular e recebido pelo lançador da opção, seja ela de compra ou de venda.

O valor da opção depende principalmente da tendência de alta ou de baixa que os preços das opções possam apresentar, pela existência de maior ou menor número de aplicadores querendo comprar ou vender opções.

Os valores dos prêmios são fortemente influenciados por dois componentes na sua formação:

a) **Valor intrínseco**

O valor intrínseco de uma opção é calculado subtraindo-se o preço de exercício da opção (E) do preço à vista da ação-objeto, ou seja, o preço *spot* (S) no caso de opção de compra e inversamente no caso de opção de venda. Uma opção de compra com preço de exercício superior ao preço à vista da ação-objeto não tem valor intrínseco, já que não representa nenhuma vantagem comparativamente à compra à vista das ações.

Da mesma forma, não é vantagem o fato de o preço à vista ser superior ao preço de exercício de uma opção de venda.

Algebricamente, o valor intrínseco (VI) de uma opção pode ser calculado pelas seguintes expressões:

para as *calls*: VI = máximo [0; S − E]

para as *puts*: VI = máximo [0; E − S]

onde:

S = preço à vista (*spot*)

E = preço de exercício

Por exemplo:

Se o preço à vista da ação XYZT PN for $ 2,50, a opção de compra XYZT/março/$ 2,00 terá um valor intrínseco de $ 0,50 e de $ 0,80 se esse preço for $ 2,80, e assim por diante. Se no mercado à vista o preço da ação XYZT PN for menor que $ 2,00 ($ 1,50, por exemplo), então se considera que a opção de compra XYZT/março/$ 2,00 não terá valor intrínseco, ou seja, é zero.

Essas denominações podem também ser dadas de acordo com a denominação do dinheiro das opções. Caso a opção esteja fora do dinheiro, seu valor intrínseco é nulo, pois o seu detentor simplesmente não a exerce e, portanto, não recebe nenhuma receita líquida por possuir a opção. Dessa forma, diz-se que o seu valor intrínseco (VI) "virou pó" junto com a opção.

b) Valor do tempo ou valor extrínseco

O valor temporal da opção é função de sua maturidade, ou seja, do tempo que resta para o vencimento da opção, da volatilidade e da taxa de juros livre de risco praticada no mercado.

O prêmio da opção antes de seu vencimento é geralmente superior ao seu valor intrínseco. Além disso, mesmo as opções sem valor intrínseco podem ter um preço de mercado definido no mercado, desde que haja alguém disposto a pagá-lo. Isso porque o prêmio de uma opção deve remunerar seu lançador pela imobilização de recursos. A remuneração que exige o lançador pela imobilização de recursos depende basicamente de suas expectativas, do prazo da opção e da taxa de juros vigente no mercado financeiro.

O aplicador também quer ser remunerado pelos riscos e por suas obrigações como lançador. Dessa forma, de acordo com o nível de risco que é apresentado pelas ações, o lançador estabelece a remuneração que deseja. Um dos fatores de risco é o grau médio de variação das cotações da ação-objeto no mercado à vista em determinado período de tempo, ou seja, a volatilidade, ressaltando-se que, quanto mais volátil for a ação, maior será a remuneração exigida pelo lançador.

Essas duas parcelas do prêmio – os juros e a remuneração pelo risco – vão se reduzindo gradativamente ao longo do período de vigência de uma opção, de forma que, na data do vencimento, o preço da opção corresponda apenas ao seu valor intrínseco, se ela o tiver. Após a data de vencimento, as opções não exercidas não têm qualquer valor.

O valor extrínseco decorre da probabilidade maior que a opção tem de ser exercida à medida que há mais tempo até o vencimento. Esse valor faz com que mesmo opções fora do dinheiro possuam preços positivos. Como visto acima, para uma opção de compra fora do dinheiro o valor intrínseco é zero e, portanto, todo o seu preço decorre da possibilidade que ainda resta ao mercado de levar a opção para dentro do dinheiro. Já no caso de uma opção dentro do dinheiro, seu preço é formado pela soma do valor intrínseco com o valor extrínseco ou temporal. Tudo aquilo que não é valor intrínseco é valor extrínseco.

Matematicamente, pode-se calcular o valor extrínseco (VE) pela seguinte expressão:

$$VE = prêmio - VI$$

Pode-se resumir essa teoria no Quadro 15.2:

QUADRO 15.2 Cálculo do valor extrínseco

Situação	Opção de Compra	Opção de Venda
spot < strike	OTM (fora do dinheiro) Sem valor intrínseco Prêmio 100% valor extrínseco	ITM (dentro do dinheiro) VI = strike – spot
spot = strike	ATM (no dinheiro) Sem valor intrínseco Prêmio 100% valor extrínseco	ATM (no dinheiro) Sem valor intrínseco Prêmio 100% valor extrínseco
spot > strike	ITM (dentro do dinheiro) VI = spot – strike	OTM (fora do dinheiro) Sem valor intrínseco Prêmio 100% valor extrínseco

Fonte: Pfützenreuter, Elvis. *Investindo no mercado de opções*. São Paulo: Novatec, 2008.

15.7 COMO OPERAR COM OPÇÕES

Operar opções na bolsa de valores significa negociar em pregão valores monetários que somente no futuro serão conhecidos.

Os negócios com opções são também realizados em pregão através de uma corretora ou via *home broker*. Sobre as operações com opções em pregão, ou seja, sobre o valor dos prêmios, são cobradas taxas de corretagem e emolumentos dos investidores.

A taxa de corretagem é livremente negociada com as corretoras. Adiante, segue a Tabela 15.1, com a corretagem padrão da B3 para seus títulos.

TABELA 15.1 Tabela de corretagem da B3

Valores	Corretagem	Fixo
0 até R$ 135,07	–	R$ 2,70
R$ 135,08 até R$ 498,62	2%	–
R$ 498,63 até R$ 1.514,69	1,5%	R$ 2,49
R$ 1.514,70 até R$ 3.029,38	1%	R$ 10,06
Acima de R$ 3.029,38	0,5%	R$ 25,21

Liquidação das operações ações: $D + 2$
Liquidação das operações opções: $D + 1$

Tarifação aplicável a	■ Opções de Compra e de Venda sobre Ações ■ Opções de Compra e de Venda sobre ETF de Ações ■ Opções de Compra e de Venda sobre ETF Internacional

TABELA 15.2 Taxa de negociação, taxa de liquidação e taxa de registro

Tipo de investidor	Negociação	Liquidação	Registro	Total
Pessoas físicas e demais investidores[1]	0,0370%	0,0275%	0,0695%	0,1340%
Fundos e clubes de investimento locais[1]	0,0260%	0,0180%	0,0510%	0,0950%
Exercício de opções sobre valores mobiliários (lançador)[2,3]	0,003096%	0,0200%	–	0,023096%

[1]Sobre o prêmio da opção, de cada investidor (comprador e vendedor).
[2]Sobre o *strike* da opção.
[3]O titular da opção é cobrado de acordo com as tarifas descritas em "Ações à Vista".

Fonte: B3. Disponível em: http://www.b3.com.br/pt_br/produtos-e-servicos/tarifas/listados-a-vista-e--derivativos/renda-variavel/tarifas-de-acoes-e-fundos-de-investimento/opcoes-de-acoes/. Acesso em: jun. 2021.

TABELA 15.3 Faixas de volume para *daytrade*

Volume *day trade* Pessoa Física	(R$ milhões) Pessoa Jurídica	Negociação[1]	Liquidação[1]	Registro[1]	Total[1]
Até 0,8 (inclusive)	Até 4 (inclusive)	0,0130%	0,0180%	0,0140%	0,0450%
De 0,8 até 2,5 (inclusive)	De 4 até 10 (inclusive)	0,0120%	0,0180%	0,0110%	0,0410%
De 2,5 até 5 (inclusive)	De 10 até 25 (inclusive)	0,0100%	0,0180%	0,0070%	0,0350%
De 5 até 10 (inclusive)	De 25 até 50 (inclusive)	0,0085%	0,0175%	0,0030%	0,0290%
Mais de 10	Mais de 50	0,0075%	0,0155%	0,0030%	0,0260%

[1]Aplicadas regressivamente sobre o prêmio da opção de cada investidor (comprador e vendedor).
Fonte: B3. Disponível em: http://www.b3.com.br/pt_br/produtos-e-servicos/tarifas/listados-a-vista-e-derivativos/renda-variavel/tarifas-de-acoes-e-fundos-de-investimento/opcoes-de-acoes/. Acesso em: jun. 2021.

Se houver exercício da opção, será cobrada a corretagem tanto do lançador como do titular sobre o valor de exercício. Tanto na operação de compra como nas operações de venda de opções são cobradas taxas de registro, uma vez que as opções ficam registradas na Companhia Brasileira de Liquidação e Custódia (CBLC) através de códigos distintos para cada investidor de uma corretora.

As operações em pregão com opções podem ser acompanhadas de operações no mercado à vista realizadas em um mesmo pregão, para que o investidor possa aproveitar-se de situações favoráveis do mercado. Essas operações são denominadas operações casadas.

15.7.1 Comprando e vendendo opções

No dia a dia das operações do mercado de opções, podem-se construir estratégias conjuntas que mesclam tais opções com objetivo de ganho no mercado. Demonstramos, na Tabela 15.4, uma operação na qual se negociam a compra e a venda de opções no mercado de capitais.

TABELA 15.4 Nota de negociação

NOTA DE NEGOCIAÇÃO					Nr. Nota	Folha 1	Data pregão 26/11/2020		

Negócios realizados

Q	Negociação	C/V	Tipo mercado	Prazo	Especificação de título	Obs. (*)	Quantidade	Preço/ Ajuste	Valor Operação / Ajuste	D/C
	1-BOVESPA	C	OPÇÃO DE COMPRA	01/21	VALEA807 ON80,74 VALE		100	1,85	185,00	D
	1-BOVESPA	V	OPÇÃO DE COMPRA	01/21	VALEA817 ON81,74 VALE		100	1,54	154,00	C

A operação demonstrada na nota de negociação em 26/11/2020 retrata a compra (C) de 100 opções VALEA807, representando 100 opções de compra com *strike* a R$ 80,74, ao preço de R$ 1,85, com vencimento na terceira segunda-feira de janeiro de 2021 (veja o boxe a seguir sobre mudança ocorrida em maio de 2021), totalizando R$ 185,00 a pagar.

A reportagem a seguir ilustra a nova metodologia para vencimento das opções a partir de maio de 2021, que passou para a terceira sexta-feira do mês, sendo que antes era a terceira segunda-feira de cada mês, conforme exemplificado anteriormente. Mantivemos o exemplo com a data de segunda apenas para efeitos explicativos, já que a mudança ocorrida não afeta o entendimento da operação.

> ### VENCIMENTO DE OPÇÕES NA B3 TERÁ NOVA METODOLOGIA A PARTIR DE MAIO DE 2021
>
> **Niviane Magalhães** — São Paulo
> 15/04/2021 10h30
>
> A partir do mês de maio de 2021, a B3 começará a usar uma nova metodologia para o vencimento de opções que, segundo analistas, só tende a beneficiar o mercado. Anteriormente, a data de vencimento de uma opção era a terceira segunda-feira de cada mês. A partir de maio de 2021, a data limite de negociação passará a ser a terceira sexta-feira do mês de vencimento, casando com a data de vencimento com o mercado internacional.
>
> Outra mudança anunciada é no horário. No modelo atual o exercício ocorre até as 13 horas. Na metodologia nova, o exercício ocorrerá após o pregão regular, com 30 minutos de *after market*. O último dia de negociação das opções não será mais o pregão anterior ao vencimento, e sim a própria data em que os derivativos vencem.
>
> Já em relação ao preço de referência, que atualmente a cotação é feita durante o pregão regular, a partir de maio será com base no *call* de fechamento. Segundo a B3, esta mudança possibilita maior concentração de liquidez e preço mais robusto.
>
> A última mudança relevante é o 'contrary exercise', que permite ao titular de uma opção solicitar o bloqueio do exercício automático para os derivativos dentro do dinheiro ou o exercício de forma automática para os contratos fora do dinheiro. Para a B3, esta medida gera maior tranquilidade, com as atenções voltadas para a tomada de decisão e sem movimentação do preço.

Fonte: Economia Uol. Disponível em: https://economia.uol.com.br/noticias/estadao-conteudo/2021/04/15/vencimento-de-opcoes-na-b3-tera-nova-metodologia-a-partir-de-maio.htm. Acesso em: jun. 2021.

Identicamente, tem-se a venda de 100 opções de compra VALEA817, de *strike* R$ 81,74, ao preço de R$ 1,54, também com vencimento em janeiro de 2021, tendo a receber R$ 154,00.

Na parte final da nota de negociação, tem-se o Resumo dos Negócios, sendo, em opções de compra, com movimentação de R$ 185,00, e, em opções de venda, com total de R$ 154,00, revelando movimento total no valor das operações de R$ 339,00.

As taxas a pagar, conforme os custos operacionais da B3 mostrados anteriormente, são:

- *Taxa de Liquidação*: 0,0275% × R$ 339,00 = R$ 0,09;
- *Taxa de Registro*: 0,0695% × R$ 339,00 = R$ 0,23;
- *Emolumentos de Negociação*: 0,037% × R$ 339,00 = R$ 0,12.

Dessa forma, o valor líquido para o $D + 1$, que ocorrerá em 27/11/2020, será:

R$ 154,00 − R$ 185,00 − R$ 0,09 − R$ 0,23 − R$ 0,12 =
− R$ 31,44 a ser debitado da conta do investidor.

Existem algumas operações com opções que são construídas a partir da expectativa em relação ao mercado. Podem ser feitas com objetivos de proteção. Demonstramos, na Tabela 15.5, algumas dessas estratégias.

TABELA 15.5 Resumo dos negócios

Resumo dos Negócios		Resumo Financeiro	
Debêntures	0,00	**Clearing**	
Vendas à vista	0,00	Valor líquido das operações	31,00 | D
Compras à vista	0,00	Taxa de liquidação	0,09| D
Opções – compras	185,00	Taxa de registro	0,23| D
Opções – vendas	154,00	**Total CBLC**	**31,32 |D**
Operações a termo	0,00	**Bolsa**	
Valor das oper. c/ títulos públ. (v. nom.)	0,00	Taxa de termo/opções	0,00 | D
Valor das operações	339,00	Taxa ANA	0,00 | D
		Emolumentos	0,12 | D
		Total Bovespa/Soma	**0,12 | D**
Especificações diversas		**Custos Operacionais**	
		Taxa operacional	0,00 | D
		Execução	0,00 |
A coluna Q indica liquidação no Agente do Qualificado.		Taxa de custódia	0,00 |
		Impostos	0,00 |
		IRRF s/ operações, base R$ 0,00	0,00 |
		Outros	0,00 | C
		Total Custos/Despesas	**0,00 | D**
(*) Observações	A – Posição Futuro T – Liquidação pelo Bruto	**Líquido para 27/11/2020**	**31,44 | D**

15.7.2 Trava de alta

Quando se tem expectativa de alta no mercado, pode-se montar uma trava de alta, que consiste em:

- compra de certa quantidade de uma *call* de determinado *strike*;
- venda simultânea de uma *call* do mesmo ativo, mesmo vencimento, na mesma quantidade de um *strike* maior.

A título de exemplo, considere um investidor que tenha feito a seguinte estratégia para as ações de uma empresa hipotética ABCD4 estando negociada à vista por R$ 99,00 (Tabela 15.6):

TABELA 15.6 Exemplo ilustrativo de ações da empresa ABCD4

Opção	Strike	Call/put	Compra/venda	Quantidade	Preço
ABCD A100	R$ 100,00	CALL	Compra	100	R$ 3,00
ABCD A102	R$ 102,00	CALL	Venda	100	R$ 2,00
Resultado final da montagem da trava					– R$ 100,00

A montagem dessa trava gera um investimento de R$ 100,00, uma vez que o prêmio das opções de compra diminui à medida que os *strikes* dessas opções aumentam. Pode-se agora simular o que aconteceria com os resultados dessa operação levando-se em conta possíveis valores do preço à vista da ação ABCD4 (neste exemplo, não estão sendo considerados custos de operacionalização para simplificar os casos), conforme Tabela 15.7:

TABELA 15.7 Exemplo de resultados da empresa ABCD4

Preço à vista	Comprado CALL 100	Vendido CALL 102	Montagem	Resultado
R$ 70,00	–	–	–R$ 100,00	–R$ 100,00
R$ 75,00	–	–	–R$ 100,00	–R$ 100,00
R$ 80,00	–	–	–R$ 100,00	–R$ 100,00
R$ 85,00	–	–	–R$ 100,00	–R$ 100,00
R$ 90,00	–	–	–R$ 100,00	–R$ 100,00
R$ 95,00	–	–	–R$ 100,00	–R$ 100,00
R$ 100,00	–	–	–R$ 100,00	–R$ 100,00
R$ 105,00	R$ 500,00	–R$ 300,00	–R$ 100,00	R$ 100,00
R$ 110,00	R$ 1.000,00	–R$ 800,00	–R$ 100,00	R$ 100,00
R$ 115,00	R$ 1.500,00	–R$ 1.300,00	–R$ 100,00	R$ 100,00
R$ 120,00	R$ 2.000,00	–R$ 1.800,00	–R$ 100,00	R$ 100,00

A tabela mostra que, nessa operação, o investidor limita a perda máxima que poderia ocorrer ao custo de montagem da trava. Em contrapartida, o ganho máximo também ficou limitado, embora fique menos exposto ao risco.

Abaixo de R$ 100 no preço à vista, as duas opções viram pó, ou seja, não exercem e não são exercidas. A partir de R$ 100, o investidor poderá exercer a *call* ABCD A100, pois terá o direito de comprar por R$ 100 no exercício da *call* e ao mesmo tempo realizar a venda no mercado à vista por um valor maior que R$ 100 (deve-se considerar que, nessa operação, ainda não há ganho em razão do pagamento do custo de montagem). Para ter lucro, a ação no mercado à vista deverá atingir o ponto de equilíbrio cujo preço será:

◆ Exerce a *call*, compra e paga R$ 100,00.
◆ Vende no mercado à vista ao preço de R$ p.

$$(p - 100) \times 100 = R\$\ 100{,}00$$
$$p - 100 = 1$$
$$p = R\$\ 101{,}00$$

Acima de R$ 101,00, cessam as perdas e iniciam-se os ganhos, limitados ao valor de R$ 100,00. Acima de R$ 102,00, ambas as opções são exercidas. O Gráfico 15.1 ilustra o comportamento da operação.

GRÁFICO 15.1   Operação de trava de alta

15.7.3   Trava de baixa

Já quando se tem expectativa de queda no mercado, pode-se montar uma trava de baixa, que consiste em:

◆ compra de certa quantidade de uma *call* de determinado *strike*;

♦ venda simultânea de uma *call* do mesmo ativo, mesmo vencimento, na mesma quantidade de um *strike* menor.

A título de exemplo, considere um investidor que tenha feito a seguinte estratégia para as ações de uma empresa hipotética ABCD4 negociada à vista por R$ 99,00 (Tabela 15.8):

TABELA 15.8 Exemplo ilustrativo de ações da empresa ABCD4

Opção	Strike	Call/put	Compra/venda	Quantidade	Preço
ABCD A102	R$ 102,00	CALL	Compra	100	R$ 2,00
ABCD A100	R$ 100,00	CALL	Venda	100	R$ 3,00
Resultado final da montagem da trava					R$ 100,00

A montagem dessa trava gera um ganho de R$ 100,00, uma vez que o prêmio das opções de compra aumenta à medida que os *strikes* dessas opções diminuem. Pode-se agora simular o que aconteceria com os resultados dessa operação levando-se em conta possíveis valores do preço à vista da ação ABCD4 (neste exemplo, não estão sendo considerados custos de operacionalização para simplificar os casos), de acordo com a Tabela 15.9):

TABELA 15.9 Exemplo de resultados da empresa ABCD4

Preço à vista	Vendido CALL 100	Comprado CALL 102	Montagem	Resultado
R$ 70,00	–	–	R$ 100,00	R$ 100,00
R$ 75,00	–	–	R$ 100,00	R$ 100,00
R$ 80,00	–	–	R$ 100,00	R$ 100,00
R$ 85,00	–	–	R$ 100,00	R$ 100,00
R$ 90,00	–	–	R$ 100,00	R$ 100,00
R$ 95,00	–	–	R$ 100,00	R$ 100,00
R$ 100,00	–	–	R$ 100,00	R$ 100,00
R$ 105,00	–R$ 500,00	R$ 300,00	R$ 100,00	–R$ 100,00
R$ 110,00	–R$ 1.000,00	R$ 800,00	R$ 100,00	–R$ 100,00
R$ 115,00	–R$ 1.500,00	R$ 1.300,00	R$ 100,00	–R$ 100,00
R$ 120,00	–R$ 2.000,00	R$ 1.800,00	R$ 100,00	–R$ 100,00

A tabela mostra que, nessa operação, o investidor limita o ganho máximo que poderia ocorrer pela receita gerada na montagem da trava. Em contrapartida, a perda máxima também fica limitada no caso de reversão do movimento do mercado.

Abaixo de R$ 100,00 no preço à vista, as duas opções viram pó, ou seja, não exercem e não são exercidas. A partir de R$ 100,00 o investidor poderá exercer a *call* ABCD A102, pois terá o direito de comprar por R$ 102,00 no exercício da *call* e ao mesmo tempo realizar a venda no mercado à vista por um valor maior que R$ 102,00 (deve-se considerar que, nessa operação, ainda não há ganho em razão do pagamento do custo de montagem). Para ter lucro, a ação no mercado à vista deverá ficar abaixo do ponto de equilíbrio cujo preço será:

- exerce a *call*, compra e paga R$ 100,00;
- vende no mercado à vista ao preço de R$ p.

$$(p - 100) \times 100 = R\$ 100,00$$
$$p - 100 = 1$$
$$p = R\$ 101,00$$

Abaixo de R$ 101,00, cessam os ganhos e iniciam-se as perdas, limitadas ao valor de R$ 100,00. Acima de R$ 102,00, ambas as opções são exercidas. O Gráfico 15.2 ilustra o comportamento da operação.

GRÁFICO 15.2   Operação de trava de baixa

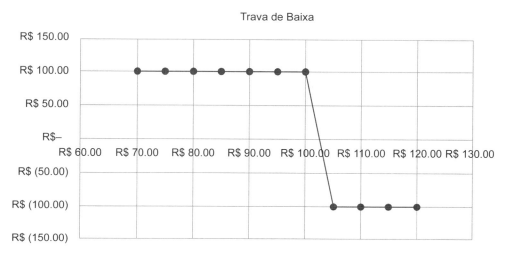

Outras travas podem ser construídas. Como sempre, o investidor precisa ter ciência de que se trata de operações de risco e poderá incorrer em perdas. Os exemplos apresentados são todos hipotéticos, servindo para ilustrar algumas das possibilidades de operações com opções.

16
OPERAÇÕES ESTRUTURADAS

O capítulo desenvolve os fundamentos das operações estruturadas contendo mais de um tipo de ativo com objetivo de proteção ou mesmo investimento. Trata-se de estratégias customizadas construídas com ativos de renda variável e derivativos, em sua maioria.

Explica o passo a passo de algumas operações que podem ser montadas (estruturadas) pelo investidor, seus resultados e riscos.

Ressalta-se que são operações mais complexas e que devem ser sempre acompanhadas pela sua corretora. Destacam-se neste capítulo duas operações muito executadas no mercado: venda coberta e *fence*.

As operações que são chamadas de estruturadas, apresentadas neste capítulo, retratam um conjunto de estratégias que visam aumentar a rentabilidade do investidor e tornar o risco customizado, uma vez que são utilizados instrumentos que trazem sempre em sua bagagem algum risco, mas que, combinados, tendem a mitigar esse fator.

Em essência, as operações estruturadas são investimentos no mercado de capitais que combinam dois ou mais ativos financeiros com a finalidade de auferir ganho e reduzir riscos e perdas.

São estratégias criadas pelos investidores como se fossem moldadas em um "pacote" de vários produtos que, quando juntos e misturados, tendem a manter a operação em níveis sustentáveis.

16.1 OPERAÇÃO DE VENDA COBERTA

Considere um investidor que tenha feito a compra de 1.000 ações da PETR4 em 5/1/2021 pelo preço de R$ 29,88. Pela compra no mercado à vista das ações, o investidor pagará:

Valor da Compra: 1.000 × 29,88 = R$ 29.880,00

Seguindo a tabela de corretagem da B3 mostrada no capítulo anterior, tem-se:

Corretagem: 0,5% × (29.880,00) + 25,21 = 149,40 + 25,21 = 174,61

Taxa de Liquidação da CBLC: 0,0275% × R$ 29.880,00 = R$ 8,21

Emolumentos de Negociação da Bolsa: 0,003020% × R$ 29.880,00 = R$ 0,90

Dessa forma, o investidor deverá pagar em $D + 2$ o total de R$ 30.063,72.

Admita que em 15/1/2021 o investidor venda as ações da PETR4, cotadas a R$ 32,00. Pela venda, o investidor irá receber:

Valor da Venda: 1.000 × 32,00 = R$ 32.000,00

Corretagem: 0,5% (32.000,00) + 25,21 = 160,00 + 25,21 = 185,21

Taxa de Liquidação da CBLC: 0,0275% × R$ 32.000,00 = R$ 8,80

Emolumentos de Negociação da Bolsa: 0,003020% × R$ 32.000,00 = R$ 0,96

Total a receber em $D + 2$: R$ 31.805,03.

A rentabilidade auferida pelo investidor foi de:

$$i = \frac{31.805,03}{30.063,72} - 1$$

$i = 5{,}79\%$ em 10 dias

Essa rentabilidade é obtida considerando que o investidor fez um *swing trade*, movimentando suas ações apenas no mercado à vista.

Considere agora que, no mesmo dia em que o investidor faz a compra das ações, ele realize o lançamento de opções de compra sobre o mesmo ativo.

Se as opções sobre as ações da PETR4 estivessem em 5/1/2021 para a sua série de PETRB320 cotadas a R$ 1,09 e o investidor resolvesse lançar 1.000 opções de compra, o resultado seria:

Valor da Venda: $1.000 \times 1{,}09 = 1.090{,}00$

Corretagem: $1{,}5\% (1.090{,}00) + 2{,}49 = 16{,}35 + 2{,}49 = 18{,}84$

- *Taxa de liquidação*: $0{,}0275\%$ R$ $1.090{,}00$ = R$ $0{,}29$;
- *Taxa de registro*: $0{,}0695\%$ R$ $1.090{,}00$ = R$ $0{,}75$;
- *Emolumentos de negociação*: $0{,}037\%$ R$ $339{,}00$ = R$ $0{,}40$.

Dessa forma, o valor líquido para o $D + 1$ será credor em:

R$ 1.090,00 − R$ 18,84 − R$ 0,29 − R$ 0,75 − R$ 0,40 = R$ 1.069,72
a ser creditado da conta do investidor

Valor a receber líquido: R$ 1.069,72

Observe que o investidor consegue tirar do mercado o valor de R$ 1.069,72 para assumir o dever de vender suas ações até o dia 22/2/2021 (3ª segunda-feira do mês de fevereiro de 2021) pelo preço de R$ 32,00.

Caso a cotação da PETR4 não ultrapasse esse valor, diz-se no jargão do mercado que as opções viraram pó. Dessa forma, o investidor somente será exercido se a cotação do papel sofrer uma alta de 7,10%. Se isso acontecer, o investidor deverá vender as suas ações na hipótese de ser exercido.

Assim, tem-se dois resultados possíveis: "ser" ou "não ser" exercido.

1ª Hipótese: não sou exercido

Não sendo exercido até a data do vencimento implica dizer que as opções viraram pó, isto é, simplesmente elas deixam de existir e o investidor continua dono das suas ações. Financeiramente falando, o investidor recebeu o prêmio de R$ 1.069,72, o que diminui os custos da transação da compra e traz ganho de caixa. Não há devolução do prêmio recebido. Recomenda-se, com os recursos da opção, realizar a compra de novas ações em carteira. Na linguagem do mercado, poderia ser dito que o investidor fez "caixa".

A taxa ganha de imediato, ou seja, a rentabilidade obtida no caso de não ser exercido é o prêmio dividido pelo preço pago na compra: 1,09/29,88 = 3,65%.

Cabe ao investidor, se for de sua intenção, realizar a mesma operação para o mês de vencimento seguinte, com outro *strike*.

2ª Hipótese: sou exercido

Imagine que no mesmo período, em 15/1/2021, a ação alcance o preço de R$ 33,00. O investidor será exercido antes da data do vencimento, o que significa que a ação se valoriza acima do *strike* da opção (32, no caso do exemplo). Nesse caso, o investidor será obrigado a entregar as suas ações pelo preço de R$ 32,00.

E receberá líquido o valor de R$ 31.805,03, como já demonstrado.

A rentabilidade auferida pelo investidor foi de:

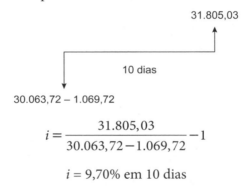

$$i = \frac{31.805,03}{30.063,72 - 1.069,72} - 1$$

$$i = 9{,}70\% \text{ em 10 dias}$$

Observe que o investidor aumentou a sua taxa de ganho de 5,79% para 9,70% em 10 dias, com ganho líquido de R$ 1.741,31, mais o prêmio de R$ 1.069,72, totalizando R$ 2.811,03.

Essa operação é conhecida como *venda coberta* de opções, pois, caso o investidor seja exercido, ele tem a cobertura da carteira para vender as ações com o compromisso que assumiu de entregar pelo preço de R$ 32,00. Caso não tivesse as ações custodiadas na carteira, ele teria que realizar a compra à vista das ações para honrar o compromisso assumido, ficando, nesse caso, descoberto em relação ao ativo objeto do contrato. A venda a descoberta acarreta altos riscos para o investidor.

Dessa forma, a principal característica da venda coberta é a compra de ativos no mercado à vista e o lançamento de opções de compra na mesma quantidade do mesmo ativo.

16.2 VENDA COBERTA – ESCOLHA DO *STRIKE*

Uma dúvida que paira seria qual a escolha do melhor *strike* para realizar a venda coberta. Isso baseia-se nas duas hipóteses possíveis: "ser" ou "não ser" exercido.

Admita a seguinte situação: em 5/1/2021, a PETR4 estava cotada em R$ 29,88 e sua opção PETRB320 estava em R$ 1,09.

Na hipótese de ser exercido, o investidor terá o seguinte fluxo de caixa: compra as ações pelo valor de R$ 29,88, que representa uma saída de caixa, e recebe, na mesma data, o prêmio da opção de R$ 1,09; e, sendo exercido, terá que vender suas ações por R$ 32,00, o que indica uma entrada de caixa em qualquer momento até o vencimento ou mesmo no dia do vencimento. Graficamente, tem-se:

A rentabilidade dessa operação, desconsiderando os custos de transação, pode ser calculada da seguinte maneira:

$$i = \frac{32,00}{29,88 - 1,09} - 1$$

$i = 11,15\%$ no período

A diferença entre o valor pago pelas ações no mercado à vista e o valor do prêmio recebido é o custo da operação, que no caso é de R$ 28,79.

Considerando a hipótese de não ser exercido, entende-se que o preço do ativo no mercado à vista ficou entre o custo de R$ 28,79 e o *strike* da opção de R$ 32,00. Dessa forma, pode-se considerar que a condição limite para não ser exercido é a cotação do papel no mercado à vista não ultrapassar R$ 32,00. A taxa imediata de ganho é calculada com o prêmio dividido pelo valor pago pelas ações no mercado à vista, ou seja, R$ 1,09/R$ 29,88 = 3,65%, não levando em consideração os custos de transação.

Para qualquer valor do ativo à vista até o limite de R$ 32,00, o retorno do investimento é calculado da mesma maneira e tende a diminuir. Por exemplo, se o papel chegar a R$ 31,00, o ganho será de R$ 1,09/R$ 31,00 = 3,52% no período. Até o limite, tem-se a rentabilidade mínima garantida para não ser exercido: R$ 1,09/R$ 32,00 = 3,41% no período, sendo essa a rentabilidade (ganho) de não ser exercido.

A regra básica seria estudar as taxas de retorno possíveis em cada um dos *strikes* disponíveis e a condição que norteia as decisões: "ser" ou "não ser" exercido. Com o preço do ativo no mercado à vista em R$ 29,88, pode-se trabalhar com três séries com *strikes* anteriores a R$ 29,88 e três *strikes* posteriores. Deve-se calcular para cada uma dessas opções o seu valor intrínseco, o extrínseco etc.

A tabela a seguir representa as cotações referentes ao dia 5/1/2021. O ativo no mercado à vista estava em R$ 29,88 e as opções vencem em 22/2/2021. Calculam-se dessa forma o valor intrínseco e o valor extrínseco de cada opção. Note que, para o valor intrínseco, quando o *strike* é superior ao preço do ativo no mercado à vista, atribui-se o valor zero, e ainda que a opção PETRB288, com *strike* a R$ 29,50, esteja sendo negociada no mercado a R$ 2,23, valor bem acima de R$ 0,38 (R$ 29,88 − R$ 29,50). Esse valor adicional ocorre em razão do tempo adicional para o vencimento. O valor extrínseco é corrosivo, ou seja, perde valor com o tempo.

Cabe analisar aqui que, se o vencimento das opções fosse nessa data, as opções que estariam sujeitas ao exercício seriam as com VI maior que zero e as demais não estariam sujeitas ao exercício, uma vez que, por exemplo, as opções PETRB299, de *strike* R$ 30,00, estão negociadas no mercado à vista por R$ 29,88 e o titular da opção tem o direito de comprar o ativo a R$ 30,00, não sendo vantajoso o exercício, uma vez que no mercado à vista ele conseguiria comprar por um valor menor.

Pode-se ainda calcular o VE percentual em relação ao preço do ativo atual (R$ 29,88): a partir da divisão do VE pelo preço à vista de R$ 29,88, tem-se o VE relativo. As opções de maior percentual de VE são as com maior poder de perda de valor.

O cálculo da taxa na hipótese de não exercício é aplicado pela divisão entre o prêmio da opção e seu *strike*. A taxa, na hipótese de exercício, é o valor *strike* dividido pelo preço à vista menos o prêmio da opção; subtrai-se um e multiplica-se por 100. A diferença entre as taxas de exercício e não exercício é calculada para se saber qual o *strike* da opção mais estável. Na Tabela 16.1, indica-se a opção PETRDB299 para realizar a venda coberta, por apresentar mais estabilidade das taxas de exercício e não exercício e por apresentar maior VE. Os valores da tabela são ilustrativos.

TABELA 16.1 Exemplo de taxas de exercício e não exercício

Opção	Strike	Prêmio	VI	VE	Taxa de não exercício	Taxa de exercício	Dif. taxas
PETRB240	24,00	6,99	5,88	1,19	29,13%	4,85%	24,28%
PETRB260	26,00	5,02	3,88	1,14	19,31%	4,59%	14,72%
PETRB280	28,00	2,23	1,88	0,35	7,96%	1,27%	6,69%
PETRB299	30,00	1,75	0,00	1,75	5,83%	6,65%	0,82%
PETRB320	32,00	1,09	0,00	1,09	3,41%	11,15%	7,74%
PETRB340	34,00	0,75	0,00	0,75	2,21%	16,72%	14,51%

Vale lembrar ainda que, à medida que os preços no mercado à vista se alteram, os valores das opções também se modificam, acompanhando as oscilações do mercado à vista.

O fato de as opções também caírem de valor pode fazer com que o investidor também perca valor com suas opções. Deve-se, portanto, ficar atento ao comportamento das opções e, se for o caso, trocar de *strike*. Essa operação é conhecida como rolagem e será explicada a seguir.

16.3 TRIBUTAÇÃO NO MERCADO DE OPÇÕES

A tributação no mercado de opções ocorre quando o investidor obtém ganho líquido na negociação ou liquidação de uma operação que envolva opções. A sua base de cálculo é a diferença positiva apurada na negociação desses ativos ou no exercício da opção pelo regime de tributação definitiva com alíquota de 15%.

Os resultados devem ser apurados mensalmente pelo contribuinte e pagos, pelo investidor, até o último dia útil do mês subsequente, via guia DARF com código da operação de 6015.

É permitido realizar a compensação de perdas incorridas com os ganhos líquidos auferidos, no próprio mês ou nos meses subsequentes, em outras operações realizadas nos demais mercados da B3. Ressaltam-se as operações de *day trade*, cujas perdas somente serão compensadas com ganhos auferidos em operações da mesma espécie, ou seja, *day trade*.

Vale observar que, caso não ocorra a venda à vista do ativo na data do exercício da opção, o ativo terá como custo de aquisição o preço de exercício da opção, acrescido ou deduzido do valor do prêmio. Para efeito de apuração do ganho líquido, o custo de aquisição dos ativos negociados nos mercados de opções, bem como os valores recebidos pelo lançador da opção, serão calculados pela média ponderada dos valores unitários pagos ou recebidos. Não havendo encerramento ou exercício da opção, o valor do prêmio constituirá ganho para o lançador e perda para o titular, na data do vencimento da opção.

Para exemplificar as situações que descrevemos, considere a seguinte operação realizada em venda coberta exemplificada.

Suponha um investidor que tenha feito a compra de 1.000 ações da PETR4 em 5/1/2021 pelo preço de R$ 29,88. Pela compra no mercado à vista das ações, o investidor pagará:

$$\text{Valor da Compra: } 1.000 \times 29,88 = 29.880,00$$

Seguindo a tabela de corretagem da B3, tem-se:

$$\text{Corretagem: } 0,5\% \times (29.880,00) + 25,21 = 149,40 + 25,21 = 174,61$$

$$\text{Taxa de Liquidação da CBLC: } 0,0275\% \times R\$\ 29.880,00 = R\$\ 8,21$$

$$\text{Emolumentos de Negociação da Bolsa: } 0,003020\% \times R\$\ 29.880,00 = R\$\ 0,90$$

Dessa forma, o investidor deverá pagar em $D + 2$ o total de R$ 30.063,72.

Admita agora que no mesmo dia que o investidor fez a compra das ações ele realize o lançamento de opções de compra sobre o mesmo ativo.

Se as opções sobre as ações da PETR4 estivessem em 5/1/2021, para a sua série de PETRB320, cotadas a R$ 1,09 e o investidor resolvesse lançar 1.000 opções de compra, o resultado seria:

$$\text{Valor da Venda: } 1.000 \times 1,09 = 1.090,00$$

$$\text{Corretagem: } 1,5\% \ (1.090,00) + 2,49 = 16,35 + 2,49 = 18,84$$

- *Taxa de liquidação*: 0,0275% R$ 1.090,00 = R$ 0,29;
- *Taxa de registro*: 0,0695% R$ 1.090,00 = R$ 0,75;
- *Emolumentos de negociação*: 0,037% R$ 339,00 = R$ 0,40.

Dessa forma, o valor líquido para o $D + 1$ será credor em:

$$\text{R\$ } 1.090,00 - \text{R\$ } 18,84 - \text{R\$ } 0,29 - \text{R\$ } 0,75 - \text{R\$ } 0,40 = \text{R\$ } 1.069,72,$$
a ser creditado da conta do investidor

Valor a receber líquido: R$ 1.069,72

Observe que o investidor consegue tirar do mercado o valor de R$ 1.069,72 para assumir o dever de vender suas ações até o dia 22/2/2021 (3ª segunda-feira do mês de fevereiro de 2021) pelo preço de R$ 32,00.

Assim, tem-se dois resultados possíveis: "ser" ou "não ser" exercido.

1ª Hipótese: não sou exercido

Não ser exercido até a data do vencimento implica dizer que as opções viraram pó, isto é, simplesmente elas deixam de existir e o investidor continua dono das suas ações. Financeiramente falando, o investidor recebeu o prêmio de R$ 1.069,72, o que diminuiu os custos da transação da compra e trouxe ganho de caixa.

Dessa forma, o ganho auferido é o prêmio de R$ 1.069,72. O imposto de renda será cobrado sobre esse valor à alíquota de 15%:

$$15\% \times 1.069,72 = \text{R\$ } 160,46$$

Esse valor deverá ser pago até o final do mês subsequente, com código DARF 6015 (Figura 16.1).

Assim, o ganho líquido do IR foi de R$ 909,26, o que representa uma rentabilidade líquida de 909,26/30.063,72 = 3,02%.

Para o titular dessa opção que pagou o prêmio, mais as suas custas operacionais, esse valor é entendido como prejuízo e poderá ser abatido nos próximos lucros nas operações normais que realizar.

FIGURA 16.1 Exemplo ilustrativo de DARF para não exercido

MINISTÉRIO DA FAZENDA SECRETARIA DA RECEITA FEDERAL DO BRASIL Documento de Arrecadação de Receitas Federais DARF	02 PERÍODO DE APURAÇÃO →	31/01/2021
	03 NÚMERO DO CPF OU CNPJ →	XXX.XXX.XXX-XX
	04 CÓDIGO DA RECEITA →	6015
01 NOME / TELEFONE	05 NÚMERO DE REFERÊNCIA →	
	06 DATA DE VENCIMENTO →	26/02/2021
Veja no verso instruções para preenchimento	07 VALOR DO PRINCIPAL →	160,46
	08 VALOR DA MULTA →	
ATENÇÃO É vedado o recolhimento de tributos administrados pela Secretaria da Receita Federal do Brasil (RFB) cujo valor total seja inferior a R$ 10,00. Ocorrendo tal situação, adicione esse valor ao tributo de mesmo código de períodos subseqüentes, até que o total seja igual ou superior a R$ 10,00.	09 VALOR DOS JUROS E / OU ENCARGOS DL - 1.025/69 →	
	10 VALOR TOTAL →	160,46
Aprovado pela IN/RFB nº 736, de 2 de maio de 2007.	11 AUTENTICAÇÃO BANCÁRIA (Somente nas 1ª e 2ª vias)	

2ª Hipótese: sou exercido

Ser exercido até a data do vencimento implica que a ação se valorizou acima do *strike* da opção (32, no caso do exemplo). Nesse caso, o investidor será obrigado a entregar as suas ações pelo preço de R$ 32,00.

Valor da Venda: 1.000 × 32,00 = 32.000,00

Corretagem: 0,5% (32.000,00) + 25,21 = 160,00 + 25,21 = 185,21

Taxa de Liquidação da CBLC: 0,0275% × R$ 32.000,00 = R$ 8,80

Emolumentos de Negociação da Bolsa: 0,003020% × R$ 32.000,00 = R$ 0,96

Total a receber em $D + 2$: R$ 31.805,03

Dessa forma, o ganho obtido foi:

Venda à vista:	R$ 31.805,03
Compra à vista:	(R$ 30.063,72)
RESULTADO do mercado à vista:	**R$ 1.741,31**
(+) Resultado do mercado de opções:	**R$ 1.069,72**
Lucro Total:	**R$ 2.811,02**

O IR será então cobrado, conforme Figura 16.2:

15% × 2.811,03 = R$ 421,65

FIGURA 16.2 Exemplo ilustrativo de DARF para exercido

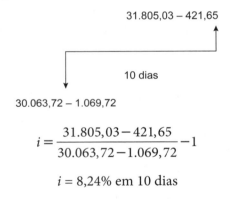

O resultado líquido para o investidor fica, então:

$$i = \frac{31.805,03 - 421,65}{30.063,72 - 1.069,72} - 1$$

$i = 8,24\%$ em 10 dias

16.4 OPERAÇÃO *FENCE* COM O ATIVO

Como pode ser observado na operação anterior, a estratégia envolve movimentações com opções e os custos de montagem podem ser significantes no final da operação.

Além dos custos, o investidor está sempre preocupado com a queda do ativo no caso de o mercado cair, e quer melhorar seu ganho em caso de alta no mercado. Nesse caso, em que o investidor já possui determinado ativo ou tem intenção de comprá-lo, mas deseja se precaver de uma eventual queda e ter ganho adicional no caso de alta, tal estratégia é conhecida no mercado por *fence*. É, então, uma operação estruturada que tem defesa parcial da posição assumida e, geralmente, busca-se ter custo zero.

Assim, o cenário em que se pode optar por essa estratégia é de um potencial de alta moderada, com possibilidade de queda no mercado à vista. Quando do vencimento da opção, caso o mercado esteja em queda, o investidor está protegido até determinado valor, mas, em caso de alta, o ganho fica limitado.

A estruturação dessa operação é feita da seguinte maneira, conforme pode ser interpretado observando-se o Gráfico 16.1, sempre com mesmo vencimento:

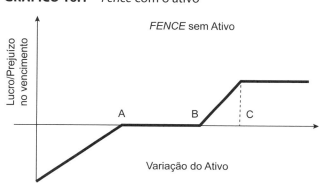

GRÁFICO 16.1 *Fence* com o ativo

- Compra-se determinada ação.
- Caso já se tenha a ação, compra-se uma *put* próxima ao preço do ativo (*strike* no ponto *B*).
- Vende-se uma *put* com *strike* inferior (no ponto *A*), que trará proteção em caso de queda.
- Vende-se uma *call* fora do dinheiro (*strike* no ponto *C*).

No caso da venda da *put* no ponto *A*, é possível escolher um percentual de desvalorização da ação, que pode ser, por exemplo, 10% em relação ao preço atual. Vende-se uma *call* no ponto *C* que vai gerar o ganho limitado, travando em caso de alta.

Para que os custos operacionais fiquem próximos de zero, o valor recebido pelas vendas das *puts* tem que ser suficiente para pagar a compra da *call*. E compram-se as opções de acordo com o número de ações que se possuem do ativo.

Por exemplo, considere que um investidor faça a aquisição de 1.000 ações ABCD4, hipotética, ao preço de R$ 10,00. Ao comprar essas ações, o investidor está exposto às movimentações do mercado em caso de alta ou de baixa. Neste exemplo, não estão sendo levados em conta os custos operacionais.

Para se proteger em caso de uma queda de, digamos, 10%, o investidor pode vender 1.000 *puts* de *strike* R$ 9,00, ao preço de R$ 0,57, recebendo R$ 570,00. A segunda ponta da estratégia é comprar uma *put*, por exemplo, a R$ 10,10, pagando um prêmio de R$ 1,90, totalizando R$ 1.900,00. Para fechar a estratégia, o investidor vende 1.000 *calls*, de modo que o prêmio R$ *p* dessa compra possa zerar os custos de montagem já assumidos, e no caso o pagamento de R$ 1.900,00 possa ser zerado pelos recebimentos de R$ 570,00 mais este da *call*:

$$R\$\ 1.900,00 = R\$\ 570,00 + 1.000\ p$$

$$p = \frac{R\$\ 1.900,00 - R\$\ 5.700,00}{1.000} = R\$\ 1,33$$

Assim, deve-se buscar uma *call* com prêmio próximo de R$ 1,33. Considere, por exemplo uma *call* de *strike* R$ 10,50 ao custo de R$ 1,33, totalizando um recebimento de R$ 1.330,00 e zerando os custos de montagem (não se estão considerando aqui custos operacionais).

Logo, pode-se realizar uma simulação de como ficaria o resultado dessa operação no caso da movimentação do preço à vista. Para a aquisição das ações, tem-se, de acordo com a Tabela 16.2:

TABELA 16.2 Simulação da movimentação do preço à vista

Preço à vista	Compra	Venda	Resultado
R$ 7,00	−R$ 10.000,00	R$ 7.000,00	−R$ 3.000,00
R$ 7,50	−R$ 10.000,00	R$ 7.500,00	−R$ 2.500,00
R$ 8,00	−R$ 10.000,00	R$ 8.000,00	−R$ 2.000,00
R$ 8,50	−R$ 10.000,00	R$ 8.500,00	−R$ 1.500,00
R$ 9,00	−R$ 10.000,00	R$ 9.000,00	−R$ 1.000,00
R$ 9,50	−R$ 10.000,00	R$ 9.500,00	−R$ 500,00
R$ 10,00	−R$ 10.000,00	R$ 10.000,00	−
R$ 10,50	−R$ 10.000,00	R$ 10.500,00	R$ 500,00
R$ 11,00	−R$ 10.000,00	R$ 11.000,00	R$ 1.000,00
R$ 11,50	−R$ 10.000,00	R$ 11.500,00	R$ 1.500,00
R$ 12,00	−R$ 10.000,00	R$ 12.000,00	R$ 2.000,00
R$ 12,50	−R$ 10.000,00	R$ 12.500,00	R$ 2.500,00
R$ 13,00	−R$ 10.000,00	R$ 13.000,00	R$ 3.000,00
R$ 13,50	−R$ 10.000,00	R$ 13.500,00	R$ 3.500,00

Está sendo considerado que o investidor comprou e venderá as ações, esteja o preço à vista que estiver, mesmo em caso de queda.

No caso das opções na mesma simulação, tem-se, conforme Tabela 16.3:

TABELA 16.3 Simulação de resultado de opções

Preço à vista	Call	Put	Put	Resultado opções
R$ 7,00	–	R$ 3.100,00	–R$ 2.000,00	R$ 1.100,00
R$ 7,50	–	R$ 2.600,00	–R$ 1.500,00	R$ 1.100,00
R$ 8,00	–	R$ 2.100,00	–R$ 1.000,00	R$ 1.100,00
R$ 8,50	–	R$ 1.600,00	–R$ 500,00	R$ 1.100,00
R$ 9,00	–	R$ 1.100,00	–	R$ 1.100,00
R$ 9,50	–	R$ 600,00	–	R$ 600,00
R$ 10,00	–	R$ 100,00	–	R$ 100,00
R$ 10,50	–	–	–	–
R$ 11,00	–R$ 500,00	–	–	–R$ 500,00
R$ 11,50	–R$ 1.000,00	–	–	–R$ 1.000,00
R$ 12,00	–R$ 1.500,00	–	–	–R$ 1.500,00
R$ 12,50	–R$ 2.000,00	–	–	–R$ 2.000,00
R$ 13,00	–R$ 2.500,00	–	–	–R$ 2.500,00
R$ 13,50	–R$ 3.000,00	–	–	–R$ 3.000,00

Nessa simulação, tem-se a seguinte interpretação:

♦ No caso da *call*, tem-se uma posição vendida de 1.000 opções de *strike* R$ 10,50. Ficando o preço à vista abaixo de R$ 10,50, o investidor não será exercido, uma vez que assumiu o compromisso de vender as ações por R$ 10,50; e não é interessante ao titular comprar por R$ 10,50, pois teria preços menores no mercado. Caso o preço suba acima de R$ 10,50, o investidor será exercido, e no caso terá que comprar ações a preços maiores e vender por R$ 10,50, realizando prejuízo – por exemplo, se a ação subir a R$ 12,00, o investidor será exercido e terá que comprar primeiro por R$ 12,00 e vender a R$ 10,50, perdendo R$ 1.500,00.

♦ No caso da *put*, posição comprada na *put* de *strike* R$ 10,10, o investidor tem o direito de vender por R$ 10,10. No caso de alta do ativo, o investidor titular da *put* não irá exercer, pois é mais interessante vender à vista ao preço maior. Mas no caso de queda, por exemplo, a R$ 9,00, poderá comprar por R$ 9,00 à vista, exercerá seu direito e poderá vender por R$ 10,10, ganhando R$ 1.100,00 nas 1.000 opções.

♦ Para a *put*, posição vendida a R$ 9,00, o investidor será exercido, tendo a obrigação de comprar por R$ 9,00; e, para não ficar com o prejuízo maior, poderá vender à vista, por exemplo, a R$ 7,00, realizando um prejuízo de R$ 2.000,00 nas 1.000 opções. Para preços acima de R$ 9,00, não será exercido.

Unindo os dois resultados isolados, tem-se, de acordo com a Tabela 16.4:

TABELA 16.4 União dos resultados isolados

Preço à vista	Resultado à vista	Resultado opções	Resultado final
R$ 7,00	–R$ 3.000,00	R$ 1.100,00	–R$ 1.900,00
R$ 7,50	–R$ 2.500,00	R$ 1.100,00	–R$ 1.400,00
R$ 8,00	–R$ 2.000,00	R$ 1.100,00	–R$ 900,00
R$ 8,50	–R$ 1.500,00	R$ 1.100,00	–R$ 400,00
R$ 9,00	–R$ 1.000,00	R$ 1.100,00	R$ 100,00
R$ 9,50	–R$ 500,00	R$ 600,00	R$ 100,00
R$ 10,00	–	R$ 100,00	R$ 100,00
R$ 10,50	R$ 500,00	–	R$ 500,00
R$ 11,00	R$ 1.000,00	–R$ 500,00	R$ 500,00
R$ 11,50	R$ 1.500,00	–R$ 1.000,00	R$ 500,00
R$ 12,00	R$ 2.000,00	–R$ 1.500,00	R$ 500,00
R$ 12,50	R$ 2.500,00	–R$ 2.000,00	R$ 500,00
R$ 13,00	R$ 3.000,00	–R$ 2.500,00	R$ 500,00
R$ 13,50	R$ 3.500,00	–R$ 3.000,00	R$ 500,00

Em um gráfico, ficaria (Gráfico 16.2):

GRÁFICO 16.2 *Fence* com ativo

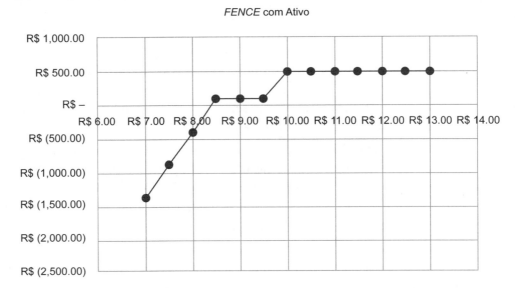

Cabe observar que as perdas não são limitadas, mas são amortecidas em razão da estratégia. Outras operações podem ser montadas, como por exemplo a própria *fence*, só que sem o ativo.

16.5 OPERAÇÃO *FENCE* SEM O ATIVO

No caso de não ter o ativo, o investidor acredita na queda do ativo e fica exposto a perdas no caso de reversão do movimento de queda para alta no mercado à vista, de forma ilimitada.

Nessas condições, a estrutura ficará, conforme o Gráfico 16.3:

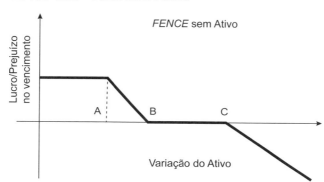

GRÁFICO 16.3 *Fence* sem o ativo

No caso da expectativa de perda do ativo, o investidor, não querendo ter gastos para comprar uma *put*, realiza a seguinte operação, sempre com mesmo vencimento:

* vende uma *call* fora do dinheiro (*strike* no ponto C);
* vende uma *put* com *strike* inferior (no ponto A);
* compra uma *put* próxima ao preço do ativo (*strike* no ponto B);

Deve-se ficar atendo quanto ao preço do ativo no mercado à vista, pois, se estiver cotado acima do preço de exercício da *call* (ponto C), o investidor terá perdas ilimitadas.

Observe que a estrutura é a mesma, só não conta com a aquisição das ações. Dessa forma, tem-se, conforme Tabela 16.5:

TABELA 16.5 Simulação de resultado de opções

Preço à vista	Call	Put	Put	Resultado final
R$ 7,00	–	R$ 3.100,00	–R$ 2.000,00	R$ 1.100,00
R$ 7,50	–	R$ 2.600,00	–R$ 1.500,00	R$ 1.100,00
R$ 8,00	–	R$ 2.100,00	–R$ 1.000,00	R$ 1.100,00
R$ 8,50	–	R$ 1.600,00	–R$ 500,00	R$ 1.100,00
R$ 9,00	–	R$ 1.100,00	–	R$ 1.100,00
R$ 9,50	–	R$ 600,00	–	R$ 600,00

(continua)

(continuação)

Preço à vista	Call	Put	Put	Resultado final
R$ 10,00	–	R$ 100,00	–	R$ 100,00
R$ 10,50	–	–	–	–
R$ 11,00	–R$ 500,00	–	–	–R$ 500,00
R$ 11,50	–R$ 1.000,00	–	–	–R$ 1.000,00
R$ 12,00	–R$ 1.500,00	–	–	–R$ 1.500,00
R$ 12,50	–R$ 2.000,00	–	–	–R$ 2.000,00
R$ 13,00	–R$ 2.500,00	–	–	–R$ 2.500,00
R$ 13,50	–R$ 3.000,00	–	–	–R$ 3.000,00

Dessa forma, graficamente ilustrado, teríamos (Gráfico 16.4):

GRÁFICO 16.4 *Fence* sem o ativo

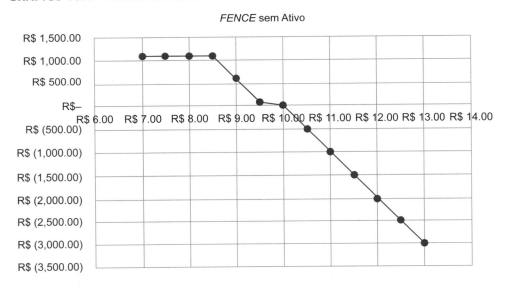

17
FUNDOS DE INVESTIMENTOS EM AÇÕES

Os fundos de investimentos são constituídos na forma de condomínios e têm por objetivo investir os recursos de seus participantes no mercado financeiro. Os fundos são regidos por um regulamento e suas principais decisões são tomadas por uma assembleia geral. Seu funcionamento depende de autorização prévia da Comissão de Valores Mobiliários (CVM).

O capítulo aborda os fundos de investimentos em ações, destacando suas principais características e aspectos funcionais. São estudados os tipos de fundos de investimentos, riscos, custos operacionais cobrados pelos administradores dos fundos e tributação que recai sobre o investidor.

É dado destaque ainda para as formas de administração dos fundos de investimentos – ativa e passiva –, ao cálculo do valor das cotas e à rentabilidade do investidor.

O fundo de investimentos em ações constitui-se numa alternativa financeira que congrega diversos investidores dispostos a aplicar seus recursos em carteiras diversificadas de ativos, sendo administradas por pessoal especializado em investimentos no mercado de capitais.

Um importante atrativo dos fundos de investimentos é o de permitir o acesso às operações do mercado acionário de investidores com menor capacidade de poupança. Os fundos costumam aceitar aplicações com valores relativamente baixos e, dependendo do desempenho do mercado, os investidores podem obter bons retornos mesmo com quantias mais reduzidas.

Através do mercado de fundos, os investidores com menor capacidade financeira têm acesso às alternativas de aplicações de recursos que dificilmente, pelo volume reduzido de capital, estariam ao seu alcance. Os fundos viabilizam, em outras palavras, a participação do pequeno investidor no mercado financeiro.

Outra importante vantagem que os fundos de investimentos em ações oferecem é que o investidor não precisa possuir conhecimentos técnicos mais elevados para decidir sobre as oportunidades disponíveis no mercado acionário. Em que ação deve aplicar seus recursos, qual o setor de melhores expectativas de retorno, projeções da economia, qual o momento da aplicação etc. são questões fundamentais que devem ser respondidas por todo investidor que deseja operar diretamente em bolsa de valores.

Os fundos de investimentos, pela ação de especialistas no assunto, executam essas tarefas mais complexas. Permitem que os investidores em ações, mesmo que não possuam tempo nem conhecimentos técnicos necessários para avaliar os papéis e acompanhar a evolução de seus principais indicadores, atinjam objetivos de retorno com seu capital, muitas vezes de difícil execução se atuassem de forma independente no mercado.

O fundo de ações dispõe de uma estrutura de analistas que irão administrar a carteira de títulos dos investidores, selecionando a composição que mais se identifique com os objetivos estabelecidos de rentabilidade e risco.

Os recursos aplicados pelos investidores são direcionados à formação de uma carteira diversificada de títulos. O investidor do fundo é proprietário de uma parte ideal identificada por *cota*, que será avaliada na proporção do capital investido. Adquire, em verdade, parte de uma cesta de títulos e ações representativos de várias empresas, tornando o investimento mais seguro pela diversificação adotada na carteira.

Como característica básica, a carteira de um fundo de investimentos é diversificada, procurando eliminar a parcela do risco considerada diversificável. Os rendimentos dos títulos são incorporados ao patrimônio do fundo, determinando valorização na cota dos participantes.

O *administrador* de um fundo de investimentos em ações pode ser representado por instituições financeiras (bancos de investimentos) e também por sociedades corretoras e distribuidoras devidamente autorizadas pela Comissão de Valores Mobiliários (CVM) a exercer essa atividade. A instituição administradora é responsável pelo funcionamento do fundo em seus aspectos gerenciais e operacionais e deve, periodicamente, prestar diversas informações às bolsas de valores, à CVM e aos seus aplicadores.

O administrador do fundo de investimentos pode passar a terceiros ("terceirizar") a gestão da carteira de títulos, contratando especialmente para essa finalidade uma pessoa física ou jurídica devidamente credenciada pela CVM. É o denominado *gestor da carteira do fundo*. O gestor do fundo de investimentos é responsável pela compra e venda dos títulos da carteira e executa a gestão do fundo de acordo com a política de investimentos definida em seu regulamento.

A política de investimentos define os objetivos e a forma como o administrador do fundo aplica os recursos de seus participantes, implicando graus de risco e retorno. Maior retorno envolve normalmente maior risco ao investidor.

As principais informações que os fundos devem disponibilizar aos investidores para que estes possam avaliar seus investimentos são:

- extrato de todas as movimentações verificadas: aplicações, resgates, remunerações etc.;
- desempenho do fundo, medido pela taxa de rentabilidade calculada;
- valor e composição da carteira, destacando os títulos que a integram, quantidade, espécies, tipos etc.;
- saldo das cotas do investidor e respectivo valor.

Os fundos são condomínios que concentram investidores que tenham objetivos comuns. O gestor do fundo é uma instituição responsável pela administração de seus recursos, realizando operações de compra e venda de papéis no mercado de acordo com os objetivos estabelecidos pelos investidores. As regras básicas de funcionamento do fundo são estabelecidas em seu regulamento, inclusive as estratégias de investimentos adotadas.

17.1 TRIBUTAÇÃO E DEMAIS DESPESAS DOS FUNDOS DE AÇÕES

O investidor deve sempre acompanhar os tributos incidentes sobre as operações de aplicações e resgates dos fundos de ações, e também as diversas taxas cobradas.

Em termos de tributação, tem-se principalmente o *imposto de renda retido na fonte* (IRRF).

Os investidores de um fundo de ações, cuja carteira seja constituída, no mínimo, com 67% de ações negociadas no mercado à vista, pagam IR incidente sobre a valorização de suas cotas. Essa valorização é medida pela diferença entre o valor de resgate da cota e o seu valor de aquisição. Verificando-se uma diferença positiva por ocasião do resgate, há tributação na fonte sobre o rendimento auferido com base na alíquota de 15%. A responsabilidade de recolhimento desse tributo é do administrador do fundo.

Ocorrendo prejuízo por ocasião do resgate, o valor pode ser compensado com eventuais rendimentos apurados em resgates posteriores em fundos de investimentos de mesma natureza.

Caso o patrimônio do fundo não atinja o mínimo de 67% em ações, é aplicada a tabela de tributação incidente sobre os fundos de renda fixa.

Muitas vezes é cobrada do investidor uma *taxa de custódia*, referente aos serviços de guarda das ações em instituição financeira habilitada a prestar esse serviço.

Os fundos de investimentos em ações costumam estabelecer a cobrança de uma *taxa de administração* dos cotistas visando remunerar os serviços executados na gestão do fundo. Os valores dessa taxa variam de um fundo para outro, sendo influenciados pelo patrimônio do fundo, nível de sofisticação das análises, estratégias de investimentos etc.

É importante que o investidor tenha total conhecimento desses encargos no momento de escolher o fundo de investimentos, pois o seu valor pode alterar a sua taxa de retorno. As taxas de administração podem variar bastante de um fundo para outro e são geralmente descontadas do valor das cotas do fundo, influenciando diretamente sua rentabilidade.

O investidor deve ficar atento também à cobrança da taxa de *performance*, calculada sobre a remuneração obtida pelo fundo que exceder ao seu *benchmark* – medida de desempenho de mercado que o gestor do fundo tem por objetivo alcançar. Essa taxa constitui-se, em essência, num prêmio para o gestor pelos resultados extraordinários obtidos, não sendo necessariamente cobrada por todos os fundos.

Por exemplo, se um fundo de ações tem como meta atingir rentabilidade igual ao índice da B3, a bolsa de valores de São Paulo (Ibovespa), pode estipular uma taxa de *performance* sobre o que conseguir ganhar além do índice. O investidor deve ser previamente informado sobre o percentual e as condições de cobrança dessa taxa.

17.2 COTA E RENTABILIDADE DE UM FUNDO

A *cota* de um fundo de investimentos representa uma fração ideal de seu patrimônio. O patrimônio total de um fundo é representado pela soma de todas as cotas que foram adquiridas por diferentes investidores. Dessa forma, o cálculo do valor de uma cota é feito pela divisão entre o patrimônio líquido do fundo e o número de cotas emitidas.

O investimento em um fundo se verifica pela aquisição de certa quantidade de cotas. Ao aplicar seus recursos em um fundo de investimentos, o investidor torna-se *cotista* desse fundo, ou seja, é sócio de uma carteira de ativos (ações), participando de seus resultados. O valor de uma cota é apurado todo dia e informado pela instituição gestora através, principalmente, de jornais e da internet. O investidor deve acompanhar o desempenho de seu fundo de ações e avaliar se os resultados estão de acordo com os objetivos definidos quando da aplicação inicial e, também, se correspondem às expectativas do momento.

Para que um participante possa calcular seu patrimônio no fundo, basta multiplicar a quantidade de cotas compradas pelo seu valor do dia. O valor da cota pode se alterar com frequência (diariamente), porém a quantidade de cotas possuídas somente se modifica em caso de resgate, novas aplicações ou recolhimento de impostos, que consomem cotas.

Para que o investidor conheça seu rendimento em determinado período de tempo, basta dividir o valor da cota no momento atual pelo seu valor no momento inicial. A seguinte formulação de cálculo pode ser usada:

$$\text{Retorno (em \%)} = [(Ct/Ct-1) - 1] \times 100$$

onde:

Ct = valor atual da cota (em $)

$Ct - 1$ = valor da cota (em $) no momento da aplicação (ou em outra data desejada)

Por exemplo, se o valor da cota de um fundo de investimentos é hoje de $ 600 e, no momento da aplicação dos recursos, de $ 500, a rentabilidade da aplicação será de 20% no período, ou seja:

$$\textbf{Retorno} = [(\$ 600/\$ 500) - 1] \times 100 = 20\%$$

A taxa de retorno de um fundo costuma ser divulgada pelos seus gestores e também está disponível no *site* da Associação Nacional dos Bancos de Investimento: <www.anbid.com.br>.

O ganho da aplicação, geralmente fornecido pela instituição gestora, costuma ser a rentabilidade líquida, já descontada das taxas cobradas pela administradora e demais despesas do fundo rateadas aos cotistas.

EXEMPLO ILUSTRATIVO

Admita que um investidor possua, em determinada data, $ 10.000,00 aplicados em cotas de um fundo de ações. O patrimônio do fundo é de 250.000 cotas, avaliadas em $ 1.000.000,00. São calculados a seguir:

- Valor da cota do fundo = $\dfrac{\$\,1.000.000,00}{250.000 \text{ cotas}} = \$\,4,00/\text{cota}$

- Quantidade de cotas adquiridas = $\dfrac{\$\,10.000,00}{\$\,4,00} = 2.500 \text{ cotas}$

Admita a seguir que, ao final de certo intervalo de tempo, o patrimônio do fundo tenha se valorizado em 15,5% e a quantidade de cotas, pela entrada de novos investidores, aumente em 5%.

São calculados a seguir:
- Valor do patrimônio do fundo = $ 1.000.000,00 + 15,5% = $ 1.155.000,00
- Quantidade de cotas do fundo = 250.000 + 5% = 262.500 cotas
- Valor da cota do fundo = $\dfrac{\$\ 1.155.00{,}00}{262.500\ \text{cotas}}$ = $ 4,40/cota

O valor de cada cota do investidor cresceu de $ 4,00 para $ 4,40, indicando uma rentabilidade de 10,0% no período, ou seja:
- Rentabilidade do período = × 100 = 10,0%

Essa taxa de retorno é bruta, devendo ainda o investidor incorrer em tributação e despesas operacionais cobradas pela administração do fundo, conforme descritas na seção 14.1.

17.3 FUNDOS ABERTOS E FECHADOS

Os fundos de investimento podem ser classificados em *abertos* ou *fechados*.

Os fundos *abertos*, predominantes no mercado brasileiro, são aqueles que permitem a livre entrada de novos investidores a qualquer momento, assim como a saída de qualquer participante por meio de resgate (venda) de suas cotas. O fundo aberto permite, também, o aumento da participação dos atuais investidores mediante novas aplicações de recursos. Esses fundos apresentam geralmente duração determinada, não estando prevista uma data predeterminada de encerramento.

Ao contrário, os fundos *fechados*, pouco adotados em nosso mercado, possuem quantidades fixas de cotas, limitando a livre movimentação dos investidores, assim como novas aplicações pelos atuais cotistas. Um investidor pode se retirar do fundo somente ao término de seu prazo de duração ou se a sua saída coincidir com a entrada de outro, ou seja, deve vender suas cotas a terceiros em mercado secundário.

Em alguns casos, as cotas dos fundos fechados são negociadas em bolsas de valores. Se um investidor desejar adquirir cotas de um fundo fechado nesses casos, poderá utilizar o sistema de negociação da B3.

Os fundos de investimentos fechados são constituídos geralmente por prazo determinado. Ao final do prazo previsto de funcionamento, o patrimônio do fundo é repartido entre os cotistas e o seu encerramento é formalizado.

Exemplos de fundos fechados: fundos de investimento imobiliário, fundos de investimento de direitos creditórios etc.

17.4 REGRAS BÁSICAS DE INVESTIMENTO

Com as novas regras introduzidas pela CVM, os fundos de investimentos em ações foram classificados em um único tipo, denominado *fundos de investimento em títulos e valores mobiliários* (FITVM).

De acordo com as orientações sugeridas para investimentos em ações, os fundos de ações são essencialmente aplicações de longo prazo. Costumam apresentar alta volatilidade no curto prazo, ou seja, estão sujeitos a fortes oscilações de preços, repassando aos aplicadores a possibilidade de prejuízos. No longo prazo, o risco tende a se diluir, favorecendo as expectativas de ganhos.

A CVM elaborou uma classificação dos fundos de investimentos disponíveis no Brasil, cujas principais classes são reproduzidas a seguir.[1] O intuito dessa classificação é melhor organizar e facilitar as informações dos fundos aos investidores em geral, especialmente àqueles com menor qualificação técnica.

CLASSIFICAÇÃO DA CVM DE FUNDOS DE INVESTIMENTOS	
Curto prazo	Formado por títulos públicos federais ou privados de baixo risco. Os papéis são de renda fixa e podem ser pós ou prefixados. São fundos considerados mais conservadores.
Referenciado	O desempenho da carteira procura acompanhar um indicador de desempenho de mercado, definido por *benchmark*. Indicador de referência bastante usado: taxa de juros Selic/CDI. Esses fundos referenciados procuram acompanhar a variação diária das taxas de juros CDI.
Renda fixa	A maior parte do patrimônio desses fundos encontra-se aplicada em títulos de renda fixa *prefixados*, que prometem juros previamente definidos, ou *pós-fixados*, cujos rendimentos acompanham os movimentos dos juros de mercado ou algum índice de preço.
Multimercado	Esses fundos costumam combinar diversos ativos em sua carteira, como renda fixa, renda variável (ações), títulos cambiais etc. Atuam bastante também em mercados de derivativos.
	Apresentam muita agilidade, alterando a composição da carteira de acordo com o melhor momento de cada mercado. Pela sua alta flexibilidade, o fundo exige grande talento do gestor.
Ações	Fundos que aplicam a maior parte de seu patrimônio (mínimo de 67%) em ações negociadas em bolsas de valores ou mercado de balcão organizado. Acompanham as oscilações dos preços de mercado das ações que compõem a carteira. Alguns fundos de ações são referenciados, tendo por objetivo acompanhar índices do mercado acionário, como o Ibovespa, por exemplo.

---

[1] Adaptado de: www.comoinvestir.com.br/anbid.

Cambial	A maior parte desse tipo de fundo é constituída por ativos que apresentam alguma relação com a variação de preços de uma moeda estrangeira. Por exemplo, o Fundo Cambial Dólar, que tem por objetivo acompanhar a variação da moeda dos EUA.
Dívida externa	Fundo formado em sua maior parte por títulos brasileiros com negociação no mercado internacional. É uma alternativa para o investidor brasileiro aplicar seus recursos em títulos públicos negociados no exterior.

Os fundos de ações são mais recomendados em cenários de taxas de juros baixas, o que incentiva a migração do capital de títulos de renda fixa para os de renda variável. Com isso, ocorre naturalmente uma demanda maior por negócios com ações, permitindo valorizar a cota dos fundos.

Por outro lado, períodos de crescimento da economia, identificados principalmente pelas variações positivas do PIB, são também atraentes para investimentos em fundos de ações. O desempenho favorável da conjuntura tende a refletir-se nos indicadores financeiros das empresas, proporcionando maiores ganhos aos investidores em ações, através de maiores dividendos e valorização de suas cotações de mercado. Esses ganhos são repassados, evidentemente, para o valor das cotas do fundo, oferecendo maior valorização ao capital aplicado.

17.4.1 Formas de administração dos fundos de investimentos

O desempenho dos fundos de investimentos é avaliado a partir de determinado referencial de mercado (*benchmark*), que poderá ser o Ibovespa, o Índice Brasil (IBX, composto pelas ações de maior destaque na bolsa de valores) ou outro indicador selecionado.

Há duas formas diferentes de administrar um fundo de investimentos: *passiva* ou *ativa*.

A administração de um fundo de investimentos é do tipo *passiva* quando busca um desempenho que acompanhe um padrão referencial de mercado. Para tanto, o administrador do fundo deverá compor uma carteira que se assemelhe ao índice de mercado escolhido como referência (*benchmark*), procurando refletir seu desempenho. Por exemplo, um fundo de ações que tenha como referencial de desempenho o Ibovespa pode compor sua carteira com o mesmo perfil de ações e proporções que fazem parte do índice da B3, apurando um retorno e risco semelhante.

A administração classificada como *ativa* pode ou não adotar um *benchmark* de mercado, dependendo das diretrizes de investimento definidas para o fundo. Nesse tipo de administração, o gestor se propõe geralmente a superar os índices de mercado, oferecendo melhores expectativas de retorno e, também, maiores riscos aos investidores. Para tanto, o gestor do fundo deve selecionar no mercado as melhores alternativas de investimentos, procurando atingir a meta de desempenho.

Os fundos com administração ativa costumam formar uma carteira com papéis e composições diferentes daquelas adotadas nos índices de mercado, procurando superá-las em rentabilidade e agregar maiores resultados à carteira de investimentos.

Um exemplo de fundos com gestão ativa são os denominados *fundos multimercados*, que combinam investimentos em ativos dos variados mercados, como juros, câmbio, ações, derivativos etc. Esses fundos não se prendem a um índice de referência específico, podendo assumir riscos e rentabilidades mais elevados.

No mercado financeiro existem inúmeros fundos de investimentos com denominações diferentes, às vezes bastante peculiares, como *gold, premium, grand prix* e assim por diante. Eles indicam, em essência, o perfil de risco do fundo, como conservador, moderado, arrojado ou agressivo. É fundamental que o investidor conheça o grau de risco de cada fundo, a composição de sua carteira, a política de investimentos e as taxas cobradas antes de tomar sua decisão.

> O risco é a possibilidade de os resultados serem diferentes daqueles esperados pelo investidor, sendo determinado por uma variável futura incerta. O risco está presente em todas as decisões financeiras, sempre existirá. Não há investimentos sem risco. É dever de todo investidor avaliar e controlar as possibilidades de perdas.
>
> Investir em um fundo de ações baseado exclusivamente na rentabilidade pode trazer altos riscos ao investidor, incompatíveis com sua tolerância ao risco. É sempre importante avaliar a relação entre risco e retorno do fundo.

17.5 FUNDOS REFERENCIADOS

Os fundos conhecidos como referenciados procuram acompanhar determinado referencial de mercado (*benchmark*), compondo uma carteira de ações que possa promover rendimento bastante próximo à variação do índice selecionado.

O Ibovespa é o *benchmark* mais utilizado pelos fundos de renda variável, principalmente por causa do apelo que apresenta junto aos investidores. É o índice de mercado mais divulgado e conhecido, sendo um referencial bem aceito pelos investidores.

O uso de um referencial para os fundos é importante para o investidor avaliar o seu desempenho, avaliar sua rentabilidade com um padrão de mercado escolhido. Com isso, é possível ter informações mais claras e conclusivas sobre suas aplicações, inclusive permitindo comparar seus riscos.

> **EXPOSIÇÃO A RISCO DEVE AUMENTAR CASO SELIC TENHA NOVO CORTE**
>
> **Copom se reúne nesta terça e quarta-feira para definir os rumos da taxa básica de juros, atualmente em 2,25% ao ano**
>
> ISAAC DE OLIVEIRA 3/8/2020
>
> Planejamento financeiro é imprescindível para escolher o melhor investimento.
>
> - Cenário de juros baixos deve continuar levando investidores para opções de risco. A constatação é de analistas do mercado, que destacam a forte tendência de migração de ativos, iniciada já em cortes anteriores, que culminaram nos atuais 2,25% ao ano
> - Economista mostra que, com a Selic a 2,25% ao ano, a poupança apresenta rentabilidade real de – 0,90% ao ano com o desconto do IPCA
> - Renda fixa ainda deverá ser bastante utilizada como opção segura para as reservas de emergência dos brasileiros, mas uma alternativa para os menos experientes são os fundos em bolsa, que contam com uma gestão profissional

Fonte: E-investidos. Disponível em: https://einvestidor.estadao.com.br/investimentos/exposicao-risco-selic-novo-corte. Acesso em: jun. 2021.

17.6 *RATINGS* DE FUNDOS

Rating é uma nota que empresas especializadas (agências classificadoras) atribuem a um fundo de investimentos. É estabelecido com base principalmente no perfil de risco do fundo e na consistência da política executada pelo gestor.

O trabalho de atribuir classificação de risco a um fundo de investimento envolve, inicialmente, uma avaliação completa do gestor do fundo, sendo analisadas sua experiência e medidas adotadas para controle do risco da carteira, diretrizes operacionais etc. A etapa seguinte cobre uma análise do desempenho do fundo e da composição de sua carteira, incluindo a verificação das principais transações e operações de bolsas de valores.

A nota final atribuída por um *rating* deve refletir a qualidade dos ativos contidos na carteira do fundo, assim como sua volatilidade, ou seja, a sensibilidade nas taxas de retorno do fundo diante de mudanças de mercado, atribuídas principalmente às taxas de juros, variação cambial e outras razões.

Os *ratings* dos fundos de investimentos não devem ser interpretados como informes publicitários ou recomendação de compra. O *rating* deve refletir o perfil do risco do fundo, devendo ser associado ao nível de aversão ao risco do investidor. Fundos com *rating* denotam risco maior ao investidor, devendo, por conseguinte, remunerar melhor o capital aplicado.

17.7 COMO AVALIAR O DESEMPENHO DE UM FUNDO

A análise da *performance* de um fundo de investimentos deve sempre levar em consideração a taxa de retorno oferecida e os riscos envolvidos. A questão básica é saber se a rentabilidade do investimento é adequada ao risco incorrido pelo aplicador.

Uma forma de avaliar o desempenho é comparar o retorno oferecido pelo fundo com uma aplicação livre de risco (ou de risco mínimo), como caderneta de poupança ou títulos públicos. *Por exemplo*, se em determinado ano a caderneta de poupança rendeu 9,8% (TR mais juros de 6% ao ano), igual ao retorno de um fundo de investimentos em ações, significa que o aplicador não recebeu remuneração pelo risco. Ganhou, em uma alternativa financeira de risco (fundo de ações), o mesmo retorno de um investimento sem risco (no caso, caderneta de poupança).

A medida interessante para o investidor é o *prêmio pelo risco* pago pelo fundo de investimentos, medido pela diferença entre a taxa de retorno da carteira de ações e a remuneração paga por um ativo livre de risco.

Na suposição de a caderneta de poupança pagar 9,8% de rendimento em certo ano e um fundo de investimento render 13,2% no mesmo período, apura-se um prêmio de risco de 13,2% − 9,8% = 3,4%.

O prêmio pelo risco calculado indica quanto um investimento com risco remunerou ao acionista acima de um rendimento livre de risco. Em outras palavras, qual o prêmio pago ao investidor para assumir o risco do investimento em uma carteira de ações.

> *Prêmio pelo risco* é a taxa de retorno de um investimento que excede o rendimento de um ativo livre de risco.

Todo investimento que apresenta risco deve oferecer um retorno maior que o pago por uma alternativa sem risco; quanto maior o risco, mais elevado deve ser o retorno prometido pela aplicação.

É importante destacar que essa relação entre risco e retorno, apesar de seguir uma mesma direção (é positivamente correlacionada), não assume um comportamento linear. Ou seja, a elevação do risco não acarreta sempre um aumento proporcional no retorno esperado. A partir de uma meta de retorno, o investidor deve geralmente assumir riscos mais que proporcionais.

17.7.1 Índice de Sharpe

Existem diversos indicadores de desempenho de um fundo de investimentos. O mais utilizado pelo mercado é o *índice de Sharpe*. Esse índice de *performance* mede o prêmio pelo risco em relação ao risco total da carteira de ações. Reflete se o desempenho do investimento é adequado ao seu risco, denotando melhor desempenho os fundos com índice de Sharpe mais elevado. Índice de Sharpe mais alto indica melhor prêmio por unidade de risco assumido.

O índice de Sharpe costuma ser calculado de acordo com a seguinte expressão:

$$IS = \frac{E(R_p) - R_F}{\sigma_p}$$

onde:

$E(R_p)$ = taxa de retorno esperada do fundo de investimento

R_F = taxa de juros livre de risco

σ_p = volatilidade (risco) do fundo medida pelo desvio-padrão

Para ilustrar, admita três fundos de investimentos em ações conforme apresentados na Tabela 17.1:

TABELA 17.1 Ilustração dos fundos de investimento A, B e C

	Fundo A	Fundo B	Fundo C
Prêmio pelo risco	10%	14%	20%
Desvio-padrão	16%	20%	40%
Índice de Sharpe	**0,625**	**0,70**	**0,50**

Dos três fundos considerados, B é o que apresenta o melhor desempenho pelo critério de Sharpe, oferecendo maior rentabilidade acima da taxa livre de risco por unidade de risco total da carteira de ações. O fundo C é o que oferece a maior taxa de retorno e também o maior risco. O índice de Sharpe revela, no entanto, que a *performance* de C não é boa em relação aos demais fundos, pagando o menor prêmio por unidade de risco.

17.8 O QUE OS FUNDOS DE AÇÕES DEVEM INFORMAR

Todo investidor em fundo de investimentos em ações tem direito às seguintes informações mínimas para mais bem formar sua decisão:

- valores e condições de pagamento das taxas e despesas do fundo;
- condições de compra e resgate das cotas;
- prazo de carência;
- metas e objetivos do fundo; se for um fundo referenciado, que medida de referência de mercado pretende acompanhar;
- composição da carteira de investimentos;

- como serão processadas as distribuições de resultados (dividendos) acumulados pelo fundo;
- risco do fundo, sinalizado pelo *rating*.

Ao aplicar recursos em um fundo, o investidor deve assinar um *termo de adesão* atestando, entre outros aspectos, que:

- recebeu o regulamento e demais informações do fundo; o regulamento de um fundo descreve todas as informações relativas ao seu funcionamento e segue as regras estabelecidas pela CVM;
- tem conhecimento dos riscos envolvidos e da política de investimento definida para esse fundo; conforme comentado, a política de investimento define a relação *risco × retorno* almejada pela instituição administradora do fundo; essa relação pretendida é que determina, por sua vez, a composição da carteira de títulos visando atender aos perfis de risco dos investidores.

O patrimônio de um fundo de investimentos é resultado da aplicação dos recursos dos investidores de acordo com a política de investimento estabelecida e a composição da carteira de títulos, conforme o que está definido em regulamento.

17.9 CLUBES DE INVESTIMENTO

Clube de investimento é uma associação formada por um grupo de poupadores, geralmente pequenos e médios investidores, autorizados a manter, em comum, uma carteira diversificada de títulos e valores mobiliários. O clube pode ser criado por funcionários de uma mesma empresa, profissionais liberais, grupo de amigos, parentes etc. A constituição do clube deve ser registrada na B3 e todos os seus membros devem aderir ao estatuto social.

O participante pode se retirar do clube de investimento a qualquer momento que desejar. Deve comunicar à corretora sua decisão e aguardar o recebimento de suas cotas em alguns dias após o pedido de desligamento.

O administrador do clube de investimento é uma instituição financeira como banco, corretora membro da B3 e distribuidora de títulos, a qual deve providenciar todos os registros legais e cuidar de seu correto funcionamento. O administrador deve, além disso, selecionar as ações que irão compor a carteira de investimentos de acordo com a política estabelecida para o clube.

O clube de investimento mantém um estatuto social (regimento), que prevê as normas e leis que regem seu funcionamento. O registro do clube e sua fiscalização são efetuados pela B3 e pela CVM.

As aplicações efetuadas pelos membros são representadas por cotas de igual valor e representativas do patrimônio do clube de investimento, correspondendo cada cota a um voto nas deliberações de suas assembleias gerais.

O clube de investimento pode realizar operações no mercado à vista de ações, sem restrições. Todo clube deve manter no mínimo 51% de seus recursos financeiros aplicados em ações. Os 49% restantes podem ser aplicados em outros ativos, como títulos de renda fixa. Investimentos nos demais mercados (futuro e opções), somente se houver autorização expressa em seu estatuto social. E obedecidas as restrições legais.

A assembleia geral é o principal órgão deliberativo do clube de investimento, com poderes para decidir todos os seus negócios. Os balanços e resultados do clube são apresentados aos participantes em assembleia geral.

Os clubes de investimento diferenciam-se dos tradicionais fundos de investimentos em ações pelo limite de participantes; atualmente, é admitido um máximo de 150. O membro do clube pode elevar sua participação no investimento até um limite máximo de 40% das cotas existentes.

As decisões envolvendo os investimentos são tomadas pelos membros do clube, que decidem os ativos, o momento e o volume de suas aplicações. Apurando lucro, o valor é distribuído proporcionalmente ao número de cotas que cada participante possui.

> Etapas para a criação de um clube de investimento, segundo roteiro estabelecido pela B3:
> - Procure uma corretora para criar o clube de investimento e receber orientação para a escolha das ações que irão compor a carteira.
> - Defina o capital a ser investido no fundo e a quantidade de cotas que serão adquiridas por cada participante. Nenhum investidor poderá ter mais de 40% das cotas de um clube.
> - Redija, junto com a corretora, o estatuto social do clube.
> - Confira toda a documentação e efetue o registro do clube na B3 e, a seguir, na Receita Federal. A partir dessas providências, o clube de investimento pode começar a funcionar.

17.10 OS FUNDOS DE ÍNDICES – ETFS

Para quem gosta de investir em ações e não tem tantos recursos para compor uma carteira bem diversificada, os fundos de índices representam uma alternativa interessante.

Os fundos de índices, cuja sigla em inglês significa *exchange trade funds* (ETFs), são espelhados em índices e suas cotas são negociadas em bolsa da mesma forma que as ações, como se estivesse sendo comprada uma "cesta" de ações.

O investimento é feito da mesma forma que se negocia uma ação. Através de uma corretora, o investidor consegue comprar um conjunto de ações de uma única vez. A principal vantagem é a compra diversificada de uma única vez, não correndo o rico específico de uma única ação.

O objetivo de tais fundos de ações é o de ampliar a rentabilidade das carteiras de investimentos, usando para isso uma aplicação em um conjunto fechado de ações de determinado índice, de forma mais acessível e com menor custo aos investidores.

Aplicando nos ETFs, o investidor não precisa administrar todas as ações, uma a uma e muito menos arcar com os custos operacionais para comprá-las e vendê-las, de forma a manter a carteira de ações igual à do índice de referência.

Tais fundos têm códigos próprios na B3. O lote mínimo para negociação, que antes era de 100 ações, foi reduzido em agosto de 2010 para 10. O objetivo dessa redução foi justamente popularizar esse investimento e baixar o valor mínimo de negociação.

Os fundos de índices possuem um gestor que cobra uma taxa de administração anual e as tarifas de corretagem normais.

Os ETFs que têm negociação na B3 são especificados na Tabela 17.2:

TABELA 17.2 ETFs com negociação na B3

Código	ETF	Data da listagem
BOVA11	Fundo de índice Ibovespa	19/11/2008
BRAX11	Fundo de índice IBrX-100	23/12/2009
CSMO11	Fundo de índice de consumo	23/12/2009
MILA11	Fundo de índice MidLarge Cap	19/11/2008
MOBI11	Fundo de índice imobiliário	23/12/2009
SMAL11	Fundo de índice de *small cap*	19/11/2008
PIBB11	Fundo de índice IBrX-50	26/7/2004

Fonte: B3. Disponível em: http://www.b3.com.br/pt_br/produtos-e-servicos/negociacao/renda-variavel/etf/renda-variavel/etfs-listados/. Acesso em: jun. 2021.

Já a Tabela 17.3 ilustra os rendimentos brutos auferidos pelos ETFs e pelas principais aplicações financeiras disponíveis no Brasil.

TABELA 17.3 Rendimentos brutos auferidos pelos ETFs

Código	Rentabilidade Bruta – 2020
bova11	3,07%
brax11	3,65%
matb11	50,80%
spxi11	51,34%
pibb11	3,78%

Fonte: Economática. Disponível em: https://economatica.com/. Acesso em: jun. 2021.

18
GOVERNANÇA CORPORATIVA

As empresas vêm adotando cada vez mais práticas de governança corporativa com o objetivo principal de oferecer ao mercado em geral (acionistas, credores, fornecedores etc.) maior transparência em seus negócios. Com isso, buscam efetivamente o reconhecimento dos vários agentes e a valorização de seus investimentos, promovendo maior rentabilidade aos seus acionistas.

O enfoque deste capítulo insere-se nessa visão moderna da administração de empresas. São tratados os vários temas da governança corporativa, sempre priorizando o lado prático do assunto e os procedimentos de melhoria da relação com os investidores. É importante que o investidor entenda esses compromissos das empresas e participe da efetiva monitoração de sua direção.

Cabe destacar que os instrumentos fundamentais do controle da gestão, conselho de administração, auditoria independente e conselho fiscal são tratados ao longo deste capítulo.

Pode-se dizer que g*overnança corporativa* é a forma como as sociedades são gerenciadas, controladas, ou seja, é a preocupação pela transparência no modo como as sociedades são monitoradas, envolvendo os relacionamentos entre acionistas/cotistas, conselho de administração, diretoria, auditoria independente e conselho fiscal. Assim, pode-se entender como governança corporativa um sistema de valores que governa as empresas tanto em suas relações internas como externas. Sua finalidade é aumentar o valor da sociedade, facilitar seu acesso ao capital e contribuir para sua perpetuidade.

A governança corporativa abrange assuntos que se referem ao poder de controle de direção de uma empresa, além das diferentes formas e esferas de seu exercício e os diferentes interesses que, de alguma forma, estão ligados a sociedades comerciais. Tudo isso é feito através da criação dos comitês direcionados a controlar as diversas áreas da empresa. Um dos mais importantes controles é a auditoria, que se responsabiliza pela qualidade das informações econômico-financeiras da sociedade refletidas em seus demonstrativos contábeis. A boa prática da governança possibilitará uma administração ainda melhor, beneficiando todos os acionistas e os que lidam com a empresa.

Há também três níveis de governança corporativa, a saber: *nível 1* e *nível 2*, definidos de acordo com o grau de compromissos que a sociedade assumiu, e *nível 3*, que é o próprio *Novo Mercado*, onde são feitas diversas exigências adicionais e permitidas apenas negociações de ações ordinárias. Com o objetivo de se fazer uma avaliação do desempenho de uma carteira de ações de empresas que se dedicam a oferecer boas práticas de governança corporativa, surgiu o *Índice de Governança Corporativa Diferenciada* (IGC), medida criada pela B3, que permite verificar e acompanhar como os investidores reagem às empresas com práticas adequadas de governança corporativa.

As companhias ou sociedades por ações têm seu capital dividido em partes mínimas, sendo cada uma representada pela emissão de uma ação, assumindo seus sócios (acionistas) responsabilidades até o limite do valor subscrito.

Uma companhia é considerada de capital aberto quando tem os seus valores mobiliários (ações ou debêntures) negociados em mercados organizados, definidos por bolsas de valores ou mercados de balcão. Quando os valores emitidos não são admitidos à negociação nesses mercados, a empresa é classificada como companhia ou sociedade anônima de capital fechado.

Para ter suas ações aceitas à negociação em bolsas de valores, as companhias devem acatar uma série de exigências relacionadas com a divulgação de suas informações contábeis e de fatos relevantes ocorridos, emissão de parecer externo de auditores independentes, padronização contábil etc.

> **A LOCALIZA *RENT A CAR* NO NOVO MERCADO**
>
> Em 7 de abril de 2005, a Localiza celebrou "Contrato de Participação no Novo Mercado" com a BM&FBOVESPA, passando a atender aos seguintes principais requisitos deste segmento da Bolsa:
>
> - divisão do capital social exclusivamente em ações ordinárias;
> - ações que representam no mínimo 25% do capital social devem estar em circulação;
> - na alienação do controle, ainda que por vendas sucessivas, o negócio deve ficar condicionado a que sejam estendidas aos acionistas minoritários as mesmas condições oferecidas ao acionista controlador, incluindo o mesmo preço (*tag along*);
> - conselho de administração com no mínimo 5 membros, com mandato unificado de um ano;
> - demonstração de fluxo de caixa integrando as demonstrações contábeis (anuais e trimestrais);
> - a partir do segundo exercício após adesão ao Novo Mercado, a divulgação das demonstrações contábeis também em inglês e nos padrões internacionais;
> - o cronograma de eventos corporativos deve ser divulgado anualmente, até o final do mês de janeiro;
> - a saída do Novo Mercado, bem como o cancelamento de registro como companhia aberta, ficam condicionados à realização de oferta pública de aquisição, pelo controlador, das mesmas ações da companhia por seu valor econômico; e
> - adesão, por companhia, controladores, administradores e membros do conselho fiscal, à Câmara de Arbitragem do Mercado.

Fonte: Adaptado de: www.localiza.com.

18.1 CONSTITUIÇÃO DA COMPANHIA

A constituição de uma sociedade anônima pode ser processada de acordo com as formas seguintes:

- *Subscrição pública*: nesse caso, um grupo de investidores (fundadores) subscreve uma parcela do capital da sociedade, colocando em negociação no mercado a quantidade restante não subscrita das ações. Essa forma de subscrição é desenvolvida através da intermediação de uma instituição financeira que promove a colocação dessas ações remanescentes no mercado.

- *Subscrição particular*: nessa modalidade de constituição, o grupo fundador subscreve integralmente as ações emitidas pela sociedade, não restando ações para serem oferecidas ao público em geral.

A constituição de uma companhia deve ainda obedecer às seguintes exigências previstas na legislação:

- O capital social deve ser subscrito por, pelo menos, duas pessoas, dividindo entre si o total das ações emitidas.

- Visando à proteção do mercado e dos investidores, a legislação determina o registro da emissão de ações para constituição da sociedade junto à Comissão de Valores Mobiliários (CVM). A companhia deve também manter disponíveis e atualizadas as diversas informações econômico-financeiras necessárias para uma avaliação de seu desempenho atual e esperado.

- Devem ser registradas junto à CVM, ainda, todas as demais ofertas públicas de títulos e valores mobiliários que venham a ser feitas pela companhia aberta. O registro deve conter, entre outras informações, a atual estrutura acionária da sociedade, situação financeira, características da emissão, instituições participantes do processo de subscrição e projeto de aplicação dos recursos levantados na oferta das ações.

18.2 ASSEMBLEIA DE ACIONISTAS

É uma reunião geral de acionistas de uma sociedade anônima com competência para tomar diversas decisões relativas ao desenvolvimento de seus negócios, tendo sempre como objetivo defender os interesses e promover o crescimento da companhia.

Podem ser constituídos dois tipos de assembleia de acionistas, que se diferenciam pela competência de suas deliberações: *ordinária* e *extraordinária*.

A assembleia geral *ordinária* (AGO) é convocada pela diretoria, no mínimo, uma vez por ano. Suas principais pautas para deliberação são: tomada de contas dos administradores; discussão e votação das demonstrações financeiras elaboradas; eleição do conselho fiscal e da diretoria da empresa; destinação do lucro líquido apurado; e distribuição de dividendos.

A assembleia geral *extraordinária* (AGE) pode ser convocada tanto pela diretoria como pelos acionistas a qualquer momento em que for julgada necessária. Nessa assembleia, são discutidas todas as matérias de interesse da sociedade.

Na assembleia extraordinária, somente têm direito a voto os acionistas ordinários. Os acionistas preferenciais adquirem esse direito se a companhia deixar, por três exercícios sociais seguidos, de distribuir dividendos. O direito de voto dos acionistas preferenciais perdura enquanto não forem distribuídos os dividendos.

Ressalvadas algumas exceções legais, as decisões são tomadas em assembleia geral de acionistas mediante maioria absoluta de votos, tendo cada ação o direito a um voto. Não são considerados no cálculo os votos em branco.

18.3 ADMINISTRAÇÃO DAS SOCIEDADES ANÔNIMAS

As companhias de capital aberto são administradas por uma diretoria executiva e um conselho de administração. A constituição do conselho de administração nas companhias de capital fechado é facultativa.

A *diretoria* é composta por dois ou mais diretores, podendo ser acionistas ou não. É um órgão executor das orientações e políticas estabelecidas pelo conselho de administração, o qual pode eleger ou destituir os seus membros a qualquer momento. Na inexistência do conselho de administração, os diretores são eleitos pela assembleia geral de acionistas.

O prazo de gestão de cada diretor não poderá exceder a três anos, sendo permitida a reeleição.

O *conselho de administração* é formado por, no mínimo, três membros, os quais são eleitos pela assembleia geral de acionistas e por ela destituíveis a qualquer momento. Compete ao conselho de administração fixar a política geral da empresa; acompanhar a conduta da diretoria executiva; convocar assembleia geral sempre que julgar conveniente; manifestar-se sobre as demonstrações financeiras elaboradas, contratos firmados e atos administrativos; aprovar emissões de títulos e valores mobiliários; selecionar e destituir, se necessário, os auditores independentes; autorizar alienação de bens permanentes, assim como a constituição de ônus reais.

18.4 CONSELHO FISCAL

É um órgão voltado à fiscalização dos atos praticados pela diretoria executiva e pelo conselho de administração da companhia. É composto por no mínimo três e, no máximo, cinco membros, acionistas ou não, eleitos pela assembleia geral.

Compete, essencialmente, ao conselho fiscal de uma sociedade anônima:

- fiscalizar os atos praticados pelos administradores;
- opinar sobre o relatório anual da diretoria executiva e sobre as propostas a serem submetidas às assembleias de acionistas, principalmente aquelas relativas a política de investimentos, alterações do estatuto social, fusões, incorporações e cisões etc.;
- avaliar as demonstrações financeiras elaboradas e emitir opinião sobre a situação geral da companhia;
- convocar assembleia ordinária sempre que os órgãos de administração não o fizerem em tempo hábil e assembleia extraordinária toda vez que ocorrerem fatos que a justifiquem.

18.5 DIREITOS DOS ACIONISTAS

Os acionistas de uma companhia são possuidores de inúmeros direitos que não lhes podem ser retirados nem pelo estatuto social nem pela assembleia geral. Seus principais direitos são assim identificados:

- participar dos lucros auferidos pela sociedade;
- participar do acervo da companhia, em caso de liquidação;
- fiscalizar a gestão dos negócios da sociedade;
- manter preferência na subscrição de títulos e valores mobiliários.

Todo acionista possui ainda o direito de retirar-se da sociedade, também denominado de *direito de recesso*, quando forem aprovadas pelas assembleias gerais as seguintes deliberações:

- criação de ações preferenciais, ou aumento de classes existentes, sem guardar relação com as demais ações;
- alterações nas preferências, vantagens e condições de resgate ou amortização de uma ação preferencial ou, ainda, criação de uma nova classe de ação mais favorecida;
- alteração do dividendo obrigatório;
- participação em grupo de sociedades.

O acionista dissidente tem o direito de ser reembolsado das ações que possuía por ocasião da data da assembleia, desde que declare seu recesso no prazo de 30 dias contados da publicação da ata da assembleia geral. Os critérios para reembolso das ações são estabelecidos pelo estatuto da companhia.

Toda companhia deve manter, além dos livros obrigatórios para as atividades comerciais, os seguintes:

- registro de ações nominativas, constando a identificação do acionista e de suas ações, e todas as movimentações ocorridas, como resgates, alienações etc.;
- transferências de ações de debêntures;
- atas de assembleias gerais, reuniões do conselho de administração e reuniões de diretoria;
- presença de acionistas às assembleias gerais;
- atas e pareceres do conselho fiscal.

18.6 RELAÇÕES COM OS INVESTIDORES

As companhias de capital aberto devem disponibilizar aos seus acionistas um conjunto de informações que permita proceder a uma avaliação financeira do desempenho da empresa e dos resultados esperados. Essas informações apresentam-se também como um importante canal de comunicação entre a empresa e seus credores, analistas de investimentos e o mercado em geral.

Os documentos que devem ser preparados pelas companhias são os seguintes:

- relatórios de administração;
- demonstrações financeiras;
- parecer de auditoria.

18.6.1 Relatório de administração

O relatório de administração inclui informações gerais sobre o desempenho apresentado pela empresa, as principais decisões tomadas pelos seus administradores e avaliações sobre o futuro da companhia. São geralmente inseridas nesse relatório, além de informações e análises técnicas, outras de caráter descritivo, como políticas empresariais adotadas, projetos de novos investimentos, programas de exportação, descrição do negócio e dos produtos comercializados, aspectos da conjuntura econômica, reformulações administrativas, entre outras.

18.6.2 Demonstrações financeiras

Ao final de cada exercício social, a companhia deve elaborar, com base nos registros de sua contabilidade, um conjunto de demonstrações financeiras visando exprimir, com a maior clareza possível, a situação econômico-financeira da empresa e as variações patrimoniais ocorridas no período.

O exercício social de uma companhia tem a duração de um ano, sendo a data de encerramento definida no estatuto social.

As demonstrações financeiras de responsabilidade de uma companhia de capital aberto são as seguintes:

- balanço patrimonial;
- demonstração dos resultados do exercício;
- demonstração dos lucros ou prejuízos acumulados, ou demonstração das mutações do patrimônio líquido;
- demonstração dos fluxos de caixa;
- demonstração do valor adicionado;
- notas explicativas.

Visando esclarecer determinados aspectos relevantes que não se apresentam detalhados nos relatórios financeiros, a companhia deve publicar, de maneira complementar, *notas explicativas* e outros quadros analíticos que se fizerem necessários para melhor esclarecimento de sua situação patrimonial e dos resultados apurados.

As notas explicativas oferecem, entre outras informações relevantes:

- composição do capital social, indicando os principais acionistas, quantidade de ações ordinárias e preferenciais emitidas;
- endividamento a longo prazo, contendo o valor de cada dívida, garantias oferecidas aos credores, datas de vencimento, taxa de juros contratada;
- participações acionárias relevantes que a companhia tenha em outras sociedades.

As demonstrações financeiras das companhias brasileiras são elaboradas em valores nominais, ou seja, sem levar em consideração os efeitos da inflação sobre a capacidade de compra da moeda. Essa prática limita a qualidade das informações financeiras, principalmente ao se comparar o resultado de um exercício com o valor histórico verificado em período anterior. O investidor precisa estar ciente dessa restrição, principalmente ao avaliar o desempenho de uma empresa a partir de seus demonstrativos financeiros formalmente publicados.

É importante acrescentar, ainda, que outras importantes restrições na utilização dos demonstrativos financeiros para análise e avaliação encontram-se nas normas legais que regulam sua elaboração e na reduzida participação de ações ordinárias nos negócios das bolsas de valores.

Os recursos técnicos e conceituais da contabilidade encontram-se bastante evoluídos e geralmente são competentes para oferecer as informações demandadas pelos investidores. O problema principal é que as companhias brasileiras são controladas por um número bastante reduzido de acionistas com direito a voto, não sendo incentivada uma divulgação mais completa e reveladora das informações contábeis.

Uma política de abertura na divulgação das informações é indispensável para um mercado de capitais mais evoluído e uma maneira de expressar respeito ao investidor que direcionou sua poupança à aquisição de ações de uma companhia. Transparência maior na disponibilização das informações contábeis permite melhor avaliação do risco do investimento, atribuindo uma imagem mais favorável à empresa e promovendo aceitação ampla de suas emissões de valores mobiliários.

18.6.3 Parecer de auditoria

As companhias de capital aberto devem contratar uma auditoria externa independente para emitir parecer sobre suas demonstrações contábeis elaboradas em cada exercício. Esse parecer da auditoria deve avaliar, principalmente, se os documentos contábeis publicados refletem a real situação econômico-financeira da empresa; se foram respeitados os princípios contábeis e normas legais em sua elaboração; se há uniformidade nos critérios atuais de contabilização e naqueles adotados em exercícios anteriores.

É importante para o acionista o acompanhamento do parecer dos auditores, atribuindo maior segurança à análise das demonstrações.

O parecer dos auditores independentes deve acompanhar os relatórios financeiros obrigatórios elaborados e publicados ao final de cada exercício social pelas companhias.

18.7 ACIONISTA CONTROLADOR

Acionista controlador é uma pessoa, empresa ou grupo de pessoas vinculadas a um acordo de voto que detém uma participação no capital da companhia que lhe assegure poderes de decisão nas assembleias gerais.

Pela maioria de votos, o acionista controlador elege os principais administradores da sociedade e apresenta ainda poder de interferir nas diversas atividades e no funcionamento dos órgãos da companhia.

O acionista controlador deve usar seu poder de decisão com o intuito de promover o crescimento da companhia e permitir que ela atenda aos seus objetivos e cumpra sua missão. Possui diversos deveres e responsabilidades perante os demais acionistas, seus funcionários e toda a comunidade em que atua, que devem ser respeitados. O controlador responde na forma da lei pelos danos causados por atos praticados com abuso de poder.

Uma alteração na lei das sociedades por ações permite, atualmente, que a alienação do controle acionário de uma sociedade seja efetuada sem a necessidade de o comprador assegurar, aos demais acionistas (minoritários), as mesmas condições de aquisição oferecidas ao controlador.

Essa prática atual, prevista na Lei nº 9.457, prejudicou o acionista minoritário, já que ele não possui os mesmos direitos e vantagens na alienação de suas ações em operações de troca de controle.

18.8 CAPITAL ORDINÁRIO

O acionista ordinário é a principal autoridade da sociedade, tendo poderes de deliberar sobre suas principais atividades, aprovar a destinação dos lucros, eleger seus dirigentes e votar outros assuntos de interesse. A atual legislação das sociedades por ações define que o capital ordinário deve ter, no mínimo, 1/3 do total das ações emitidas pela companhia.

Cada ação ordinária, conforme foi comentado em seções anteriores, atribui ao seu titular o direito a um voto nas decisões da companhia. Os acionistas (ou grupo de acionistas) que detenham a maioria das ações com direito a voto assumem o controle da sociedade, impondo uma gestão com perfil mais identificado com suas ideias.

Quando as ações encontram-se dispersas por um número grande de investidores, diz-se que o capital da empresa está *pulverizado*. Nesse caso, os acionistas, mesmo que não detenham maioria absoluta, podem apresentar grande força de voto nas assembleias gerais, podendo deter inclusive seu controle acionário.

Esse tipo de participação acionária pulverizada é mais comum em mercados de capitais evoluídos, onde a capacidade de poupança da economia é elevada e a cultura do investimento em ações é mais disseminada entre as pessoas. Em verdade, à medida que uma economia se desenvolve, o seu mercado de capitais também cresce, aumentando a quantidade de acionistas e promovendo maior pulverização do capital das empresas. Em diversas economias mais desenvolvidas, o controle acionário de uma companhia pode se dar com menos de 10% do capital votante.

> O ano de 2005 registra um marco importante tanto para a história das *Lojas Renner*, quanto para a história do mercado de capitais no Brasil. A rede, cujo controle acionário até então pertencia a J. C. Penney Brazil, Inc., entra para o segmento do Novo Mercado da bolsa de valores de São Paulo. Foi a primeira vez que uma empresa brasileira teve todas as suas ações vendidas em bolsa de valores sem a presença de um controlador. Este conceito, denominado *"corporation"* (corporação), é largamente difundido nos Estados Unidos, mas ainda inédito no Brasil.

Fonte: Lojas Renner. Disponível em: www.portal.lojasrenner.com.br. Acesso em: jun. 2021.

18.9 CAPITAL PREFERENCIAL

As ações preferenciais atribuem ao seu titular uma série de vantagens ou preferências, centradas principalmente em:

- prioridade na distribuição dos resultados (dividendos);
- prioridade no reembolso do capital em caso de dissolução da sociedade;
- acumulação das vantagens anteriores.

Diante desses privilégios, o acionista preferencial não possui direito a voto nas decisões das assembleias gerais. Em algumas economias, essas ações são tratadas mais como um passivo (exigibilidade) da empresa, apresentando conotação de pagamentos periódicos de rendimentos aos seus titulares.

O acionista preferencial avalia seu investimento como um fluxo de rendimentos distribuídos pela companhia a partir de seus resultados econômicos auferidos. Não costuma priorizar o controle da companhia, mas a realização de lucros.

O acionista preferencial, ademais, equipara-se ao ordinário em seu direito a voto no caso de passar três exercícios sociais consecutivos sem receber dividendos. O estatuto social de cada companhia pode também conceder poder de voto nas assembleias gerais aos acionistas preferenciais.

Quando o mercado acionário se torna mais pulverizado, eleva-se a disputa pelo controle da companhia, tornando as ações ordinárias mais atraentes que as preferenciais.

As ações preferenciais indicam preferências na participação em lucros, conferindo maior liquidez e interesse aos investidores em mercados onde não ocorrem disputas pelo controle acionário.

Todos os direitos e vantagens inerentes a cada classe de ações, assim como as restrições a que estão sujeitas, encontram-se previstos no estatuto social da companhia, o qual deve ser sempre consultado pelos investidores.

18.10 CAUTELAS DE AÇÕES

As ações encontram-se representadas em *cautelas*, que se constituem em títulos de propriedade. As cautelas identificam a companhia emitente das ações, o titular, tipo e forma de emissão, entre outras informações essenciais. São um documento antecedente à emissão dos certificados de ações.

As cautelas, depois de emitidas, devem ser registradas em *livro de registro de ações nominativas*, formalizando-se dessa maneira a propriedade dos títulos. Em caso de transferência, a operação deve também ser registrada em livro específico, denominado *livro de registro de transferência de ações*.

As ações podem ser negociadas no mercado sem a respectiva emissão de cautelas, sendo então conhecidas por ações *escriturais*. A sociedade anônima emitente deposita suas ações em um banco, que passa a ser o fiel depositário dos valores mobiliários. A instituição registra os valores, exerce todos os direitos de dividendos e outros das ações que venham a se apresentar e controla suas transferências de propriedade.

GOVERNANÇA CORPORATIVA DA GAFISA

Principais diretrizes de governança corporativa adotadas pela Gafisa:

1. Transparência na Divulgação das Informações
    - *Site* em português e inglês
    - Reuniões abertas trimestrais com Investidores
    - Divulgação de informações em inglês e português
    - Calendário de eventos corporativos
    - Auditores Independentes etc.
2. Simetria de Informações
    - Código de Ética
    - *Tag Along* de 100% para minoritários
    - Capital representado somente por Ações Ordinárias
    - Mínimo de 25% das ações em circulação etc.

> 3. Prestação de Contas
>   – Membros do Conselho de Administração independentes e altamente qualificados
>   – Demonstrações Financeiras disponíveis em padrões internacionais
>
> Relatório anual apresenta a participação dos administradores no capital da Companhia
>   – Comitê de Remuneração
>   – Programa de opção de compra de ações
>   – Comitê de Auditoria etc.

Fonte: Gafisa. Disponível em: www.gafisa.com.br. Acesso em: jun. 2021.

Com a crescente importância da transparência das informações aos investidores obedecendo aos princípios da governança corporativa, é cada vez maior a procura por ações de maior liquidez no mercado de capitais brasileiro.

Uma das maneiras de as companhias listadas no mercado conseguirem maior presença nas negociações em bolsa é através da emissão de *units*. Uma *unit* é um certificado de depósito de ações ordinárias e preferenciais. O investidor que adquirir uma *unit* possuirá os mesmos direitos assegurados por lei às ações ordinárias e preferenciais comuns, isto é, o direito de voto e recebimento prioritário de dividendos, ambos proporcionais à participação de cada papel na *unit*.

Esse tipo de estratégia tem sido adotado como instrumento preferido pelas companhias que lançam suas ações no nível 2 de governança corporativa. A composição de cada *unit* dependerá da estrutura de capital da empresa. Por exemplo, se uma empresa tem 50% de capital composto por ações ordinárias e 50% do capital representado por ações preferenciais, a *unit* será composta por duas preferenciais e uma ordinária.

> ### BANCO INTER ANUNCIA OFERTA BILIONÁRIA DE *UNITS*
>
> **Redação**
>
> 26 de agosto de 2020 Forbes Money
>
> Ricardo Moraes/Reuters
>
> **A oferta contempla a distribuição inicial de 14,5 milhões de units (14,5 milhões de ONs e 29 milhões de PNs)**
>
> O conselho de administração do **Banco Inter** aprovou ontem (25) oferta primária de até 19,575 milhões de *units* com esforços restritos, que estima precificar em 3 de setembro. Cada *unit* é constituída por 1 ação ordinária e 2 preferenciais.

Considerando o preço de fechamento das *units* na véspera, de R$ 60,91, a operação alcança R$ 1,19 bilhão.

De acordo com fato relevante do banco digital hoje (26), a oferta contempla a distribuição inicial de 14,5 milhões de *units* (14,5 milhões de ONs e 29 milhões de PNs), que pode ser elevada em até 35% para atender eventual excesso de demanda.

O Banco Inter disse que pretende utilizar os recursos da oferta de acordo com o seu plano de negócios, notadamente para investimentos no lançamento de novos produtos e expansão dos negócios por meio de aquisições estratégicas.

A operação tem como coordenadores Bradesco BBI, BTG Pactual, JPMorgan e Santander Brasil (com Reuters).

Fonte: Forbes. Disponível em: https://forbes.com.br/forbes-money/2020/08/banco-inter-anuncia-oferta-bilionaria-de-units/. Acesso em: jun. 2021.

BIBLIOGRAFIA RECOMENDADA

ASSAF NETO, Alexandre. *Mercado financeiro*. 14. ed. São Paulo: Atlas, 2018.

_____. *Estrutura e análise de balanços*. 12. ed. São Paulo: Atlas, 2020.

_____. *Finanças corporativas e valor*. 8. ed. São Paulo: Atlas, 2020.

_____; LIMA, F. Guasti. *Investimentos no mercado financeiro usando a calculadora HP 12 C*. 4. ed. São Paulo: Atlas, 2019.

_____; AMBROZINI, M. Augusto; LIMA, F. Guasti. *Dividendos*: teoria e prática. São Paulo: Inside Books, 2007.

BERNSTEIN, Peter L. *Desafio aos deuses*. Rio de Janeiro: Campus, 1997.

CARVALHO, Fernando J. Cardim; PIRES DE SOUZA, Francisco Eduardo; SICSÚ, João; RODRIGUES DE PAULA, Luiz Fernando; STUDART, Rogério. *Economia monetária e financeira*: teoria e política. 2. ed. Rio de Janeiro: Campus, 2007.

CASAGRANDE, Humberto N.; SOUZA Lucy A.; ROSSI, M. Cecília. *Abertura do capital de empresas no Brasil*. 3. ed. São Paulo: Atlas, 2000.

FLEURIET, Michel. *A arte e a ciência das finanças*. Rio de Janeiro: Campus/FDC, 2003.

GALBRAITH, J. Kenneth. *A era da incerteza*. São Paulo: Pioneira/Universidade de Brasília, 1998.

LAMEIRA, Valdir. *Negócios em bolsa de valores*: estratégia para investimentos. São Paulo: Alaúde, 2005.

LIMA, Iran S.; ANDREZO, Andrea F. *Mercado financeiro*: aspectos conceituais e históricos. 3. ed. São Paulo: Atlas, 2007.

LIMA, F. Guasti. *Análise de riscos*. 2. ed. São Paulo: Atlas, 2018.

MANKIW, N. Gregory. *Introdução à economia*. 3. ed. São Paulo: Thomson, 2007.

NOFSINGER, John R. *La locura de la inversión*. Madrid: Prentice Hall, 2002.

PAULA LEITE, Helio de; SANVICENTE, Antonio Zoratto. *Índice Bovespa*: um padrão para os investimentos brasileiros. São Paulo: Atlas, 2000.

ROSSETTI, J. Paschoal; ANDRADE, A. *Governança corporativa*. 2. ed. São Paulo: Atlas, 2006.

RUDGE, L. Fernando. *Mercado de capitais*. Belo Horizonte: CNBV, 1993.

SANDRONI, Paulo. *Dicionário de economia do século XXI*. São Paulo: Record, 2005.

SIEGEL, Jeremy. *Investindo em ações no longo prazo*. 4. ed. Rio de Janeiro: Elsevier, 2009.

ÍNDICE ALFABÉTICO

A
Abertura de capital, 63
Ação(ões), 39, 40
 cíclicas, 46
 como selecionar para investimento, 45
 de 1ª linha, 45
 de 2ª linha, 45
 de 3ª linha, 45
 de gozo ou fruição, 42
 em tesouraria, 97
 escriturais, 40, 317
 negativamente correlacionadas, 226
 nominativas, 40
 endossáveis, 40
 ordinárias, 41
 positivamente correlacionadas, 226
 preferenciais, 41
 small caps, 179
 tipos de, 41
 units, 41
Ação-objeto, 259
Acionista controlador, 315
Acumulação, 207
Administração
 das sociedades anônimas, 311
 de um fundo de investimentos do tipo
  ativa, 298
  passiva, 298
Administrador, 79
 de um fundo de investimentos em ações, 292
Agente(s)
 autônomos de investimentos, 33
 deficitários, 11, 22
 financeiro do governo, 28
 superavitários, 11, 12, 22
Ajuste(s), 103
 diário, 235
 do pregão, 247
Alta sensível, 207
Análise
 da performance de um fundo de investimentos, 301
 do preço/lucro (P/L) de ações, 188
 fundamentalista, 181, 182
 grafista, 182
 por indicadores, 211
 técnica, 182
  base conceitual da, 202
Arbitrador, 235, 236
Arrendamento financeiro, 31
Assembleia
 de acionistas, 310
 Geral Extraordinária (AGE), 62, 310
Associações de poupança e empréstimo (APE), 32
At-the-money (ATM), 263
Ativo(s)

de renda
   fixa, 34
   variável, 34
financeiro, 12
negociados no mercado financeiro, 34
Avaliação
   de ações
      análise fundamentalista, 181
      análise técnica, 201
   do desempenho de um fundo, 301
   do risco, 145
      do investimento em ações, 220
Avesso ao risco, 140

B
Bacen, 27
Baixa sensível, 208
Banco(s)
   comerciais, 29
   comercial/múltiplo, 28
   de desenvolvimento, 28, 30
   de investimento, 28, 30
   do Brasil (BB), 28
   múltiplos, 29
   Nacional de Desenvolvimento Econômico e Social (BNDES), 28
BDRX B3, 172
Benchmark, 294, 299
Block trade, 60
Blue chips, 45
Bolsa(s)
   de Nova York, 76
   de Paris, 76
   de valores, 32
      como operar na, 78
      comportamento da, 157
      de São Paulo (Bovespa), 74, 76, 108
      do Rio de Janeiro, 76
Bonificações, 50, 53, 126, 129
Bovespa (Bolsa de Valores de São Paulo), 74, 76, 108
   Fix, 35
   Holding, 62
   Mais, 87
Brazilian depositary receipts (BDR), 134

C
Cadernetas de poupança, 35
Café, 240
Caixa Econômica Federal (CEF), 28
Caixas econômicas, 30
Call de fechamento, 86
Câmbio, 25
Canal(is)
   de alta e de baixa, 210
   eletrônico do investidor, 89

Capital(is), 25
   ordinário, 315
   preferencial, 316
Capitalização, 75
Carteira(s)
   de ações, 226
   teórica, 158
Cautelas de ações, 317
Cenário internacional, 150
Central de Custódia de Títulos Privados (Cetip), 16
Certificados de depósitos
   bancários (CDB), 34
   interfinanceiros (CDI), 36
Clube de investimento, 79, 303
Cobertura de prejuízo, 238
Código de identificação, 79
Coeficiente
   beta da ação, 229
   de variação, 223
Comissão de Valores Mobiliários (CVM), 27, 32
Comitê de Política Econômica (Copom), 16
Companhia
   aberta, 40
   Brasileira de Liquidação e Custódia (CBLC), 108, 249
   fechada, 40
Comportamento da bolsa de valores, 157
Comprador do contrato futuro, 235
Condições para uma empresa abrir seu capital, 61
Conflito de agência, 68
Conselho
   de administração, 311
   fiscal, 311
   Monetário Nacional (CMN), 26
   Nacional de Seguros Privados (CNSP), 27
Constituição da companhia, 309
Contratos futuros, 234
Cooperativas de crédito, 31
Correlação, 226
Corretagem, 87
Corretor de valores, 141
Cota, 292, 294
Crédito, 25
   de carbono, 176
   direto ao consumidor (CDC), 31
Crescimento
   do LPA, 193
   econômico, 4
Criação de valor, 196
Curvas de indiferença, 147
Custo(s)
   de capital, 196

de oportunidade, 196
   do acionista, 197
   implícito, 98

D
Data de aniversário, 36
Day trade, 83, 84, 123
Debêntures, 34
Decisão(ões)
   com diferentes retornos esperados, 224
   com o mesmo desvio-padrão, 225
   de compra e venda
      pelo estocástico, 215
      usando médias móveis, 212
   de estrutura de capital, 103
   de orçamento de capital, 103
Declaração de direitos do investidor, 142
Demonstrações financeiras, 313
Depositary receipts, 49, 63
Depósito
   de cobertura, 249
   de margem, 235
   em garantia, 249
Derivativos, 233
Desafios da globalização, 5
Desdobramento, 130
   de ações, 95
Desemprego, 149
Desenvolvimento econômico, 4
Desmonetização, 25
Desvalorização, 237
Desvantagens e custos para uma empresa abrir seu capital, 63
Desvio-padrão e variância, 221
Direito(s), 123, 126
   de preferência na subscrição, 42
   de subscrição, 50, 54, 60
   dos acionistas, 311
   e vantagens das ações preferenciais, 93
Diretoria, 311
Diversificação, 226, 229
   das aplicações, 47
   de risco, 250
Dívida, 12
Dividend yield (DY), 191
Dividendo(s), 50, 51, 91, 92, 101, 104, 126, 196, 197
   em ação, 93
   evidências dos, 103
   fluxo de, 194
   medidas de, 98, 191
   obrigatório, 51
   política de, 102
   preferencial(is), 51
      fixos, 94

mínimo, 52
tipos de, 92
Dólar, 240

E
Economia, 1
   conceito macro, 2
   conceito micro, 2
   taxa de juros e a, 18
Efeito multiplicador da moeda, 22
Eficiência do mercado de ações, 72
Emissão(ões), 37
   adicional de ações, 93
   de ordens, 83
   de *units*, 318
   primária, 59
   secundária, 59
Empresa
   de capital aberto, 40
   emitente, 64
Equação do retorno mínimo, 231
Erros de previsão em investimentos, 225
Escola fundamentalista, 182
Escolha do *strike*, 278
Especulador, 46, 145, 146, 236
Estimativa do valor da ação, 192
Estocástico, 215
Estratégias de negócios a termo, 250
Estrutura
   do mercado financeiro, 13
   do Sistema Financeiro Nacional (SFN), 25
   fractal das ondas de Elliott, 216
Etapa de euforia, 208
Exchange trade funds (ETFs), 304
Exercício da opção, 259

F
Factoring, 34
Fluxo de dividendos, 194
Follow on, 59
Formador de mercado, 132
Formas de administração dos fundos de investimentos, 298
Fundo(s)
   abertos, 296
   de ações devem informar, 302
   de índices (ETFS), 304
   de investimentos, 79, 297
      cambial, 298
      curto prazo, 297
      de ações, 297
      dívida externa, 298
      em ações, 291
      fechados, 296
      multimercado, 297, 299

referenciado, 297, 299
renda fixa, 297

G
Ganho(s)
   alavancados, 250
   de capital, 55, 101
Ganho/perda de capital, 197
Garantias adicionais ao depósito de garantia, 249
Gases do efeito estufa, 176
Gerir, conceito de, 2
Gestor da carteira do fundo, 293
Globalização, 1
   e a economia brasileira, 7
   e a empresa brasileira, 6
   e os investimentos em bolsas de valores, 9
Governança corporativa, 67, 68, 307, 308
Gráfico(s)
   de barras, 205
   de *candlestick*, 206
   para análise técnica, 203
Grupamento, 130
   de ações, 95

H
Hedge, 143
Hedgers, 236
Home broker, 79, 81, 82

I
Ibovespa, 158, 240
   cálculo prático do, 161
IBrA B3, 170
IBrX
   50 B3, 169
   100 B3, 168
ICB B3, 172
ICO2 B3, 175
ICON B3, 173
IDIV B3, 174
IEE B3, 173
IFIX B3, 173
IFNC B3, 172
IGC B3, 170
IGC-NM B3, 172
IGCT B3, 172
IGMI-C B3, 174
IMAT B3, 173
IMOB B3, 174
Imposto de renda retido na fonte, 293
In-the-money (ITM), 263
Indicadores financeiros de ações, 185
Índice(s)
   amplos, 168
   BM&FBOVESPA Financeiro, 172
   Bovespa, 158
   Brasil
      50 de ações, 169
      100 de ações, 168
      Amplo da bolsa de São Paulo, 170
      ESG, 177
   Carbono Eficiente, 175
   da parceria com a S&P Dow Jones, 176
   de ações, 158
      com Tag Along Diferenciado, 171
   de Baixa Volatilidade Altos Dividendos, 177
   de BDRs Não Patrocinados-Global, 172
   de Beta Elevado, 177
   de carbono (*carbon indexes*), 176
   de *Commodities*, 177
      Brasil, 172
   de Consumo, 173
   de Empresas Privadas, 177
   de Energia Elétrica, 173
   de força relativa, 213
   de Fundos de Investimentos Imobiliários, 173
   de Futuro de Ibovespa B3, 173
   de Futuros, 177
   de Governança Corporativa, 170
      Diferenciada (IGC), 170, 308
      Novo Mercado, 172
      Trade, 172
   de Materiais Básicos, 173
   de negociabilidade, 199
   de renda fixa, 178
   de segmentos e setoriais, 172
   de Sharpe, 301
   de sustentabilidade, 175
      empresarial, 175
   DI B3, 173
   Dividendos, 174
   do Setor Industrial, 174
   Dow Jones, 178
   Geral do Mercado Imobiliário Comercial, 174
   Imobiliário, 174
   internacionais de ações, 178
   MidLarge Cap, 174
   Nikkei, 180
   preço/lucro, 187
   S&P/B3
      Baixa Volatilidade, 177
      de Futuros de Taxa de Juros, 178
      Inflação NTN-B, 178
      Momento, 177
      Ponderado pelo Inverso do Risco, 177
      Qualidade, 177
      Valor Aprimorado, 177
   Small Cap, 174

ÍNDICE ALFABÉTICO

Select, 177
Smart Beta, 177
Utilidade Pública, 174
Valor, 174
INDX B3, 174
Inflação, 149
Initial public offering (IPO), 59, 76
Inplit de ações, 95, 130
Instituições
   auxiliares, 32
   bancárias (ou monetárias), 22, 29
   especiais, 28
   não bancárias (ou não monetárias), 23, 30
   não financeiras, 33
Intermediação financeira, 12, 13, 63, 66
Intermediários financeiros, 12
International Securities Identification Number (ISIN), 79
"Interruptor de circuito" (*circuit breaker*), 165
Investidor(es), 152
   agressivo ou arrojado, 153
   conservador, 153
   corretor de valores e, 141
   de curto prazo, 46
   em ações, 139
   especulador e, 145
   indiferente, 147
   moderado, 153
   risco das aplicações e, 143
Investimento(s)
   em ações, 4, 150
      e criação de valor, 196
   no mercado futuro de ações
      cobertura de prejuízo, 238
      desvalorização, 237
      valorização, 237
ISE B3, 175
ITAG B3, 171
IVBX 2 B3, 174

J
Juro(s), 18
   sobre o capital próprio, 50, 52, 127

L
Lançador, 258, 259
Large caps, 179
Leasing
   financeiro, 31
   operacional, 31
Lei
   da reforma bancária, 25
   do mercado de capitais, 25
Leilão de pré-abertura, 86
Letras
   de câmbio, 35
   do Tesouro Nacional (LTN), 37
   Financeiras do Tesouro (LFT), 37
   imobiliárias, 36
Levantar recursos, 250
Liquidação da operação, 85
Liquidez, 43, 150
   da economia, 23
   mínima, 132
Livro de registro
   de ações nominativas, 40, 317
   de transferência de ações, 317
Lotes, 80
Lucro por ação, 185

M
Market maker, 132
Mecanismo de *circuit breaker*, 165
Médias móveis, 211
Medidas
   de dispersão, 221
   de dividendos, 98, 191
Meios de pagamento, 23
Mercado(s)
   a termo, 108, 249
   à vista, 108
      de ações, 73
   aberto, 14
   cambial, 14
   de ações, 5
      eficiência do, 72
   de balcão organizado, 86, 87
   de capitais, 5, 14
   de crédito, 14
   de opções, 108, 257
   eficiente, 72
   financeiro, 11, 13
      estrutura do, 13
      taxa de juros no, 15
   fracionário, 80
   futuro(s), 108, 233, 234
   monetário, 13
   primário, 57, 58
   secundário, 58 71
Minicontratos, 242, 245
MLCX B3, 174
Moeda, 25
   escritural, 22
   M1, 23, 24
Monetização, 25
Movimentos de tendência, 207

N
Não sou exercido, 277, 282
Nasdaq, 179
National Association of Securities Dealers (Nasdaq), 179

New York Stock Exchange (Nyse), 179
Nikkei, 180
Nota(s)
　de negociação, 246, 248
　do Tesouro Nacional (NTN), 37
Novo Mercado, 69
Nyse Composite Index, 179

O

Objetivo do investimento, 152
Oferta(s)
　particular de ações, 60
　primária, 60
　pública
　　de ações, 61
　　de compra, 59
　　inicial, 59
　secundária, 60
　subsequentes, 59
Opção(ões)
　codificadas na B3, 259
　comprando e vendendo, 267
　de compra, 108, 258
　　exemplo de, 261
　de venda, 108, 258
　　exemplo de, 262
　dentro do dinheiro, 262, 263
　fora do dinheiro, 262, 263
　no dinheiro, 262, 263
Open market, 14, 24
Operação(ões)
　a termo, 251
　block trade, 60
　casadas, 267
　com ações em bolsa, 108
　com contratos futuros, 239
　　de míni-índice Bovespa, 241
　　de minidólar, 244
　de compra, 119, 121
　　a termo, 250
　de *day trade*, 124, 281
　de opções na Bolsa, 265
　de *open market*, 24
　de *underwriting*, 62, 64
　de venda, 121
　　coberta, 276
　estruturadas, 275, 276
　fence
　　com o ativo, 284
　　sem o ativo, 289
　no mercado futuro de ações, 234
　primária, 60
Oportunidades, 103
Ordem, 84
　a mercado, 84
　casada, 84
　de compra e venda
　　tipos de, 84
　discricionária, 84
　limitada, 84
　on start/stop, 84
　stop loss, 84
　stop móvel, 85
Órgãos
　normativos do SFN, 26
　supervisores, 27
Orientações básicas para o investidor de bolsa, 149
Osciladores, 214
Out-of-the-money (OTM), 263
Overnight, 14, 16

P

Pagamento de dividendos, 92
Pânico, 208
Parecer de auditoria, 314
Partes beneficiárias, 43
Participantes do mercado futuro, 235
Patrimônio líquido, 99, 190
Payout, 98
Penny stock, 173
Perfil
　do investidor, 152
　do investimento em ações, 46
Período de rolagem, 246
Planos de reinvestimento de dividendos, 96
Plataforma Unificada Multiativo (Puma), 80
Política(s)
　de dividendos, 102
　de incentivo, 242, 245
Poupança, 12
Prazo de validade, 259
Preço(s)
　a termo, 249, 251
　corrente, 73
　de exercício, 258, 259
　de mercado das ações, 46
　de referência, 132
　de subscrição, 60
　desconta tudo, 202
　ex-dividendos, 92
　tem tendência, 203
Preferência(s), 103
　ou vantagens das ações preferenciais, 42
Pregão, 58, 72
Prêmio, 259
　pelo risco, 2, 301
Previdência Fechada, 25
Principais órgãos operadores, 29
Produto Interno Bruto (PIB), 4, 46, 149

Projeto, 63
Proteger o preço de compra, 250
Proventos, 123, 126
Publicações, 63

R

Ratings de fundos, 300
Recibos de depósitos bancários (RDB), 34
Recompra de ações e dividendos, 96, 97
Redução certificada de emissões, 176
Regras básicas de investimento, 296
Relações com os investidores, 312
Relatório de administração, 313
Rendimentos das ações, 50
Rentabilidade, 115, 150
    de um fundo, 294
Reservas internacionais, 149
Resistência, 209
Resultado agregado do acionista, 198
Retorno, 43
    do acionista, 198
    mínimo do investidor, 145
Reverse split, 130
Riqueza, 2
Risco(s), 3, 43, 150
    da empresa, 143
    da inadimplência, 44
    das ações, 220
    das aplicações, 143
    das opções, 259
    de a opção de compra "virar pó", 259
    de mercado, 44, 144
    de venda a descoberto, 259
    diversificável, 228
    e o tempo, 225
    e retorno de ações, 219
    econômico, 45, 143
    financeiro, 45, 143
    sistemático, 228, 229
    tipos de, 228
Risk lovers, 3
Russell 2000, 180

S

Seguros Privados, 25
Shareholder value added, 198
Simulação(ões) de operação(ões)
    com ações em Bolsa (*day trade*, direitos e proventos), 123
        Swing Trade, 107
    com compensação de perdas, 119
    com lucro, 113
    com mais de uma ação, 116
    de *day trade*, 124

Sistema
    Especial de Liquidação e Custódia (Selic), 16
    financeiro nacional, 21
    home broker, 82
SMLL B3, 174
Sobrecompra, 214
Sobrevenda, 214
Sociedade(s)
    corretoras, 32, 58
    de arrendamento mercantil, 31
    de crédito, financiamento e investimento (SCFI), 31
    de crédito imobiliário, 31
    distribuidoras, 33
    Operadora do Mercado de Ativos S.A. (Soma), 87
Split, 95, 130
Standard & Poor's 500 Stock Index (S&P 500), 178
Subscrição, 126
    de ações, 42, 59
    de capital, 58
    do tipo melhores esforços (*best effort*), 66
    do tipo puro ou firme, 66
    do tipo residual (*stand by*), 66
    particular, 309
    pública, 309
        de ações (*underwriting*), 64
Suporte, 209
Swing trade, 107, 113, 116

T

Tag along, 171
Take over, 61
Taxa(s)
    BM&F, 248
    CDI, 36
    de administração, 294
    de corretagem, 249
    de crescimento
        do lucro líquido, 99
        dos lucros, 193
    de custódia, 294
    de depósito interfinanceiro, 17
    de inflação, 17
    de juros, 18, 149
        e a economia, 18
        no mercado financeiro, 15
    de liquidação, 242
    de longo prazo, 15
    de negociação e liquidação, 249
    de performance, 294
    de registro, 248, 249
    de reinvestimento, 98, 100

de rendimento da ação e dividendos, 101
de retenção, 98
de retorno, 196
    sobre o patrimônio líquido, 99
de risco, 17
DI, 17
livre de risco, 16
mínima de atratividade, 196
over, 36
pura de juros, 17
referencial, 17
Selic, 16
Tendência
    de alta, 208
    de baixa, 209
    lateral, 209
    primária ou de longo prazo, 207
    secundária ou de médio prazo, 207
    terciária ou de curto prazo, 207
Teoria
    da utilidade, 147
    das ondas de Elliott, 215
    do prospecto, 147, 148
    dos números de Fibonacci, 217
    residual de dividendos, 103
Terminologia básica do mercado de opções de ações, 259
Tesouro
    Direto, 37
    IPCA + 20XX, 38
    Prefixado 20XX, 38
    Prefixado com Juros Semestrais 20XX, 38
    Selic 20XX, 38
Timing, 143
Titular, 259
Títulos de emissão
    privada, 34
    pública, 36
Trava
    de alta, 270
    de baixa, 271
Tributação
    e demais despesas dos fundos de ações, 293
    no mercado de opções, 281

U
Underwriting, 54, 64
Units, 41
UTIL B3, 174
Utilidade esperada, 147

V
Valor(es)
    criado ao acionista, 197, 198
    das ações, 48
        como calcular o, 184
    de liquidação, 49
    de mercado, 48
        do patrimônio líquido, 197
    de subscrição, 49
    do tempo, 264
    dos negócios, 248
    extrínseco das opções, 263, 264
    intrínseco das opções, 48, 184, 263
    justo, 182
        de mercado, 182
        de uma ação, 184
    mobiliários, 27, 40
    nominal, 48
    patrimonial, 48, 189
        de uma ação, 190
    teórico de uma ação, 184
Valorizações, 50, 237
Vantagens para uma empresa abrir seu capital, 62
Variação do PL, 197
Venda
    a termo, 251
    coberta, 278
Vendedor no mercado futuro, 235

W
World Federation of Exchanges (Federação Mundial de Bolsas de Valores), 175

Y
Yield, 191